JOÃO MARIO CSILLAG

Análise do Valor

METODOLOGIA DO VALOR

- Engenharia do Valor
- Gerenciamento do Valor
- Redução de Custos
- Racionalização Administrativa
- Aumento do Valor Percebido pelo Cliente
- A Empresa Vista como Sistema
- Melhoramento Contínuo

4ª Edição

SÃO PAULO
EDITORA ATLAS S.A. – 2012

© 1985 by Editora Atlas S.A.

1. ed. 1985; 2. ed. 1986; 3. ed. 1991; 4. ed. 1995; 6. reimpressão 2012

Capa: Diana Csillag
Composição: PC Editoração Eletrônica Ltda

Dados Internacionais de Catalogação na Publicação (CIP)
(Câmara Brasileira do Livro, SP, Brasil)

Csillag, João Mario, 1937 –
  Análise do Valor : metodologia do valor : engenharia do valor, gerenciamento do valor, redução de custos, racionalização administrativa / João Mario Csillag. – 4. ed. – 6. reimpr. – São Paulo : Atlas, 2012.

Bibliografia.
ISBN 978-85-224-1272-3

  1. Análise do valor (Controle de custos)   I. Título.   II. Título: Metodologia do valor.

95-1055   CDD-658.1554

Índices para catálogo sistemático:

  1. Análise do valor : Administração financeira   658.1554
  2. Engenharia do valor : Administração financeira   658.1554
  3. Valor : Análise : Administração financeira   658.1554

TODOS OS DIREITOS RESERVADOS – É proibida a reprodução total ou parcial, de qualquer forma ou por qualquer meio. A violação dos direitos de autor (Lei nº 9.610/98) é crime estabelecido pelo artigo 184 do Código Penal.

Depósito legal na Biblioteca Nacional conforme Lei nº 10.994, de 14 de dezembro de 2004.

Impresso no Brasil/*Printed in Brazil*

Editora Atlas S.A.
Rua Conselheiro Nébias, 1384 (Campos Elísios)
01203-904 São Paulo (SP)
Tel.: (011) 3357-9144
www.EditoraAtlas.com.br

Sumário

Agradecimentos, 17
Prefácio à quarta edição, 19
Prefácio por L. Miles, 21
Apresentação, 23
Introdução, 25

1 HISTÓRICO E DIFUSÃO EM VÁRIOS PAÍSES, 31
    1.1   Os primórdios da análise do valor e engenharia do valor, 31
    1.2   Análise/engenharia do valor nos Estados Unidos, 32
           1.2.1   Histórico e evolução, 32
           1.2.2   Atividades no departamento de defesa, 35
           1.2.3   A "Society of American Value Engineers", 37
           1.2.4   Literatura mais importante nos EUA, 38
    1.3   A análise/engenharia do valor no Canadá, 40
    1.4   A difusão na Europa, 41
           1.4.1   Alemanha, 41
           1.4.2   Áustria, 43
           1.4.3   Bélgica, 43
           1.4.4   Escandinávia, 44
           1.4.5   Espanha, 44
           1.4.6   França, 45
           1.4.7   Holanda, 46
           1.4.8   Hungria, 47
           1.4.9   Inglaterra, 47
           1.4.10 Irlanda, 48
           1.4.11 Itália, 49
           1.4.12 Portugal, 50
           1.4.13 Suíça, 50
    1.5   A introdução na África do Sul, 50
    1.6   A introdução na Índia, 51
    1.7   O uso de AV/EV no Japão, 51
    1.8   Análise do valor na China, 53

1.9 A introdução no Brasil, 54
1.10 Federação mundial das sociedades do valor, 57
1.11 Comentários finais, 57

2 ESSÊNCIA DOS CONCEITOS CONHECIDOS DA METODOLOGIA DO VALOR, 58
2.1 Algumas definições básicas, 58
2.1.1 Engenharia do valor, 58
2.1.2 A evolução da análise do valor para o gerenciamento do valor, 59
2.1.3 Função, 60
2.1.4 Valor, 61
2.1.5 Desempenho, 61
2.2 O conceito do valor para a metodologia em questão, 62
2.3 Componentes básicos da metodologia, 63
2.3.1 A abordagem funcional, 64
2.3.1.1 Anatomia das funções, 64
2.3.1.2 Classificação das funções, 66
2.3.1.3 Avaliação funcional, 68
2.3.2 A popularização das técnicas de criatividade, 69
2.3.3 O esforço multidisciplinar, 70
2.3.4 Reconhecimento e contorno de bloqueios mentais, 70
2.4 O plano de trabalho, 71
2.5 Diferença entre Av/Ev e técnicas de redução de custo, 72
2.6 Metodologia do valor, 73

3 O PLANO DE TRABALHO, 74
3.1 Evolução, 74
3.2 Classificação, 75
3.3 A multiplicidade dos planos de trabalho, 76
3.3.1 Planos para peças e produtos, 76
3.3.2 Planos para processos, fluxos e serviços, 83
3.3.3 Planos para energias, 85
3.3.4 Planos para construções civis e instalações, 86
3.3.5 Plano para desenvolvimento organizacional, 87
3.3.6 Planos para área comercial, 89
3.3.7 Planos para grandes sistemas, 89
3.3.8 Planos especiais, 91
3.4 Conclusão, 92

4 A APLICAÇÃO DO PLANO DE TRABALHO, 94
4.1 Introdução, 94
4.2 Dificuldades para a aplicação eficaz do plano de trabalho, 94
4.3 Razões que levam ao uso ineficaz do plano de trabalho, 95
4.4 Características de situações de problemas abertos, 96

5 NATUREZA DO PROCESSO CRIATIVO, 98
5.1 Criatividade, 98
5.1.1 Introdução, 98

Análise do Valor

         5.1.2   Habilidade para criatividade, 99
         5.1.3   Pesquisas importantes, 100
   5.2   Como ocorre o processo criativo, 100
   5.3   Tipos de problemas e respectivas abordagens, 101
   5.4   Bloqueios mentais, 103
         5.4.1   Classificação, 103
         5.4.2   Bloqueios de percepção, 106
                 5.4.2.1   Estereótipos, 106
                 5.4.2.2   Dificuldade em isolar o problema, 107
                 5.4.2.3   Tendência em delimitar demais a área do problema, 107
                 5.4.2.4   Inabilidade de ver o problema de vários pontos de vista, 108
         5.4.3   Bloqueios emotivos, 108
                 5.4.3.1   Medo de se arriscar, 108
                 5.4.3.2   Preferência por julgar as idéias em vez de gerá-las, 108
                 5.4.3.3   Falta de desafios e zelo excessivo, 108
                 5.4.3.4   Realidade e fantasia, 109
         5.4.4   Bloqueios culturais e ambientais, 109
         5.4.5   Bloqueios intelectuais e expressivos, 109
         5.4.6   Resumo, 109
   5.5   Fases do processo criativo, 110
         5.5.1   Abordagem de Wallas, 110
         5.5.2   Abordagem de Von Fange, 110
         5.5.3   Abordagem de Kneller, 110
         5.5.4   Abordagem de Morgan, 111
         5.5.5   Abordagem de Simon, 111
         5.5.6   Abordagem de Parnes, 112
         5.5.7   Abordagem de Simon/Brightman/Van Gundy, 112
   5.6   O processo criativo é deliberado e está ao alcance de todos, 113
   5.7   Considerações finais, 114

6 TÉCNICAS, 115
   6.1   Introdução, 115
   6.2   As técnicas de Miles, 115
         6.2.1   Evitar generalidades concentrando-se no específico, 115
         6.2.2   Conseguir todos os custos disponíveis, 116
         6.2.3   Usar apenas informações da melhor fonte, 116
         6.2.4   Desestruturar, criar e refinar, 116
         6.2.5   Usar criatividade, 117
         6.2.6   Identificar e contornar bloqueios, 117
         6.2.7   Recorrer a especialistas quando necessário, 117
         6.2.8   Verificar o custo das tolerâncias principais, 118
         6.2.9   Utilizar produtos funcionais disponíveis nos fornecedores, 118
         6.2.10 Utilizar e pagar pelo conhecimento de fornecedores especializados, 118
         6.2.11 Utilizar processos especializados, 119
         6.2.12 Utilizar normas aplicáveis, 120

        6.2.13 Usar o critério "eu despenderia meu próprio dinheiro dessa maneira?", 120
- 6.3 Aparecimento de técnicas adicionais, 120
   - 6.3.1 Empregar boas relações humanas, 120
   - 6.3.2 Inspirar equipe de trabalho, 121
   - 6.3.3 Aplicar um critério profissional de julgamento, 121
   - 6.3.4 Assegurar os fatos, 121
   - 6.3.5 Definir funções, 121
   - 6.3.6 Avaliar as relações funcionais, 122
   - 6.3.7 Refinar e combinar idéias, 122
   - 6.3.8 Custear todas as idéias, 122
   - 6.3.9 Desenvolver funções alternativas, 123
   - 6.3.10 Avaliar por comparação, 123
   - 6.3.11 Apresentar os fatos, 124
   - 6.3.12 Motivar para ação positiva, 124
   - 6.3.13 Aplicar o plano de trabalho, 124
   - 6.3.14 Questionar os requisitos, 124
- 6.4 Evolução das técnicas, 124

7 CLASSIFICAÇÃO DAS TÉCNICAS, 126
- 7.1 Classificação, 126
- 7.2 Técnicas de suporte, 126
- 7.3 Técnicas específicas, 127

8 TÉCNICAS DE ANÁLISE GLOBAL, 128
- 8.1 Técnica do problema nebuloso, 128
- 8.2 Técnica de Kepner e Tregoe (Gut), 129
- 8.3 Generalização da "Lei de Pareto", 129
- 8.4 Índice do potencial de redução de custos, 130
- 8.5 D.L.I, 130
- 8.6 Indicadores específicos, 131
- 8.7 Critérios predeterminados, 131
- 8.8 Comentários, 132

9 TÉCNICAS REESTRUTURANTES, 133
- 9.1 Técnica das analogias, 133
- 9.2 Técnica do exame dos limites, 134
- 9.3 Técnica de orientação para o objetivo, 134
- 9.4 Técnica da função (verbo e substantivo), 134
- 9.5 Técnica de aplicação da condição do máximo do material, 135
- 9.6 Técnica da situação hipotética, 135
- 9.7 Técnica da racionalização do desejo, 136
- 9.8 Técnica das reversões, 136
- 9.9 Técnicas para análise de custos, 137
   - 9.9.1 Determinação do custo total do produto, 137
   - 9.9.2 Determinação dos elementos de custo, 137

9.9.3 Determinação dos custos incrementais para o desempenho requerido, 138
9.9.4 Determinação do custo por período de tempo, 138
9.9.5 Custos por peso, 138
9.9.6 Custo por dimensão, 138
9.9.7 Determinação da importância da contribuição para o desempenho requerido do produto acabado, 138
9.9.8 Análise do custo por propriedade, 139
9.9.9 Análise do custo por característica, 139
9.10 Técnicas de análise funcional, 139
    9.10.1 Técnica do diagrama de produto, 139
    9.10.2 Técnica de cotação funcional, 140
    9.10.3 Técnica da hierarquia, 141
    9.10.4 Técnica de análise funcional de sistemas – FAST, 141
        9.10.4.1 Introdução, 141
        9.10.4.2 Modelo de Bytheway, 142
        9.10.4.3 Evolução decorrente da contribuição de outros autores, 143
        9.10.4.4 Modelos que envolvem outros usuários, 144
    9.10.5 Técnicas de avaliação de funções, 145
        9.10.5.1 Comparações individuais ou em grupo, 145
        9.10.5.2 Critério de mercado, 145
        9.10.5.3 Avaliação numérica de relações funcionais, 146
        9.10.5.4 Relações de custo por função, 146
        9.10.5.5 Técnica de avaliação teórica das funções, 147
        9.10.5.6 Técnica nomográfica, 148
    9.10.6 Técnica dos perfis de desempenho e de custo, 149
9.11 Outras técnicas, 149
    9.11.1 Fluxogramas e fluxolocalgramas, 149
    9.11.2 Tabelas de processo, 149
9.12 Comentários, 150

10 TÉCNICAS DE GERAÇÃO DE IDÉIAS, 151
10.1 Procedimentos de associação forçada (individuais), 151
    10.1.1 Técnica do catálogo, 151
    10.1.2 Técnica do objeto escolhido, 152
    10.1.3 Técnica de listagens, 152
10.2 Procedimento de associação forçada (grupais), 153
    10.2.1 Técnica do encaixe forçado, 153
    10.2.2 Técnica da análise de estímulos, 153
10.3 Procedimentos de associação livre (individuais), 154
    10.3.1 Técnica da associação livre, 154
    10.3.2 Técnica dos estímulos não lógicos, 154
    10.3.3 Técnica de listar atributos, 155
    10.3.4 Técnica da lista de verificação, 155
10.4 Procedimentos de associação livre (grupais), 155
    10.4.1 *Brainstorming*, 155

10.4.2 *Brainwriting*, 157
10.5 Procedimentos complexos (individuais), 157
    10.5.1 Análise morfológica, 157
    10.5.2 Pensamento lateral, 158
10.6 Procedimentos complexos (grupais), 158
    10.6.1 Sinética, 159
    10.6.2 Sinética visual, 160
    10.6.3 Dispersão de nuvens, 160
10.7 Comentários, 161

11 TÉCNICAS DE SELEÇÃO E AVALIAÇÃO, 162
11.1 Técnica de refinar e combinar idéias, 162
11.2 Técnica da vantagem-desvantagem, 162
11.3 Técnica de custear todas as idéias, 163
11.4 Técnica da "votação de Pareto", 163
11.5 Técnica da estimativa direta da magnitude, 163
11.6 Técnica FIRE, 164
11.7 Técnicas ponderacionais, 166
11.8 Técnica da árvore de decisão, 166
11.9 Técnica DELPHI, 167
11.10 Técnica de otimização, 167
11.11 Análise de custo-benefício no ciclo de vida, 168
11.12 Comentários, 168

12 TÉCNICAS DE IMPLEMENTAÇÃO, 169
12.1 *Brainstorming* invertido, 169
12.2 Técnicas de venda da idéia, 169
12.3 Análise de problema potencial, 170
12.4 Técnicas de planejamento, 171
    12.4.1 Pert, 171
    12.4.2 Diagrama de planejamento de pesquisa, 172
12.5 Comentários, 172

13 PROPOSTA DE UM MODELO, 173
13.1 Comparação da metodologia do valor com disciplinas de solver problemas, 173
13.2 Dificuldades para o desenvolvimento de um modelo para a metodologia do valor, 174
13.3 Modelo proposto, 174
    13.3.1 Fase de preparação, 175
    13.3.2 Fase de informação, 177
    13.3.3 Fase de especulação, 179
    13.3.4 Fase de avaliação, 181
    13.3.5 Fase de planejamento, 183
    13.3.6 Fase de recomendação, 184
    13.3.7 Fase de implementação, 185

14 APLICAÇÕES REAIS, 186
   14.1 A metodologia do valor na Volkswagen do Brasil, 187
      14.1.1 Caso de coifa de proteção da alavanca seletora de câmbio, 187
   14.2 A metodologia do valor na Telebrás, 193
      14.2.1 Exemplos aplicados ao telefone público, 193
         14.2.1.1 Caso do cofre para telefone público, 194
      14.2.2 Caso do capuz termocontrátil (para o fechamento de cabos telefônicos antes do seu uso), 213
      14.2.3 Caso da alça para caixa subterrânea, 221
   14.3 A metodologia do valor na IKPC, 232
      14.3.1 Caso da aquisição de motores elétricos (de baixa tensão), 232
      14.3.2 Caso de iluminação do pátio, 233
      14.3.3 Caso do combate à formiga cortadeira, 235
      14.3.4 Caso de resinagem de árvores, 235
   14.4 A metodologia do valor na Eletropaulo, 237
      14.4.1 Caso dos conjuntos de medição para unidades de baixa renda, 237
   14.5 A metodologia do valor na FAÇO (equipamentos pesados), 241
      14.5.1 Caso do mancal, 242
      14.5.2 Caso dos rolos transportadores, 251
   14.6 A metodologia do valor na Siemens S.A., 256
      14.6.1 Caso do recebimento de materiais – aplicação a um processo administrativo, 256
   14.7 A metodologia do valor na Consul (produtos de consumo), 263
      14.7.1 Caso do aparador de água, 263
      14.7.2 Caso do tambor da secadora, 270
   14.8 Observações finais, 273

15 A PROCURA DE OPORTUNIDADES, 275

16 A ANÁLISE DO VALOR E A TEORIA DAS RESTRIÇÕES, 277
   16.1 Dificuldades, 279
   16.2 Impacto na lucratividade, 279
   16.3 Impedimentos, 280
   16.4 Conclusão, 281

17 O MÉTODO COMPARE, 282
   17.1 Caso de redução de custos de um cabide, 282
   17.2 Caso de economia de combustível em teste de motor de aeronave, 286
   17.3 Caso de redução de tempo em trabalho administrativo, 289

18 IMPORTÂNCIA DO TRABALHO EM GRUPO EM ANÁLISE DO VALOR, 292
   18.1 Como iniciar um grupo de trabalho, 292
   18.2 Características de um grupo eficiente, 294
   18.3 Estilos dos participantes dos grupos, 294
   18.4 O papel dos líderes de grupos, 296
   18.5 O papel dos participantes, 296
      18.5.1 Falar apenas na sua vez, 297

18.5.2 Discutir apenas assuntos importantes, 297
18.5.3 As saídas e interrupções quebram a dinâmica, 297
18.5.4 O consenso deve ser procurado e não a maioria, 297
18.5.5 Os monólogos são prejudiciais, 297
18.5.6 Expressar todos os pontos, 298
18.5.7 Digressões perdem tempo, 298
18.5.8 Todos contribuem e são iguais, 298
18.5.9 Evitar argumentos emotivos, 298
18.5.10 Todos devem ganhar, 298
18.5.11 Em caso de dúvida, pergunte, 299
18.5.12 É necessário o silêncio para pensar, 299
18.5.13 Pequenas disputas, 299
18.6 O poder da imaginação nos trabalhos de Análise do Valor, 299
18.7 O que ocorre nos grupos de Análise do Valor, 300

19 IMPLANTAÇÃO DE UM PROGRAMA DE ANÁLISE DO VALOR, 301
19.1 Elementos básicos de um programa gerencial de análise do valor, 302
19.1.1 Participação da direção, 302
19.1.2 Objetivos e metas, 304
19.1.3 Gerenciamento do programa, 305
19.1.4 Orientação e treinamento, 305
19.1.5 Reconhecimento, 306
19.1.6 Esforço individual e grupos de trabalho, 306
19.2 Como implantar um programa na empresa, 306
19.2.1 Treinamento inicial, 307
19.2.1.1 O início do processo de implantação na empresa, 307
19.2.1.2 O domínio da análise do valor na empresa, 307
19.2.2 A difusão das idéias da análise do valor, 309
19.2.3 Integração e exploração do novo conhecimento, 309
19.3 A continuidade do programa, 310
19.4 A trajetória da AV num programa vitorioso, 312

20 EXEMPLOS DA INDÚSTRIA AUTOMOBILÍSTICA, 312
20.1 Almofada painel de instrumentos, 313
20.2 Sistema de injeção eletrônica TBI, 326
20.3 Sistema de escapamento, 348

21 CONCLUSÃO, 354

Bibliografia, 357

Índice de Quadros e Figuras

Quadros

Quadro 1.1   Economias obtidas com consultores internos e externos, 36
Quadro 1.2   Economia obtida pelo Corpo de Engenheiros do Exército Americano, 36
Quadro 1.3   Informações sobre as últimas Conferências Internacionais da SAVE, 37
Quadro 2.1   Funções de um cortador de fita colante, 67
Quadro 2.2   Estudo das funções de um lápis, 69
Quadro 3.1   Plano de trabalho conforme DOD Handbook 5010 8.4, 1968, 77
Quadro 8.1   Priorização: D.L.I, 131
Quadro 11.1 Escolha da solução FIRE, 165
Quadro 14.1 Objetivo e equipe de trabalho (caso da coifa), 188
Quadro 14.2 Custos da função (caso da coifa), 189
Quadro 14.3 Análise das funções (caso da coifa), 190
Quadro 14.4 Brainwriting (caso da coifa), 191
Quadro 14.5 Conclusões (caso da coifa), 192
Quadro 14.6 Enunciado (caso do cofre), 195
Quadro 14.7 Conclusões (caso do cofre), 196
Quadro 14.8 Análise das funções (caso do cofre), 197
Quadro 14.9 Análise das funções (caso do cofre – continuação), 198
Quadro 14.10 Análise das idéias geradas (caso do cofre), 199
Quadro 14.11 Seleção e avaliação de idéias (caso do cofre), 200
Quadro 14.12 Solução recomendada (caso do cofre), 201
Quadro 14.13 Resumo (caso do cofre), 202
Quadro 14.14 Enunciado do caso (para impedir saída), 203
Quadro 14.15 Conclusões (para impedir saída), 204
Quadro 14.16 Análise das funções (para impedir saída), 205
Quadro 14.17 Análise das idéias geradas (para impedir saída), 206
Quadro 14.18 Seleção e avaliação das idéias (para impedir saída), 207
Quadro 14.19 Solução recomendada (para impedir saída), 208
Quadro 14.20 Resumo (para impedir saída), 209
Quadro 14.21 Enunciado (caso do capuz), 214
Quadro 14.22 Comparação de custos (caso do capuz), 215
Quadro 14.23 Análise das idéias geradas (caso do capuz), 216

Quadro 14.24 Seleção e avaliação das idéias (caso do capuz), 217
Quadro 14.25 Solução recomendada (caso do capuz), 218
Quadro 14.26 Economia anual do STB (caso do capuz), 219
Quadro 14.27 Resumo (caso do capuz), 220
Quadro 14.28 Enunciado (caso da alça), 222
Quadro 14.29 Comparação de custos (caso da alça), 223
Quadro 14.30 Análise das idéias geradas (caso da alça), 224
Quadro 14.31 Solução e avaliação das idéias (caso da alça), 225
Quadro 14.32 Solução recomendada (caso da alça), 226
Quadro 14.33 Comparação de custos (caso da alça), 227
Quadro 14.34 Consumo de alças e ganchos, 230
Quadro 14.35 Solução recomendada (caso da alça), 231
Quadro 14.36 Potência instalada, 232
Quadro 14.37 Rendimento médio dos motores, 232
Quadro 14.38 Custo de perdas, 233
Quadro 14.39 Comparação do caso da iluminação do pátio, 234
Quadro 14.40 Custos para resinagem, 237
Quadro 14.41 Análise das funções e seus custos (caso do conjunto de medição), 239
Quadro 14.42 Priorização dos projetos, 242
Quadro 14.43 Análise das funções (caso do mancal), 245
Quadro 14.44 Custo de funções do mancal, 246
Quadro 14.45 Seleção e avaliação das idéias (caso do mancal), 248
Quadro 14.46 Seleção e avaliação das idéias (caso do mancal), 249
Quadro 14.47 Técnica FIRE (caso do mancal), 250
Quadro 14.48 Cálculo de custo comparativo das funções, 256
Quadro 14.49 Análise das funções (inicial caso do recebimento), 260
Quadro 14.50 Análise das funções (proposta caso do recebimento), 262
Quadro 14.51 Cálculo dos custos das funções do aparador de água, 264
Quadro 14.52 Fase informativa do tambor da secadora, 270
Quadro 14.53 Custo das funções do tambor da secadora, 271
Quadro 16.1   Priorização para os projetos, 279
Quadro 16.2   Impacto dos projetos sobre a lucratividade da empresa, 280
Quadro 17.1   Consumo de recursos para o caso do cabide, 284
Quadro 17.2   Avaliação numérica funcional para o caso do cabide, 284
Quadro 17.3   Consumo de recurso para o teste de motor de aeronave, 288
Quadro 17.4   Determinação das necessidades relativas para o teste de motor de aeronave, 288
Quadro 17.5   Consumo de recursos por função para um trabalho administrativo, 290
Quadro 20.1   Tabela de consumo de recursos da almofada painel de instrumentos, 316
Quadro 20.2   Tabela de necessidades relativas da almofada de painel de instrumentos, 317
Quadro 20.3   Propostas para a almofada painel de instrumentos, 324
Quadro 20.4   Tabela de necessidades relativas da função coletar combustível, 330
Quadro 20.5   Tabela comparativa de consumo de recursos da função coletar combustível, 331
Quadro 20.6   Tabela das necessidades relativas da função pressurizar e filtrar combustível, 333

ÍNDICE DE QUADROS E FIGURAS   15

Quadro 20.7   Tabela comparativa de consumo de recursos da função pressurizar e filtrar combustível, 334
Quadro 20.8   Tabela das necessidades relativas da função conduzir combustível, 336
Quadro 20.9   Tabela comparativa de consumo de recursos da linha de combustível, 337
Quadro 20.10   Tabela das necessidades relativas da função proteger e fixar módulo, 340
Quadro 20.11   Tabela comparativa de consumo de recursos da função – proteger e fixar módulo, 341
Quadro 20.12   Tabela das necessidades relativas da função conduzir sinais, 345
Quadro 20.13   Tabela comparativa de consumo de recursos da função conduzir sinais, 346
Quadro 20.14   Avaliação numérica funcional para o sistema de escapamento, 350
Quadro 20.15   Tabela do consumo de recursos do sistema de escapamento, 351

Figuras

Figura 5.1   Exemplo para ilustrar a tendência em delimitar demais a área do problema, 107
Figura 5.2   Abordagem de Simon/Brightman/Van Gundy, 112
Figura 13.1   Fase de preparação, 176
Figura 13.2   Fase de informação, 178
Figura 13.3   Fase de especulação, 180
Figura 13.4   Fase de avaliação, 182
Figura 13.5   Fase de planejamento, 184
Figura 13.6   Fase de recomendação, 185
Figura 13.7   Fase de implementação, 185
Figura 14.1   Lista de peças do mecanismo (para impedir saída), 210
Figura 14.2   Desenho do mecanismo original (para impedir saída), 211
Figura 14.3   Desenho da solução recomendada (para impedir saída), 212
Figura 14.4   Dados sobre o gancho existente, 228
Figura 14.5   As alças existentes e propostas, 229
Figura 14.6   Produto existente (caso do conjunto de medição), 238
Figura 14.7   Proposta para o conjunto de medição, 240
Figura 14.8   Caixa do mancal, 243
Figura 14.9   Diagrama FAST do mancal, 244
Figura 14.10 Cronograma de implantação/alteração (caso do mancal), 252
Figura 14.11 Rolos transportadores, 253
Figura 14.12 Roletes de transportadores, 253
Figura 14.13 Diagrama FAST (caso do rolo transportador), 254
Figura 14.14 Seção do rolo transportador, 255
Figura 14.15 Análise de fluxo de documentos (caso do recebimento), 257
Figura 14.16 Levantamento de tempos entre setores (inicial caso do recebimento), 258
Figura 14.17 Tempos entre setores (propostos caso do recebimento), 261
Figura 14.18 Método de Mudge (aparador de água), 265
Figura 14.19 Procura das funções a serem atacadas (aparador de água) (Gráfico COMPARE), 266
Figura 14.20 Diagrama FAST (aparador de água), 267
Figura 14.21.A Diagrama de produto (aparador de água original), 268

Figura 14.21.B Diagrama de produto (aparador de água – simplificado), 268
Figura 14.22 Produto original e protótipo a ser testado (aparador de água), 269
Figura 14.23 Tambor da secadora, 270
Figura 14.24 Procura das funções a serem atacadas no tambor da secadora (Gráfico COMPARE), 272
Figura 14.25 Diagrama FAST (tambor da secadora), 273
Figura 17.1   Diagrama FAST para o caso do cabide, 283
Figura 17.2   Gráfico COMPARE para o caso do cabide, 285
Figura 17.3   Diagrama FAST para teste de Motor de Aeronave, 287
Figura 17.4   Gráfico COMPARE para o teste de motor de aeronave, 289
Figura 17.5   Diagrama COMPARE para um trabalho administrativo. (Atividades de seguro), 291
Figura 19.1   Evolução das economias/vendas, 303
Figura 19.2   Meta x realizado das economias/vendas, 304
Figura 20.1   Diagrama FAST da almofada painel de instrumentos, 315
Figura 20.2   Diagrama COMPARE da almofada painel de instrumentos, 318
Figura 20.3   Proposta para posicionar e fixar duto de ar e para reforçar painel, 319
Figura 20.4   Proposta para conferir estima, 320
Figura 20.5   Proposta para posicionar e fixar duto de ar e para posicionar instrumentos do painel, 321
Figura 20.6   Proposta para instalar a almofada, 322
Figura 20.7   Proposta para conferir estima, 323
Figura 20.8   Almofada painel de instrumentos, 325
Figura 20.9   Almofada painel de instrumentos rígida com aplique, 326
Figura 20.10 Sistema completo de combustível, 327
Figura 20.11 Diagrama FAST do sistema TBI, 328
Figura 20.12 Diagrama FAST da função coletar combustível, 329
Figura 20.13 Gráfico COMPARE da função coletar combustível, 330
Figura 20.14 Diagrama FAST das funções pressurizar e filtrar combustível, 332
Figura 20.15 Gráfico COMPARE da função pressurizar e filtrar combustível, 333
Figura 20.16 Diagrama FAST da função conduzir combustível, 335
Figura 20.17 Gráfico COMPARE da função linha de combustível, 336
Figura 20.18 Diagrama FAST da função proteger e fixar módulo, 338
Figura 20.19 Gráfico COMPARE da função proteger e fixar módulo, 339
Figura 20.20 Diagrama FAST da função controlar lâmpada, 342
Figura 20.21 Diagrama FAST da função conduzir sinais elétricos, 343
Figura 20.22 Gráfico COMPARE da função conduzir sinais, 344
Figura 20.23 Diagrama FAST da função medir grandezas físicas, 347
Figura 20.24 Diagrama FAST do sistema de escapamento, 349
Figura 20.25 Diagrama COMPARE do sistema de escapamento, 352
Figura 20.26 Sistema de Escapamento, 353

Agradecimentos

Este livro nasceu do entusiasmo por um plano bem-sucedido.

Foram amigos que me incentivaram a escrevê-lo, para que a Análise do Valor possa ser mais divulgada em nosso país. É gratificante a possibilidade de aplicar um novo método, verificar sua eficácia e sistematizá-lo num Plano de Trabalho. É também gratificante participar do grupo de entusiastas que apaixonadamente divulgam a Análise do Valor. Tive a sorte de ter amigos tão empolgados como eu. Colegas dedicados ao estudo e à pesquisa, acompanhando com carinho o desenvolvimento de projetos, alguns audaciosos, outros surpreendentes em economias além das previstas. Tenho muito a agradecer a esses colegas, como também a empresários que com sua visão estratégica souberam introduzir de forma pioneira a Análise do Valor em suas indústrias. De meus alunos de Administração e de Engenharia, percebo a repercussão favorável dessas novas idéias.

Por tudo isso, agradeço o estimulante apoio do engenheiro Lawrence D. Miles. Seus ensinamentos e suas idéias abriram novos horizontes na procura do Valor.

A todas essas pessoas entusiasmadas e a minha família, agradeço e dedico este livro.

Agradeço ainda todo comentário ou contribuição que possa resultar num melhoramento da obra e coloco-me à disposição para qualquer esclarecimento adicional.

João Mario Csillag

Prefácio à quarta edição

Após praticamente dez anos, mesmo um assunto da importância da Análise do Valor deve ser revisitado e seus conceitos adaptados para os dias de hoje. Assim, é com satisfação que lanço a quarta edição. Cada uma das anteriores do livro teve duas tiragens, o que, para um livro técnico, numa época marcada por lançamento contínuo de obras que trazem nomes da moda, constitui um fato importante.

A tendência atual da Análise e Engenharia do Valor, na Europa, é a de abraçar várias metodologias desde o Gerenciamento da Qualidade Total até a Reengenharia, conforme foi a tônica do Congresso Europeu de Gerenciamento do Valor, realizado em outubro de 1994, na Inglaterra. O nome cada vez mais utilizado para a metodologia do valor é Gerenciamento do Valor (*Value Management*).

No Japão, apesar de o nome ser ainda Análise do Valor ou Engenharia do Valor, a abordagem começou pela ênfase na redução dos custos, na década de 60, e pelo desenvolvimento de novos produtos, na década de 70. Na década de 80, houve necessidade de satisfazer o cliente, e a Análise do Valor foi utilizada para a real inovação e o desenvolvimento de produtos novos. Finalmente, na década de 90, os japoneses embarcam na criação de mercado a partir de necessidades, chegando ao ponto de envolver a empresa como um todo para satisfazer o cliente, a mesma tendência constatada na Europa.

Nos Estados Unidos, não há unidade de pensamento na direção a ser tomada, porém muitas correntes estão ativas, como se pode perceber ao analisar a variação enorme de abordagens utilizadas nos congressos da SAVE. Além da aplicação em empresas como um todo, há uma atividade muito intensa na construção civil, no combate às drogas, nas forças armadas, entre outras.

A Análise do Valor tem mostrado sua importância como componente em várias metodologias mais recentes, como QFD (*Quality Function Deployment*), Reengenharia, na implantação de sistema da Qualidade, conforme as normas da família ISO 9000, e o Desdobramento da Política da Qualidade. A simplicidade é a grande força motriz da Análise do Valor.

A abordagem funcional, que permite um desvencilhamento dos bloqueios mentais usuais, constitui uma ferramenta poderosa, que, associada ao diagrama FAST, permite mapear processos, entender produtos e sistemas e, principalmente, ressaltar o que é supérfluo ou repetitivo.

Nesta quarta edição, foi feito um relato atualizado no Capítulo 1 das atividades desenvolvidas na Europa, Estados Unidos e Japão, ressaltando a importância dada ao Gerenciamento do Valor nos países europeus.

No Capítulo 2, foi atualizada a definição de Análise do Valor para o mundo de hoje, sendo introduzidos os conceitos de função, atividade e valor para a empresa vista como um sistema.

No Capítulo 5, foi explicado que o processo criativo é deliberado e está ao alcance de todos.

No Capítulo 8, foi alterado o Método DEI para DLI, conferindo-lhe maior potência, considerando o real impacto dos projetos na lucratividade da empresa abordada como sistema.

No Capítulo 10, foi introduzida a técnica de Dispersão de Nuvens, uma das mais potentes na atualidade, pois permite enfocar o pensamento criativo.

Foi incluído o Capítulo 16 que mostra a complementaridade da Teoria das Restrições com a Análise do Valor.

O projeto é adequadamente finalizado quando há contribuição das várias partes da empresa envolvidas. Cada uma dessas partes deve ter um representante compondo o grupo de trabalho. No Capítulo 18, está ressaltada a maneira de viabilizar os grupos de trabalho, assim como sua importância.

Um trabalho bem executado feito por um grupo e com idéias criativas, endossadas por todos os membros envolvidos, pode ser mesmo implantado, como um projeto pontual. Isto, porém, não garante a continuidade da atividade de Análise do Valor na empresa. Assim, foi incluído o Capítulo 19, que trata da implantação de um programa de Análise do Valor.

Finalmente, devido à importância da indústria automobilística e seus fornecedores, foi incluído o Capítulo 20, que trata de três projetos completos e reais de sistemas desenvolvidos por esta indústria.

Com o material revisto e acrescentado, adaptado ao limiar do século 21, desejo aos leitores muito sucesso.

São Paulo, 20 de fevereiro de 1995.

O Autor

Prefácio

It is the purpose of this Foreword to acquaint you, the reader, with the great contribution that João Mario Csillag has made toward the understanding and advancement of the powerful Methodology known as "Value Analysis/Value Engineering".

It was fourteen years after I had created and introduced the concept into General Electrics Purchasing Department in Schenectady, N. Y., in Dec. of 1947, until I authored the first book on the subject, titled "Techniques of Value Analysis and Value Engineering" – McGraw-Hill Publisher. Since that time, both my first edition of 1961 and the second edition of 1972 have been published in fourteen languages – but, none in Portuguese.

I, personally, am very grateful to Mr. Csillag, for learning of VA/VE, gathering extensive knowledge, studying, understanding, recognizing its power and bringing it to you through his teachings in engineering schools, workshops, industries, such as Brazilian Philips and others, and for finalizing the laborious task of putting it into a book for the benefit of all of the people of Brazil, either directly or indirectly.

I can never have any contact with Brazil without a feeling of deep gratitude to my good friend Herbert Stukart, for interesting me in your country, you, and inviting me to visit Brazil and share my Methodology with you. Mr. Stukart graciously gave of himself and his time to arrange for me to meet many brilliant, worth while people of whom Mr. Csillag and Dirceu Maramaldo were two. The technique is now readily available to you – it is my wish that you will learn it, benefit from it and teach it to others.

High success to each of you readers.

Sincerely,

Lawrence D. Miles

Apresentação

Os seres humanos vivem em universos radicalmente desiguais: o fisiológico, o ético, o mundo público da cultura e da organização social e das ciências, e, finalmente, o da experiência própria, sempre subjetivo.

Porque eles podem falar, pensar e transmitir conhecimentos, são muito mais sagazes que qualquer outro ser do reino animal.

Muitas vezes, no entanto, são meio insensatos, pensam de maneira ilógica, e podem ser mais estúpidos, infelizes e cruéis que a maioria dos bichos selvagens, conforme diz Huxley.

Por outro lado, podem ser até um pouco mais que humanos, como os santos, heróis, gênios e, modéstia à parte, "eficientes administradores" de grandes complexos públicos ou privados.

A área do administrador foi invadida nos últimos tempos por matemáticos, estatísticos e fabricantes de computadores. Ao mesmo tempo, os processos produtivos e administrativos ficaram mais complicados, os produtos evoluíram e ficaram diferentes, as empresas se tornaram maiores; e a vida, em geral, mais complexa que antes.

Isto significa, quase sempre, que tanto os materiais utilizados, como os métodos aplicados devem ser adaptados às novas condições para manter a competitividade.

Todos nós somos bem intencionados. Todavia, as boas intenções mal executadas ou com métodos inadequados podem levar, conforme conhecido provérbio, ao caminho do inferno.

- Tem sido demonstrado que maiores resultados são obtidos quando examinamos o que realmente está acontecendo, e não o que pensamos estar se passando, através de um método novo que investiga a função; método esse que foi chamado por seu criador Lawrence D. Miles "Análise do Valor" (AV), e que eu definiria como a "lógica do bom senso organizado".

  Os resultados têm sido espetaculares e muito maiores que simples estudos de melhoramento da qualidade, apresentação ou redução de custos.

- Temos notícia de que no Japão foram obtidas economias de até 8% sobre vendas.

Conforme Mitsugi Kanaya, presidente da Matsushita Electric Works: "... as empresas japonesas cresceram, desenvolvendo avançadas tecnologias baseadas na AV...".

- Nos Estados Unidos, economias da ordem de 4% sobre vendas são freqüentemente relatadas. Por exemplo, a "Joy Manufacturing", com faturamento de cerca de US$ 1 bilhão, indica 4% de economias obtidas, sendo metade nos setores de Compras e Engenharia, 1/3 na Produção e o restante nos setores de pessoal, controle de qualidade, comercialização e finanças. A Resolução n° 172 do Senado americano recomenda a obrigatoriedade da aplicação da AV em todos os serviços governamentais e cita um retorno médio de 1.284%.
- Também na Europa constatam-se histórias de sucesso de 3 a 4%. A Associação Alemã de Engenheiros, muito metódica, criou até uma norma industrial para Análise do Valor: a DIN 69910.
- No Brasil, onde a Análise do Valor só foi aplicada mais recentemente, temos informações de terem sido obtidas, através deste método, economias da ordem de 2%.

Tomei conhecimento da AV em 1964.

Fui a Nova York, onde participei do meu primeiro seminário com o pai da Análise do Valor, Lawrence Miles ("Larry", para os amigos).

Voltei bastante entusiasmado.

Mas foi somente 20 anos após o meu primeiro seminário com Miles que consegui a sua vinda ao Brasil.

Miles tem uma forma especial de apresentar a Análise do Valor. De sua vasta experiência escolhe casos reais e apresenta aos seus ouvintes a solução encontrada.

Neste livro, *Análise do Valor*, o João Mario Csillag apresenta o assunto de uma maneira objetiva, tratando inicialmente de sua evolução nos vários países, onde diferentes fatores culturais interferiram na sua aceitação, quer dificultando-a, quer ajudando-a. Aqui é apresentada a essência dos conceitos sobre a Análise do Valor, permitindo ao leitor entender o seu funcionamento. Sem dúvida o mérito maior desta obra foi o de uniformizar as diferentes abordagens numa única metodologia. É também de relevante importância a demonstração da influência do pensamento criativo no plano de trabalho que certamente trará resultados imediatos. A adequação de técnicas novas apresentadas para gerar, reestruturar e complementar idéias, a quantidade de citações de livros e artigos, assim como sua linguagem simples e concisa farão este livro muito útil para os administradores.

Miles lamenta em seu prefácio que seu livro, considerado "a Bíblia da AV" (*Techniques of Value Analysis and Value Engineering*), foi editado em 14 idiomas, mas não em português. Penso que os administradores de língua inglesa irão lamentar-se também se o livro de João Mario Csillag não for traduzido para o seu idioma.

Herbert L. Stukart

Introdução

A análise do valor constitui uma abordagem original para reduzir custos de produção de bens e serviços e aumentar o valor para o usuário. Consiste basicamente em identificar as funções de determinado produto, avaliá-las e finalmente propor uma forma alternativa de desempenhá-las de maneira mais conveniente do que a conhecida. Trata-se de uma ferramenta potente que origina reduções de custos da ordem de até 60% em média. Por ter trazido resultados muito bons nos EUA, seu uso foi difundido rapidamente no Canadá, na Europa e no Japão. Sua introdução ocorreu também em outros países, como África do Sul, Índia e Brasil, onde tentativas isoladas foram feitas desde a década de setenta. Atualmente, várias empresas em nosso país iniciam seu uso com grande sucesso.

As primeiras aplicações de análise do valor foram feitas com produtos simples, respondendo às seguintes perguntas:

- qual é o item?
- o que desempenha o item?
- quanto custa o item?
- de que outra maneira pode ser desempenhada a função?
- a que custo?

A seqüência das perguntas constitui um Plano de Trabalho. Os Planos de Trabalho sugerem passos no processo de aplicação do método. Esses passos implicam no emprego de técnicas apropriadas para casa caso, com vistas no resultado a ser obtido.

Foi sentida uma dificuldade na utilização desse método, pois foi percebido não ser suficiente aplicar as recomendações de um Plano de Trabalho. Detendo-se sobre esse fato, nota-se que há uma seqüência de fases no Plano de Trabalho em que o problema em questão é pouco estruturado ou aberto, necessitando de algo mais do que simples rotinas de procedimento.

Um problema é considerado aberto quando, por ocasião de seu solucionamento, há tentativas de questionar uma ou mais de suas condições-limite. Quanto mais se questionam tais limites, mais aberto é o problema. Nessa linha de raciocínio pode ser dito que, num problema aberto, os limites podem mudar durante a fase de solução e, como conseqüência, idéias inesperadas e surpreendentes podem aparecer. Em oposição aos problemas abertos, existem os fechados cujas características são:

- os limites são fixados durante a fase de solução;
- a solução definitiva é apontada;
- o processo é controlado.

É usual, em nosso comportamento, saber resolver apenas os problemas fechados.

Durante a aplicação de um Plano de Trabalho, as diversas fases envolvem problemas abertos e fechados. Os primeiros requerem, para seu solucionamento, o pensamento criativo que opera num nível intuitivo não consciente. Os problemas fechados implicam raciocínio analítico que atue num nível consciente. Ambos os processos são complementares. O próprio Miles, criador da Análise do Valor, comparou suas técnicas com as ferramentas de um ferreiro, que deve usá-las conforme necessário, repetindo algumas de maneira não sistemática em função do resultado obtido.

Como a abordagem de um problema aberto envolve o pensamento criativo, foi dedicado um capítulo a essa área do conhecimento, com especial ênfase no aspecto do processo em si, assim como nos bloqueios mentais no geral e naqueles que têm a ver mais com aplicação da análise do valor em particular. O domínio do conhecimento do processo criativo permite melhor compreensão do processo de resolver problemas e auxilia na aplicação do Plano de Trabalho.

O interesse sobre Análise do Valor aumentou na década de cinqüenta nos EUA e foram feitas tentativas de aplicá-la para produtos complexos, assim como para processos de manufatura, serviços e trabalhos administrativos, o que se conseguiu ao longo do tempo, com o uso de técnicas que foram sendo emprestadas de outras áreas de conhecimento, como a psicologia, de técnicas especiais desenvolvidas conforme a necessidade, como as de abordagem funcional.

Para cada nova aplicação, foram sendo utilizados nomes diferentes. *Engenharia do Valor* passou a ser dado para produtos novos. *Gerenciamento do Valor* foi utilizado para identificar e resolver problemas gerenciais.

Muitas aplicações surgiram em diversos países, com nomes diferentes, para finalidades específicas e em profissões diferentes. Cada aplicação sugere certa orientação de procedimento, que mantém o nome de Plano de Trabalho. Muitos Planos de Trabalho apareceram e os autores consultados, assim como os procedimentos constatados na prática empresarial, mostram uma diversidade grande de planos de aplicação de técnicas e de nomes do processo como um todo.

Analisando os Planos de Trabalho existentes, foi constatado que, apesar das diferenças em finalidade de aplicação de técnicas utilizadas, todos possuem em comum três fases. A primeira, convergente, na qual as informações são coletadas e a definição do que se quer é formulada. A segunda, divergente, em que são geradas várias alternativas de solução. A terceira, novamente convergente, na qual, de várias alternativas de solução, uma é selecionada.

O processo assim descrito corresponde também ao do Solucionamento de Problemas.

Constitui objetivo deste livro unificar os diferentes Planos de Trabalho existentes num único modelo mais sistematizado e completo que aqueles encontrados na literatura ou na prática empresarial sob o nome de *Metodologia do Valor*, com vistas em dar maior abrangência e facilitar ao mesmo tempo o seu uso.

Constitui ainda objetivo explicar o motivo das dificuldades sentidas por ocasião da aplicação do Plano de Trabalho, para que, conhecendo-as, seja aumentada a possibilidade de sucesso na aplicação do modelo proposto.

Esse livro está dividido em 21 capítulos, sendo que no Capítulo 1, ao se descrever o histórico e a difusão do método em vários países, houve preocupação em mostrar a evolução da Metodologia do Valor. Em poucos anos, houve um enriquecimento da disciplina, com contribuições valiosas de muitos autores espalhados por vários países. A diversidade de sua aplicação ampliou o alcance da Metodologia, tornando-a importante instrumento disponível a gerentes. É apresentado neste capítulo, de modo sistemático, um material que antes se apresentava disperso na literatura e em publicações das principais indústrias que utilizam a Metodologia.

Com vistas na compreensão das várias ferramentas utilizadas nesse tipo de estudo, é apresentada, no Capítulo 2, a essência dos conceitos conhecidos de Análise do Valor, Engenharia do Valor, Controle do Valor e Gerenciamento do Valor. A generalização dessa área de conhecimentos permite unificar os conceitos espalhados pela literatura especializada, sob o nome de *Metodologia do Valor*, aqui desenvolvida.

O Capítulo 3 apresenta a definição do Plano de Trabalho e faz uma classificação dos diversos planos apresentados em vários países por autores que se preocuparam em aplicar essas ferramentas a assuntos específicos. A classificação dos Planos de Trabalho feita neste livro é uma forma de contribuição, salientando-se as áreas de interesse profissional envolvidas.

O Capítulo 4 explica os problemas envolvidos na aplicação do Plano de Trabalho. Este plano compõe-se de uma série de técnicas que são aplicadas numa continuidade. Isto é, os resultados de uma técnica são utilizados para a aplicação da técnica seguinte. O julgamento da suficiência dos dados obtidos em certa fase, para poder passar para uma fase seguinte, é tarefa que o analista irá dominar após uma grande prática de uso da Metodologia. Isso se deve ao fato de serem envolvidos problemas abertos nas várias fases. Ainda neste capítulo, é explicado o que é um problema aberto e quais são as características de situações de problemas pouco estruturados ou abertos.

Foi preocupação contribuir à Metodologia do Valor, acrescentando no Capítulo 5 uma explicação abrangente sobre a natureza do processo criativo. Durante a aplicação do Plano de Trabalho, o analista usará, em várias fases, conhecimentos dessa área que o ajudarão em sua resolução.

No Capítulo 6, são apresentadas as 13 técnicas de Miles e as contribuições feitas por Mudge e Heller em termos de técnicas. Foi constatada a repetição total ou parcial de uma técnica para outra, com nomenclatura diversificada, feita por outros autores, faltando uma indicação detalhada para seu uso.

Tornou-se necessária uma classificação das técnicas para sua melhor compreensão e uso adequado nas várias fases do processo dessa Metodologia. No Capítulo 7, é proposta uma classificação onde são apresentadas as técnicas de suporte e específicas. Devido à relevância das cinco famílias de técnicas específicas, cada uma delas é objeto de estudo em capítulos separados.

O Capítulo 8 é dedicado às técnicas de Análise Global, que constituem o primeiro grupo das técnicas específicas, sob cujo título estão sendo propostas várias técnicas de disciplinas afins, e que permitem separar o problema a ser estudado de outros.

O Capítulo 9 trata das técnicas reestruturantes, que permitem melhor entendimento do problema em questão.

No Capítulo 10, além das técnicas utilizadas em Análise do Valor, como o *brainstorming* e a sinética, são propostas várias outras que objetivam gerar idéias.

O quarto tipo de técnicas específicas a ser usado é o de avaliação e seleção, apresentado no Capítulo 11, por ocasião de um estudo pela Metodologia do Valor, após a fase de geração de idéias.

O último tipo de técnicas específicas, as de implementação, está apresentado no Capítulo 12, completando assim o conjunto de técnicas propostas.

No Capítulo 13 é mostrada a essência dos vários Planos de Trabalho, relacionando-os ao processo de resolver problemas, conduzindo-os a um modelo único e aplicável a qualquer caso e indicando as técnicas adequadas.

No Capítulo 14 foram coletados alguns exemplos reais brasileiros para que o leitor possa acompanhar a evolução de um estudo de acordo com a metodologia proposta.

O Capítulo 15 refere-se à Fase de Preparação, que consiste na escolha do projeto. Mostra de maneira direta e objetiva qual deve ser a abordagem na procura de projetos a serem analisados. O cuidado que deve ser tomado tem a ver com os resultados finais a serem obtidos, como impacto no resultado global da empresa, e também com a dificuldade de realizar o projeto dentro do prazo disponível. Por ser a fase mais delicada de todo o processo, é importante que seja bem executada para que ninguém possa dizer que foi uma brilhante resolução, mas do problema errado. Por esse motivo, foi introduzido um novo capítulo que busca subsídios na Teoria das Restrições.

O Capítulo 16 traz ferramentas adicionais para serem aplicadas em conjunto com as tradicionais referentes à escolha dos projetos. As três medidas de Goldratt foram utilizadas com vistas a introduzir o critério do impacto na lucratividade da empresa, para facilitar na escolha dos projetos a serem abordados. Cinco projetos foram priorizados utilizando os critérios aqui descritos.

O Capítulo 17 mostra o método COMPARE com três exemplos reais, porém didaticamente preparados. Este método permite sinalizar o término da Fase de Informação, garantindo maior confiança para interromper o processo de coleta de dados.

É fundamental a importância do trabalho em grupo para projetos de Análise do Valor, razão pela qual foi escrito o Capítulo 18, que aborda todos os aspectos referentes a grupos de trabalho.

O Capítulo 19 trata da implantação de um programa de Análise do Valor para garantir a aplicação por todos e a obtenção dos resultados esperados.

Uma indústria que envolve direta e indiretamente um contingente muito grande de pessoas é a indústria automobilística, com todos seus fornecedores. Desde que a importação de veículos foi incrementada, cria-se um novo mercado para reposição de peças e oferta de serviços de manutenção. Assim, foi introduzido o Capítulo 20 que mostra três exemplos reais e completos desenvolvidos pela indústria automobilística nacional.

Finalmente, a conclusão no Capítulo 21 é resultado da avaliação do conjunto dos fatos mencionados e da sistematização das várias ferramentas que compõem as disciplinas do Valor, considerando as diferentes metodologias emergentes nos dias atuais.

1
Histórico e difusão em vários países

1.1 OS PRIMÓRDIOS DA ANÁLISE DO VALOR E ENGENHARIA DO VALOR

As técnicas de Análise do Valor e de Engenharia do Valor tiveram início durante a última guerra mundial e foram consolidadas efetivamente nos EUA entre 1947 a 1952.

A ação dessas técnicas voltava-se sobretudo à pesquisa de novos materiais de custo mais baixo e de grande disponibilidade, que pudessem substituir outros mais raros e de custo mais elevado, durante os anos de conflito. Terminada a guerra, os citados materiais voltaram a ser acessíveis e os projetos implementados anteriormente foram reexaminados com vistas na reversão às especificações originais. Percebeu-se que as alterações produziram economia sem prejudicar o nível de satisfação do consumidor, tendo-o, em alguns casos, até melhorado. A procura criativa de soluções para certo problema possibilita a abertura de novas abordagens e traz também soluções a outros problemas. Nesse caso, a principal finalidade das alterações era a de contornar o problema da escassez durante a guerra e, no entanto, encontraram um potente instrumento de redução de custos. Alguns executivos da General Electric Company, analisando os resultados inesperados, porém bem-vindos, propuseram em 1947 a Lawrence D. Miles sistematizar essas técnicas e desenvolver uma metodologia.

Os estudos de Miles levaram à formulação de uma série de técnicas de análise em torno da idéia de focalizar estudos de produtos em termos de funções em lugar de peças ou componentes. Essa abordagem traria resultados muito promissores, como já se percebia nessa época inicial. Uma série de técnicas foi desenvolvida em torno dessa idéia, que, no conjunto, foi chamada de *Análise do Valor*.

Através de seminários e artigos, as idéias de Análise do Valor foram assimiladas por outras companhias. Uma das primeiras organizações que promoveram a Análise do Valor, segundo Heller, foi a Associação Nacional de Agentes de Compras dos EUA (Heller, 1971).

Em 1954, a marinha americana (Navy Bureau of Ships) adotou o conceito de Análise do Valor, orientando-se no programa da General Electric Company, e passou a denominar a técnica de *Engenharia do Valor*, devido ao fato de ser a engenharia a atividade principal do "Bu Ships". Constatada a vantagem da utilização, essa entidade inclui cláusulas de Engenharia do Valor em seus contratos com fornecedores, para incentivar a aplicação da metodologia. O seu uso para produtos existentes era chamado *Análise do Valor*, enquanto, para produtos novos, *Engenharia do Valor*. Apesar das diferentes utilizações, os termos *Análise do Valor* (AV) e *Engenharia do Valor* (EV) passaram a ser usados indistintamente.

Em 1955, Miles foi convocado pelo exército americano para dar assistência ao programa de implantação da AV/EV em um arsenal.

A Associação das Indústrias Eletrônicas (EIA) promoveu várias reuniões sobre EV em 1958, sob a coordenação do Almirante R.S. Mandelkorn, que trabalhara no "Bu Ships". Os participantes dessas reuniões constituíram-se numa comissão da EIA, cujos primeiros presidentes foram Miles e F. S. Sherwin.

Em 1959, a comissão da EIA promoveu a primeira conferência nacional sobre EV na Universidade da Pennsylvania, na Filadélfia, com um público de 300 pessoas. Em 1960, houve a segunda conferência nacional em Anaheim, California, também com um público de 300 pessoas. Pode-se dizer que a comissão EIA foi responsável pela rápida expansão da EV nos EUA no período de 1958 a 1962.

Em 1962, o uso de EV aumentou gradualmente no Departamento de Defesa, com a inclusão formal de cláusulas nas *Armed Services Procurement Regulations* (ASPR). Para incentivar seu uso, o Departamento de Defesa publicou um manual sobre EV em 1963, posteriormente revisado em 1968 (Romani, 1975).

Foi durante a primeira conferência nacional de EV, conduzida pela comissão da EIA, que a idéia de formar uma sociedade técnica ou profissional foi concebida. Assim, a Sociedade Americana de Engenharia do Valor (SAVE) foi formada em 22 de outubro de 1959, em Washington D.C. Desde 1963, a SAVE promove anualmente uma conferência nacional.

Nos tópicos que seguem é apresentada a evolução de AV/EV nos EUA, onde sua difusão foi muito grande nas primeiras décadas de existência e, depois, a sua expansão na Europa e em outros países, inclusive o Brasil, cuja situação é também comentada.

1.2 ANÁLISE/ENGENHARIA DO VALOR NOS ESTADOS UNIDOS

1.2.1 Histórico e evolução

O sucesso da metodologia de Miles foi tão grande, que em 1952 começou um intenso programa de seminários na General Electric Company para treinar seus executivos e gerências médias. Em conseqüência, cerca de 120 engenheiros praticavam AV já em 1960 nessa empresa.

A fundação da SAVE foi um marco muito importante na divulgação, tanto no país quanto no exterior, da AV/EV, o que trouxe como conseqüência um desenvolvimento ainda maior. Com o intuito de promover maior comunicação entre seus membros, a SAVE publicou em 1962 o *Journal of Value Engineering*, editado por Marvin Kaplan (Heller, 1971).

A adoção em 1962, pelo Departamento de Defesa, dos ASPR permitiu aos fornecedores participar das reduções de custos através de AV/EV, trazendo grandes benefícios para a nação.

Vários outros órgãos federais adotaram AV/EV, entre os quais pode ser citado o U.S. Navy Bureau of Yards & Docks, que em 1963 tornou-se a primeira agência federal de construção a incluir cláusulas de EV nos contratos. Em 1964, a U.S. Corps of Engineers iniciou seu programa de EV, que teve, como os demais programas, um grande suporte do Secretário de Defesa Robert McNamara.

Em 1965, após tanto entusiasmo e bons resultados, cerca de 6.000 engenheiros em 1.000 empresas atuavam em AV/EV, enquanto cerca de 50 organismos promoviam o treinamento necessário.

Em 1967, a Comissão do Senado para trabalhos públicos estudou o uso de AV/EV nos Serviços do Governo Federal. O Departamento de Correios e Telégrafos e a NASA adotaram seu uso no fim dessa década.

Em 1970, após estudo da Comissão Diretiva de Pesquisa da Construção, foi recomendado pelo Congresso dos Estados Unidos o uso de AV/EV nos projetos de estradas, enquanto a Administração de Serviços Gerais dos Serviços de Construções Públicas iniciou seu programa incluindo o uso de cláusulas de incentivos nos contratos de construção (Chutter, 1979). O Departamento de Saúde, Educação e Bem-Estar aderiu à utilização de AV/EV em 1971.

A partir de 1972, os arquitetos, engenheiros civis e empreiteiros começaram a freqüentar e participar das conferências anuais da SAVE, engrossando os seguidores dessa abordagem, contribuindo com apresentações de trabalhos nas suas especialidades.

Em 1973, o Conselho de Engenheiros Consultores Americanos e o Instituto Americano de Arquitetos começaram seus programas de seminários de uma semana para qualificar seus membros.

Com a difusão e o uso de AV/EV, aumentou ainda mais o interesse no treinamento e, assim, consultores, agências públicas e universidades passaram a oferecer cursos no assunto, notadamente a Universidade Northeastern, a Universidade da California em Los Angeles (UCLA) e a Universidade de Wisconsin.

O programa de AV/EV levado a cabo no Departamento de Defesa foi objeto de um estudo, que resultou num evento acadêmico, pois foi aprovada uma tese sobre o assunto, para a obtenção de grau de doutor em Administração Pública (Romani, 1975), na Universidade George Washington.

Foi de fundamental importância a contribuição feita pela área de compras, pois qualquer modificação interna iria resultar também em modificações externas à empresa por um lado, enquanto, por outro, todas as informações provenientes dos fornecedores seriam muito importantes aos projetistas durante a fase de concepção de novos produtos. A Associação Nacional de Compradores Americanos começou a interessar-se por AV/EV ainda na década de sessenta, tendo mantido os necessários contatos com a SAVE, além de ter publicado sistematicamente nas suas revistas artigos bem ilustrados (Les Porter, 1976; Miles, 1980), bibliografias, além de anúncios de cursos e de consultores que atuavam na área. Como todo bom fornecedor é um especialista em seu campo de atuação, ele gera informações importantíssimas para seus clientes. Um dos concursos organizados pela *Purchasing Magazine* teve uma repercussão ímpar, pela riqueza de informações divulgadas para compradores e projetistas (Dowst, 1977). Os fornecedores foram classificados por áreas como: componentes mecânicos, componentes eletrônicos, materiais, embalagens, operações de manufatura e manuseio de materiais.

A contribuição por parte de vários periódicos foi fundamental, pois cada um atingiu um público diferente. Assim, Assembly Engineering publicou uma metodologia desenvolvida pela ITT, baseada em AV/EV (Barrows, 1968; ITT, 1968). O Product Engineering, que identificou a metodologia como vantajosa para seus leitores, publicou, além de artigos avulsos (Leslie, 1963; Frick, 1964 e Proctor, 1964), uma série de cinco lições de AV/EV (Ruggles, 1963; Huggins, 1964 a, b, 1965; Bytheway, 1965). De forma indireta, a *Harvard Business Review* publicou artigos sobre mudança tecnológica (Schoen, 1969; Bright, 1970), *Management Review, Human Resource Management, S.A.M. Advanced Management Journal, Business Horizons, Technological Forecasting and Social Change* e *The Mckinsey Quaterly* publicaram, sob diversas abordagens, o assunto (Nunes, 1972; Schwarz, 1974; Williams, C, 1975; Brief e Filley, 1976; Berg, Chen e Zissis, 1976; Forbis e Mehta, 1981).

À medida que apareciam e eram desenvolvidas idéias para a utilização de AV/EV nas empresas particulares, o sucesso tornava-se público e, sem perda de tempo, as forças armadas americanas também exploravam as suas vantagens.

A variedade dos assuntos abordados por essa metodologia é enorme. Para dar uma idéia de alguns, podem ser citados: na indústria química, na igreja, na Transworld Airlines, que iniciou em 1968 um estudo amplo em escala mundial de AV/EV, com resultados surpreendentes, no mercado de capitais, na área de hipotecas, na área de manutenção, em ecologia (com vistas em preservar cardumes de salmão e de trutas nos rios e correntes no lado noroeste do Oceano Pacífico), no mercado de vendas (que possibilitou adicionalmente melhorar a comunicação entre o pessoal de mercadologia e o de engenharia, utilizando o conceito do valor), na programação de carreira para executivos, na área de qualidade, em aplicações com vistas em economia de energia (assunto que começou a ser crescentemente estudado a partir de 1973) e na área social.

Na década de setenta, a abordagem de AV/EV teve uma aplicação muito importante na área administrativa, com o *overhead value analysis* e suas variações, pois constitui-se numa ferramenta poderosíssima para atacar custos inúteis decorrentes de pessoal indireto e da própria estrutura da organização, usualmente não aplicáveis aos estudos geralmente abordados pelas ferramentas comuns da Engenharia Industrial clássica. Os custos indiretos constituem-se no componente mais significativo e crescente dos custos na atualidade.

Devido à importância enorme que tem a AV/EV na área de construção civil e com o estímulo ocasionado pelas autoridades governamentais, veio formando-se uma literatura especializada particularmente a partir da década de setenta. Sem dúvida, a partir do desafio lançado pelo Senador Jennings, presidente da Comissão do Senado de Trabalhos Públicos, para que se inclua crescentemente um conceito mais humanístico ao mesmo tempo que prático às obras públicas (Randolph, 1972), é que foi dado um grande impulso ao uso dessa metodologia. Outrossim, os engenheiros pertencentes aos órgãos públicos, tanto das forças armadas como civis, produziram um farto material, baseado na experiência que se ia acumulando.

Em 12 de maio de 1977, houve a famosa Resolução nº 172 do Senado dos Estados Unidos: "A Análise do Valor é um método comprovado de conservar energia, melhorar os serviços e economizar dinheiro ... sempre aplicável quando há uma função e método de medi-la ... que rende para cada dólar investido US$ 12.84 em média ... que apresentou sucesso na indústria privada gerando lucros adicionais e melhores produtos e serviços ... resolve que todos os Ministérios e Agências governamentais devem utilizar sempre que possível a AV para obter o máximo de economia e eficiência."

Sendo a AV/EV uma metodologia, é claro que pode ser aplicada em qualquer campo de atividade, o que ocorre atualmente.

1.2.2 Atividades no departamento de defesa

Anteriormente ao uso de AV/EV, fornecedores ficavam de tal maneira felizes quando conseguiam realizar modificações no sentido de reduzir seus custos que não exigiam aprovação do cliente e conseqüente alteração do contrato. Esses casos aconteciam comumente, rendendo economia total aos fornecedores. Naqueles casos em que havia tal necessidade, a economia era dividida com o contratante, constituindo-se num fator restritivo. Para contornar tal fato, foi decidido compensar por meio de incentivos o uso de AV/EV, permitindo ao fornecedor usufruir de boa parte da economia proveniente de tais propostas. A justificativa para tal procedimento reside no fato de que o uso de AV/EV por um fornecedor é considerado um esforço adicional ao que é esperado dele.

Embora certo número de técnicas tenha sido usado para prover o fornecedor com motivação "financeira" para a execução da AV/EV, as abordagens usuais caem essencialmente em duas categorias: a primeira é através da provisão de incentivos baseados em resultados reais conseguidos por programas voluntários de AV/EV; a segunda através da inclusão nos contratos de requisitos de programas específicos para AV/EV com fundos do Departamento de Defesa e conseqüente fiscalização e orientação. Em ambos os casos, para que a proposta de modificação seja elegível ao incentivo, deve resultar uma alteração de contrato. Tais mudanças, definidas no MIL-STD-480, são chamadas *Value Engineering Change Proposals* (VECP), muito utilizadas atualmente.

Os resultados obtidos pelo exército norte-americano, conforme Strickland, foram bastante bons no ano fiscal de 1979, pois 361 fornecedores submeteram, após trabalhos de consultores contratados, uma economia estimada de US$ 43,8 milhões, sendo o retorno sobre o investimento de 14/1 após a divisão com os fornecedores. Em se tratando de trabalhos executados internamente, 1.879 propostas foram aprovadas com economia de US$ 216 milhões no primeiro ano, sendo o retorno em mesmas condições de 19/1 (Strickland, 1980).

Ainda da mesma fonte foi extraído o quadro a seguir, para o ano fiscal de 1979, onde pode ser constatada a potencialidade por setor de atividade de AV/EV no Departamento de Defesa.

Quadro 1.1 *Economias obtidas com consultores externos e internos.*

(em US$ milhões)

Setor	Com consultores internos	Com consultores contratados	Total
Exército	216,5	43,8	260,3
Marinha	114,7	1,7	116,4
Aeronáutica	200,4	10,9	211,3
Outros	28,0	11,1	39,1
TOTAL	559,6	67,5	627,1

O montante de US$ 627,1 milhões, comparável ao total de importações de fertilizantes efetuado pelo Brasil, tão necessário ao sonhado desenvolvimento da agricultura, durante 1980 (FGV, 1982), é apenas a economia obtida por esse plano com uma pequena parcela dos usuários de AV/EV.

As economias obtidas saltaram para US$ 830 milhões em 1981 e para US$ 1,2 bilhão em 1982, com retorno sobre o investimento de 46% (*Value Digest*, 1983).

O Corpo de Engenheiros do Exército Americano possui um programa de Engenharia do Valor desde 1964. A aplicação da metodologia de EV tem propiciado vultosas economias, inclusive com a participação das contratadas, que também sugerem modificações por meio do VECP (*Value Engineering Change Proposal* – Proposta de Alteração de Engenharia do Valor). Os resultados obtidos estão indicados no Quadro 1.1 (*Office of The Chief of Engineers*, 1991).

Quadro 1.2 *Economia obtida pelo Corpo de Engenheiros do Exército Americano.*

Ano	Economia obtida (em US$ bilhão)
84	1,35
85	1,40
86	1,50
87	1,60
88	1,80
89	2,00
90	2,08
91	2,30

O Departamento de Defesa economizou, em conjunto com alguns fornecedores, valores como US$ 1,386 bilhão com a Hughes Aircraft Co., Los Angeles; US$ 125 milhões com a Honeywell, em Hopkins; US$ 1,1 milhão com a Martin Marietta Eletronics & Missile Group, Orlando (King, 1990).

1.2.3 A "Society of American Value Engineers"

Como já mencionado, a SAVE foi, sem dúvida alguma, a grande responsável pela divulgação, desenvolvimento e internacionalização da AV/EV.

Havia, em 1982, 1.172 associados, subdivididos em 37 capítulos nos Estados Unidos, que incluíam 71 associados em 19 países (SAVE, Membership Directory, 1982-83).

As conferências internacionais que realiza anualmente constituem-se numa oportunidade de conhecimentos entre pessoas de diferentes empresas, cidades ou países. Normalmente, com as apresentações, há seminários, cursos e outras atividades que tendem a completar o ambiente criado nessas conferências. Posteriormente, são publicadas as atas que se constituem no único material existente. Atualmente, apesar de haver uma predominância americana, há apresentadores japoneses, europeus e outros, que trazem os últimos avanços e resultados obtidos em seus países e suas empresas, nas disciplinas do valor, assim como em seu uso por novas profissões.

A sociedade publica e distribui a seus membros a revista *Value World* e o boletim *Interactions*, com informações sobre novas literaturas de interesse ao sócio, eventos dos diversos capítulos do SAVE e respectivos assuntos tratados, artigos e anúncios de cursos.

Para efeito de ilustração, seguem algumas informações sobre as últimas conferências internacionais.

Quadro 1.3 *Informações sobre as últimas Conferências Internacionais da SAVE.*

Ano	Nº de apresentações	Nº de páginas das atas
1977	—	—
⋮	⋮	⋮
1982	—	—
1983	41	236
1984	39	245
1985	40	275
1986	35	232
1987	56	393
1988	39	287
1989	35	285
1990	31	310
1991	30	210
1992	45	301
1993	40	244

1.2.4 Literatura mais importante nos EUA

Material rico sobre o assunto foi publicado pelo Departamento de Defesa, pela SAVE e AMA (American Management Association). As empresas também normalmente promovem treinamentos internos onde são lançados materiais que, junto com os de seus consultores, formam uma guia de orientação e material de apoio para seminários, uma das formas mais eficientes de introdução de AV/EV numa empresa. Foram publicados alguns livros específicos sobre AV/EV, dos quais seguem destaques das abordagens de seus autores.

Miles escreveu a primeira obra reconhecida com o nome de *Análise do Valor*, enquanto trabalhava para a General Electric. Trata-se de um trabalho repleto de exemplos, cujo ponto central reside no fato de que, se existem custos, parte deles é inútil, seja para um produto, um procedimento ou um processo (Miles, 1961).

A Associação Americana de Administração publicou uma série de conferências dadas por pessoal da indústria e do governo. A contribuição oficial do ministro da defesa foi preciosa, e os estudos apresentados neste livro (Falcon, 1964) vêm principalmente de fornecedores desse ministério.

A Sociedade Americana de Engenheiros de Ferramentas e Manufatura (ASTME) publicou uma obra de referência composta por artigos de vários autores abordando aspectos teóricos, princípios e administração de AV/EV na indústria (Wilson, F., 1967).

Clawson, um consultor, fez um resumo geral sobre a matéria existente na época, com um enorme poder de síntese (Clawson, 1970).

Heller, um dos colegas de Miles, conceituou brilhantemente os fundamentos de AV/EV e introduziu o VAMP (*Value Analysis of Management Practices*) aplicado pioneiramente ao estudo das organizações (Heller, 1971).

Fallon, também um dos colegas de Miles, explicou de maneira simples os conceitos do valor, tendo dado inúmeros exemplos e comparações (Fallon, 1971).

Mudge introduziu uma avaliação numérica que permite comparar relativamente as funções entre si, dentro de um mesmo produto, permitindo assim uma decisão mais criteriosa de como atacar um produto com vistas na redução de custos (Mudge, 1981). Posteriormente, tendo se aposentado da Joy Manufacturing, onde ocupara o cargo de vice-presidente de Análise do Valor, publicou dois livros em 1989: *Gerenciamento de um Programa de Sucesso*, em que mostra como os ingredientes apontados no primeiro livro são aplicados, e *Mudança Inovativa – 101 Casos*, em que comenta em detalhes uma grande faixa de aplicações da Metodologia (Mudge, 1989).

Creasy reuniu num volume uma série de técnicas para atacar os custos no sentido mais amplo, fazendo complementar as técnicas de análise do valor com as clássicas de engenharia industrial (Creasy, 1971).

Fasal, um professor universitário, tendo trabalhado na indústria, propôs uma abordagem mais racional utilizando técnicas correntes de Engenharia Industrial, porém de forma mais rica que Creasy (Fasal, 1972).

Com o uso de AV/EV pelos engenheiros civis, vários autores adaptaram AV/EV para a área de construções. Assim, Dell'Isola, um dos pioneiros, apresentou uma abordagem organizada para reduzir custos de construção e de sua manutenção, válida para escolas, hospitais, escritórios, apartamentos, laboratórios e obras públicas (Dell'Isola, 1982). Em seguida ele revisou e complementou sua obra (Dell'Isola, 1988). O'Brien mostrou um guia de bom senso realístico de oportunidades de economia de tempo e dinheiro no ciclo inteiro de um projeto de construção (O'Brien, 1976). Macedo, Dobrow e O'Rourke escreveram uma obra de referência abordando os vários aspectos de uma construção, desde o seu financiamento, projeto, planejamento e construção, a ser realizada tanto por profissionais quanto por estudantes da área (Macedo, Dobrow e O'Rourke, 1978).

Larry Zimmerman e Glen D. Hart escreveram uma obra onde os proprietários projetistas e contratantes podem encontrar um método para reduzir custos e aumentar o valor (Hart e Zimmerman, 1982).

Donald Parker, um dos pioneiros, publicou uma edição revisada de um livro-texto para principiantes em Engenharia do Valor (Parker, 1985).

Thomas Snodgrass e Muthiah Kasi publicaram uma obra sobre Análise Funcional, com farta exemplificação (Snodgrass e Kasi, 1986).

Jerry Kaufman, que já foi presidente da SAVE e é um membro ativo da Sociedade, escreveu um livro atualizado sobre a Metodologia do Valor, de fácil leitura (Kaufman, 1986).

Nos Estados Unidos, a utilização da Análise do Valor e Engenharia do Valor foi rapidamente estendida aos contratos de aquisição do Governo. O custo de propriedade, compreendendo o conjunto dos custos de aquisição, operacionais e de manutenção, deve ser reduzido. Um processo utilizado para conseguir tal redução é o encorajamento das contratadas para exercitar as cláusulas de Engenharia do Valor em seus contratos. Estas cláusulas estimulam a contratada a iniciar, desenvolver e submeter propostas de redução de custos durante o desempenho de um contrato, que envolve alterações nos requisitos do contrato. A cláusula convida a contratada a submeter alterações, bem como requerer do Governo, que é a contratante, a repartir toda a redução de custos resultante da aprovação das propostas de alteração. Nesta área, William Copperman escreveu uma obra para facilitar tanto a contratante quanto a contratada no sentido de conseguir benefícios do programa (Copperman, 1986).

Com o crescimento do número de disciplinas emergentes, que resultou de projetos, processos, produtos e serviços amplos, multidisciplinares e de alta tecnologia, foi escrito um primeiro livro da série Novas Dimensões em Engenharia por Jack V. Michaels e William P. Wood, abordando as disciplinas de Engenharia do Valor, estimativa e controle de custos e projeto para qualidade (Michaels e Wood, 1989).

Finalmente é necessário ressaltar a existência da Fundação Lawrence D. Miles, uma entidade sem fins lucrativos dedicada ao avanço do estado da arte na Metodologia do Valor através do planejamento, pesquisa e educação, cujo atual presidente é Harold Tufty, também eleito em 1990 para a presidência da SAVE para o biênio 1990-1992.

Com vistas em complementar as informações sobre AV/EV nos Estados Unidos, é editada uma publicação periódica desde 1960, a *Value Digest Engineering & Management*, Tufty Communications.

Atualmente, as atividades da SAVE estão bastante intensas, havendo permanente campanha para aumento dos associados.

Para o biênio 1994-1996 foi eleita pela primeira vez uma mulher, Ginger Willingham, para a presidência da entidade. Ela havia sido vice-presidente executiva da gestão anterior projetando-se como grande entusiasta da AV.

1.3 A ANÁLISE/ENGENHARIA DO VALOR NO CANADÁ

Devido à proximidade com os Estados Unidos, a introdução e aplicação de AV/EV vem de longa data, congregando-se os engenheiros de valor na Canadian Society of Value Technology.

Foi escrita uma obra mostrando o estado da arte até a época, sendo a conclusão a de que não há fórmula universal para atacar um problema e que cada analista deve utilizar o material disponível na medida da necessidade (Czerwinski, 1966).

Bebbington, da United Aircraft of Canada Ltd., escreveu sobre as realizações conseguidas por meio de AV/EV na empresa (Bebbington, 1968 e 1974).

Na área de construção civil, há uma contribuição de AV/EV para o governo canadense (Chutter, 1979) e na área de economia de energia em construções, outra contribuição importante (Charette, 1980).

Um caso interessante de Gerenciamento do Valor foi apresentado na Conferência Internacional da SAVE em 1992 (Glover, 1992). Trata-se de um complexo ferroviário que serve a todo o país cujo desempenho estava deixando a desejar. A equipe de trabalho concentrou-se nos seguintes objetivos:

– Definir claramente os papéis e responsabilidades da empresa gestora no que diz respeito à manutenção do equipamento.

– Criar uma organização para suportar as soluções recomendadas.

– Obter o compromisso da equipe para as soluções propostas e aquelas já implantadas.

A 1ª Conferência Internacional de AV no Canadá foi realizada em fevereiro de 1993, patrocinado pela CVAS (*Canadian Value Analysis Society*).

1.4 A DIFUSÃO NA EUROPA

A atividade da AV/EV chegou à Europa graças a empresas locais filiadas a matrizes americanas onde tal atividade já era reconhecida e valorizada. O papel dos consultores, ligados ou não a empresas americanas, foi preponderante.

Dos países europeus, o Reino Unido foi o primeiro a tirar proveito da experiência americana, vindo em seguida a Alemanha Ocidental, a Áustria, os países escandinavos e a Holanda.

A empresa Mead Carney International, uma daquelas que contribuíram para a implantação na Europa, enfrentou dificuldades na tarefa (Carney, 1966): gerência média fraca, relação diferente de mão-de-obra e de material com relação à dos Estados Unidos, nível menor de aceitação de qualquer mudança. O fato de uma metodologia ser bem-sucedida e estabelecida nos Estados Unidos não indica automaticamente que ela possa ser transferida com êxito para outro país.

Dos três tipos de programas existentes de AV/EV – programas de treinamento, seminários de trabalho e programas demonstrativos – o que melhor resultado apresentou foi o último, o que pode ser explicado pelos motivos acima.

A aplicação para custos administrativos foi também defendida por Carney (Carney, 1968) no contexto das disciplinas do valor.

Na verdade foi a partir da segunda metade da década de 70 que os europeus começaram a implantar a Análise do Valor nos seus vários países e mais recentemente em 1987 que a Comunidade Européia instituiu o Programa Estratégico para a Inovação e Transferência de Tecnologia (SPRINT). Este programa consiste em promover a inovação nas economias da Comunidade e a rápida penetração dessas Economias pelas novas tecnologias que se tornam disponíveis.

O objetivo principal do SPRINT é o seguinte:

- reforçar a infra-estrutura européia de serviços para a inovação, pela criação de recursos intracomunitários.

Uma das metas do programa SPRINT é a de promover disciplinas de gestão apropriadas para aumentar a competitividade das empresas européias. Nesse sentido, a Análise do Valor pode ser definida como uma técnica de gestão que guia empresas na execução e na pesquisa da inovação e do progresso tecnológico.

Atualmente, há três ações específicas apoiadas pela SPRINT para promover a Análise do Valor na Europa:

- publicação de um glossário multilingue para a Análise do Valor;
- organização de conferências de promoção nos diversos países, a fim de conhecer melhor a Análise do Valor;
- estudo de necessidade em ações transnacionais de treinamento de Análise do Valor.

Os objetivos e interesses de uma ação européia são:

- Desenvolvimento de intercâmbios comunitários na área de Análise do Valor;
- Circulação e enriquecimento de competências de acordo com culturas e oportunidades locais;
- Harmonização de conceitos e métodos, para enriquecer e desenvolver os intercâmbios. Uma primeira etapa já em andamento consiste no estabelecimento de um glossário de termos comuns utilizados em Análise do Valor;
- Reconhecimento de equivalências;
- Ações de Treinamento.

Os países que compõem a Comunidade Européia de Análise do Valor são: Alemanha, Bélgica, Dinamarca, Espanha, França, Holanda, Inglaterra, Irlanda, Itália, Portugal e Suíça.

Cada país realiza anualmente um Congresso de Análise do Valor nacional. Além disso, foi decidido realizar também congressos europeus com a presença de vários países. Assim, foi realizado o 1º Congresso Europeu de Análise do Valor em 1989, na Itália. No ano seguinte foi realizado o 2º Congresso Europeu de Análise do Valor, em Paris, França, com grande sucesso. A comissão de organização foi composta pelas associações italiana, belga e britânica de Análise do Valor e teve a participação das associações espanhola, italiana, holandesa, portuguesa, alemã e brasileira de Análise do Valor. Foram 43 apresentações divididas em 12 áreas. O 3º Congresso Europeu de Análise do Valor foi realizado na Alemanha, em 1992. Foi na capital da Baváría, com 300 participantes de 19 países do leste e do oriente. Foram feitas 23 apresentações em dois ambientes simultâneos. Os japoneses fizeram dez apresentações. O 4º Congresso Europeu de Análise do Valor foi realizado em novembro de 1993 em Sevilha, na Espanha. O 5º Congresso Europeu de Análise do Valor realizou-se em outubro de 1994, na Inglaterra.

1.4.1 Alemanha

A tradução da obra de Fallon para o alemão (Fallon, 1971) juntou-se a algumas obras já existentes sobre o assunto (Kourim, 1968; Orth, 1968; Demmer, 1969; e Christmann, 1973).

Independentemente da utilização por filiais de empresas internacionais, houve um movimento governamental que, após uma experiência em 10 cidades, culminou na elaboração da norma DIN 69910 (Instituto Alemão de Normatização) e VDI 2801 (Sociedade de Engenheiros Alemães) em novembro de 1973. Essa norma metodiza o plano de trabalho de Miles de maneira detalhada.

Krehl e Ried, consultores, escreveram uma série de trabalhos abordando diferentes aspectos de AV/EV (Krehl e Ried, 1972; Ried, 1973 e 1975; Krehl, 1980; e Ried, 1980 *a* e *b*).

Em 19 de outubro de 1977, foi realizada uma Conferência Internacional de Análise do Valor em Munique, onde os apresentadores abordaram diferentes aspectos de AV/EV, porém com um enfoque bastante conservador (Reichen, 1980).

A Siemens, a Bosch e a Philips, entre outras, utilizam essa metodologia com sucesso (Alldephi, 1978; Lapstich, 1980).

Na área de construção civil, foram feitas divulgações (Burchard, 1979).

A associação que congrega os praticantes de Análise do Valor é o VDI Zentrum Wertanalyse (ZWA), criado em 1974, uma divisão técnica da Associação de Engenheiros (VDI). Ela promove dois congressos de Análise do Valor por ano e possui um programa de treinamento em quatro níveis:

– iniciação em Análise do Valor;
– treinamento em nível 1 com qualificação de Analista do Valor;
– treinamento em nível 2 com qualificação de "animador";
– treinamento para treinador.

A abordagem alemã de Análise do Valor é a de um sistema que permite resolver problemas. O sistema é definido como a interação de três elementos: o método, o comportamento e a direção.

1.4.2 Áustria

O desenvolvimento de AV/EV na Áustria foi favorecido pela proximidade com a Alemanha e pelo uso do mesmo idioma. A adoção do AV/EV no currículo das escolas superiores ajudou na propagação direta de AV/EV nas empresas austríacas. A execução de projetos-pilotos e o suporte do Ministério da Indústria e Comércio constituíram fatores importantes na introdução dessa metodologia.

Em 1971, com membros da Comissão de Normatização do Instituto Austríaco de Normas, foi fundado o primeiro grupo para estudar AV/EV na Áustria, resultando na norma A6751. Em 1977 já existiam 40 participantes, que tiveram como grande tarefa adaptar a aplicação da metodologia para pequenas firmas, pois são as que predominam nesse país (2.545 com mais de 50 funcionários e 663 com mais de 200).

O que torna tal missão mais desafiante é a grande diversificação que as caracteriza, assim como a idéia de trabalhar em grupo e de forma interdisciplinar (Kaniowsky, 1977).

Não possuem uma associação, mas constituem um dos 19 grupos regionais da ZWA Alemã.

1.4.3 Bélgica

A AVD (*Association pour le Développement de l'Analyse de la Valeur*) foi fundada em 1984 e congrega os praticantes de Análise do Valor. Existe uma seção de língua francesa e outra holandesa. Promove treinamento e está na fase de convencer empresas e serviços públicos da vantagem da Análise do Valor. Realiza de três a quatro reuniões anualmente. No Centro Técnico e Científico da Construção Civil são feitas pesquisas com Análise do Valor.

1.4.4 Escandinávia

Os países escandinavos aceitaram facilmente a metodologia (Carney, 1966); um dos grandes promotores foi Rand, membro de várias organizações européias e diretor da Asbjörn Habberstad, uma empresa de consultoria com escritórios em Oslo, Estocolmo, Copenhague e Helsinque (Fallon, 1973), e, naturalmente, membro da SAVE. Publicou vários trabalhos, sendo os primeiros com vistas na difusão da metodologia (Rand, 1967 e 1969) e posteriormente outros mais sofisticados (Rand, 1975) e difíceis, como o de um famoso estaleiro norueguês que, passando dificuldades, ameaçado de encerrar suas atividades, após um projeto que aplicava o conceito do valor, teve seu planejamento estratégico revisto, acabando por permanecer no mercado (Rand, 1979).

Autores locais garantiram a existência de literatura sobre AV/EV (Ollner, 1967; Riseng, 1970), além da tradução sueca da monografia *Value and Decision*, de Fallon (Fallon, 1969).

Em 1972, foi realizada uma conferência internacional da Sociedade Escandinava de Análise de Valor (SCANVAVE) em Lahti, na Finlândia, para a qual Fallon foi convidado por Rand. Durante esse simpósio, foi claramente mencionado que os finlandeses apenas puderam competir com sua indústria em ambos os lados da cortina de ferro graças à AV/EV (Fallon, 1973). Para se ter uma idéia da intensidade dessa atividade, basta citar que a SCANVAVE possui três vezes mais associados do que a SAVE, proporcionalmente à população.

Alguns trabalhos começaram como simples redução de custos e evoluíram para um instrumento de gerência, com aplicação nas áreas de planejamento a longo prazo, orçamentos e análise de sistemas (Ghosal, 1972).

A SCANVAVE atuou decisivamente no treinamento dessa disciplina no período 1964-73, tendo promovido programas básicos de aprendizagem na razão de 1.000 pessoas por ano (Vegstein, 1973).

Na área de construção civil, tiveram destaque dois trabalhos na Dinamarca (Pederson, 1979 *a* e *b*) e um na Finlândia (Murros, 1979).

Na Dinamarca não há uma associação específica para Análise do Valor. Esta atividade é promovida pela *Danish Technological Intitute* (DTI). Jornais e livros são publicados para facilitar o treinamento.

1.4.5 Espanha

Existe a *Associacion Española de Analisis del Valor* (ANAVA), criada em 1989. Limitada à Catalunha, existe a ACAV (*Association Catalane d'análise de la Valeur*). Promovem treinamento e participam de cooperação transacional para a aplicação da Análise do Valor.

1.4.6 França

Em 1958 foi formado um movimento para a introdução de AV/EV na França, porém foi em 1961 que ações foram tomadas e somente em 1964 que a bola de neve se formou. Foi necessário de início contornar algumas reações. As críticas de ser muito empírica e de não trazer de início muita lógica e originalidade em comparação com outras técnicas foram algumas razões para a resistência à metodologia vinda dos EUA.

A consultora Mead Carney France S.A., uma das divulgadoras do método, publicou um excelente trabalho sobre custos para mostrar a função "distribuição" (Frouin, 1972).

Gouze, um dos maiores divulgadores dessa metodologia, trabalhou durante 15 anos na Alsthom, sócia francesa da General Electric, onde teve o primeiro contato com AV. Atualmente, dedica-se à consultoria, tendo atuado também na Bélgica, Itália e Espanha. Escreveu inúmeros artigos sobre AV/EV, abordando notadamente a interface com as gerências envolvidas. Foi um assíduo freqüentador e colaborador das conferências internacionais da SAVE (Gouze, 1966; 1968; 1969; 1971; 1975; 1976; 1977; e 1979).

Jouineau, outro entusiasta inveterado da metodologia, publicou um livro sobre o assunto, onde enfatiza a necessidade de uma abordagem européia e particularmente francesa para vencer os obstáculos à introdução de AV/EV entre os franceses. Não trouxe contribuição especial, porém enfatiza a função do animador (Jouineau, 1968 *a*). Em 1968 Jouineau fundou a CETEGE, uma companhia de consultoria, e publicou vários trabalhos (Jouineau, 1968 *b*; 1971; 1975).

A companhia automobilística Peugeot, fabricante de carros de qualidade, introduziu AV/EV em 1965. Em 1967 a Renault, companhia estatal, iniciou o uso dessa técnica, contando com a ajuda de consultores estrangeiros, efetuando aplicações concretas na parte mecânica dos modelos R-4, R-10 e R-16 de seus carros. Por questões de prioridade, o assunto ficou abandonado à própria sorte até 1972, quando foi relançado pela diretoria da companhia.

Depoimento muito interessante é o de componentes franceses do grupo de trabalho de AV/EV para a construção do avião *Airbus*, resultante da cooperação entre Alemanha Ocidental, Reino Unido, Holanda, França e Espanha, projeto iniciado em 1969 e terminado em 1975, com um excelente resultado (Penna, 1979; Tassinari, 1979).

Importantes aplicações foram feitas na França nos domínios das indústrias de eletricidade, eletrônica, automóveis, máquinas-ferramentas, aparelhos de medição, aeronáutica, eletrodomésticos, caldeiraria. Atualmente, tanto grandes quanto pequenas empresas utilizam AV/EV.

Periódicos como *Machine Moderne* (Machine Moderne, 1970), *Management France* (Costes e Parker, 1973), *Direction et Gestion* (Berthier e Panel, 1976), *Travail et Méthodes* (Vassal, 1976 e Lefèbvre, 1976), *Acheteurs* (Lefèbvre, 1971) e *Bulletin Technique* (Beullac, 1975) divulgaram AV/EV nos seus vários aspectos.

Com o objetivo de melhorar as economias no período de integração, foram descritos quatro casos típicos de implantação, analisando erros e propondo correções para futuros estudos (Besnard, 1971).

Com vistas no treinamento, um excelente material foi escrito pela *Télécommunications Radioélectriques et Téléphoniques* (Chenu e Hureau, s.d.).

Na área da construção civil, pesquisas foram feitas (Omega, 1979; Litaudon, 1979 *a, b, c, d*; Urien, 1979).

Autores conhecidos na França e ativos colaboradores da AFAV (*Association Française pour l'Analyse de la Valeur*) são Jean Chevalier, Serge Bellut, Bernard Adam e Claude Petitdemange entre outros. A AFNOR, Associação Francesa de Normas, editou as normas X-50-150, 151, 152 e 153 sobre Análise do Valor, sendo que uma delas trata do Caderno de Encargos Funcional (CdeEF), um documento através do qual o requerente exprime sua necessidade (ou aquela que está encarregado de traduzir) em termos de funções, de serviço e de restrições. Para cada uma delas são definidos os critérios de apreciação e seus níveis. Para cada um destes níveis é prevista uma flexibilidade. As conseqüências são que o estabelecimento de um CdeEF supõe uma pesquisa que permite determinar precisamente as necessidades do utilizador; a finalidade é a de obter uma resposta à proposição do produto mais apto para satisfazer o serviço atendido nas condições presentes, pelo preço ou custo mínimo, razão pela qual o CdeEF apenas exprime as exigências de resultados sem fazer nenhuma exigência aos meios; um critério de apreciação (de natureza qualitativa) é acompanhado de uma escala permitindo situar o nível (de natureza quantitativa) do critério de apreciação.

A AFAV (*Association Française pour l'Analyse de la Valeur*), criada em 1978, congrega 800 praticantes. É uma das associações européias mais ativas, tendo publicado brochuras e livros, além de ter desenvolvido um *software* para explorar os conceitos fundamentais da Análise do Valor e sua filosofia. Organiza a cada dois anos um congresso internacional, além de uma jornada de sensibilização anual. Possui 13 grupos regionais que organizam e participam dos acontecimentos onde se fala e se explica principalmente a dirigentes de pequenas e médias empresas o que pode ser obtido através da Análise do Valor. Possui um sistema de intercâmbio de experiências onde os utilizadores falam de seus resultados.

O treinamento é intensivo, havendo diferentes cursos de iniciação, de compras e avançados. Possui diferentes comissões que são de: formação, comunicação, congressos, certificação, metodologia, consultoria, qualidade e acordo entre os consultores.

A AFAV mantém relações com diferentes ministérios, como o da Indústria, da Pesquisa e Tecnologia e o de Educação.

1.4.7 Holanda

O início de AV/EV deu-se por intermédio de consultores, como na maior parte dos países, tendo havido uma boa receptividade.

Com o fim de promover a atividade, foi escrita uma série de cinco artigos no periódico *De Constructeur* (van der Hoek, 1966), que mostravam a aplicação de AV/EV em diversas disciplinas.

Posteriormente, essa metodologia foi incluída no curso de engenharia da Universidade de Twente (Kroonenberg, 1975).

A Philips, por intermédio de seu Departamento de Eficiência Técnica e Organização, traduziu o material de Miles (Postma, 1966) e, percebendo as vantagens de sua aplicação, começou a desenvolver material próprio de divulgação (Blankevoort, 1968; 1973 *a* e 1976; v.d. Ven, 1975; Thiellier e Blankevoort, 1976).

Em seguida, técnicas próprias foram adaptadas especialmente no tocante ao desenvolvimento de produtos.

Na área de construção civil, foram feitas pesquisas (Diepeveen e Benes, 1979).

Há um grupo chamado WWA (*Werkgroep Waarde Analyse*) ligado à DACE, criado em 1985 para promover a aplicação das técnicas de Análise do Valor, promover troca de experiência e assegurar o desenvolvimento de programas de treinamento, desenvolver um modelo organizacional para a integração Análise do Valor com Engenharia do Valor e assegurar o relacionamento com diversos organismos internacionais.

1.4.8 Hungria

No Instituto de Construção Econômica e Organização da Hungria são feitas pesquisas sobre o uso da Análise do Valor (Szoke, 1979, *a* e *b*). Ainda em 1978 foi instituída a norma MI 8871-77-T 00 para o uso da Análise do Valor. Atualmente, a implantação da Análise do Valor começa a se dar de maneira sistemática e em vários ramos. Organizaram uma Conferência Internacional em Budapeste, em 1993.

1.4.9 Inglaterra

Após a publicação de Miles, que na época foi o único autor a tratar de AV conhecido na Inglaterra, houve um período de efervescência, quando suas técnicas começaram a ser aplicadas.

Em 1964, Miles, estando de visita à Europa, em contato com Howard Leslie, com este fundou a Value Engineering Ltd., a primeira empresa de consultoria inglesa a aplicar tal metodologia. Speirs, da Mead Carney Ltd., foi também um dos pioneiros a difundir a AV/EV na Inglaterra (Speirs, 1963). Hunt, um consultor carismático, fundou a Value Control Ltd., introduziu a metodologia em várias empresas e preparou uma excelente publicação com vistas em difundir AV/EV (*Engineering Industry Training Board*, s.d.).

Percebida a vantagem de sua utilização, as melhores faculdades propuseram cursos de formação em AV/EV, enquanto o British Productivity Council organizou seminários destinados a associações locais de produtividade e publicou um livreto que se tornou famoso, pois de forma sucinta e didática mostrou exemplos reais de empresas britânicas, indicando as respectivas economias geradas com o uso de AV/EV e mencionando ainda dados com vistas em possibilitar contatos concretos e profícuos para os interessados (B.P.C., s.d).

A primeira empresa que aplicou AV fora dos Estados Unidos, da qual se tem notícia, foi a Colt International Ltd., em 1960, na fabricação de aquecedores (Tavernier, 1975). Em seguida, a Rolls Royce, na sua atividade de aeromotores, e uma série de outras empresas, como a Joseph Lucas Ltd., Associated Electrical Industries Ltd., Burroughs Machines Ltd., Dunlop Rubber Company Ltd., National Cash Register Company e a Philips Electrical Industries Ltd., fizeram uso dessa metodologia com grande sucesso.

Gage publicou um livro sobre AV/EV com contribuição de várias empresas, tendo-se colocado como um divulgador do que se fez até então com respeito a essa metodologia na Inglaterra. Trouxe ainda uma contribuição metodológica, com seu plano de trabalho de 12 perguntas (Gage, 1971).

Oughton contribuiu ao desenvolvimento dessa metodologia com uma obra bastante sucinta de apreciação geral que incluía a utilização de computador (Oughton, 1969).

Raven escreveu um livro onde, além de citar os princípios básicos de AV/EV, analisa igualmente os preços de compra (Raven, 1971).

Do ponto de vista de divulgação, o British Institute of Management promoveu essa metodologia por meio de uma série de periódicos, cada um enviando mensagens a seu público especializado, como *Work Study* (Walton, 1976; Davies, 1978 e 1981), *Time and Motion Study* (Speirs, 1964), *Management Accounting* (Bentley, 1975), *Management Today* (1976), *Engineering* (Lee, 1976) e *Management in Action* (Smith, 1975).

Em 1966 foi criada a IVM (*Institute of Value Management*). Na Inglaterra está sendo dada atenção ao Gerenciamento do Valor da Mudança, o que garante que os elementos essenciais – direção, organização e aspectos humanos – sejam parte integrante do compromisso e da execução de filosofias e metodologias do valor.

1.4.10 Irlanda

Na Irlanda, há aplicações de Análise do Valor na Indústria de Construção (Boland, 1979). A agência irlandesa de Ciência e Tecnologia instituiu a EOLAS, que desde 1987 está operando sob a direção de um Conselho Diretor nomeado pelo Ministério da Indústria e Comércio. Esta Agência é que dirige a aplicação na Indústria e na Educação no sentido de fortalecê-la. Ela executa pesquisas. Sua estratégia é a de promover o desenvolvimento de uma capacidade técnica permanente em empresas. Promove a Metodologia da Análise do Valor em produtos, melhorando a qualidade, projeto e desenvolvimento de produto, além de melhorar a eficiência. Utiliza tecnologias emergentes.

1.4.11 Itália

Na década de sessenta, a indústria italiana, principalmente a de consumo, tendo em vista a redução do custo de mão-de-obra e de material, introduziu sistematicamente a análise funcional.

A Olivetti foi uma dessas companhias. Técnicos norte-americanos foram convidados para iniciar um treinamento, cujos resultados começaram a aparecer em máquinas de escrever e de calcular, entre outras.

A Pirelli também foi uma das primeiras companhias que treinou seus funcionários sistematicamente.

A grande mola propulsora foi sem dúvida a SAVE americana, por intermédio da literatura escrita sobre o assunto. As empresas de consultoria, principalmente as americanas, praticamente acabaram por introduzir a metodologia.

A Associação Italiana para Estudos de Trabalho (AISL) promoveu, em setembro de 1978, a Primeira Reunião Nacional de Análise do Valor, em Verona. Após as apresentações, foi feita uma "mesa redonda" com a participação dos melhores especialistas italianos; nela, o presidente da Intersind (Associação de Companhias Industriais) e também presidente da Alfa Romeo enfatizou a importância do estudo e da aplicação das metodologias do valor para fazer frente à competição internacional (Sanvenero, 1979).

Outrossim, várias aplicações foram feitas em diferentes ramos da indústria.

A aplicação de AV/EV foi bem-sucedida num importante grupo petroquímico, tendo originado uma economia de 19%, muito bem-vinda e necessária após a crise do petróleo (Sanvenero, 1977).

O programa de AV/EV foi implantado na Alfa Romeo, empresa que sempre criou carros famosos, porém com custos crescentes e tornando-se não competitiva. Em média, os custos de determinado modelo estudado foram reduzidos em 16% (Tenenti, 1979).

Literatura de boa qualidade foi produzida na Universidade de Pisa. Além de artigos de divulgação (Andreoli, s.d.), há um que merece destaque, sobre o processamento em computador para otimizar as especificações de um produto, serviço ou sistema (d'Ascanio, 1974) e sobre AV aplicada a funções visando o bem-estar da comunidade (d'Ascanio, 1975).

No campo da construção, foi originado um material interessante na Universidade de Gênova (Dandri, 1979), sobre as atividades do Conselho Internacional de construção no campo de AV/EV.

A AIAV (*Associazione Italiana per l'Analise del Valore*) foi fundada em 1985, congregando aquelas pessoas que são entusiastas da Análise do Valor, e que promoveu o primeiro Congresso Europeu em outubro de 1989.

As atividades principais da AIAV são principalmente orientadas para desenvolver e propagar a metodologia no país e no estrangeiro. Publica, como em geral as demais associações, um periódico. A cada dois anos organiza um Congresso Internacional.

1.4.12 Portugal

Em 1988 foi fundada a APAV (Associação Portuguesa para a Análise do Valor), que vem trabalhando intensamente com vistas a preparar o país para a Comunidade Européia.

Para incentivar as empresas no uso da Análise do Valor, há um sistema de Incentivos Financeiros do PEDIP que tem por objetivo o fortalecimento da estrutura produtiva e da base tecnológica industrial. Isto é feito incentivando a inovação e a modernização das empresas industriais, designadamente através da elevação dos níveis de qualidade, eficiência e grau de competitividade das mesmas, tendo em consideração as respectivas implicações ambientais.

O LNETI (Laboratório Nacional de Engenharia e Tecnologia Industrial), órgão do Ministério da Indústria ligado aos aspectos de tecnologia, está atuando para a introdução da metodologia de Análise do Valor. Foram realizadas duas Jornadas de Análise do Valor em outubro de 1988 com a participação da Associação Européia e do SPRINT.

Trabalha em estreita colaboração com associações de outros países, publica um periódico e de tempos em tempos material de congressos.

1.4.13 Suíça

Não existe uma associação suíça para os praticantes da Análise do Valor, porém muitos trabalhos são feitos. Na Escola Politécnica Federal da Suíça existem trabalhos sobre construção civil (Csillagy, 1979) e sobre trabalhos de organização (Frohlich, 1978). A Suíça participa de um dos grupos regionais da ZWA, em Zurique.

1.5 A INTRODUÇÃO NA ÁFRICA DO SUL

Na África do Sul, devido a peculiaridades e tipos de problemas enfrentados, a tendência foi a de seguir um caminho levemente diferente daquele dos demais países. Foi van Heerden que apresentou trabalhos na SAVE, e que após um período de treinamento nos Estados Unidos na Universidade de Wisconsin, em 1967, deu realmente um impulso na implantação de AV/EV, quando começou a atuar como consultor, em 1972.

Os tipos de problemas encontrados nesse país foram abordados como pura redução de custos, porém ligados a problemas amplos de grandes projetos, e com uma variedade de assuntos desde a mineração até a agricultura, passando por indústria e comércio, tendo como pano de fundo uma constante pressão inflacionária.

Ao longo do tempo, em função dos estudos realizados, chegaram a uma filosofia que tinha em vista produzir principalmente uma maneira de pensar mais efetiva, sendo a redução de custos apenas um subproduto.

Devido à natureza dos problemas abordados, a tendência foi não utilizar o famoso "Plano de Trabalho" de Miles (Miles, 1961), mas um "Plano de Raciocínio", baseado em estudos de De Bono. Os resultados atingidos foram tão espetaculares que a difusão de tal metodologia foi acelerada (van Heerden, 1976 e 1980).

1.6 A INTRODUÇÃO NA ÍNDIA

A Índia teve seu primeiro seminário sobre AV/EV em março de 1977, em Bombaim, com a participação de especialistas norte-americanos. Uma conseqüência foi a fundação da INVEST (Indian Value Engineering Society), sob a coordenação de Venkataramanan, assíduo participante das conferências internacionais da SAVE (Venkataramanan, 1977 e 1979).

Considerando a importância que tem a agricultura no país, assim como o baixo nível de mecanização, torna-se muito importante o uso das carroças para a locomoção entre as fazendas, como também os implementos agrícolas adaptados para a situação e cultura locais. Seguindo essa linha de raciocínio, foi desenvolvido, com participação de fornecedores locais, e apresentado por Sethi, que foi o primeiro presidente da INVEST, o projeto de um veículo que pode ser atrelado a animais, e ao qual pode ser adaptado um implemento agrícola (Sethi, 1979). Esse projeto teve o patrocínio do Instituto Hindu de Administração em Bangalore e pela Steel Authority of India Ltd., em Nova Déli, ambos organismos governamentais.

Na indústria do aço na Índia, essa metodologia foi iniciada em 1978, com bons resultados (Venkataramanan, 1978, 1980 e 1981).

Em 1992 houve uma apresentação de G. Jagannatham, que deu uma visão geral de melhoramento do modelo aplicado a uma usina de aço.

1.7 O USO DE AV/EV NO JAPÃO

Enquanto nos demais países a introdução de AV/EV foi baseada em consultores, algumas vezes com tímido apoio da universidade e pouco suporte do governo, no Japão o processo foi bem diferente.

Em 1964 foi feito o primeiro seminário de AV/EV no Japão, com participação norte-americana. Ainda no mesmo ano, uma delegação composta pelos participantes desse seminário visitou os Estados Unidos, para tomar o primeiro contato com o que se fazia com relação à disciplina no seu país de origem (Tamai, 1966).

O processo de implantação da metodologia começou de forma muito intensa com um treinamento em massa do pessoal, tendo a participação do Instituto de Administração de Empresas de Tóquio.

Em 1972, a SJVE (Society of Japanese Value Engineers) teve a conferência anual com 600 participantes (nesse ano a conferência da SAVE teve 400), sendo que certa companhia mandou um grupo de 130 participantes e outra de 64, enquanto em países ocidentais, particularmente nos Estados Unidos, as empresas mandam no máximo cerca de cinco participantes cada. O livro de Miles, que é fundamental para os iniciantes, vendeu mais exemplares no Japão que no seu país de origem (Fallon, 1973).

O esforço para ensinar a treinar os interessados foi amplo e contou inclusive com professores da Universidade de Tóquio. Devidamente adaptada para as condições locais, foi bem explicada a abordagem funcional, com sua respectiva avaliação numérica, considerando o valor-meta a ser conseguido para as funções (M. Tanaka, 1973).

Uma das companhias pioneiras na utilização de AV/EV foi a Japan Steel Works, que conseguiu excelentes resultados na fábrica de Hiroshima, promovendo a metodologia entre os funcionários de gerência média (T. Tanaka, 1972). Em seguida, promoveram a integração da disciplina de AV/EV na Engenharia Industrial, tendo treinado a primeira linha de supervisores e engenheiros de métodos, cerca de 300 pessoas (T. Tanaka, 1974). Uma vez que internamente o processo fora iniciado, a função de compras foi a seguinte a ser enriquecida com a metodologia (Tatsudan, 1974). Devido aos resultados obtidos, a AV/EV foi também introduzida na fábrica de Muroran de forjados e fundidos (Matsuo, 1974).

Uma aplicação do "Plano de Trabalho" de Miles foi desenvolvida de maneira engenhosa na Victor Co., fábrica de televisores (Ogawa, 1974). Com vistas em identificar projetos rentáveis de AV/EV, foi desenvolvida na fábrica de equipamentos especiais a técnica de *worst index figure*, visando manter a posição competitiva da Victor Co. na indústria (Hoshino, 1977), o que foi brilhantemente conseguido.

Para melhorar o desempenho da gerência, foi desenvolvida uma técnica na Yaskawa Electric Mfg. Co., que permite identificar e definir problemas usando um diagrama funcional invertido (Yoshihara, 1978 *a*). Outro trabalho que combinou o diagrama funcional com a avaliação teórica e permitiu uma abordagem ótima de projetos foi apresentado e aplicado nessa empresa (Yoshihara, 1978 *b*).

Um plano de trabalho completo foi desenvolvido pela Kawasaki Heavy Industries Ltd., tendo em mente o envolvimento da gerência e o ciclo integral de projeto, visando eliminar custos desnecessários (Esaki, 1977) e (Esaki e Yamaguchi, 1979).

A empresa Daikin Kogyo desenvolveu a técnica de "Lista de Atributos" para facilitar o treinamento de análise funcional para todos os funcionários, incluindo desde operadores até auxiliares de escritório; ela reconhece que esse foi um dos assuntos mais difíceis que tiveram até hoje para ensinar (Tsukuda, 1978).

Com vistas na sistematização das diversas fases do plano de trabalho de AV/EV, a SJVE patrocinou um estudo sobre o uso prático de diagramas de bloco de funções/custos. Esse trabalho, executado de maneira original e completa, deu ênfase à avaliação funcional. Após o término (levou um ano), seus resultados foram divulgados na forma de manuais distribuídos para todas as empresas interessadas (Wada, 1978).

Pode ser concluído que no Japão a preocupação maior quanto a AV/EV não foi simplesmente a de implantação ou participação na SAVE, mas de tirar proveito da metodologia, em primeiro lugar, e tornar permanentes as implantações, não dependentes portanto de pessoas, uma vez que todas são treinadas, trazendo o proveito coletivo e não o individual.

O vice-presidente da Matsushita Electric Works Ltd., de Osaka, deixou bastante clara sua filosofia quando afirmou que a finalidade da empresa é a "criação do valor" (Kanaya, 1979).

É freqüente uma delegação numerosa japonesa em todas as conferências da SAVE e mesmo em algumas européias.

Uma análise do ocorrido no Japão mostra que na década de 60, quando a produção em massa era a abordagem utilizada, a Análise do Valor era dirigida para o produto e os objetivos eram concentrados em reduzir os custos. Na década de 70, porém, houve a necessidade de desenvolver novos produtos e a Análise do Valor foi utilizada para a concepção, com o objetivo de otimizar as funções. Já na década de 80 houve necessidade de satisfazer o cliente, e a Análise do Valor foi utilizada para a real inovação e o desenvolvimento de produtos novos. Foi a época em que os produtos japoneses invadiram os mercados americanos e europeus. Finalmente, na década de 90, os japoneses embarcaram na criação de mercado a partir de necessidades. Neste caso, a Análise do Valor passou a ser utilizada para o Gerenciamento do Valor com vistas a envolver toda a empresa para satisfazer o cliente.

No 3º Congresso Europeu de Análise do Valor (1991, em Munique), a delegação japonesa fez uma apresentação geral sobre a Análise do Valor no Japão e apresentou oito trabalhos.

A economia anual em relação ao faturamento é de 7% em média.

Alguns dizem que o sucesso do Gerenciamento do Valor no Japão se deve a sete pontos:

1. Comprometimento da Direção;
2. O mecanismo de Gerenciamento e da Execução da Análise do Valor;
3. Os treinamentos disponíveis de Análise do Valor na indústria japonesa;
4. O papel do treinamento de Análise do Valor no desenvolvimento da Análise do Valor;
5. A extensão do domínio de exploração;
6. Os intercâmbios entre empresas;
7. O papel desempenhado pela SJVE.

1.8 ANÁLISE DO VALOR NA CHINA

Existem cada vez mais freqüentes apresentações de trabalhos nos congressos da SAVE de trabalhos de especialistas da China.

Em 1992, um trabalho teórico foi apresentado por Ma Quingguo, professor universitário e vice-presidente da Sociedade de Engenharia do Valor, porém o início foi realmente em 1983, quando por três anos seguidos Ma Quingguo apresentou trabalhos conceituais nas conferências da SAVE.

Na realidade, as atividades de Análise do Valor começaram na China em 1978. Foi Shen Shengbai, graduado na Universidade Columbia, que falou pela primeira vez sobre Análise do Valor aos chineses.

Em 1981 foi realizada a primeira Conferência de Engenharia do Valor no setor mecânico. Em 1987 foi fundada a Sociedade de Pesquisa de Engenharia do Valor dentro da Associação Chinesa de Empresas Mecânicas, em Pequim, sob a presidência do então ministro da Indústria Mecânica.

Uma reunião de Engenharia do Valor foi organizada por um grupo de especialistas em 1982. Desde 1978 Xangai tornou-se uma das cidades que mais aplicou Engenharia do Valor na China.

Em 1982, a primeira exposição sobre Engenharia do Valor em Xangai foi realizada pela Associação Chinesa. Foi uma oportunidade para trocas de experiência. Mais de 100.000 pessoas que trabalhavam na cidade foram treinadas em Análise do Valor. Em 1987 foi publicada a primeira norma sobre Engenharia do Valor na China.

Considerando toda a evolução, alguns estágios podem ser considerados. O primeiro ocorreu no período 1978 – 1986, incluindo a introdução da Engenharia do Valor e a imediata aplicação. A prática de Engenharia do Valor veio em conjunto com as campanhas de melhoramento da produção. Em várias empresas foram feitas campanhas. Com a introdução da norma chinesa sobre Engenharia do Valor foi iniciada a segunda etapa, que permanece até hoje.

Na Coréia do Sul como na China os praticantes apresentam métodos novos. Assim, em 1991 Sung Nak-Kil, do grupo de trabalho da divisão de motores da Goldstar Company Ltd., apresentou um trabalho na SAVE.

1.9 A INTRODUÇÃO NO BRASIL

As primeiras notícias do uso de AV/EV no Brasil são de Campinas, onde a Companhia Industrial Palmeiras (CIP), atualmente Singer do Brasil S.A., promoveu em 1964 um seminário com a participação de um consultor americano.

Em 1965, a General Electric, empenhada no aumento do valor de seus produtos, introduziu, como em outros países, também no Brasil a metodologia.

Coincidindo nessa época, foram traduzidos artigos sobre o assunto na Escola de Administração de Empresas de São Paulo da Fundação Getúlio Vargas, por K. Weil (Miles, 1962; Posser, 1966).

Na década de sessenta, foram publicados artigos que tratavam dos conceitos básicos de AV/EV em várias revistas técnicas como *Direção, Engenheiro Moderno e Engenharia*, com vistas na divulgação (*Direção*, 1963 e 1964; Ida, 1968 e s.d.).

Em 1971, a Mercedes-Benz, que dominou essa atividade em sua matriz, introduziu AV/EV em sua fábrica brasileira, como ainda também a Bendix.

Nesse mesmo ano, a Philips, fundamentada nos livros de Miles e de F. Wilson, organizou um seminário de conscientização, reunindo pessoas e produtos de todas suas fábricas, e procedeu a um ataque cerrado em todos aqueles produtos por vários grupos pluridisciplinares. Os resultados mostraram a validade da metodologia (Csillag, 1972).

A partir da década de setenta, surgiram consultores, cursos para empresas e artigos em revistas como *Engenharia, Exame e Dirigente Industrial* (Ida, 1971; Jacobsen, 1975 e 1979; *Exame*, 1981, 1983 e 1984).

Devido à sua importância, foram incluídos alguns capítulos de AV/EV nos programas de certas disciplinas de Engenharia e Administração de Empresas (Weil, 1970; Csillag, 1970 e 1981).

Em 1975, a Volkswagen do Brasil implantou o sistema seguindo orientação alemã, tendo utilizado uma equipe permanente que se ocupou do assunto em tempo integral, e, além de atacar os problemas internos, executou também trabalhos em fornecedores. Possui um material didático bastante completo (Volkswagen, 1980), baseado na norma DIN 69910 e VDI 2801, que se constitui numa metodização do sistema americano.

Em 1977, na Philips, foi iniciada a preparação de material adequado de apoio, para a implantação de AV/EV nas suas várias fábricas. (Feder e Csillag, 1977; de Almeida, 1979, 1980 e 1981.)

Nas décadas de 80 e 90, uma série de empresas iniciaram a implantação da Engenharia/Análise do Valor, algumas das quais continuando até hoje na manutenção e usufruto das vantagens da metodologia. Assim, a Siemens, Klabin, TRW, Freios Varga, Yanmar, Brown Boveri, Consul, Engesa, Faço, Cia. Suzano de Papel e Celulose, Casas Pernambucanas, BASF, Volkswagen, Mercedes-Benz, General Motors, Trol, Itautec, Unisys entre outras chegaram a aplicar esta metodologia. Entre as empresas públicas devem ser citadas a Eletropaulo, a Petrobrás, a Embraer, Telebrás e a Cia. Siderúrgica de Tubarão.

Na Escola de Administração de Empresas de São Paulo, da Fundação Getúlio Vargas, foi oferecido um seminário semestral exclusivo sobre Engenharia do Valor (Muhr, s.d.). Com a mudança de currículo em 1980 da Escola de Engenharia Mauá, foi introduzida a disciplina *Engenharia do Valor*, semestral, obrigatória no quinto ano do curso de Engenharia Mecânica (IMT, 1981).

Através da atuação de Herbert L. Stukart, pioneiro e entusiasta da implementação da AV no Brasil, seu amigo pessoal Lawrence Miles esteve entre nós em maio de 1983, participando de um seminário internacional de AV, em convênio com a Associação Brasileira de Administração de Material e sob o patrocínio da General Electric do Brasil S.A. e da Klabin do Paraná (Stukart *et alii* 1984).

Em 10 de maio de 1983 iniciaram-se os preparativos para a criação da Associação Brasileira de Engenharia e Análise do Valor (ABEAV), e em 28 de setembro de 1984 foi oficialmente constituída. Atualmente, a ABEAV conta com aproximadamente 150 associados entre pessoas físicas e jurídicas, realizando quatro a cinco reuniões técnicas por ano em empresas, além de produzir um boletim técnico periódico.

Em 1989 foi instituído pela ABEAV o primeiro prêmio de Excelência em Engenharia e Análise do Valor, que distribuiu um troféu e cinco menções honrosas a empresas que mais se destacaram na prática da Análise do Valor. Estes prêmios foram concedidos em 1991 e 1993 para a General Motors do Brasil.

O Brasil participou nos anos de 1988, 1989 e 1990 da reunião da SAVE nos EUA, tendo um de seus apresentadores ganho o prêmio de melhor trabalho do ano de 1988.

A economia brasileira veio enfrentando dificuldades crescentes ligadas à balança de pagamentos (Furtado, 1982). A necessidade de pagar a dívida externa e principalmente a de reduzir preços de venda para manter a competitividade trouxe um desenvolvimento mais acentuado da Análise do Valor no Brasil.

Em 1986, com o primeiro choque heterodoxo na economia, as empresas perceberam a crescente necessidade de reduzir custos. Atualmente, na década de 90, não parece provável que o Brasil será privilegiado com investimentos internacionais na mesma proporção que no passado, tornando imperiosa a administração dos nossos recursos de maneira mais eficiente. Assim, tem havido uma procura maior por treinamento e aprendizagem desta potente metodologia, que permite não só reduzir o custo para o fabricante como ainda aumentar o valor percebido para os usuários.

Em dezembro de 1994 foi o 4º ano consecutivo que um concurso realizado na Escola de Engenharia Mauá confere prêmios aos melhores trabalhos realizados por alunos do 5º ano. Tal premiação é conferida por uma comissão formada por especialistas que atuam nas indústrias. No último concurso participaram representantes da Fiat, General Motors, IBM, Mercedes-Benz e Rhodia, além do presidente da ABEAV.

A ABEAV vem realizando reuniões em diversos pontos do país para divulgar a Análise do Valor. Em 1994, houve reuniões no Rio Grande do Sul, em Santa Catarina, na Bahia, em Minas Gerais e no Rio de Janeiro, além de São Paulo.

Há um programa de certificação para especialistas habilitados no Valor (EHV).

Na presente conjuntura, com a redução da inflação, pressionadas pela concorrencia internacional, as empresas tendem a reduzir seus custos e não procuram apenas ter ganhos fáceis através de especulações financeiras.

Muitas empresas possuem um programa sólido de Análise do Valor e, apesar de estarem em dia com as metodologias, como QFD, TQM, Reengenharia, continuam praticando a Análise do Valor como programa efetivo.

1.10 FEDERAÇÃO MUNDIAL DAS SOCIEDADES DO VALOR

Há um movimento internacional para formar uma Federação Mundial das Sociedades do Valor. Em geral, as reuniões são feitas a cada meio ano, ora durante as reuniões da SAVE em geral em abril/maio, ora em outubro/novembro durante as conferências européias, quando os dirigentes das várias associações se encontram. Estão sendo dados passos importantes para a concretização deste projeto.

1.11 COMENTÁRIOS FINAIS

Como já se viu nos itens anteriores, a AV/EV se iniciou nos Estados Unidos de uma forma pragmática, dentro de empresas que visavam o lucro. Expandiu-se rapidamente noutras empresas e em órgãos governamentais, através de seminários, livros, artigos e cursos em universidades. Os resultados conseguidos foram motivadores de sua difusão, ultrapassando as fronteiras do país, tendo recebido aprovação em outros países.

A introdução dependeu em cada país do apoio governamental recebido ou de ajuda de associações técnicas nacionais, sempre proporcionalmente ao treinamento adaptado às circunstâncias locais. O Japão seguiu rigidamente esses preceitos, proporcionou um treinamento em massa, aderiu às idéias básicas de Miles e desenvolveu métodos e técnicas próprias especialmente adaptadas às necessidades de seu país. A título de ilustração, vale mencionar que a obra do pesquisador inglês De Bono, *O uso do pensamento lateral*, vendeu maior quantidade de volumes *per capita* no Japão que o *Love Story* nos EUA, e que em seu país de origem apenas conseguiu esgotar a primeira edição após tornar-se famoso no Japão (van Heerder, 1976).

Apesar do grande esforço para implementar a metodologia nos vários países, há uma resistência, mesmo nos EUA. Essa resistência se desfaz com treinamentos bem ministrados, que geralmente são feitos por consultores que aliam a prática com a teoria. As associações técnicas, ao estabelecer normatizações de procedimentos, contribuíram enormemente nas introduções de AV/EV.

A SAVE, com seus congressos anuais internacionais, constituiu-se num meio de recepção e difusão dos avanços realizados por essa metodologia.

Os princípios de Miles podem ser reconhecidos implicitamente em todas as novas metodologias. Assim, o conhecimento dos princípios de Análise do Valor torna-se importante para a boa compreensão das ferramentas que vêm surgindo para melhorar o desempenho das empresas.

A compreensão da difusão e evolução da AV/EV implica entender os princípios nos quais se baseia essa metodologia, tratados no próximo capítulo.

2
Essência dos conceitos conhecidos da metodologia do valor

Aqui são apresentadas as definições, conceitos importantes e principais aspectos da Metodologia do Valor, que abrangem Análise do Valor, Engenharia do Valor, Controle do Valor e Gerenciamento do Valor. Em seguida, são apresentados os componentes básicos que caracterizam essa metodologia e o Plano de Trabalho de aplicação de Análise do Valor, conforme Miles.

2.1 ALGUMAS DEFINIÇÕES BÁSICAS

2.1.1 Engenharia do Valor

Em 1962, a Comissão de AV/EV da Associação das Indústrias Eletrônicas, incumbida de analisar essa nova metodologia, definiu:

"Engenharia do Valor é a aplicação sistemática de técnicas reconhecidas que:

- identificam a função de um produto ou serviço;
- estabelecem um valor para aquela função; e
- objetivam prover tal função ao menor custo total, sem degradação."

A essa definição, foi acrescida a afirmação: "Análise do Valor é considerada sinônimo de Engenharia do Valor."

Essa definição permanece ainda hoje. Porém, no esforço de adequá-la às circunstâncias atuais, sugere-se a seguinte proposta por Heller:

"Engenharia do Valor é a aplicação sistemática, consciente de um conjunto de técnicas, que identificam funções necessárias, estabelecem valores para as mesmas e desenvolvem alternativas para desempenhá-las ao mínimo custo." (Heller, 1971)

Desta definição fica clara a separação entre o mundo do fornecedor e o do cliente. Se considerar um isqueiro, seu preço pode variar de algumas unidades monetárias até centenas de unidades monetárias.

Todos eles podem funcionar perfeitamente e há mercado para todos.

Torna-se importante entender do ponto de vista do cliente como é que ele decide por uma compra. Do ponto de vista do fornecedor a pergunta é: "com quais critérios modificar ou criar produtos ou serviços?"

Em resumo, a questão é: como melhorar o valor dos nossos bens e serviços sendo fornecedor ou cliente.

Assim, nova definição aparece, explicando melhor a tendência:

> ***Engenharia do Valor é um esforço organizado, dirigido para analisar as funções de bens e serviços para atingir aquelas funções necessárias e características essenciais da maneira mais rentável.***

Analisar funções significa um esforço deliberado para identificar o que está sendo fornecido e do que o mercado necessita. Considerar a *interface* entre as áreas de marketing e de engenharia para definir os requisitos prioritários do ponto de vista do cliente, além de incluir as metas de preço de venda.

As características essenciais mencionadas são aquelas de manutenção, de consumo e assim por diante.

Da maneira mais rentável significa o preço determinado pela geração e avaliação de um conjunto de alternativas incluindo novos conceitos, reconfigurações, eliminação ou combinação de itens, processos ou procedimentos. Devem ser considerados ainda a operação e manutenção do produto durante seu período normal de vida. Consideram-se assim os elementos de *interface* entre engenharia e manufatura.

2.1.2 A evolução da Análise do Valor para o Gerenciamento do Valor

A Análise do Valor é por natureza uma metodologia generalizada porque considera a globalidade dos setores técnicos, produtivos, administrativos, financeiros e de mercado sob o prisma do conceito de "valor", que independe do tipo de produto ou serviço analisado.

Este conceito e os sucessos obtidos usando Análise do Valor conduziram a uma evolução da metodologia.

O conjunto das abordagens sistêmicas passou a ser mais recentemente chamado de Gerenciamento do Valor porque a análise passou de um produto em si para todo o conjunto de atividades conduzidas pela empresa, incluindo investimentos, procedimentos e sistemas organizacionais.

A SAVE procedeu a um estudo em 1975, conhecido como Pesquisa Wilcock, de onde se depreendem algumas definições (Wilson, B., 1980). Assim, por Gerenciamento do Valor aparecem:

- Um esforço sistemático e criativo para identificar e resolver problemas gerenciais por análise das funções gerenciais com vistas em conseguir as

funções requeridas ao mínimo custo total, consistente com requisitos para desempenho e programação.
- Um esforço organizado dirigido à análise das funções de sistemas, produtos, especificações, padrões, práticas e procedimentos com a finalidade de satisfazer às funções requeridas ao menor custo total.

O termo *Gerenciamento do Valor* é agora usado como sinônimo de Análise do Valor ou Engenharia do Valor e está substituindo-os gradativamente.

O Gerenciamento do Valor pode ser utilizado para melhorar o desempenho, qualidade e eficácia das atividades estudadas. Tanto a Análise do Valor quanto o Gerenciamento do Valor têm como objetivo aumentar o *valor*.

2.1.3 Função

O conceito de *função* é fundamental dentro da Metodologia de AV/EV. Considerando a importância desse conceito, várias definições serão dadas, de acordo com a Pesquisa Wilcock:

- A característica a ser obtida do desempenho de um item, se o item realizar sua finalidade, objetivo ou meta. É a finalidade ou motivo da existência de um item ou parte de um item.
- A característica de um item ou serviço que atinge as necessidades e desejos do comprador e/ou usuário.
- A característica de desempenho a ser possuída por um item ou serviço para funcionar ou vender.

Pode ser dito que *função* é o objetivo de um produto ou sistema operando em sua maneira normalmente prescrita, portanto função é "qualquer coisa" que faz o item ou sistema funcionar ou vender. Assim é "aquilo que deve ser desempenhado".

Atividade é a maneira como determinada função está sendo desempenhada.

Sistema é um conjunto de entes que interagem. Um produto ou uma companhia pode ser considerado sistema. No caso de empresas, *função* é o objetivo de atividades desempenhadas por uma ou mais unidades da organização consideradas como sistemas.

Há um número finito de funções que a companhia deve desempenhar e que são independentes do tipo de empresa. No entanto, cada função possui diferentes graus de importância, dependendo da companhia em questão e do momento em que o estudo está sendo realizado. Pode ainda ser dito que as funções devem manter uma relação direta com a missão da companhia. *Atividade*, neste caso, é a soma de um número de operações elementares desempenhadas por um ou mais componentes de uma unidade. O nível de detalhes envolvidos não é determinado antecipadamente, mas dependerá da complexidade do caso em estudo.

2.1.4 Valor

Aristóteles descreveu, há mais de 2.000 anos, sete classes de valor: econômico, político, social, estético, ético, religioso e judicial.

Valor, conforme o dicionário de Aurélio Buarque de Holanda Ferreira, é o "equivalente justo em dinheiro, mercadoria etc., especialmente de coisa que pode ser comprada ou vendida".

Assim, valor é expresso em relação a algo, portanto, por meio de comparação, e pode ser medido em termos monetários.

Concentrando-se no que diz respeito à Metodologia do Valor, definem-se quatro tipos de valores econômicos:

- **Valor de Custo**, como sendo o total de recursos medido em dinheiro, necessário para produzir/obter um item.
- **Valor de Uso**, como a medida monetária das propriedades ou qualidades que possibilitam o desempenho de uso, trabalho ou serviço.
- **Valor de Estima**, como a medida monetária das propriedades, características ou atratividades que tornam desejável sua posse.
- **Valor de Troca**, como a medida monetária das propriedades ou qualidades de um item que possibilitam sua troca por outra coisa.

2.1.5 Desempenho

O desempenho de um produto pode ser definido como o conjunto específico de habilidades funcionais e propriedades que o fazem adequável (e vendável) para uma finalidade específica. Desempenho apropriado requer do produto (ou serviço) um nível predeterminado de: qualidade, confiabilidade, intercambiabilidade, aparência, facilidade de manutenção, e que se satisfaçam todos os requisitos desse nível.

Assim, vários produtos podem servir para a mesma finalidade básica, porém obedecendo a diferentes especificações, determinadas pelas condições sob as quais os produtos serão usados. As diferenças em suas aplicações irão requerer uma diferença em seus projetos, o que será refletido no valor de custo de cada um dos produtos e seus preços.

Como conseqüência da definição da AV/EV, é objetivo básico determinar onde termina o desempenho satisfatório e onde começa o excesso de desempenho, pois a partir desse ponto o seu valor real será diminuído para o usuário. Assim, o valor de um equipamento com potência superior à necessária para sua aplicação terá um valor menor que outro (para a mesma finalidade), que corresponda à potência correta e que tenha, porém, um preço menor.

2.2 O CONCEITO DO VALOR PARA A METODOLOGIA EM QUESTÃO

O valor real de um produto, processo ou sistema é o grau de aceitabilidade de um produto pelo cliente e, portanto, é o índice final do valor econômico. Quanto maior é o valor real de um item sobre outro que sirva para a mesma finalidade, maior será a probabilidade de vencer a concorrência.

O valor real de um item depende tanto de condições locais quanto temporais. Assim, uma geladeira vale mais em regiões tropicais do que no pólo norte; acessórios para árvore de Natal valem mais em dezembro do que em março.

O valor real de um produto, serviço ou processo é sempre uma entidade relativa e corresponde à combinação de tipos específicos de valores. Em geral, aumenta com maiores valores de uso e de estima e diminui com o crescimento do valor de custo.

Valor pode, portanto, ser melhorado relacionando a função ao custo. Esta relação qualitativa pode ser expressa como:

Valor = função/custo

Quando o valor é visto pelo fornecedor, fica

$Valor_f$ = função/custo

e quando visto pelo cliente, fica

Valor Percebido = Benefícios Percebidos/Preço.

O valor, quer visto pelo fornecedor, quer visto pelo cliente, pode ser muito aumentado ao influenciar favoravelmente a função e o custo, isto é, aumentando "função" e reduzindo custo ou medianamente aumentando o numerador e mantendo constante o denominador, ou ainda reduzindo o denominador e mantendo constante o numerador.

Sendo o valor uma entidade relativa, sempre deve poder ser relacionado com um valor-padrão. Este é chamado por diferentes nomes na literatura técnica, tornando assim necessário explicar claramente a diferença entre valor-padrão e valor.

O valor-padrão, daqui para frente chamado "valor", é definido para produtos como o equivalente em dinheiro do desempenho apropriado desses produtos também chamado de *justo necessário*. Representa o custo mínimo de uma peça ou produto acabado, que irá desempenhar confiavelmente as funções, sem prejuízo das especificações requeridas, e que foi produzida usando-se os mais modernos materiais e métodos de manufatura. Assim, o "valor" de um produto indica quanto seu desempenho deve custar e serve como base de comparação com os custos reais.

O valor, por si, de um produto reflete a porcentagem de seu "valor" que pode ser obtido com os materiais e métodos de manufatura empregados; é determinado pela equação:

$$\text{Valor} = \frac{\text{``Valor''}}{\text{Custo real}} \qquad (1)$$

Pode ser concluído que o valor integral é atingido quando a soma dos custos reais de um item for igual ao seu "valor". Por um lado, materiais não apropriados, métodos não econômicos de produção e características ou especificações desnecessárias de desempenho (mais que o desejo do mercado consumidor) irão reduzir o valor. Por outro lado, a utilização de materiais mais baratos e técnicas mais eficientes de manufatura e manuseio, a redução de despesas indiretas e a eliminação de desempenho desnecessário irão aumentar consideravelmente o valor desse item.

Generalizando os conceitos acima para serviços, produtos, processos e sistemas, seguem algumas definições.

"Valor" é:

- uma estimativa da maneira mais econômica de desempenhar uma função (SAVE);
- uma estimativa idealisticamente baixa do custo de realizar uma função requerida (SAVE);
- o custo mais baixo possível de uma função requerida especificada (SAVE);
- a representação do menor gasto necessário para prover a função requerida conforme definida (O'Brien, 1976).

Ainda conforme a pesquisa Wilcock, valor puro representa a relação entre o "valor" monetário de uma entidade e seu custo monetário real, obedecendo à equação (1) dada para produtos.

O'Brien e outros autores preferem usar o nome *Índice de Valor* para a relação (1), que corresponde ao valor-meta ou "valor" dividido pelo custo.

Desde que o objetivo básico seja desempenhar certa função essencial ao mínimo custo ou sacrifício, pode ser concluído que é nessas condições que existirá o valor máximo, ou "valor". Em outras palavras, o "valor" corresponde ao menor sacrifício ou dispêndio de recursos para desempenhar certa função, tanto para o fabricante quanto para o usuário.

Quando aplicado a uma companhia, pode ser dito que "Valor" é o que a Companhia está disposta a fazer para assegurar que determinada função seja desempenhada (Tenenti, 1992).

2.3 COMPONENTES BÁSICOS DA METODOLOGIA

O grande sucesso da metodologia, que garantiu sua penetração nas empresas, baseia-se em certos acontecimentos que ocorreram em épocas determinadas a seus componentes básicos (Csillag, 1981).

Assim, a abordagem funcional elaborada por Miles, que estaria motivado pela falta de materiais, é a primeira dos componentes.

O segundo componente consiste no uso da criatividade, que por coincidência teve popularizadas várias de suas técnicas nessa época.

O esforço multidisciplinar, o terceiro componente, passou a ser muito importante a partir da especialização decorrente da evolução industrial.

Finalmente, o reconhecimento e contorno dos bloqueios mentais para a aceitação das propostas constitui o último dos componentes básicos.

2.3.1 A abordagem funcional

A abordagem funcional pode ser definida como a determinação da natureza essencial de uma finalidade, considerando que todo objeto ou toda ação, para existir, tem ou tinha uma finalidade. Em alguns casos, é clara (lápis faz marcas e borracha remove marcas), enquanto em outros casos, a finalidade deixou de existir, portanto nenhuma função válida é satisfeita (caso dos primeiros dias da Segunda Guerra Mundial, quando tentaram descobrir a tarefa de cinco soldados durante a operação carregar, apontar e disparar um canhão. Foi notado, após filmes em câmera lenta, que um momento antes do disparo dois soldados cessavam as atividades e tomavam posição de sentido durante três segundos. Isso era repetido a cada disparo da peça. Ninguém sabia explicar tal parada, até que um velho coronel, após assistir ao filme, concluiu: "Eles estão segurando os cavalos." [Raudsepp, 1975]).

Analisando o conceito da função tal qual introduzido por Miles, duas conclusões significativas podem ser consideradas:

- o pensamento criativo é bloqueado pela forma física ou pelo conceito dos produtos ou dos serviços existentes;
- concentrando-se a análise nas funções, fica facilitada a remoção de bloqueios para visualização, surgindo oportunidades excepcionais para o pensamento criativo.

Assim, a abordagem funcional reduz o projeto a requisitos chamados *funções*. O processo de definir torna-se um método para remover bloqueios.

2.3.1.1 Anatomia das funções

Para desempenhar eficientemente a abordagem funcional, deve-se passar por um processo semântico, pois *função* deve ser sempre definida por duas palavras: um verbo (atuando sobre algo) e um substantivo (objeto sobre o qual o verbo atua).

Se uma função não puder ser definida com duas palavras, maior entendimento deve ser procurado.

Miles esclarece que "embora a nomeação de funções possa parecer simples, é exatamente o oposto que acontece. É um processo tão difícil e requer tal precisão de raciocínio, que muito cuidado deve ser tomado para evitar o abandono do trabalho antes do seu término".

O processo de definir uma função após a dificuldade contornada ajuda a simplificar a terminologia e cria melhor compreensão, porém requer habilidade, prática e a consciência de que a definição deve ser tal que amplie a oportunidade para pensar criativamente, gerando maior número de possibilidades.

Uma função é o objetivo de uma ação ou de uma atividade que está sendo desempenhada; não é a própria ação. Visa a um resultado que deve ser conseguido, enquanto a ação é um método para realizar o objetivo.

Assim, se a análise recai sobre uma plaqueta metálica comumente parafusada em equipamentos para indicar seu número de ativo fixo, é limitante definir a função como "parafusar plaqueta", explicando a maneira de desempenhar a função. É melhor definir "prender plaqueta" (que poderá ser por meio de rebites ou cola). Se o grau de abstração for ainda maior, poderá ser definida a função como "identificar equipamento" (que pode ser até sem plaqueta, por pintura ou corrosão). Assim, "transmitir torque" e não "girar parafuso", ou "controlar temperatura" e não "esfriar ar".

A escolha do substantivo deve ser tal que tenha um parâmetro mensurável em alguma unidade de medida, como tempo, custo, volume etc. Posto isso, a especificação passa a ser a quantificação de uma função. Assim, define-se "conduzir corrente" que pode ser quantificada.

A função definida com um verbo e substantivo mensurável é dita *função de uso*, em contraste com as funções de estima, que são expressas por verbos e substantivos não mensuráveis, portanto que estabelecem definições qualitativas e análise mais subjetiva, podendo ainda ser medidas por técnicas comparativas.

Seguem alguns exemplos de verbos e substantivos para as funções de uso e de estima.

FUNÇÕES DE USO

Verbo	Substantivo	Unidade de medida
amplificar	corrente	ampère
armazenar	energia	watt/hora
aplicar	força	kgf
autorizar	programa	custo
criar	projeto	tempo
conduzir	corrente	ampère
controlar	ruído	decibel
evitar.	vibração	ciclo/seg.
frezar	metal	cm^3
isolar	calor	graus centígrados
suportar	peso	kgf
transmitir	torque	kgf x cm

FUNÇÕES DE ESTIMA

Verbo	Substantivo
aumentar	beleza
criar	beleza
diminuir	forma
melhorar	aparência

Para perfeita definição de funções com vistas na criatividade, é importante ter em mente algumas questões:

- O que se está realmente tentando fazer quando se desempenha a ação?
- Por que é necessário fazer isso?
- Por que é necessário o componente?

É também necessário ter em mente o papel da função que esteja sendo desempenhada, de maneira muito realista. Deve-se raciocinar conforme a regra de Charles Kettering: "O trabalho manda." Assim, conforme Bytheway, ao analisar um pistão, o analista deve aproximar-se empaticamente, colocar-se no lugar do motor e opinar sobre o pistão.

Se a função em estudo é "tratar termicamente a peça", a descrição do processo é clara, porém não dá margem a pensamento criativo. Para esclarecer melhor, o analista deve utilizar as perguntas:

- O que se está tentando fazer?   Aumentar resistência.
- Por quê?   Evitar quebras.
- Como isso pode ser feito?   Controlar o resfriamento.

As funções agora definidas são mais criativas e as novas perguntas poderiam ser: – Como as quebras podem ser evitadas? – Como controlar o resfriamento?

2.3.1.2 Classificação das funções

As funções são em grandes linhas classificadas em:

- básicas ou primárias; e
- secundárias.

A função básica ou primária é aquela sem a qual o produto ou serviço perderá seu valor e, em alguns casos, a identidade. Em outras palavras, é para a qual o produto ou serviço foram projetados. A função básica de um relógio de pulso é indicar hora; qual será sua utilidade se perder sua função básica?

As funções secundárias ajudam o produto a ser vendido, como: a função "indicar data" (calendário), "contar segundos" (cronômetro), "sinalizar tempo" (despertador). Existem outras funções secundárias que ajudam ou possibilitam o desempenho das demais, quer secundárias ou primárias. Elas correspondem à maneira escolhida pelo fabricante de desempenhar as funções. Assim, as várias peças mecânicas de um relógio convencional possuem funções, como por exemplo armazenar energia (mola), que não existem nos modernos relógios a quartzo. Da mesma maneira, a função "aquecer filamento", existente nas lâmpadas incandescentes, não existe nas fluorescentes, onde o fabricante propõe outra maneira de desempenhar a função "produzir luz".

As funções podem ainda ser classificadas em necessárias, como: indicar hora, indicar a data ou contar segundos, pois o usuário final procura o desempenho dessas funções. Podem ainda ser desnecessárias, que somente estão lá para que o fabricante possa realizar as funções necessárias tanto do ponto de vista do produto como do processo. Assim, um furo de centro para uma peça usinada origina funções desnecessárias para o cliente final, apesar de importantíssimas para o fabricante, considerando seu processo de fabricação. Também é o caso da função "evitar oxidação do filamento" ou "aquecer filamento", "posicionar filamento", típicas da lâmpada incandescente, igualmente desnecessárias para o usuário, porém imprescindíveis para o fabricante. Existem ainda funções que por qualquer motivo deixaram de ser necessárias, como por exemplo "assinar documentos" em alguns casos, e que portanto devem ser eliminadas.

Finalmente, as funções ainda podem ser: de uso e de estima. As de uso possibilitam o funcionamento, como "prender gravata", "indicar hora". As de estima resultam na vontade da posse por parte do usuário, como: "promover estética", "embelezar face". O Quadro 2.1 exemplifica o exposto acima.

Quadro 2.1   *Funções de um cortador de fita colante.*

Item	Função (verbo + subst.)	B/S	N/D.	U/E
Conj. Base	cortar fitas	B	N*	U
	enfeitar mesa	S	N*	E
Base avulsa	posicionar rolo	S	D	U
	posicionar lâmina	S	D	U
	transmitir mensagem	S	D	E
	manter estabilidade	S	N*	U
Espuma de borracha	proteger móveis	S	N*	U
	aumentar atrito	S	N*	U
Carretel	posicionar rolo	S	D	U
	permitir rotação	S	D	U
Lâmina	cortar fita	B	N*	U
Pintura	oferecer estética	S	N*	E

* As funções necessárias possuem importâncias diferentes, podendo ser priorizadas.
 B... básica
 S... secundária
 N... necessária
 D... desnecessária
 U... de uso
 E... de estima

2.3.1.3 Avaliação funcional

Em resumo, a avaliação funcional de um produto constitui um bloco compacto de perguntas e respostas, como segue:

- Quais são as funções básicas e secundárias?
- Qual o custo de cada uma delas?
- Qual o "valor" da função básica?
- De quantas outras formas alternativas pode ser desempenhada a função básica?
- Quanto custarão essas formas alternativas?

A dificuldade naturalmente começa na terceira pergunta, que pede o "valor".

Desde que todos os valores são relativos, uma das técnicas mais diretas é a de "avaliar por comparação", isto é, quantificar o custo de função conhecida a ela comparada.

Assim, para a função "prover luz" de uma lâmpada, a comparação poderá ser feita com um fósforo ou uma lanterna. Dessa maneira, "valores" são determinados para cada uma das funções. Tais "valores" somados darão o valor do produto ou serviço em questão.

A melhor alternativa poderá ser outro produto similar existente, próprio ou de concorrente.

Outro tipo de comparação pode ser feito com o custo dos serviços prestados. Assim, uma análise mostra que a função básica de um lápis (fazer marcas) é desempenhada pela ponta que corresponde a 15% do custo total, conforme Quadro 2.2, o que sugere algumas perguntas como "para que pagar os 85% restantes?". De toda maneira pode-se comparar ao custo de riscar certo comprimento de marcas com várias alternativas de fazer marcas, por exemplo: caneta esferográfica, lapiseira etc. As funções também podem ser avaliadas teoricamente.

Assim, várias alternativas devem ser geradas, algumas vezes testadas e quantificadas, para se proceder à escolha daquela do menor custo que satisfaça à função. Naturalmente, nesse ponto do processo, as respostas à quarta e quinta perguntas também estarão determinadas.

Quadro 2.2 *Estudo das funções de um lápis.*

Componentes	Funções	Custo (Unid. monet.)	%	B/S
Grafite	fazer marcas	0,018	15	B
Madeira	proteger grafite	0,012	10	S
Capa metálica	proteger borracha prender borracha	0,018	15	S S
Borracha	remover marcas	0,018	15	S
Pintura	promover estética	0,018	15	S
Forma de madeira	facilitar manuseio evitar rolar	0,018	15	S
Impressão	transmitir mensagem	0,018	15	S
Total		0,120	100	

2.3.2 A popularização das técnicas de criatividade

Foi em 1950, quando presidente da Associação Americana de Psicologia, que Guilford pronunciou uma conferência intitulada *Criatividade*, a partir da qual este termo passou a ter seu significado em Psicologia. Pode mesmo ser a ele atribuída a função de integração das investigações levadas a cabo até o momento, sob as mais diversas características.

Até então, os princípios utilizados para descobertas eram racionais e lógicos, com os quais se explicam coisas, causas e efeitos. A rigidez da lógica não chega a impedir a criatividade, porém acaba forçando um círculo vicioso, que, para ser rompido, necessita de certa fantasia. A lógica e a criatividade são fundamentalmente opostas e estreitamente complementares em seus princípios, pois enquanto a lógica, no seu rigor, não pode aceitar uma falha, o pensamento criativo não pode fechar-se no rigor da lógica. Todavia, por ocasião de um processo criador, a lógica e a criatividade são utilizadas de maneira concomitante.

Osborn, com o *brainstorming* (Osborn, 1962), iniciou a popularização de técnicas de criatividade, seguido por Gordon e Prince com a sinética, Crawford com a relação de atributos, Whiting com as correlações forçadas, Zwicky e Myron com a análise morfológica. Cursos de criatividade começaram a ser ministrados em escolas, empresas e nas Forças Armadas americanas. De Bono, na Inglaterra, abordou o problema sob um ângulo diferente com o "Pensamento Lateral".

A necessidade de resolver problemas, relacionados com a conquista do espaço e os relacionados com a conquista de mercados, realmente garantiu a popularização das técnicas de criatividade, componente básico para AV/EV.

2.3.3 O esforço multidisciplinar

Atualmente, devido à especialização industrial decorrente da evolução tecnológica, não se pode esperar que um projetista de produtos conheça, precisamente e com detalhes, o método ideal para manufaturar seu projeto e, conseqüentemente, que minimize o custo de produção. O projetista de processos poderia contribuir tanto para o projeto de produtos como para a montagem, caso ele tivesse bons contatos com o pessoal de projetos e com o de montagem. Nesse caso, haveria um aumento na eficácia. No entanto, ele apenas usa o projeto de produto recebido e cria o procedimento de manufatura, estabelecendo e especificando o equipamento e ferramental necessários. O montador é treinado para seguir as especificações que lhe são dadas. Assim, cada pessoa ou grupo que toma parte na seqüência operacional, desde o projeto até o produto acabado, é cônscio de sua própria contribuição e responsável apenas pelos problemas relativos à sua área específica.

A Metodologia do Valor utiliza o pessoal de Mercadologia para definir os requisitos do cliente (inclusive preço), Engenharia para definir o produto e Manufatura para definir o processo de produção conforme metas. Outros especialistas contribuem, como os da área de Compras, de Finanças, de Qualidade etc.

Essa metodologia reúne e confronta todos os conhecimentos especializados e as habilidades disponíveis na organização, coloca-os ao alcance dos interessados, desde o estágio dos requisitos de mercados até os de assistência técnica. A participação dessas disciplinas melhora a comunicação e a compreensão dos requisitos de *input* e de *output* do produto. Como cada disciplina considera o produto através de sua abordagem, o trabalho independente faz com que a solução dos problemas de uma disciplina constitua problemas para as demais.

O envolvimento das diversas disciplinas traz um efeito de sinergia cujo resultado é benéfico para uma equipe.

Adicionalmente, a equipe multidisciplinar permite uma transição ordenada de responsabilidades durante a evolução de um produto, processo ou sistema. Todas as disciplinas são envolvidas antes e depois que as responsabilidades passam de um setor a outro, por meio de uma adequada e necessária coordenação.

Como a empresa é um sistema, suas partes estão interligadas. A equipe multidisciplinar envolvendo fornecedores, processadores e clientes garante o consenso viabilizando e tornando mais rápida a implementação dos projetos de Análise do Valor.

2.3.4 Reconhecimento e contorno de bloqueios mentais

O fato de decidir implementar certas idéias cujas economias já foram pré-calculadas não quer necessariamente dizer que tudo correrá tranqüilamente, pois alguns bloqueios irão ocorrer. Mesmo que em geral as pessoas de mando aceitem normalmente as novas idéias, os realmente responsáveis pela sua implantação terão em geral uma atitude hesitante. Normalmente, a sugestão de uma mudança provoca uma resistência; porém, à medida que as pessoas são realmente envolvidas a ponto de participarem efetivamente das idéias novas, terão orgulho e mesmo ciúmes das mesmas.

Bloqueios, todavia, existem sempre; o importante é identificá-los separadamente para abordá-los de modo eficaz.

Normalmente, a reação de cada pessoa é defender suas idéias passadas, quer seja em termos de projeto de produto, de processo, ou decisão, racionalizando em bases emocionais.

Como não existem fórmulas mágicas, a melhor estratégia é identificar cuidadosamente o motivo do bloqueio. Está sendo quebrada alguma convenção? Está tornando-se obsoleta alguma maneira confortável de solucionar problemas? Está alguém se considerando prejudicado devido a um fato, a uma opinião?

A resistência mais comum a idéias novas decorre da resistência a mudanças, mesmo que pequenas.

Essas atitudes de resistência se traduzem, conforme Mudge, em objeções, que em muitas pessoas são formas de solicitar mais informações. No entanto, os bloqueios podem ser decorrentes de informações erradas ou de uma visão errada porém honesta, segundo Miles. Nesses casos, informações corretas terão que ser injetadas na situação, no tempo certo, e a sua apresentação deverá ser de tal forma que motive o pessoal que decida usá-las.

2.4 O PLANO DE TRABALHO

O Plano de Trabalho criado por Miles, e levemente modificado por diferentes autores, é um instrumento sistematizado que se apresenta numa abordagem fixa, composta por uma série de etapas. No entanto, sua aplicação pode ser flexível, sendo que as etapas abaixo podem ser repetidas de acordo com as circunstâncias.

As fases do plano de Miles são:

- **Fase de Orientação**: na qual devem ser decididos:
  - o que deve ser desempenhado?
  - quais são os desejos e necessidades reais do consumidor?
  - quais são as características e propriedades desejadas quanto ao peso, dimensões, aparência, vida desejada etc.?
- **Fase de Informação**: na qual deverão ser coletados todos os fatos e informações disponíveis sobre: custos, quantidade, fornecedores, investimentos, métodos de manufatura, informações sobre o mercado fornecedor, controle de qualidade, embalagem etc.

Nessa fase é que deve ser determinada a quantia que poderá ser razoavelmente gasta em cada um dos fatores em vista das quantidades, custos e outros fatos pertinentes.

As funções devem ser estabelecidas, definidas e avaliadas. Ainda nessa fase, devem ser determinadas as funções secundárias.

- **Fase Criativa**: tendo adquirido a compreensão e informação, são geradas nessa fase alternativas, fazendo uso de diversas técnicas tanto para partes do problema como para o todo. As alternativas geradas devem ter como conseqüência a eliminação de funções desnecessárias, ou maneiras mais simples de satisfazer a função requerida. Nessa fase, o julgamento deve ser temporariamente suspenso. Especialistas devem ser consultados. Ao final, deve-se ter chegado a uma lista de alternativas.

- **Fase de Análise**: na qual o julgamento passa a ter um papel muito importante. Para cada idéia, uma cuidadosa análise irá indicar a resposta adequada do que falta para funcionar e não do porquê não funciona. Nessa fase, as idéias são quantificadas e as prioridades estabelecidas.

  No fim dessa fase, são decididas quais as alternativas que deverão ser estudadas.

- **Fase de Planejamento do Programa**: dividir o trabalho numa programação de áreas funcionais, por exemplo, mecânica, elétrica, proteção etc. e executar, para cada uma delas, consultas a especialistas e fornecedores. Estabelecer um programa de investigações para prover informações técnicas sobre processos de manufatura etc.

  Suprir todas as informações aos mesmos especialistas e fornecedores para estimular novas aplicações.

- **Fase de Execução do Programa**: na qual coletam-se mais informações pertinentes, especificações devem ser confirmadas e o impacto quanto à qualidade, no ferramental, nos operadores e nos clientes, deve ser avaliado. Quando qualquer sugestão caminha para conclusões de sucesso e as dificuldades são contornadas, fica pronta essa fase.

- **Fase de Resumo e Conclusões**: um resumo claro deve constar da primeira página do relatório. Em casos onde o custo de implementação é muito grande, ou quando a quantidade total produzida não é clara, um gráfico de ponto de equilíbrio faz-se importante.

  Para tornar mais objetiva a apresentação, é interessante mostrar o impacto dos atrasos de aprovação nas economias obtidas.

2.5 DIFERENÇA ENTRE AV/EV E TÉCNICAS DE REDUÇÃO DE CUSTO

Essencialmente, por um lado, as técnicas usuais de redução de custos são dirigidas a peças, o que normalmente significa alteração de métodos de manufatura, aumentos de tolerâncias, redução de espessura de materiais, o que, sem alterarem o projeto, originam reduções de custo. Por outro lado, EV/AV é dirigida a funções (que podem abranger várias peças), resultando em geral em novos projetos que desempenham a mesma função por custos substancialmente menores.

Da equação

$$\text{"Valor"} = \frac{\text{Função}}{\text{Custo}_{min.}}$$

pode-se verificar que um aumento no "valor" não exige necessariamente uma redução de custos, pois pode ser obtido por um aumento na função, desde que pertinente. Logo, uma AV/EV não implica necessariamente reduções de custos, desde que acarrete um aumento no "valor".

A diferença fundamental reside no fato de que AV/EV constitui um esforço deliberado para identificar e selecionar o método de menor custo, entre muitos outros, para satisfazer às necessidades funcionais adequadas. Uma simples idéia que é gerada resultando num menor custo para atingir um requisito de projeto não é AV/EV. Embora a idéia represente provavelmente melhor valor, não houve tentativa para determinar se a idéia representa o melhor valor de uma seleção de alternativas, ou se os requisitos de projeto, sendo satisfeitos, representam o real problema.

O efeito final dessa linha de raciocínio é que o potencial máximo que se pode esperar de técnicas de reduções de custo é muito menor do que aquele possível de se obter com AV/EV.

2.6 METODOLOGIA DO VALOR

Metodologia do Valor é o processo de raciocinar utilizado num esforço deliberado de aplicação dos princípios de Análise do Valor, Engenharia do Valor, Controle do Valor e Gerenciamento do Valor.

Essas disciplinas têm em comum as seguintes etapas:

- coleta e análise de informações;
- abordagem funcional;
- geração de idéias;
- seleção de idéias;
- implementações.

O conjunto das etapas acima constitui um Plano de Trabalho.

Com o intuito de melhorar a compreensão sobre o assunto, foi feita uma exaustiva pesquisa de Planos de Trabalho, para diferentes finalidades, utilizados em diversos países. Constatou-se uma falta de normalização e foi verificada a necessidade de sistematização e unificação de Planos de Trabalho, com vistas em universalizar o modelo final.

No capítulo seguinte, os mesmos são apresentados de acordo com uma classificação por finalidade do projeto.

3
O plano de trabalho

O Plano de Trabalho é a forma sistemática de desenvolvimento e aplicação da Metodologia do Valor. Diversos autores contribuíram com muitas propostas para o Plano de Trabalho, conforme sua aplicação.

3.1 EVOLUÇÃO

A Metodologia do Valor evoluiu nestes últimos 50 anos num conjunto de técnicas bastante sofisticadas. Estas, quando bem e adequadamente escolhidas e usadas, trazem melhoramentos às várias atividades empresariais e governamentais em geral.

Através dos tempos, os praticantes dessa metodologia desenvolveram técnicas de acordo com suas próprias experiências e de acordo com os campos de aplicação em que atuaram. Em geral, essas pessoas aprenderam suas profissões com base na experiência e as transmitiram em forma de seminários, dando preferência a técnicas nas quais confiavam mais.

O procedimento no início para AV/EV foi o de responder às seguintes perguntas:

- qual é o item?
- o que desempenha o item?
- quanto custa o item?
- de que outra maneira pode ser desempenhada a função?
- a que custo?

Com o tempo, cresceu o conjunto de ferramentas para analisar tanto a função quanto o custo do conjunto e dos seus componentes.

Na década de cinqüenta, portanto ainda no início, essa metodologia, que se ocupava de peças simples, passou a atuar também em conjuntos complexos e, mais ainda, em processos e serviços. Por essa época, a equipe atuante passou a ser multidisciplinar de acordo com os trabalhos a serem realizados. Técnicas da área de Psicologia e Ciências Sociais foram incorporadas, assim como relações humanas, pensamento criativo e persuasão, entre outras.

No final da década de sessenta, Bytheway apresentou seu FAST, que foi um passo muito grande no que diz respeito à análise das funções de um produto complexo, pois os praticantes da análise do valor na época ficavam perdidos com as funções de cada peça, subconjunto ou total, sem saber para onde dirigir seus esforços de análise. O diagrama FAST, conforme item 9.10.4, relacionou as funções entre si, hierarquizando-as.

Acima de tudo, tal técnica trouxe uma forma disciplinada de estimular a criatividade e ajudou ainda nas etapas seguintes.

Porém, uma das evoluções importantes originadas no FAST foi a abordagem do comprador/usuário, que abriu novas áreas de aplicação para a metodologia. O conceito de funções básicas conforme necessidades do vendedor/produtor também foi desenvolvido, pois "de nada vale uma obra-prima sem mercado".

A evolução da metodologia favoreceu sua aplicação no planejamento estratégico e na gerência por objetivos, entre outras metodologias. O Plano de Trabalho básico, embora o mesmo, passou por várias modificações e interpretações.

Atualmente, o Gerenciamento do Valor é utilizado para os grandes problemas gerenciais, isto é, aqueles que impactam os resultados da empresa.

3.2 CLASSIFICAÇÃO

Dado o grande número de Planos de Trabalho e suas múltiplas aplicações, é feita aqui uma classificação que usa esse critério.

Assim, os primeiros planos foram dirigidos a peças simples e produtos mais complexos (Peças e Produtos).

Com vistas em estender as vantagens dessa metodologia para toda a área fabril, foram realizadas as primeiras pesquisas por Bruijel e Hunter, que abriram caminhos para abordar não apenas produtos, mas também processos. Essas conclusões passaram a servir também para serviços administrativos e, com alguma adaptação, para fluxos de documentos ou serviços (Processos, Fluxos e Serviços).

Objetivando-se ao gerenciamento de energias, foi também desenvolvido um Plano de Trabalho (Energias).

Com a descoberta pelos engenheiros civis e arquitetos da metodologia do valor, planos foram adaptados para construções (Construções e Instalações).

Tendo em vista o desenvolvimento organizacional, também nessa área foram adaptados Planos de Trabalho (Organizações).

Pensando-se especificamente em vendas, foi criado o conceito do valor do mercado de vendas e um Plano de Trabalho (Área Comercial).

Generalizando, o Plano de Trabalho poderá ser aplicado a grandes sistemas e englobar toda a empresa (Grandes Sistemas).

Finalmente, os especiais estarão também separados (Especiais), por não se enquadrarem nos anteriores.

3.3 A MULTIPLICIDADE DOS PLANOS DE TRABALHO

Uma grande variedade de Planos de Trabalho foi criada; para facilitar a compreensão dos mesmos, eles serão apresentados seguindo-se a classificação proposta.

Uma maneira feliz de representar o Plano de Trabalho, com a indicação das técnicas a serem seguidas em cada fase assim como as questões a serem abordadas, é indicada no Quadro 3.1 e foi proposta pelo Departamento de Defesa dos Estados Unidos (DOD Handbook 5010 8.4, 1968).

3.3.1 Planos para peças e produtos

A título de ilustração, 14 planos considerados dos mais importantes foram coletados para peças e produtos e arranjados na ordem cronológica. O Plano de Gage foi desenvolvido na Inglaterra e o de Jouineau na França.

    Autor: Miles.
    Data: 1960.
    Fases: 1. orientação;
           2. informação;
           3. especulação;
           4. análise;
           5. planejamento do programa;
           6. execução do programa;
           7. resumo e conclusões.

Características: Nesse plano não existem as fases de apresentação e implementação de maneira formal. Essa foi a base para todos os demais planos que vieram posteriormente, conforme o Capítulo 2.

O PLANO DE TRABALHO 77

Quadro 3.1 *Plano de trabalho conforme DOD Handbook 5010 8.4, 1968.*

Orientação	Informação	Especulação	Análise	Desenvolvimento	Apresentação e seguimento
O que está sendo estudado?	O que é? O que faz? Quanto custa? Quanto vale?	O que mais faz o trabalho?	Quanto custa? Qual é o menos caro?	Vai funcionar? Vai obedecer requisitos? O que fazer agora? O que é necessário implantar?	O que é recomendado? Selecionar a 1ª escolha. Quem vai aprovar? O que foi feito? Quanto vai economizar? O que é necessário para implementar? Fazer a apresentação • oral; • escrita.
	Juntar todos os fatos.	Tentar tudo.	Quantificar as principais idéias (Cr$).	Juntar fatos convincentes.	Usar boas relações humanas.
	Conseguir informações da melhor fonte.	Eliminar a função.	Avaliar por comparação.	Usar o próprio julgamento.	Despender o dinheiro da empresa como se fosse nosso.
	Reduzir todos os custos disponíveis.	Simplificar.	Avaliar por função.	Traduzir fatos em termos de ações significativas.	
	Quantificar cada idéia (Cr$).	Desestruturar e criar.		Usar produtos especializados.	
	Trabalhar com fatos específicos e não com generalidades.	Usar técnicas de criatividade.		Usar padrões.	
	Usar boas relações humanas.			Trabalhar com fatos específicos e não com generalidades.	

Vender a proposta.

Autor: Prendergast.
Data: 1961.
Fases: 1. informação;
2. especulação;
3. análise;
4. planejamento do programa;
5. execução do programa;
6. resumo e conclusões.

Características: Prendergast, colega de Miles da General Electric, utilizou praticamente o plano já existente, porém sem a fase de orientação.

Sendo um homem eminentemente prático, deu grande ênfase às fases de resultados conseguidos e *feedback*, o que nem todos os demais planos consideram.

Autor: Departamento de Defesa dos Estados Unidos
Manual 5010 8-4.
Data: 1963.
Fases: 1. orientação;
2. informação;
3. especulação;
4. análise;
5. desenvolvimento;
6. apresentação e seguimento.

Características: Na primeira fase, apenas se prepara o assunto a ser estudado. Na fase de informação, recomenda-se o uso de seis técnicas para estudar as questões: o que é?, o que faz?, quanto custa?, e quanto vale? Na terceira fase, recomendam-se cinco técnicas para gerar alternativas. Na quarta fase, que corresponde à análise, recomendam-se três técnicas para quantificar as alternativas e escolher a de menor custo. Na quinta fase, para responder: vai funcionar?, irá satisfazer os requisitos?, são indicadas sete técnicas. Finalmente, para a última fase, três técnicas são propostas para responder às perguntas seguintes: o que é recomendado?, qual a primeira escolha entre alternativas?, quem deve aprovar?, o que foi feito?, quanto isso vai economizar?, o que é necessário para implementar? A última fase desse plano é a preparação da apresentação.

Autor: Gage.
Data: 1967.
Fases: 1. informação;
2. reflexão e estimativa;
3. plano de ação;
4. desenvolvimento;
5. venda.

Características: Gage transformou o plano de cinco etapas em 12 perguntas, o que, num formulário especial, facilitou bastante a introdução. Para a primeira fase, a de informação, há cinco perguntas que são: o que é?, quanto custa?, quantas peças?, para que serve?, (enumerar todas as funções), qual a quantidade necessária? (no momento e para o futuro). A segunda fase, a de reflexão e estimativa, inclui três perguntas, a seguir: qual é a função primária?, que outros meios existem para realizar esta função?, a que custos? A terceira fase, a do plano de ação, inclui duas perguntas, ou seja: indique três alternativas para realizar a função básica e que ofereçam a maior diferença entre custo e valor de uso. A segunda pergunta pede quais são as idéias a serem desenvolvidas. A quarta fase, a de desenvolvimento, apenas pergunta quais as outras funções e características (de uso e de estima) que deverão ser consideradas. Finalmente, a última fase, a de venda, pergunta o que é necessário para vender nossas idéias e evitar as objeções.

Apesar de ser calcado no Plano de Miles, apresenta adicionalmente, e de forma concreta, um plano de ação para eliminar os custos inúteis.

    Autor: Mikulak.
    Data: 1967.
    Fases:
       1. informação;
       2. análise/criação;
       3. planejamento/avaliação;
       4. execução ou investigação;
       5. sumário e recomendação;
       6. apresentação/implementação;
       7. apontamentos.

Características: Esse plano é caracterizado por 11 etapas em sete fases, a saber: a coleta de informações de projeto e de custo; planejar novos métodos de manufatura; criar novos dados de projeto; prover desenhos e custos; protótipos; avaliar méritos do projeto; prover recomendações; obter aprovação; produzir conjunto de suportes; avaliar e auditar custos de desempenho e prover manual de padrões.

    Autor: Ames.
    Data: 1968.
    Fases:
       1. informação;
       2. especulação;
       3. avaliação;
       4. proposta;
       5. implementação.

Características: Após um longo período como instrutor de treinamento de AV/EV, Ames sugere alterar quatro das famosas e originais perguntas para torná-las mais claras. Assim, na fase de informação, deixar a primeira pergunta, o que é?, como está. A segunda pergunta, o que faz?, subdividir em: quais as funções do item?, qual a função mais requerida? A terceira pergunta, quanto custa?, também subdividir em: quanto custam as funções?, qual o "valor" das funções? A fase especulativa que continha a quarta pergunta, o que mais fará?, deveria ser substituída por outras palavras: de que outras maneiras podem ser satisfeitas as funções requeridas? Finalmente, na fase de avaliação, a quinta pergunta original, quanto custarão? deveria ser modificada para: quanto custarão as soluções alternativas?

Autor: Jouineau.
Data: 1968.
Fases: 1. orientação;
2. informação;
3. preparação da análise;
4. análise;
5. estudo das idéias escolhidas e relatório;
6. conclusão, decisão e aplicação.

Características: Na realidade, nada foi acrescentado aos planos da época, porém grande atenção é dada neste plano ao que concorre à formação dos grupos de trabalho. A fase adicional, preparação da análise, requer um grande trabalho. A última fase, ou seja, conclusão, decisão e aplicação, engloba as três últimas fases do plano de Miles.

Autor: Clawson.
Data: 1970.
Fases: 1. preparação prévia;
2. informação;
3. análise funcional;
4. especulação;
5. avaliação;
6. planejamento;
7. implementação.

Características: Clawson apresenta bons formulários para as várias fases do plano. Na fase de informação, o objetivo é determinar o indicador do potencial de melhoramento de valor para cada função identificada.

As técnicas que devem ser usadas para determinar o valor da função dependem: do estado da arte, da minúcia do estudo e da precisão das informações disponíveis.

Clawson previne especialmente contra certos bloqueios.

Autor: Heller.
Data: 1971.
Fases: 1. informação;
2. criação;
3. avaliação;
4. investigação;
5. relatório;
6. implementação.

Características: Heller propõe 17 técnicas ao longo das fases do Plano de Trabalho, porém várias delas são equivalentes às demais apresentadas por outros autores, com nomes diferentes. O próprio Plano de Trabalho é para ele uma técnica. Embora Heller considere sistemático seu plano, também acrescenta que seu resultado depende da aplicação flexível; algumas fases devem ser repetidas sem regra prefixada.

    Autor: Toco/Fallon.
    Data: 1971.
    Fases: 1. preparação;
             2. informação;
             3. análise;
             4. criação;
             5. avaliação;
             6. apresentação;
             7. implementação.

Características: Fallon analisa e discute o plano elaborado por Toco, de forma magistral. Compara a formação e o comportamento de uma equipe para atacar um problema, como uma tourada, onde cada elemento tem seu papel, para que em equipe, também, consigam lutar e triunfar sobre o touro. Muita atenção é dada à fase de preparação, onde se deve começar com um seminário para os participantes.

Para Fallon, a fase de informação é delicada, pois se deve aplicar uma seletividade. É necessário ter a audácia de questionar, a tenacidade de conseguir os dados e a habilidade de sobreviver.

O método Combinex é parte integrante desse plano na fase de avaliação, com uma escala de relações mensuráveis representando a contribuição feita por cada uma das escolhas disponíveis em vista dos requisitos ou benefícios. A tabela permite combinar os benefícios que um requisito propicia dada sua importância relativa. Apesar de subjetiva, a contagem final prevê uma base para avaliar vários cursos de ação ou escolhas com vistas em selecionar a melhor combinação de características desejáveis para um dado nível de recursos ou as demais alternativas vantajosas. Esse assunto está desenvolvido no item 11.7 sob o título de *técnicas ponderacionais*.

    Autor: Mudge.
    Data: 1971.
    Fases: 1. geral;
             2. informação;
             3. de função;
             4. de criação;
             5. de avaliação;
             6. de investigação;
             7. de recomendação.

Características: Mudge comparou o plano à construção de uma casa, onde as fundações correspondem à fase geral enquanto as demais fases são os andares, cada um baseado no anterior. A recomendação corresponde ao acabamento. Ao todo, Mudge recomendou 22 técnicas, sendo que a da Avaliação da Relação entre Funções é de sua autoria, e realmente permitiu verificar a importância relativa de cada função. É o único autor após Miles que dedicou mais da metade de seu livro para aplicações práticas. A técnica de Avaliação Numérica de Relações Funcionais está desenvolvida no item 9.10.5.3.

  Autor: Creasy.
  Data: 1971.
  Fases: 1. informação;
     2. especulação;
     3. análise;
     4. planejamento;
     5. apresentação;
     6. ação.

  Características: É um plano bastante prático que cita 14 técnicas estrategicamente aplicadas em cada fase do trabalho, além das seis perguntas básicas da abordagem funcional. Dá grande ênfase ao processo de venda das idéias na fase de apresentação. Creasy ainda comenta que o real trabalho começa com os bloqueios. Mesmo após a aceitação da proposta, é bem possível ter de contornar bloqueios na fase da ação, e um seguimento torna-se necessário por uns seis meses para assegurar que o valor foi aumentado pela mudança.

  Autor: Fasal.
  Data: 1972.
  Fases: 1. informação;
     2. definição;
     3. especulação ou pesquisa;
     4. avaliação;
     5. execução.

  Características: As técnicas utilizadas por Fasal aproximam-se mais das da Engenharia Industrial tradicional. Porém, ele foi um dos precursores da abordagem científica e da aplicação da nomografia para relacionar parâmetros de funções com custos.

  O plano em si nada apresenta de diferente dos demais da época. Normalmente, a ênfase dada por ele foi para materiais no seu tratamento de cálculo, utilizando as leis físicas para o valor das funções.

  Autor: Rye, Owen E.
  Data: 1980.
  Fases: 1. informação;
     2. função;
     3. criatividade;
     4. avaliação;
     5. apresentação.

Características: O objetivo desse plano é de acrescentar algumas perguntas com vistas no alargamento do conjunto de benefícios e no reconhecimento de custos totais. Na primeira fase, além das perguntas tradicionais, questiona-se: quem usa o produto?, quais são os produtos relacionados?, quais são os usos relacionados?, quais são os próximos produtos em linha?, quais são os produtos competitivos? Na fase da função, também foram acrescentadas algumas perguntas: que função gostaria o comprador de ter?, que outras funções pode este produto desempenhar?, que funções podem ser adicionadas facilmente?, que funções podem ser cortadas? Na fase criativa, as novas perguntas acrescentadas são: o que mais pode ser feito?, o que fará isso melhor?, pode o uso ser adaptado?, como aumentar seu valor?, como isso pode ser mais fácil para uso?, isso poderá ser mais seguro?, isso poderá ser combinado com alguma coisa?, pode algo ser acrescentado?, o que é similar e mais barato?, como os concorrentes resolvem o problema? Na fase de avaliação, acrescentar: como melhorar a utilidade?, o que é similar a esse produto e custa menos?, pode sua eficiência ser aumentada?, isso pode ser mais confiável?, é isso conversível a outros usos?, é durável?, a aparência pode ser melhorada entre outras? Na fase de apresentação, também foram acrescentadas algumas perguntas: como isso vai afetar a lucratividade?, recomendam-se novos usos para o produto?, recomenda-se combinar produtos?, ou outros produtos novos?

3.3.2 Planos para processos, fluxos e serviços

No que tange a processos, fluxos e serviços, onde o parâmetro "tempo" surge como variável importante, quatro planos foram aqui selecionados:

Autor: Illman.
Data: 1971.
Fases: 1. escrutinar;
2. teorizar;
3. avaliar;
4. planejar;
5. programar.

Características: A primeira fase (escrutinar) implica a coleta de informações sobre o sistema existente, a descrição das operações, o fluxograma dos sistemas e subsistemas existentes e a análise de custos para terminar com a avaliação das funções. A segunda fase (teorizar) implica proceder a um *brainstorming* do sistema e de todos os subsistemas. A terceira fase (avaliar) consiste na separação preliminar e na separação final das idéias. Segue a seleção final e a seleção das melhores alternativas. A quarta fase (planejar) consiste no desenvolvimento do procedimento novo, seu fluxograma com sistemas e subsistemas, na descrição das novas operações, nova análise de custos e na preparação de protótipos. A última fase (programar) é que prepara os programas de implementação, novos equipamentos, pessoal, materiais, treinamento e retreinamento, comunicação, reorganização, testes, preparação das metas, implementação e responsabilidades.

Autor: Groothuis.
Data: 1977.
Fases: 1. informação;
2. especulação;
3. avaliação;
4. planejamento;
5. execução;
6. relatório.

Características: Uma das diferenças fundamentais entre Planos de Trabalho para produtos ou administrativos, e de processos, está na definição do escopo e na consideração da constância rigorosa do produto, enquanto nos estudos de produto ou de documentos administrativos podem ser esperadas modificações maiores. A essência das modificações em manufatura são: fluxo de materiais (quando o processo permitir), manuseio de materiais, disposição física no posto de trabalho, treinamento operacional, ferramental, dispositivos e equipamentos. Eventualmente, poderá ser feita pequena revisão nas tolerâncias dos produtos e dos acabamentos.

Autor: King.
Data: 1977.
Fases: 1. informação;
2. análise funcional;
3. análise;
4. criatividade;
5. implantação.

Características: O método RAT compõe-se de uma série de fases e destina-se especialmente para fluxo de papéis. A primeira fase implica a coleta de formulários, levantamento de seus usos e custos. A fase seguinte descreve a função de cada formulário usando uma folha especial de trabalho. Na fase seguinte, analisam-se formulários e localizam-se as redundâncias, os desperdícios e as funções duplicadas. A fase de criatividade implica idéias para o melhoramento dos formulários, seu controle e aprovisionamento. Finalmente, a fase de implantação consiste na venda e implementação da modificação.

Autor: Lenef.
Data: 1980.
Fases: 1. informação;
2. geração de idéias;
3. seleção de idéias;
4. desenvolvimento de idéias;
5. apresentação;
6. implementação.

Características: Os conceitos mais importantes são: campo de observação, que limita a abrangência do estudo; meio transportador, que é selecionado para ser seguido através do campo de observação (ex.: matéria-prima, documentos, dados); ponto de transferência, que é um ponto de referência real ao assumido, dentro do campo de observação, onde o meio transportador recebe uma mudança ou transferência de valor; força motriz, que é a força ou dispositivo que causa ou permite ao meio transportador mover-se de um ponto de transferência ao seguinte. O processo inicia-se quando um meio transportador e um campo de observação são determinados. Uma equipe começa a seguir o meio transportador através do campo de observação, identificando cada um dos pontos de transferência ao longo do caminho. Verifica o que acontece ao meio transportador em relação a alguma alteração de valor que eventualmente esteja acontecendo. Em seguida, inicia o estudo das funções que são analisadas, assim como dos custos de cada ponto de transferência que são estimados, determinando-se o tempo requerido para desempenhar as atividades do ponto de transferência. O autor recomenda, nesse ponto, o estudo da relação função/custo seguido de um diagrama FAST que deve ser um meio e não um fim. O diagrama FAST está desenvolvido no item 9.10.4.

3.3.3 Planos para energias

Dois planos de trabalho foram considerados no que tange aos Planos para Economia de Energias. Naturalmente, surgiram após a crise do petróleo e passaram a considerar o custo de propriedade, isto é, incluir os vários componentes que envolvem o custo de operações e de manutenção.

    Autor: Stainton.
    Data: 1979.
    Fases: 1. informação;
             2. especulação;
             3. análise;
             4. proposta.

Características: Trata-se de uma adaptação do Plano de Trabalho para a abordagem de conservação de energia. A diferença fundamental é o objetivo de otimizar energia no lugar de custos. Assim, em vez de unidades monetárias é usada a energia (consumo de combustível). A análise da função consiste em identificar e descrever funções de uso de energia e procurar relacioná-las com os requisitos básicos. O objetivo básico é tentar isolar algumas funções de energia que possam ser eliminadas a fim de propor um plano selecionado de menor nível de consumo de energia sem degradação. Foi desenvolvido um modelo próprio, que indica como a energia total é consumida por período. Esse Modelo de Energia permite identificar as áreas com consumo intenso de energia para aplicar metas.

      Autor: Pumpelly.
      Data: 1980.
      Fases: 1. informação;
               2. criação;

3. análise;
4. recomendação;
5. execução.

Características: Esse plano de trabalho de energias dá ênfase à fase 1, pesquisa qual é o elemento energia, seu custo, a função energia, os valores das funções e a grandeza do consumo. Seguem-se as fases 2 e 3. A de recomendação consiste em desenvolver e selecionar uma primeira e uma segunda escolha, preparar gráficos de ponto de paridade, relatório de apresentação. A última fase, a de execução, cuida da instalação e do seguimento.

3.3.4 Planos para construções civis e instalações

No que diz respeito a construções civis e instalações, três planos foram selecionados, todos eles dirigidos para a construção civil, e propostos por especialistas da área, sendo o primeiro um manual de Serviços de Construções Públicas dos Estados Unidos, portanto uma proposta federal.

Autor: Public Building Service/GSA, Manual P-8000.1.
Data: 1972.
Fases: 1. orientação;
2. informação;
3. especulação;
4. análise;
5. desenvolvimento;
6. apresentação.
7. implementação;
8. seguimento.

Características: A fase de orientação implica: submeter idéias para o projeto; avaliar seu potencial de retorno sobre o investimento e o tempo para implementar resultados; selecionar projetos, planejar o projeto específico; estabelecer metas, estabelecer prioridades e aprovar início do projeto. A fase de informação implica seis técnicas. A fase de especulação utiliza quatro técnicas e a fase de análise implica seis técnicas com um procedimento. A fase de desenvolvimento utiliza cinco técnicas, enquanto a fase de apresentação contém oito técnicas. A fase de implementação passa pelo seguinte procedimento: obter fundos, traduzir idéias em ação; evitar compromissos; expedir e controlar o progresso e designar responsabilidades. Finalmente, o seguimento implica auditar resultados reais, preparar relatórios de economias e técnicos, avaliar condução do projeto e iniciar novas idéias de projetos.

Autores: Macedo, Dobrow e O'Rourke.
Data: 1978.
Fases: 1. informação;
2. especulação;

3. análise;
4. desenvolvimento;
5. apresentação;
6. seguimento e implementação.

Características: A fase de informação consiste em responder às cinco questões básicas utilizando-se de seis técnicas. A fase de especulação consiste em responder uma sexta questão básica e, para isso, sete técnicas são recomendadas, sendo uma delas comum às da fase de informação. A fase de análise implica resolver mais duas questões por meio de seis técnicas. A fase de apresentação, onde há nove técnicas, implica preparar e fazer apresentações, apresentar o problema, explicar o antes e o depois, vantagens e desvantagens, verificar os problemas de implementação. A última fase sugere seis técnicas para acompanhar de perto o seguimento e implementação.

Autores: Hart, Zimmerman e Wohlscheid.
Data: 1979.
Fases: Pré-estudo: 1. coordenação do projeto;
2. preparação;
3. confecção do modelo de custo.
Estudo: 1. orientação;
2. informação;
3. criação;
4. julgamento;
5. desenvolvimento;
6. implantação.
Pós-estudo: 1. relatório;
2. aceitação final.

Características: O pré-estudo consiste numa coordenação estreita de programação e coleta das informações necessárias sobre o projeto, planejamento e custo da instalação proposta.

O estudo propriamente dito inicia-se com as fases de orientação e informação que, para cada etapa da obra ou instalação, indicam o necessário para obter o custo do item. A análise funcional é feita a seguir, assim como as demais fases.

O pós-estudo representa uma discussão entre os projetistas, as agências governamentais e a equipe.

3.3.5 Plano para desenvolvimento organizacional

Tendo em vista o desenvolvimento organizacional, o melhoramento da eficácia organizacional, três planos foram selecionados, todos eles posteriores a 1975.

Autor: Horrworth.
Data: 1975.
Fases: 1. informação;

2. análise;
3. especulação;
4. seleção mais recomendação.

Características: Os objetivos da análise do valor para organizações são para melhorar sua capacidade de produzir e inovar eficazmente. Adicionalmente, um melhoramento de custo é realizado. A coleta de informações e sua organização, assim como o novo "projeto", requerem um procedimento especial. Na fase de informação, cada membro do grupo de trabalho é entrevistado e o conteúdo das funções é tabelado. Em seguida, comparam-se essas observações com as dos membros do grupo. Na fase de análise, devem ser pesquisadas relações que sugerem redundância, projeto pobre, excesso de controle de qualidade e perda de tempo. A fase especulativa consiste em trabalhar com o grupo para desenvolver alternativas que reduzam custos, tempo e uso do pessoal. A fase de seleção e recomendação procura construir relações e apresentar uma nova organização sem as funções desnecessárias.

Autor: Friedman, O.
Data: 1978.
Fases: 1. informação;
2. avaliação;
3. análise;
4. relatório.

Características: Esse Plano de Trabalho, FAME, tem o objetivo de melhorar a eficácia organizacional. Na primeira fase, devem ser identificadas as técnicas gerenciais usadas na organização e a maneira como são aplicadas. Na segunda fase, a técnica ótima deve ser selecionada. Métodos de avaliação devem ser usados. Na terceira fase, os componentes devem ser considerados, compostos e melhorados. Finalmente, na fase de relatório, o sistema deve ser vendido.

Autores: Higgins e Dice.
Data: 1982.
Fases: 1. informação;
2. criatividade;
3. avaliação;
4. planejamento;
5. implementação.

Características: Essa técnica, FACT, foi projetada para otimizar processos de grupos, levando em consideração os aspectos comportamentais do desenvolvimento organizacional. Objetiva prover a organização com um método quantitativo para visualizar processos do grupo e interações em termos de pessoas, funções e custos, com vistas em produzir uma mudança organizacional. Na primeira fase, três questões sobre a organização são abordadas: o que a organização faz?, quanto ela custa para fazer o que faz?, qual a aceitação ou "valor" do que ela faz? Na segunda fase, a questão é: de que outra maneira podem as funções organizacionais ser desempenhadas? Na terceira fase, duas perguntas devem ser feitas para cada idéia gerada na fase anterior: como ela pode funcionar?, agora que se sabe como fazê-la funcionar, quão boa é a idéia? Essa fase desenvolve conceitos pelos quais as idéias podem funcionar, desde que muitas das idéias, tal qual aparecem, não podem ser implementadas. Uma vez desenvolvidas, essas idéias podem ser avaliadas com instrumentos da companhia, como procedimentos e políticas legais, de tomada de decisão etc. Seguem-se planejamento e implementação.

3.3.6 Planos para área comercial

Apenas um único plano foi proposto para a área comercial, orientado para o comprador.

    Autor: Wasserman.
    Data: 1977.
    Fases:
    1. coleta de informações e amostras;
    2. identificação de funções;
    3. estabelecimento do valor funcional e critério de medição;
    4. desempenhar a avaliação de funções e teste;
    5. cálculo e soma;
    6. condução de sessão criativa;
    7. avaliar modificações propostas ou melhoramentos;
    8. relatório, recomendação e seguimento.

Características: As cinco primeiras fases correspondem à usual fase de informação. Na fase 1 são coletadas amostras e informações. Na fase 2 constrói-se um FAST orientado para vendedor/comprador. Em 3 usa-se uma avaliação numérica, conforme a de Mudge. Em 4 e 5 avalia-se, por meio de uma folha especial, o valor do mercado de vendas. A fase seguinte, 6, deve estudar cada função e criar alternativas, por exemplo, para: um produto melhor a custo menor; um produto melhorado; um produto novo ou adaptações. Seguem-se as fases de avaliação e relatório.

3.3.7 Planos para grandes sistemas

Esse tipo de plano é aquele adequado para ser aplicado a toda a organização, comunidade ou a todo o projeto, independentemente de seu tamanho, podendo assim ser empregado sem limites. Foram escolhidos três planos, sendo o primeiro desenvolvido nos Estado Unidos, o segundo na África do Sul e o terceiro nos países escandinavos.

    Autores: Johnson e Sheldon.
    Data: 1970.
    Fases:
    1. orientação e informação;
    2. criação;
    3. análise;

4. planejamento e execução;
5. seguimento.

Características: Esse plano propõe alargar os horizontes de AV/EV para tornar-se parte integrante do sistema total de gerenciamento da operação. Essa aplicação pode ser vista através de duas abordagens. A primeira consiste em identificar cinco áreas de lucratividade indicadas a seguir, associadas com um produto: comprador, venda, fabricante, empregado e fornecedor. Cada uma dessas áreas tem funções únicas com respeito ao produto. A Engenharia do Valor deve se aplicada para cada uma dessas funções quando o custo total do produto for analisado. A segunda, é conforme a evolução de um produto que passa por 12 passos que são ligados ao Plano de Trabalho. Assim, os primeiros três passos a saber: avaliação do mercado, avaliação da tecnologia e especificações funcionais, constituem a primeira fase (orientação e informação); o passo seguinte, que consiste em propor alternativas de projetos, corresponde à fase criativa. O passo de preparar modelos e testes corresponde à fase analítica. Os cinco passos seguintes são: liberação para o mercado, liberação para manufatura, a própria manufatura e testes, vendas e instalação (quando é o caso) correspondem à fase de planejamento e execução, e, finalmente, os dois últimos passos, que são: manutenção e melhoramento de produto, correspondem ao seguimento. Quando se fala de custos totais, não se deve limitar a fragmentos do negócio. Quando se fala de valor, devem ser incluídas todas as funções associadas e deve-se aplicar criatividade a todos os recursos para atingir objetivos globais da empresa.

Autor: Van Heerden.
Data: 1976.
Fases: 1. raciocínio analítico;
2. raciocínio criativo;
3. raciocínio judicial.

Características: Na primeira fase, tenta-se acumular todas as informações relevantes como ainda a habilidade de enxergar de formas diferentes todos os possíveis ângulos do problema em estudo. A ferramenta básica é a abordagem funcional com uma avaliação numérica baseada na técnica de Mudge, aplicada por uma equipe multidisciplinar. Esse processo desempenha três funções básicas: determina a importância relativa entre as funções, estabelecendo a mais importante, esclarece o significado de cada função e desenvolve compreensão comum. Na segunda fase, que é a de raciocínio criativo, são satisfeitos os requisitos do "pensamento lateral" de De Bono na aplicação em funções selecionadas, algumas vezes a básica, outras as secundárias. A terceira fase implica a avaliação e o desenvolvimento de idéias, procedendo-se a uma triagem do que é viável, seguida de uma classificação elaborada com a devida redefinição de cada uma em termos de funções a serem desempenhadas. Finalmente, como não podia deixar de ser, vem uma avaliação em termos de economia real, do que cada uma das idéias pode proporcionar.

Autor: Rand.
Data: 1979.
Fases: 1. levantamento do problema;
2. análise aprofundada;
3. pesquisa real;
4. desenvolvimento e planejamento;
5. implementação.

Características: Esse plano consiste num planejamento estratégico. A primeira fase trata de dimensionar o problema real por meio de levantamentos de vendas, de mercado, financeiros, do sistema de produção, dos recursos, da capacidade de pesquisa e da estratégia atual. O motivo desse levantamento completo é evitar trabalhar nos sintomas. A segunda fase implica uma análise detalhada da situação, reavaliação de metas, esclarecimento da estratégia básica e, finalmente, o critério estratégico para pesquisas assim como quais as prioridades, o que, em outras palavras, consiste em abordar as seguintes questões: Quem deve fazer o trabalho? Onde realmente estamos? Onde queremos ir? Como chegar lá? Onde se concentrar? Na fase de pesquisa real, que corresponde à parte criativa, cada idéia gerada deve passar por uma seleção, seguida de uma avaliação. Devem restar de três a cinco alternativas. A quarta fase consiste na pesquisa necessária, em negociações com eventuais sócios e no planejamento. Finalmente, a última fase consiste no desenvolvimento necessário para operacionalizar, reavaliar e fazer o seguimento.

3.3.8 Planos especiais

Esses planos possuem objetivos específicos, como qualidade, gerenciamento, entre outros. Três planos foram selecionados, sendo um deles desenvolvido no Japão e os demais nos Estados Unidos.

Autor: Esaki.
Data: 1977.
Fases: 1. primeira coleta de informações;
2. idéia básica;
3. desdobramento da estrutura;
4. segunda coleta de informações;
5. material básico (ou projeto básico);
6. material detalhado (ou projeto detalhado);
7. implementação;
8. revisão.

Características: Esse plano é conhecido como o da Lista de Etapas de Gerenciamento. O método estabelece a direção do valor, o plano de decisão do comportamento, a seqüência adequada de oferta e aceitação para atingir um objetivo e a sua programação. Posteriormente, essa técnica foi usada para outro plano com vistas no projeto de produtos.

Autor: Sawruk, John M.
Data: 1982.
Fases: 1. informação;
2. especulação;
3. avaliação;
4. planejamento;
5. execução;
6. relatório.

Características: Esse plano considera sobretudo o aspecto da qualidade. *Qualidade*, neste caso, significa a conformidade com as especificações, que satisfaz às expectativas do comprador. Portanto, pesquisa de mercado, projeto e processamento devem estar corretos do ponto de vista do consumidor. Na fase de informação, utiliza-se um formulário de qualidade-função, que hierarquiza itens de qualidade contra funções. Na fase de avaliação, introduziu-se o conceito de índice de Qualidade do Projeto, que pode ser calculado enquanto o projeto está no papel. Finalmente, na fase de relatório, incluem-se os dados estatísticos da fase de avaliação e o Índice de Qualidade do Projeto.

Autor: Mauer.
Data: 1982.
Fases: 1. informação;
2. análise;
3. criação;
4. avaliação;
5. desenvolvimento;
6. implementação.

Características: O presente plano dá ênfase ao aspecto da qualidade do valor. Assim, há duas áreas a serem pesquisadas: aspectos da qualidade de mercado (que agradam ao comprador) e aspectos da qualidade da produção (que visam produzir o produto eficientemente e de acordo com especificações). A fase um implica pesquisar aspectos de mercado que dizem respeito ao comprador. Deve ser encontrado o que o satisfaz. Se possível, entrevistá-lo diretamente. Rever o *call rate* e discutir com a assistência técnica. Se o produto passa por revendedores, investigar o que o comprador procura. É importante rever os aspectos da qualidade de produção da fábrica e dos fornecedores, a partir dessa fase de análise, em que mais informação é coletada. Devem ser estabelecidas as funções do comprador, a fase criativa, fase de avaliação, fase de desenvolvimento sendo seguida da fase de implementação.

3.4. CONCLUSÃO

Os vários Planos de Trabalho apresentados foram aqui classificados de acordo com o seu uso. Houve, por parte de cada autor, uma preocupação de adequação dos planos dessa metodologia às áreas de interesses profissionais envolvidos.

Essa adequação aperfeiçoou cada plano nos aspectos mais significados de sua área de especialização. Assim, houve um detalhamento maior na fase de orientação nos Planos de Trabalho de Hart, Zimmerman e Wohlscheid devido aos seus interesses em construções civis. Da mesma forma, foi desdobrada a fase de informação no plano para a área comercial de Wasserman. Os planos descritos resumidamente neste capítulo diferem entre si no nível de detalhe a que seu autor chegou, variando em quantidade de fases de três a oito.

O uso de um Plano de Trabalho não garante por si só o sucesso de um projeto de AV/EV, pois, além do uso adequado de técnicas, o próprio uso flexível de cada fase do Plano de Trabalho deverá ser feito convenientemente, porém sem regras predeterminadas.

No capítulo seguinte, será apresentado o motivo do sucesso e das dificuldades durante a aplicação do Plano de Trabalho.

4
A aplicação do plano de trabalho

4.1 INTRODUÇÃO

Apesar da enorme variedade de alternativas do Plano de Trabalho, proposta por diferentes especialistas, a base de todas é o plano de Miles. Desde que se conheça quais técnicas usar em cada fase, pode ser concluído que a simples existência do Plano de Trabalho constitui-se numa organização e sistematização. No entanto, sua utilidade pode ser consideravelmente aumentada por uma aplicação flexível. Isso não quer dizer que passos podem ser omitidos indiscriminadamente e nem que possam ser dados numa seqüência qualquer. Assim, para tornar mais eficiente o processo, é recomendável repetir passos do Plano de Trabalho.

Normalmente, os passos devem ser dados de 1 a n (n = 3 ... 8) na ordem correta, pois cada fase baseia-se nas informações obtidas da precedente. No entanto, pode muito bem acontecer que após a fase de análise das idéias geradas volte-se a qualquer uma das precedentes, assim como também que de cada uma dessas se retorne às anteriores.

A explicação para esse procedimento reside no fato de que o máximo de resultado deve ser obtido por execução do menor trabalho possível, que pareça necessário e razoável em cada fase antes de prosseguir. Dessa maneira, não haverá desperdício de esforços para se chegar aos resultados desejados. Seria inútil tentar executar um programa de análise de resultados quando as fases anteriores não foram minuciosamente executadas.

4.2 DIFICULDADES PARA A APLICAÇÃO EFICAZ DO PLANO DE TRABALHO

Para a aplicação dos Planos de Trabalho, o analista utiliza técnicas determinadas para cada fase do plano.

A literatura conhecida até o momento sobre a Metodologia do Valor é incompleta na descrição do uso das técnicas, não se detendo em explicar quais usar, quantas vezes, quando retornar e quais não usar. Todas essas decisões, quando tomadas, têm ficado por conta de cada um, trazendo às vezes bons resultados.

Devido à sua importância, as técnicas foram aqui classificadas e descritas nos Capítulos 6 a 12.

A crença de que a obtenção de resultados é garantida com a simples aplicação do Plano de Trabalho traz uma frustração entre os iniciantes nessa metodologia.

Na realidade, a aplicação em si do Plano de Trabalho sem maiores preocupações seria suficiente se todas as suas etapas fossem constituídas de problemas fechados, com a aplicação de procedimentos estanques, complexos ou não. Porém, como existe uma alternância de etapas que exigem raciocínios convergentes e divergentes e uso de diversas técnicas, o resultado, tanto de cada etapa quanto do processo como um todo, torna-se fugidio, dependendo de constantes reavaliações. Após o término do processo, fica aberta a possibilidade de melhorar ainda mais a qualidade da solução.

Do exposto, conclui-se que não há um sistema definitivo para selecionar a melhor técnica a cada momento e para cada caso em particular, provocando uma ansiedade por parte dos analistas, entrecortada por momentos de alegria quando alguma economia é conseguida, sem a certeza de que o custo/benefício envolvido é favorável. Isso explica a preferência quase que unânime em se optar por aplicar técnicas que abordam o problema de forma mais fechada, em que os resultados, apesar de mais modestos, são mais garantidos.

Todavia, à medida que se aborda um problema com raciocínio divergente, tratando-o como um problema aberto, maior é a probabilidade de encontrar uma solução satisfatória.

Em vista das dificuldades encontradas, será explorada adiante a problemática do uso eficaz do plano de trabalho.

4.3 RAZÕES QUE LEVAM AO USO INEFICAZ DO PLANO DE TRABALHO

Como não existe padrão único de resultados, torna-se importante associar o problema em questão com as próprias condições do analista. É o caso dos problemas quando reconhecidos como tais, que podem ter uma ou mais de suas condições de contorno questionadas de maneira útil, pelo analista, conforme sua expectativa. Esses problemas são chamados *abertos*. Quanto menos está o analista preparado para questionar os limites do problema, menos aberto ele é, ao menos para o analista em questão.

As dificuldades enfrentadas para questionar os limites de um problema podem ser exemplificadas com aquela experiência educacional, onde um programa mínimo deve ser cumprido com recursos e tempo limitados, não havendo possibilidade de questionar o conteúdo por parte dos alunos sem manchar seu desempenho esperado.

Outro exemplo é o do executivo que trabalha sob condições de pressão de tempo tão fortes, que freqüentemente se encontra tão ocupado a ponto de faltar tempo para analisar suas metas, a ponto de quase justificar sua abordagem de "problema fechado". É a situação daqueles que, sob pressão econômica ou qualquer outra, racionalizam seu comportamento, bitolando suas abordagens a ponto de nada questionar, nem que isso resulte em melhores condições para eles.

Em resumo, determinados processos de aprendizagem levam as pessoas a abordarem os problemas de maneira lógica e racional, procurando a única e não uma resposta correta. À medida que conseguem isso, tendem a ser mais bem aceitos.

A mesma situação problemática pode ser reconhecida como aberta para certas pessoas e, para outras, fechada, da mesma forma que certas pessoas aceitam, usam e ficam entusiasmadas por AV/EV, enquanto outras não são por ela atraídas.

Torna-se fundamental explicar pois a natureza de um problema aberto e os tratamentos possíveis para abordá-lo.

4.4 CARACTERÍSTICAS DE SITUAÇÕES DE PROBLEMAS ABERTOS

O reconhecimento de uma situação de problema aberto implica a aceitação, por parte do analista, de considerar novas abordagens para incluir outras propostas.

Um problema aberto pode ter seus limites alterados durante a abordagem, enquanto o mesmo não ocorre com os fechados. Assim, conforme De Bono, nos primeiros dias da fotografia, o fotógrafo costumava ter muito trabalho para dispor o fundo, a iluminação, a pose, o sorriso e, quando tudo estava a seu contento, ele tirava a fotografia. Atualmente, o profissional tira uma série de fotos de diferentes ângulos com expressões e iluminações diferentes e escolhe a que lhe parecer melhor. No primeiro caso, a seleção é feita antes e apenas produzirá o que é conhecido e planejado antecipadamente. No segundo caso, enfoque de problema aberto, a seleção é feita depois de as fotos serem batidas e poderá produzir algo novo, totalmente inesperado, que nunca poderia ter sido planejado.

Portanto, essas soluções propostas são freqüentemente inesperadas quanto à lógica, e não podem ser nem provadas e nem desaprovadas, contrariamente aos problemas e às demonstrações fartamente ensinados nas escolas, típicas de problemas fechados. Se, porventura, se utiliza uma aula discutindo casos sem uma linha de raciocínio clara quanto à lógica, corre-se o risco de frustar os estudantes, por acharem que perderam tempo.

O processo de solução deve envolver pensamento criativo de uma maneira incontrolável, portanto sem um caminho determinado, sem controle, não consciente e não repetitivo de maneira lógica, contrariamente ao processo de problema fechado.

O processo envolve freqüentemente a produção de idéias novas e inesperadas, cabendo julgar de sua utilidade, enquanto, no caso de problemas fechados, o processo é marcado por uma certeza da existência de uma única solução boa e definitiva.

Finalmente, fica clara a enorme dificuldade em dirigir conscientemente os esforços na estimulação do processo criativo para aplicá-lo adequadamente durante as fases do Plano de Trabalho, alternado com aquelas técnicas de procedimento analítico, que são úteis para o caso das demais etapas.

Foi comprovado experimentalmente no Stanford Research Institute que a máxima eficiência num processo que envolve pensamento criativo é atingida quando este pensamento, que opera num nível subconsciente e intuitivo, é mantido separado do processo analítico que atua num nível consciente.

Assim, diferentes técnicas são usadas em diversas fases do plano de trabalho. Sendo, no entanto, os processos complementares numa situação de problema aberto, caberá ao analista estabelecer como separá-los e ainda permitir uma interação profícua entre eles.

É objetivo deste livro sistematizar ainda mais o Plano de Trabalho para que, entendidos os pontos básicos, o mesmo possa ser aplicado com múltiplas finalidades.

A fim de melhor abordar o plano proposto, torna-se necessário entender o processo criativo, apresentado no capítulo seguinte.

5
Natureza do processo criativo

Para adequado desenvolvimento de um Plano de Trabalho na Metodologia do Valor é fundamental que o analista domine o conhecimento do processo criativo, pois freqüentemente, no desenrolar do plano, estes conhecimentos são utilizados para organizar fases importantes do plano e cooperar na obtenção de resultados.

A utilização de conhecimentos sobre o processo criativo, suas fases e métodos de solução de problemas, ligando-os à Metodologia do Valor de uma forma abrangente é muito importante nesta metodologia.

Entre os diversos bloqueios mentais, o de fixação funcional é particularmente importante para a compreensão da abordagem funcional.

5.1 CRIATIVIDADE

5.1.1 Introdução

Criar implica combinar elementos anteriormente não relacionados, para produzir uma nova idéia. Esses elementos podem ser idéias, objetos ou ações. Se alguém está combinando tais elementos pela primeira vez, ele está sendo criativo para sua bagagem de conhecimentos.

Toda pessoa pode trabalhar situações, isto é, posições do indivíduo em relação a condições e circunstâncias, de acordo com Von Fange, em quatro níveis. No primeiro, a pessoa mantém-se despreocupada e ignorante com relação ao que a situação exige, sem alterar a rotina já existente. No nível seguinte, a apatia impede qualquer ação por parte da pessoa, mesmo que a consciência sugira a necessidade de tomar certas medidas novas. No íntimo, a pessoa pensa que sua inatividade passa despercebida e que a situação vai, de um modo ou outro, resolver-se por si mesma. No terceiro nível, há motivações fortes para resolver a situação da melhor maneira possível, segundo práticas bem estabelecidas, complexas ou não, e adquiridas através de muitos anos de trabalho intenso. Finalmente, no último nível, consciente de que a situação é intrigante, toma-se a decisão de ir além da aplicação de habilidades conhecidas para a obtenção de uma solução (Von Fange, 1973).

A criatividade é apenas requerida quando se atua no último nível.

5.1.2 Habilidade para criatividade

Em 1950, Guilford apresentou sua hipótese sobre as habilidades envolvidas na criatividade, recentemente confirmada. As características por ele identificadas que têm correlação significativa com a criatividade são: sensibilidade a problemas, flexibilidade, fluência e originalidade.

Sensibilidade a problemas: é a consciência da existência de um problema. Um problema pode ser percebido antes que soluções tenham sido desenvolvidas. Existem pessoas que vêem problemas em tudo e outras que passam a vida sem se aperceberem deles. As pessoas apenas tendem a ser reativas para aliviar a pressão quando o problema atinge a magnitude de uma crise (quarto nível). Uma detecção prematura permite ser mais proativo que reativo, na pesquisa da melhor solução.

Portanto, para aumentar a sensibilidade a problemas, deve-se desenvolver uma atitude questionadora sobre as coisas e os eventos. As perguntas devem ser tais que tenham diretamente a ver com o objetivo.

Flexibilidade: é a característica que provê uma diversidade de idéias. Essa característica ajuda a rejeitar o habitual, o convencional, ou idéias já conhecidas, e estimula a procura em novas direções. Permite procurar descobrir como soluções de outros problemas podem ser usadas para solucionar os atuais.

Fluência de pensamento: é a característica que permite a geração de uma quantidade de idéias. Difere da flexibilidade pois visa gerar um grande número e não necessariamente a diversidade de idéias. Guilford identificou quatro habilidades separadas com respeito à fluência de pensamento:

- de palavras   – habilidade de lembrar palavras a pedido;
- de expressão   – habilidade de formar frases com palavras escolhidas;
- de associações – habilidade de estabelecer relação entre itens;
- de ideação   – habilidade de gerar um número de idéias relacionadas com dado assunto.

Originalidade: é a habilidade de produzir idéias excepcionais. Ela requer a habilidade de perceber um item em termos de suas funções e atributos, sem considerar como aquele item é correntemente utilizado.

O ato de solver problemas pode ser definido como um esforço organizado para desenvolver soluções excepcionais e relevantes para oportunidades ou situações indesejáveis. É uma atividade criativa desde que implica uma pesquisa de soluções únicas (estatisticamente infreqüentes) e relevantes (que satisfaçam uma necessidade).

A excepcionalidade é conseguida expandindo-se a percepção de um problema e permitindo-se a liberdade de pensar em soluções além das convencionais (praticando um pensamento expansivo ou divergente).

A relevância é conseguida avaliando-se a aplicabilidade de uma idéia para solver um problema (praticando um pensamento estreitado ou convergente).

Portanto, a aplicação de características criativas, por meio de pensamento divergente, juntamente com a aplicação de análise, por meio de pensamento convergente, conduzem ao pensamento criativo.

5.1.3 Pesquisas importantes

Pesquisas importantes em neuropsicologia sobre o funcionamento do cérebro acrescentam uma nova dimensão ao que se conhece até o momento. Sabe-se que os dois hemisférios cerebrais interligados funcionam de maneira diferente. O cérebro esquerdo é usado para pensamento lógico e linear. O cérebro direito é usado para pensamento abstrato, espacial e associativo (Lewin, 1974; Mintzberg, 1976; Edwards, 1979; *Newsweek*, 1983; Voth, 1982; *Veja*, 1983).

Em geral, o lado esquerdo do cérebro é melhor treinado durante a educação na cultura ocidental e tende, portanto, a suplantar o lado direito e, conseqüentemente, os pensamentos criativos.

5.2 COMO OCORRE O PROCESSO CRIATIVO

Sem entrar no estudo do cérebro, do ponto de vista neuropsicológico, conforme fez Luria, encarando a atividade cerebral como um todo (Luria, 1981), aqui será analisado como ocorre o pensamento criativo.

Uma pessoa que tira bom partido das oportunidades que se lhe apresentam, tende a usar seu conhecimento mais produtivamente, fazendo uso de associações. A analogia tende a ser muito importante nesse contexto (Andrade, 1980).

Pensar, conforme Aurélio Buarque de Holanda, significa fazer associações ligando uma porção de informações com outra; é combinar pensamentos ou idéias. Assim, quando se procura lembrar algum nome de pessoa conhecida, tenta-se provavelmente misturar porções de informação mentalmente, na esperança de fazer uma conexão relevante. Pensa-se numa série de coisas relacionadas à pessoa como ocasiões passadas em que houve encontro ou qualquer outro tipo de relacionamento, esperando poder ligá-las com o nome correto na armazenagem mental.

Parnes considera a analogia como um caleidoscópio, onde quanto maior for o número de peças, maior será o número de padrões possíveis que podem ser produzidos. Da mesma maneira, quanto maior for o conhecimento e a experiência registrados pelo cérebro, maior será o número de associações, padrões ou idéias que poderão ser gerados. No entanto, a simples coleta de informações, como os fragmentos e peças no caleidoscópio, não garante por si só a formação de novos padrões. Da maneira que se gira o cilindro do caleidoscópio para formar novas imagens, também se devem manipular os fragmentos do conhecimento armazenados para formar novos padrões ou novas idéias. É claro que a criatividade depende da habilidade de inter-relacionar não somente o que já está acumulado, como também as novas informações que são constantemente captadas através dos sentidos, diferindo nesse ponto da imagem do caleidoscópio, pois neste não são introduzidas constantemente as novas informações. A eficácia da produtividade criativa também depende da avaliação e do desenvolvimento de idéias-embriãs em idéias utilizáveis, que possam afetar individualmente o analista.

Solver problemas criativamente significa encontrar o maior número possível de interconexões e inter-relações entre os vastos e diferentes recursos internos e externos ligando-os de maneira óbvia e não óbvia. Quanto mais remotas as ligações com o conceito da idéia em questão, maior o grau de originalidade. Porém, é muito importante refinar altamente as idéias iniciais em soluções utilizáveis para problemas ou desafios, requerendo assim uma ação criativa e responsável.

Apesar de ser a mente tão apta a novas associações, há algo que impede a constante geração de idéias. São os bloqueios mentais que serão discutidos adiante.

Um problema é definido como um desvio percebido numa situação, entre o que existe e o que deveria ser. Portanto, para que um problema exista e possa ser solucionado, deve ser identificado um desvio, conscientizada a sua existência, haver motivação para diminuí-lo, habilidade para medi-lo e ainda deve haver recursos e habilidade para acabar com ele. Certo desvio pode ser notado por algumas pessoas, enquanto por outras, não. Essa diferença ainda pode ser dinâmica, isto é, pode ocorrer uma mudança constante no estado que queremos atingir ou no que estamos, ou em ambos.

5.3 TIPOS DE PROBLEMAS E RESPECTIVAS ABORDAGENS

Diferentes abordagens para solucionar problemas foram desenvolvidas, porém têm algo em comum. Todo problema é rodeado por uma série de informações fundamentais para o desenvolvimento de uma solução. Muitas delas são desconsideradas pela tendência do analista de ter pontos de vista preconcebidos e que suportam ou não certas informações.

Como resultado, freqüentemente se conclui uma solução de um problema que seria diferente se a validade das suposições tivesse sido adequadamente verificada. Wertheimer observou que a função do pensamento não é apenas de solver um problema real, porém também de descobrir e aprofundar as questões. Freqüentemente, nas grandes descobertas, o mais importante é propor certas questões. Conceber e propor a questão produtiva é freqüentemente mais importante que a simples solução de uma questão.

Os itens a serem solvidos consistem em dois elementos: o problema e a solução. Combinando esses elementos, quatro conjuntos de soluções podem ser identificados, conforme Kaufman e Becker, considerando-se serem conhecidos ou não os elementos.

O primeiro caso consiste no problema e na solução conhecidos. Assim, esse conjunto de problemas descreve um problema analítico que pode ser solvido por uma equação conhecida. Valores conhecidos são determinados e aplicados à equação para se chegar à solução. A solução é conhecida, porém os valores devem ser determinados.

O segundo caso consiste no problema desconhecido e solução conhecida. Assim, a aplicação do raio *laser* para cirurgia oftalmológica foi criada após o desenvolvimento do raio *laser*.

O terceiro caso ilustra problema conhecido e solução desconhecida. O problema é bem definido pelos requisitos, por especificações e outros parâmetros, porém a solução deve ser desenvolvida.

Finalmente, o último caso é o de problema desconhecido e solução também desconhecida. Um problema desse tipo não pode ser resolvido e requer uma análise para que passe ao caso anterior, isto é, problema conhecido e solução desconhecida. Problema típico desse conjunto é: como podem os efeitos da falta de energia ser reduzidos em fábricas? Os problemas desse conjunto requerem maior esforço de coleta de informações para definir tanto o problema quanto o seu escopo, para torná-lo "conhecido", isto é, determinar suas necessidades e efeitos.

De Bono definiu três tipos básicos do problema (De Bono, 1971 *a*), ou seja:

- problemas que exigem o processamento da informação disponível ou a reunião de mais informação;
- o problema de não-problema, onde a aceitação de um estado adequado evita a consideração de uma mudança para um estado melhor; e
- problemas que são resolvidos pela reestruturação da informação que já tenha sido processada em um padrão.

Para compreender melhor, De Bono baseou seu modo de pensar na sua teoria de como o cérebro funciona, reconhecendo quatro tipos de pensamentos: natural, lógico, matemático e lateral.

O primeiro tipo de problema pode ser atacado com o pensamento lógico, matemático ou pela reunião de mais informações. Os outros dois tipos de problemas requerem o uso do pensamento lateral.

Rickards reconhece duas situações de problemas: os abertos, quando os limites não estão completamente fixados, e os fechados, quando os limites estão completamente fixados e definidos.

Kepner e Tregoe definiram um único tipo de problema, o que chamam de *desvio*, isto é, a diferença entre o que está acontecendo e o que deveria estar acontecendo (Kepner e Tregoe, 1974).

Conforme Van Gundy, os problemas podem ser classificados de acordo com seu grau de estruturação. Dependendo da quantidade de informações disponíveis sobre o desvio, existem problemas bem estruturados, semi-estruturados e mal estruturados.

Os problemas bem estruturados são caracterizados pela disponibilidade de todas as informações necessárias para acabar com o desvio. Esses tipos de problemas podem ser solvidos usando-se procedimentos normatizados de operações, que provêem soluções já prontas. Os problemas semi-estruturados são aqueles em que suficiente informação é disponível para definir parcialmente a natureza do desvio, porém incerteza sobre o estado real e o desejado, ou ainda sobre como acabar com o desvio, impedem o uso exclusivo de procedimentos de rotina. Tipicamente, uma combinação de procedimentos normatizados de operações e respostas criativas é necessária para solver esse tipo de problema. Um problema mal estruturado provê o analista com pouca ou nenhuma informação sobre a melhor maneira de desenvolver a solução. Para esses casos, as informações necessárias para solver o problema devem ser geradas durante o processo de solução.

Apesar de diferentes, as abordagens acima não são conflitantes.

5.4 BLOQUEIOS MENTAIS

Há alguns fatores que inibem o pensamento criativo, quer seja em sua totalidade ou em suas etapas; são os bloqueios mentais. Alguns autores classificam esses bloqueios.

5.4.1 Classificação

Osborn propõe que os bloqueios provêm:

- de julgamento prematuro, ou ausência de separação devida entre o espírito criativo e o judicial;
- de hábitos anteriores;
- de desânimo;
- de timidez;
- de receio de ridicularização.

Von Fange, que coligiu um vasto material dos cursos de criatividade que ministrou na General Eletric, classifica os bloqueios como:

- de hábitos;
- de fixação funcional;
- de reações individuais.

Mason, um publicitário e consultor, propõe uma classificação mais extensa de bloqueios:

- perceptivos;
- culturais;
- emotivos;
- de hábitos.

Rawlinson, em seu famoso curso de criatividade do Britsh Institute of Management, propõe a seguinte classificação de bloqueios:

- da única resposta correta;
- auto-imposto;
- de conformismo;
- da falha em questionar o óbvio;
- de avaliar as idéias muito rapidamente;
- do medo de ser ridicularizado.

Morgan, em sua obra, propõe a classificação abaixo para os bloqueios:

I – De sentimentos pessoais de insegurança:
- falta de confiança em si mesmo;
- temor às críticas;
- medo do fracasso;
- ansiedade quanto ao amor próprio;
- temor à autoridade e aos sentimentos correlatos de dependência.

II – De necessidade de segurança superficial:
- necessidade de familiaridade;
- necessidade de integração e ordem excessivas – quando foge ao usual;
- medo de riscos e especulações;
- compulsão para o conformismo, cujas causas estão em:
  - dependência de opiniões de outros quando se julga algo;
  - respeito próprio e valor próprio condicionados às opiniões que os outros têm a seu respeito;
  - formas estereotipadas de agir e pensar;
  - achar que para ajustar-se ao grupo é necessário imitar servilmente seus membros e conformar-se a suas regras;
  - relutância em questionar ou pensar sobre diretrizes, políticas, valores e idéias predeterminadas;
  - preferência pela observação passiva ao invés da participação ativa.

III – De inabilidade de usar livremente o inconsciente.

IV – De inabilidade em usar eficazmente o consciente.

V – Decorrentes do trabalho:
- motivação de menos;
- motivação de mais;

- problemas de percepção:
  - falha em usar todos os sentido na observação;
  - falha em distinguir causa e efeito;
  - tirar conclusões falsas por ter conceituado com base em semelhanças superficiais;
  - inabilidade em definir termos;
  - falha em ver as "árvores em vez da floresta";
  - falha em relacionar o problema ao ambiente;
  - dificuldade em ver relações remotas;
  - inabilidade em ver ou em encontrar as chamadas soluções triviais que resolvem grandes problemas;
- transferência de hábitos – é o condicionamento por hábitos;
- intolerância à ambigüidade;
- super-especialização;
- inabilidade em suspender o juízo crítico;

VI – Ambientais.

Keffe, em sua obra *Escute criativamente para administrar melhor,* comenta que tudo se passa como se existissem filtros que deformam as mensagens recebidas. Esses filtros são comandados por razões emotivas ou por hábitos. Resultam no desenvolvimento de estereótipos, enumerados a seguir:

- de "coisas";
- de grupos;
- de sistemas.

Aznar, diretor da Synapse, na França, propõe a seguinte classificação para os bloqueios:

- da força da inércia;
- da viscosidade criatividade-julgamento;
- do risco intelectual;
- da atitude de especialista;
- culturais;
  - educação;
  - estruturas sociológicas.

Demory, um consultor francês, propõe a classificação a seguir para os bloqueios:

- da educação recebida;
- da crítica das idéias que nascem;
- da recusa de submeter a julgamento as próprias idéias;
- do medo de novidades;
- do medo de errar;

- do espírito de competição;
- da recusa de sonhar ou suspender o julgamento.

Hesketh, professor universitário e consultor, sugere a lista abaixo como classificação dos bloqueios:

- psicológicos:
  - falta de conhecimentos;
  - hábitos pessoais;
- de atitudes:
  - pessimismo;
  - conformismo;
  - falta de esforço – preguiça mental;
- sócio-culturais:
  - crença na autoridade;
  - critérios de julgamento;
- da falta de sensibilidade para problemas;
- da falha em fazer perguntas.

Pode-se perceber que existe, conforme o autor, uma variação bastante grande na forma de classificar os bloqueios, além do que, dependendo da visão de cada um, até os exemplos de certo tipo de bloqueio são dados como exemplos de outros tipos, criando uma confusão para o leitor.

Para esta obra foi adotada a abordagem proposta por Adams, por ser a mais completa. Considerou-se pertinente acrescentar ainda as contribuições de Duncker, Von Fange e Osborn.

Adams propôs quatro tipos amplos de bloqueios, a saber:

- de percepção;
- emotivos;
- culturais e ambientais;
- intelectuais e expressivos.

Os bloqueios acima serão explicados a seguir.

5.4.2 Bloqueios de percepção

São obstáculos que impedem o analista de perceber claramente o problema ou as informações necessárias para solvê-lo.

5.4.2.1 *Estereótipos*

Estereótipos – que podem ser aplicados para objetos ou para pessoas. Através dos estereótipos, tende-se a completar informações faltantes por meio de formas preconcebidas que podem resultar em sérias complicações para perceber novas combinações. É pertinente lembrar a experiência feita por Duncker, que forneceu três caixas abertas de papelão, uma porção de tachinhas, três velas e uma caixinha de fósforos a um grupo de estudantes, com a incumbência de iluminar o ambiente com as três velas acesas e ainda manter as mãos livres. Após algum tempo, o grupo pregou as caixas nas portas, para servir de base para as velas, que foram acesas. Um segundo grupo de estudantes não conseguiu chegar ao mesmo resultado com os mesmos objetivos, tendo havido apenas uma diferença na disposição das peças, isto é, as velas vieram numa das caixas, os fósforos na outra e as tachinhas na terceira (Duncker, 1945). Isso foi chamado por Von Fange de *fixação funcional* e é extremamente importante para aplicações de Análise do Valor, pois o uso de determinado objeto de um modo específico, ou para um fim específico, bloqueia a visualização das demais aplicações possíveis. A própria forma do objeto já traz um estereótipo. Torna-se importante expressar os elementos significativos de um problema em termos diferentes dos costumeiros e não ter, a peça, com sua forma, bloqueando outras alternativas.

5.4.2.2 Dificuldade em isolar o problema

Normalmente, os problemas aparecem no meio de um emaranhado de fatos, dados, outros problemas. Uma identificação adequada do problema é de fundamental importância para sua solução. É como um diagnóstico médico que tem seu sucesso dependente da habilidade de isolar o problema dentro da complexidade de todas as informações reais e imaginárias disponíveis.

5.4.2.3 Tendência em delimitar demais a área do problema

O problema a seguir, na Figura 5.1, constitui um exemplo eloqüente desse bloqueio. Desenhe não mais que quatro linhas retas, sem levantar o lápis do papel passando pelos nove pontos a seguir.

Figura 5.1   *Exemplo para ilustrar a tendência em delimitar demais a área do problema.*

Ao aumentar o nível de abstração por meio da pergunta "por quê?", passa-se a considerar uma área maior ao problema para os casos em geral.

5.4.2.4' Inabilidade de ver o problema de vários pontos de vista

Embora se saiba que ver o problema do ponto de vista de todos os interessados é melhor para chegar a boas soluções, além de agradar mais aos envolvidos, é pouco praticado. De Bono comenta sobre a importância de gerar muitas maneiras de ver o problema antes de elaborar uma solução.

A transformação do problema sob uma nova ótica, de acordo com a percepção do analista, permite o aparecimento de uma nova categoria de soluções potenciais.

5.4.3 Bloqueios emotivos

São obstáculos que podem interferir na liberdade com a qual se exploram e se manipulam idéias, na habilidade de conceituar fluente e flexivelmente, impedindo assim a comunicação de idéias a outros, numa maneira que tenha aceitação.

5.4.3.1 Medo de se arriscar

O medo de errar, de ser ridicularizado, é talvez o mais comum dos bloqueios emotivos. Durante a formação é freqüente ser premiado, quando a resposta certa é gerada, e punido em caso contrário. Tal fato também ocorre na vida dos adultos, onde se joga com o seguro ao invés de arriscar, justificando de certa forma a realidade desse bloqueio.

5.4.3.2 Preferência por julgar as idéias ao invés de gerá-las

Como no caso anterior, também este trata da maneira "segura" de agir. Apesar de ser parte essencial num processo criativo, quando aplicado antes da hora e de maneira indiscriminada, pode prejudicar fundamentalmente o processo, pois muitas idéias serão rejeitadas. Isso porque as idéias novas são frágeis e imperfeitas, tomando tempo para amadurecer e adquirir os detalhes necessários para fazê-las boas. Também, porque idéias conduzem a outras idéias.

5.4.3.3 Falta de desafios e zelo excessivo

Quando o problema não desperta interesse e motivação necessários, haverá uma inibição no processo criativo. Se o desafio não está presente, o processo deixa de ser compensador, assim como também no caso do excesso de motivação para vencer rapidamente.

5.4.3.4 Realidade e fantasia

A falta de acesso a áreas da imaginação, ou falta de controle da imaginação têm efeito muito negativo no processo criativo. Uma pessoa criativa deve estar em condições de controlar sua imaginação e ter acesso a ela, na plenitude dos seus órgãos dos sentidos. A pessoa criativa deve ser capaz não apenas de formar imagens vivas e completas, como também de manipulá-las, pois criatividade requer a manipulação e recombinação de experiências.

5.4.4 Bloqueios culturais e ambientais

Os bloqueios culturais são adquiridos pela exposição a um dado conjunto de padrões culturais. Bloqueios ambientais são impostos pelo ambiente social e físico.

Entre os bloqueios culturais há tabus, maneiras corriqueiras de pensar, como "isto é algo sério, nada de piadas".

Entre os bloqueios ambientais estão os de ambiente físico, como ruídos, temperatura, fundo musical, ambiente de desonestidade, chefes autocráticos e falta de suporte econômico, além de falta de cooperação e confiança entre colegas.

5.4.5 Bloqueios intelectuais e expressivos

Os bloqueios intelectuais são obstáculos que resultam em uma escolha ineficiente de táticas mentais, de uma falta de munição intelectual, e os expressivos são os que inibem a habilidade mental de comunicar idéias, não apenas para os outros, como também para si mesmo.

Assim, solver um problema usando uma linguagem incorreta (verbal, matemática ou visual), por exemplo, tentar solver um problema matematicamente quando pode ser resolvido com mais facilidade visualmente. O uso inflexível ou inadequado de estratégias intelectuais de solução de problemas constitui exemplos. A falta de informações ou incorreções, como ainda o uso de linguagens inadequadas para expressar idéias (verbalmente, musicalmente, visualmente) completam essa série de bloqueios.

5.4.6 Resumo

Todos os bloqueios aqui classificados, assim como outros, estão em última instância relacionados entre si, dependendo do ângulo em que são examinados.

É bom insistir na fixação funcional para o caso da Metodologia do Valor, pois o nome ou o conceito do objeto podem influenciar seus usos. Num experimento na Universidade de Princeton, pediram a diferentes grupos de pessoas que completassem circuitos elétricos simples. O único problema real era que não havia fio suficiente. A solução era usar alicates metálicos como alternativas. Porém, poucos os usaram como condutores enquanto eram chamados alicates. Numa outra experiência, onde foram dados nomes quaisquer aos diferentes objetos, o grupo associou o uso do alicate com o que procuravam antes mesmo de acabar o fio.

5.5 FASES DO PROCESSO CRIATIVO

Diferentes autores escreveram sobre essas fases, havendo certa unanimidade a respeito do conteúdo, restando a diferença quanto à forma.

5.5.1 Abordagem de Wallas

Existe um bom corpo de conhecimento sobre o processo criativo na literatura disponível, sendo um dos mais conhecidos o representado por Wallas, segundo o qual existem quatro estágios:

- **preparação**, envolvendo a coleta de dados disponíveis sobre o problema;
- **incubação**, que se refere ao tempo em que o esforço consciente é suspenso e ainda é dirigida atenção ao problema no nível não consciente;
- **iluminação**, que caracteriza o aparecimento de uma solução factível, seguido de uma sensação de contentamento;
- **verificação**, que é o teste de validação de uma idéia e confecção dos necessários refinamentos.

5.5.2 Abordagem de Von Fange

Uma abordagem original foi feita por Von Fange no tratamento de problemas, onde propõe as fases seguintes:

- investigação dos elementos e recursos para verificar a direção a ser seguida;
- definição das limitações impostas pela praticabilidade dos recursos e prazos;
- consideração de todas as orientações e métodos possíveis para atacar o problema;
- melhoramento possível do plano das propostas;
- finalização do plano;
- obtenção de aprovação do projeto por meio de exposição verbal do projeto.

5.5.3 Abordagem de Kneller

Kneller, que escreveu uma das obras mais conhecidas sobre criatividade, onde apresentou de maneira compacta, com grande habilidade e forma imparcial, o que de mais importante se conhecia na época, desde definições, conceitos, até teorias explicativas do processo criativo, resume as fases do processo criativo em:

- **apreensão**, que é a concretização de que existe um problema;
- **preparação**, que se constitui numa investigação rigorosa sobre o problema;
- **incubação**, que é um processo ainda não bem explicado, porém constitui-se num trabalho da mente inconsciente que começa a agir após a realização da tarefa pela mente consciente. O trabalho do inconsciente consiste em efetuar as necessárias conexões, que constituem a essência da criação. O período pode ser longo ou curto em tempo, porém deve existir. É um processo tão importante a incubação, que apesar de ser um estágio passivo, devem ser dadas condições para que possa realizar-se;
- **iluminação**;
- **verificação**.

5.5.4 Abordagem de Morgan

Morgan também resumiu em cinco fases o processo criativo, onde propôs:

- **definição do problema**, que se constitui no maior desafio, pois, passado esse estágio, a resposta normalmente aparece depressa;
- **coleta de informações**, onde todos os dados relevantes devem ser anotados;
- **pesquisa de idéias**, para obter maior número de possibilidades. Morgan recomenda:
  – começar com a idéia conhecida, selecionar um de seus atributos e transformá-la em algo de novo; ou
  – começar com o desconhecido e avançar em direção à resposta, como fez Westinghouse, quando analisou a causa de desastres de trens;
- **incubação**;
- **avaliação**.

5.5.5 Abordagem de Simon

O modelo de Simon é um dos mais conhecidos e é composto de três fases:

- **inteligência**, em que o problema é reconhecido e informações são coletadas para a formulação de uma definição do problema. Trata-se de um processo convergente, que envolve um afunilamento de informações até uma unidade manejável;
- **projeto**, em que são desenvolvidas soluções para o problema, tratando-se pois de um processo divergente ao gerar um alargamento do problema;
- **escolha**, em que são selecionadas as alternativas, constituindo-se uma vez mais num processo convergente.

5.5.6 Abordagem de Parnes

Parnes desenvolveu uma metodologia comportamental para descrever o processo criativo:

- procura de dados;
- procura do estabelecimento do problema;
- procura de idéias;
- procura da solução;
- procura da aceitação.

Para cada uma delas, há uma seqüência de passos.

5.5.7 Abordagem de Simon/Brightman/Van Gundy

Considerando cada uma das fases do modelo de Simon (item 5.5.5) como uma minifase de solução de problemas, isto é, subdividindo cada fase em três subfases de inteligência, de projeto e de escolha, as atividades necessárias ficam mais claramente identificadas.

Utilizando a adaptação acima no modelo desenvolvido por Brightman, o resultado aparece na Figura 5.2.

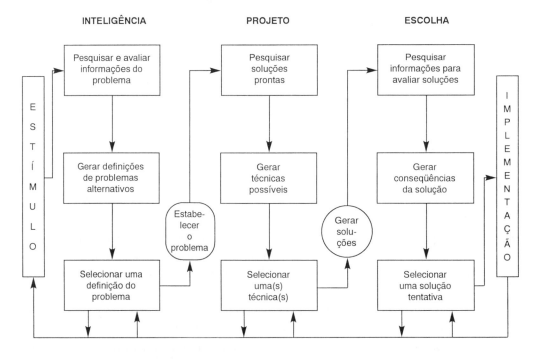

Figura 5.2 *Abordagem de Simon/Brightman/Van Gundy.*

O modelo começa com uma situação de problema iniciado com um estímulo ambiental na fase de inteligência. A definição inicial é analisada para que uma pesquisa de coleta de informações relevantes ao problema seja iniciada (subfase de inteligência). A subfase de projeto é iniciada, na qual definições alternativas do problema são geradas, seguidas de uma seleção de uma definição na subfase da escolha. Tal definição é posta na forma de estabelecimento do problema, que é usado para começar a subfase de inteligência da fase de projeto. A primeira atividade dessa subfase é a pesquisa de soluções prontas que possam ser usadas integralmente ou modificadas para solver o problema. Não sendo encontradas soluções disponíveis, técnicas de criatividade são geradas na subfase de projeto e uma ou mais técnicas são selecionadas na subfase de escolha. Usando essas técnicas, são geradas soluções para o problema e é iniciada a fase de escolha. A subfase de inteligência dessa fase de escolha tem a ver com a pesquisa de informações que possam ser usadas para avaliar as soluções potenciais. Possíveis conseqüências da solução são então geradas na subfase de projeto seguida da seleção de uma solução-tentativa na subfase de escolha. Se nenhuma informação nova sobre o problema for recebida por ocasião da necessidade da solução, a solução encontrada será implementada e seu sucesso avaliado através da realimentação, devido a novas informações ou outros fatores, e o processo reciclará a um dos três estágios ou ao estímulo ambiental. Deve ser considerado ainda que acontecimentos podem ocasionar a volta ao ponto de partida, ou a qualquer das três fases.

5.6 O PROCESSO CRIATIVO É DELIBERADO E ESTÁ AO ALCANCE DE TODOS

Ainda hoje há pessoas que acreditam ser a criatividade uma "arte" e que nem todos são bem dotados a ponto de serem capazes de dominar o processo criativo. Assim, os que possuem esse talento já sabem disso e os demais não se preocupam em desenvolver seu potencial criativo, de maneira a não dedicarem mais atenção ao assunto.

Uma razão é que toda boa idéia criativa deve ser sempre lógica em retrospecto. Se ela não for lógica em retrospecto, então não haverá meio de perceber seu valor e não passará de uma idéia maluca. Se toda idéia criativa boa é realmente lógica em retrospecto, então é natural supor, e reivindicar, que tais idéias poderiam ter sido obtidas por lógica desde o início e que a criatividade é desnecessária.

Num sistema passivo de informação (sistema externamente organizado), é perfeitamente correto afirmar que toda idéia que é lógica em retrospecto deve ser acessível à lógica da primeira vez, mas isto não é verdade num sistema ativo de informação (sistema auto-organizado) no qual a assimetria dos padrões significa que uma idéia pode ser lógica e mesmo óbvia em retrospecto, mas completamente invisível à lógica quando procurada pela primeira vez (De Bono, 1992).

Outra razão é que há pessoas que acreditam que criatividade é uma questão de talento ou sorte, e que nada pode ser feito para mudar esse fato da vida. Finalmente, existem aqueles que são colocados de lado pelas abordagens malucas que aparecem.

5.7 CONSIDERAÇÕES FINAIS

Jonelis, um executivo industrial e ex-presidente da SAVE, num artigo sobre criatividade, resume as fases do processo criativo em (Jonelis, 1981):

- percepção do problema;
- compilação de conhecimentos;
- manipulação de conhecimentos;
- avaliação de alternativas;
- implementação da solução.

As pessoas criativas concordam com a seqüência acima, porém também afirmam que as fases não estão sempre nessa mesma seqüência. A compilação do conhecimento pode preceder à percepção do problema. A manipulação pode fazer voltar à obtenção de mais conhecimentos. Após a solução, vem a satisfação lógica, porém o subconsciente pode ainda estar insatisfeito e continuar a manipulação. Portanto, pode muito bem ocorrer um retorno a fases anteriores.

A correta percepção do problema é de fundamental importância. Um caso que ilustra essa afirmação foi o do combate à febre amarela em Cuba, durante a guerra hispano-americana. Naquele tempo, conforme Levenstein, era maior o número de pessoas que morriam de doença do que em combate. O primeiro problema posto na época foi "Como matar o micróbio que penetra na corrente sangüínea do paciente?" Somente após estudarem melhor a situação é que perguntaram "Como o germe penetra no sangue do paciente?", o que resultou na resposta "O vetor é o mosquito".

Osborn foi feliz em suas explicações quando comentou que o espírito pensante humano tem dois aspectos principais:

- o espírito judicioso que analisa, compara e escolhe; e
- o espírito criador que prevê e gera as idéias.

Ambos os esforços são semelhantes, pois exigem análise e síntese. O espírito judicioso decompõe os fatos, pondera-os, compara-os, rejeita alguns e conserva outros, para no fim reunir os elementos restantes para chegar a uma conclusão. O espírito criador procede de maneira muito semelhante, com a diferença de que o produto final é uma idéia e não um julgamento. Como as atitudes não se misturam correntemente, a judiciosa e a criadora tendem a entrar em choque. A menos que se coordenem convenientemente, cada uma delas pode vir a prejudicar a outra.

Em geral, a incubação não está implicitamente incluída em todos os modelos apresentados, porém vários artifícios são usados para suspender o esforço consciente, enquanto a atenção é dirigida ao problema no nível não consciente.

Na elaboração do modelo proposto neste livro foram pesquisadas, classificadas e apresentadas diferentes técnicas, que serão expostas nos próximos capítulos.

6
Técnicas

6.1 INTRODUÇÃO

Independentemente do Plano de Trabalho considerado que, conforme o autor, pode ter múltiplas variações, todos orbitam em torno de uma alternância de fases em que se aplicam técnicas que auxiliam desde a identificação do problema, a coleta de informações pertinentes, para em seguida mergulhar na fase criativa, após a qual a escolha da alternativa adequada é feita para posterior implementação.

Apesar de razoavelmente metodizado o Plano de Trabalho existente, é o uso das técnicas durante as várias fases que irá determinar o sucesso ou o malogro do projeto. Conforme o próprio Miles comenta em seu primeiro livro sobre o assunto, as técnicas são ferramentas para serem usadas conforme a necessidade, algumas vezes até simultaneamente, complementando-se. Poderiam mesmo ser comparadas com as ferramentas de um ferreiro, que molda o metal aquecido com seu martelo, porém posicionando adequadamente a peça; em seguida ele avalia, usa novamente o martelo, avalia uma vez mais e, talvez, reaqueça a peça para repetir o processo.

Aqui serão apresentadas as contribuições dos precursores Miles, Heller e Mudge, em termos de técnicas, por serem ao mesmo tempo importantes e porque serviam de base para o aparecimento das demais.

6.2 AS TÉCNICAS DE MILES

Miles, o pai da AV, estabeleceu 13 técnicas que completam no seu conjunto uma abordagem que propicia ao analista o real contato com o problema:

6.2.1 Evitar generalidades concentrando-se no específico

Definir mal os problemas reduz as condições de poder abordá-los eficazmente. Na realidade, Miles citou seis exemplos em diferentes campos de aplicação, explicando como abordar cada um. Aconselhou reconhecer uma generalidade quando ela existe, "dividir" a situação em partes, em funções e custos, para então aplicar as técnicas apropriadas e analisar os resultados.

6.2.2 Conseguir todos os custos disponíveis

Miles constatou que custos significativos guardam a mesma relação com bom valor que testes significativos com bom desempenho e que, infelizmente, podem ser encontradas decisões importantes sem adequada análise dos custos e dos testes correspondentes quanto ao desempenho.

Em vista dos sistemas contábeis existentes, é comum a indisponibilidade de dados precisos e localizados de custos; nesses casos, torna-se importante proceder a uma análise de custos, desde que várias alternativas de soluções existam em cada fase de manufatura de um produto.

Mudge sugeriu uma forma operacional de coleta dos custos, enquanto Heller adotou o conceito integralmente.

6.2.3 Usar apenas informações da melhor fonte

Essa técnica, conforme Miles, visa evitar mal-entendidos e falta de informações que freqüentemente se constituem na causa do baixo grau de valor em muitos produtos ou processos.

Heller aprofundou as explicações sobre a importância dessa técnica.

6.2.4 Desestruturar, criar e refinar

É uma técnica útil para atingir três objetivos (Miles, 1961):

- elimina o bloqueio constituído pela peça física, permitindo assim alargar o problema convenientemente;
- conduz o raciocínio para considerações básicas;
- fornece um mecanismo para construir o que é necessário conforme essas considerações básicas.

A primeira fase, *desestruturar*, consiste especificamente em identificar a porção exata do problema em estudo, que de fato desempenha a função básica e retirá-la do problema de forma a poder pensar nela clara e separadamente.

A segunda fase *criar*, consiste em tentar acrescentar à porção o faltante, para que desempenhe as funções requeridas.

A última fase, *refinar,* consiste numa avaliação das idéias geradas na fase criativa, desenvolvendo uma nova abordagem que satisfaça requisitos de desempenho e custo, acrescentando partes de funções com seus respectivos custos até garantir o total desempenho da função de maneira confiável.

É uma técnica que contém no seu todo um pequeno, porém completo, plano em essência de análise do valor.

6.2.5 Usar criatividade

Desde que possam, em geral, ser encontradas diferentes maneiras de efetuar algo, é só procurá-las por meio da criatividade. Assim, por exemplo, quando há um movimento realizado mecanicamente, podem ser procuradas outras maneiras de realização, por meios elétricos, eletrônicos, hidráulicos, térmicos ou químicos. As perguntas estimulantes são: o que mais pode desempenhar essa função? Ou, de quais outras maneiras pode ser confiavelmente desempenhada?

Mudge contribuiu consideravelmente nessa abordagem e a subdividiu em duas técnicas:

- estabelecer pensamento positivo;
- desenvolver idéias criativas.

Heller também contribuiu com aspectos e exemplos.

6.2.6 Identificar e contornar bloqueios

Bloqueios são formas veladas de objeção. Normalmente, objeções são, de certa maneira, uma forma de pedir mais informações.

É comum assistir ao nascimento de um produto que desempenha de maneira perfeita dada função. É incrível constatar após algum tempo que modificações são feitas no produto de maneira que permitam a realização da função original de maneira mais confiável e a um custo menor. É chocante perceber que tal modificação muitas vezes poderia ter sido diretamente embutida no produto inicial. Por que não o foi? De forma geral, tal fato é devido a dificuldades reais ou imaginárias denominadas *bloqueios*. A causa pode ser uma falta de informação, aceitação de informação errada ou mesmo uma suposição incorreta.

É importante reconhecer claramente os bloqueios existentes e acreditar que usualmente representam as crenças honestas das pessoas. Para contorná-los, devem ser injetadas informações corretas adicionais da maneira adequada e no momento correto (Miles, 1961).

6.2.7 Recorrer a especialistas quando necessário

A meta é obter bom valor para os produtos, o que implica obter boas respostas. Para tanto, torna-se necessário estabelecer claramente o que deve ser realizado, isto é, quais funções devem ser desempenhadas. Para gerar as melhores alternativas antes da decisão, é necessário obter as informações completas das fontes adequadas tecnologicamente. Essa é a única forma de garantir o desempenho dessas funções pela forma mais confiável e de menor custo (Miles, 1961).

Tanto Heller como outros incorporaram essa técnica em seus planos.

6.2.8 Verificar o custo das tolerâncias principais

As tolerâncias geométricas são especificadas com vistas em obter a montagem, o funcionamento ou a intercambialidade, desejados de uma produção seriada. O projetista, na dúvida, prefere apertar as tolerâncias para ter seu produto com funcionamento mais garantido.

Nessa técnica, devem ser satisfeitas as questões seguintes:

- É necessário ter as tolerâncias como especificadas?
- Qual outro projeto, se existir, invalidaria essa necessidade?
- São os meios atuais de garantir as tolerâncias os mais econômicos?

6.2.9 Utilizar produtos funcionais disponíveis nos fornecedores

Cada produto projetado cuidadosamente deve desempenhar uma ou mais funções. Um televisor, uma bicicleta ou um brinquedo. Cada função principal é desempenhada por meio de um conjunto de subfunções, cada uma possuindo uma série de componentes. É freqüente que o projetista se dedique mais ao projeto das grandes funções e menos àquelas desempenhadas por simples produtos funcionais, como rebites, parafusos e porcas, entre outros. Produtos funcionais já padronizados e testados, além de serem mais baratos, já foram projetados com maior cuidado. Porém, há uma tendência de tentar "redescobrir a roda" ou de confiar mais na própria capacidade que na dos outros (Miles, 1961). Devem ser tentados, sempre que possível, os produtos disponíveis, mesmo que modificados conforme necessidade.

Com diferentes nomes e níveis de abrangência, tanto Mudge quanto Heller adotaram essa técnica.

6.2.10 Utilizar e pagar pelo conhecimento de fornecedores especializados

Muitos projetistas planejam suas necessidades e vão ao campo comprar matéria-prima em pequenas quantidades para manufaturar os componentes necessários. Muitos destes componentes constituem-se num ramo específico que requer conhecimento especializado. Nesses casos, devem ser pesquisados os fornecedores a serem consultados, para descobrir qual é o que tem o tipo de equipamento adequado e a experiência desejada para as funções requeridas.

A vantagem em usar tal procedimento é recorrer diretamente àquelas empresas que detêm o conhecimento especializado. O adequado uso desse conhecimento irá garantir a inexistência de custos inúteis.

Assim, se a necessidade é de certo tipo de molas, procurar um especialista em molas de bom valor e transmitir os requisitos para que ele ajude inclusive no projeto, cálculo, e faça propostas.

Para localizar os melhores fornecedores, o procedimento deve iniciar com as respostas às questões abaixo:

- Que funções são requeridas?
- Quais processos podem contribuir?
- Quais fornecedores existem em cada área?

Assim como na técnica anterior e na seguinte, também nesta houve, tanto por parte de Heller como de Mudge, uma inclusão em seus planos de trabalho.

6.2.11 Utilizar processos especializados

Em geral, os processos de manufatura existentes desempenham uma das duas finalidades abaixo:

- funções que não podem ser desempenhadas de outra forma;
- funções desempenhadas de outra maneira igualmente bem, porém a custo muito menor.

O segundo é o que interessa no caso, e nem todas as funções são ainda suficientemente conhecidas pelos projetistas de produtos.

Naturalmente, um processo especial de hoje torna-se o processo normal de amanhã, concluindo assim que a linha divisória entre os processos especiais e normais não é fixa na realidade.

Conclui-se, conforme Miles, que um processo especializado é aquele que propicia o desempenho confiável da função requerida por um custo significativamente menor, e que também existe ou poderia ser desenvolvido por alguém que dominasse a tecnologia envolvida, se soubesse da necessidade e achasse conveniente. Assim, para os engenheiros de manufatura que desenvolveram uma peça com rosca cortada na ponta ao custo de 500 unidades monetárias cada, o processo de rosca rolada ao custo de 50 unidades monetárias será um processo especializado. A maior parte dos processos especializados apenas torna-se disponível ou chega em mãos com uma defasagem de tempo; porém, trata-se de um processo sem fim de desenvolver novas tecnologias ou ferramentais. Assim, o processo de fundição começou com a primitiva fundição em areia, tendo posteriormente evoluído para diferentes tipos de processos, alguns apenas apropriados para desempenhar certa função, devido ao uso de certo metal, ou para porosidade requerida, e assim diante.

O uso dessa técnica requer algumas etapas:

- reconhecer que determinado processo poderia desempenhar certas funções por custo muito menor. Esse processo pode existir, porém ainda não foi divulgado, pode estar sendo desenvolvido, ou ainda poderia ser desenvolvido;
- estimular ações que aumentem o interesse entre os detentores da competência na especialidade, nas funções em questão;
- alocar esforços e tempo necessários.

6.2.12 Utilizar normas aplicáveis

O sentido amplo dessa técnica inclui não somente o uso de padrões aplicáveis para produtos, componentes e processos como botões, potenciômetros, porcas, mas também a utilização adequada de partes de produtos padronizados, como porcas ou molas modificadas. Permite também evitar padrões com especificação adicional ao necessário.

A experiência tem mostrado, conforme Miles, que muitas normas puderam ser usadas diretamente, outras modificadas, enquanto algumas foram rejeitadas.

O necessário é conhecer as normas e descobrir os custos e aplicabilidade para determinadas funções.

6.2.13 Usar o critério "eu despenderia meu próprio dinheiro dessa maneira?"

É mais uma regra de bom senso que uma técnica, propriamente. Qualquer pessoa normal, ao avaliar suas despesas, considera as seguintes condições restritivas típicas:

- limitação da quantia a ser gasta;
- tentativa de assegurar ao máximo as funções de uso e de aparência;
- expectativa de obtenção das funções dentro de limites razoáveis;
- estabelecimento claro de alternativas;
- comparação dos valores relativos de uso e de estima com seus custos relativos.

Para a consecução do valor, é vital fazer o que é de melhor senso. Qualquer desvio das respostas que produzem o melhor senso resulta num desempenho ou valor diminuídos. Desempenho menor, por um lado, pode ser usualmente identificado imediatamente por testes. Valor diminuído, por outro lado, é freqüentemente difícil de ser identificado.

Nesse caso, causa e efeito são tão separados que as respostas particulares, que não fazem sentido, dificilmente são evidenciadas.

6.3 APARECIMENTO DE TÉCNICAS ADICIONAIS

Mudge propôs 22 técnicas e Heller 20, algumas já citadas total ou parcialmente. Seguem-se as demais.

6.3.1 Empregar boas relações humanas

Relações humanas constituem o veículo que permite integrar as várias disciplinas num ambiente; delas depende a aplicação do Plano de Trabalho. Em qualquer fase do trabalho, existe um inter-relacionamento, quer seja concordando, discordando, cooperando etc. O sucesso conseguido está diretamente relacionado com a lealdade e entusiasmo inspirados nos outros. Naturalmente, é o ponto de partida para o trabalho, segundo Mudge e Heller.

6.3.2 Inspirar equipe de trabalho

As pessoas vivendo em sociedades passam por um aprendizado, convivendo com os demais e se auto-conhecendo. Assim, aprende-se a atuar, sentir e conviver. Uma equipe se forma quando há objetivos comuns e desde que se perceba que cada membro sai ganhando quando o conjunto ganha; os membros passam a dividir responsabilidades. A partir do momento em que os membros do grupo são capazes de conseguir seus objetivos individuais através das atividades do grupo, este grupo passará a ser uma equipe (Mudge, 1981).

6.3.3 Aplicar um critério profissional de julgamento

Conforme Mudge, um dos ingredientes mais importantes que se deve cultivar para um julgamento profissional é uma mente aberta. A interação entre o desejo de agradar, opinião pessoal e o cuidado com "compromissos" constitui o motivo que mais solapa os julgamentos profissionais. Libertando-se da ameaça dos "compromissos" fica simples um julgamento impessoal que considera apenas os fatos concernentes.

Tanto Heller quanto Mudge consideraram essa técnica.

6.3.4 Assegurar os fatos

Para uma boa abertura da situação, é muito importante saber perguntar com boas relações e saber reconhecer, pelas reações de resposta e nas entrelinhas, o peso a ser dado para as respostas.

As perguntas a serem feitas são simplesmente: Por quê? O quê? Quando? Onde? Como? Quem?

Adicionalmente deverão ser listadas as informações normais sobre o mercado e a manufatura (Mudge, 1981).

Heller propôs essa técnica de maneira ligeiramente diferente da de Mudge.

6.3.5 Definir funções

Utilizando um formulário especial, as funções são definidas e classificadas peça por peça (uma básica e as demais secundárias). Além disso, coloca-se no cabeçalho o *input* e *output* do projeto de maneira concisa. A finalidade é limitar os parâmetros do projeto. Assim, uma torradeira de pão tem como *input* o pão e a potência (elétrica) e, como *output*, o calor e o pão seco (Mudge, 1968, *a*).

Heller também considera a definição de funções, assim como a sua avaliação, como uma técnica.

6.3.6 Avaliar as relações funcionais

É a mais notável contribuição de Mudge, onde elaborou uma tabela que permite comparar cada função já definida com todas as outras a fim de determinar uma importância relativa entre elas. O estabelecimento dessa ordem de importância e dessas relações, além da avaliação numérica para cada função, permite concluir qual a função básica de cada produto que esteja sendo estudado, assim como determinar as funções secundárias em ordem decrescente de importância, desde que sejam valorizadas relativamente. Esta técnica será vista com mais detalhes no item 9.10.5.3.

O processo permite ainda determinar quais funções existem apenas devido ao projeto e à arquitetura existente do produto, e não devido à função básica.

6.3.7 Refinar e combinar idéias

As idéias criativas são inaproveitáveis, em geral, na forma em que aparecem. É necessário utilizar mais criatividade, bem como refinamento e julgamento.

Uma idéia aparentemente boa poderá ter de ser modificada para cumprir determinados requisitos, enquanto outras, que parecem inúteis à primeira vista, isoladas, poderão, quando combinadas a outras, ser bastante úteis.

Em essência, essa técnica de refinar e combinar constitui-se num processo dinâmico e criativo no qual o julgamento é adicionado.

Utilizando esse processo, certas idéias ou grupos de idéias sobrepujarão outras; nem todas serão utilizáveis de imediato por falta de informações; no entanto, todas deverão ser guardadas para futura ocasião.

Uma forma específica de executar essa técnica é listar para cada idéia ou grupo de idéias as suas vantagens e desvantagens. Dessa maneira, o ato de pensar nos problemas embutidos em cada uma irá estimular a criatividade para contorná-los. Como conseqüência, os pontos fortes de muitas idéias serão combinados, enquanto as desvantagens tenderão a ser eliminadas.

Essa técnica, proposta por Mudge e Heller, lembra parcialmente a de Miles, que recomenda "desestruturar, criar e refinar".

6.3.8 Custear todas as idéias

De posse de um grupo de idéias promissoras, a técnica manda estabelecer o valor potencial de cada uma.

Para isso devem ser estabelecidos custos para cada uma das idéias, de maneira razoavelmente precisa, apenas para diferenciá-las entre si, nesse ponto de vista, e determinar as mais promissoras. Partindo daquelas de menor custo por função, pode-se trabalhar no desenvolvimento funcional de alternativas, conforme Mudge.

As recomendações também devem ser acompanhadas de todos os cálculos das economias em material, de mão-de-obra e de despesas adicionais na situação presente e proposta.

6.3.9 Desenvolver funções alternativas

De posse das informações obtidas, das funções definidas, das idéias geradas refinadas e/ou combinadas, e com o uso dessa técnica, são desenvolvidas soluções viáveis. Esse processo de fusão e mistura dos elementos citados inicia o processo de eliminação de custos desnecessários e de desenvolvimento de alternativas válidas.

Para colocar cada coisa em seu lugar, rascunham-se os parâmetros físicos que estão contidos na função. Em seguida, anotam-se os itens essenciais das especificações e requisitos que devem ser cumpridos. Isto é feito para delimitar o desenvolvimento.

Tomando a função básica, anotar a idéia ou combinação de idéias selecionadas, que pode em princípio desempenhar a função e em seguida obter o custo estimado para ela. Seu desenho também é feito no rascunho e em seguida confrontado com as especificações. Quando alguma delas é pertinente e confere com a idéia dada, já é separada como satisfeita. As não satisfeitas devem ser mantidas em mente para a revisão ou modificação da idéia. Quando alguma modificação é sugerida, ela é anotada e o custo adicional também. Esse processo segue até que a idéia desenvolvida obedeça a todas as especificações e requisitos relacionados com a função básica.

A segunda função deve nesse ponto ser anotada. Uma das partes difíceis é justamente escolher a(s) idéia(s) para a segunda função que melhor combine com o estado atual de desenvolvimento, isto é, com a idéia existente ao menor custo.

A idéia é anotada e, seguindo-se o procedimento da função básica, são considerados os melhoramentos (refinamentos) ou as mudanças e anotados os custos adicionais acumulados, comparando-se com as prescrições faltantes. Assim, a idéia vai evoluindo.

Esse procedimento de adicionar cada função requerida em ordem decrescente de importância com as respectivas modificações das idéias básicas e o custo acumulado continua até que todas as funções requeridas e especificações pertinentes tenham sido obedecidas (Mudge, 1981).

Essa técnica tem muito em comum com a de Miles, que recomenda "desestruturar, criar e refinar", principalmente referindo-se a "refinar".

6.3.10 Avaliar por comparação

Para cada idéia desenvolvida, Mudge recomenda que as vantagens e desvantagens sejam anotadas, comparadas e suas diferenças avaliadas. Dessas diferenças devem surgir planos de ação.

Deve ser tomado grande cuidado para se concentrar nos contrastes e diferenças e não nas similaridades. As desvantagens convenientemente abordadas deverão ser transformadas em vantagens.

6.3.11 Apresentar os fatos

Devem ser apresentados apenas fatos comprovados, um por vez, de maneira a ter sempre um baseado no anterior, havendo ligação entre eles. Generalidades devem ser evitadas.

Mudge inclui nessa técnica também as especificações e os desenhos da solução proposta, pois ela consta da fase de recomendação do plano de trabalho.

6.3.12 Motivar para ação positiva

Consiste na apresentação adequada de informações precisas, específicas e detalhadas, assim como nos custos que motivarão a ação. Essa técnica requer ainda um seguimento posterior (Mudge, 1981).

6.3.13 Aplicar o plano de trabalho

Heller considera o próprio Plano de Trabalho como uma técnica, pois constitui-se numa sistematização, embora o resultado de sua aplicação possa variar consideravelmente, conforme as técnicas utilizadas em sua aplicação.

6.3.14 Questionar os requisitos

Consiste em questionar no sentido amplo tanto os desenhos como as especificações.

Essa técnica poderia dar a a impressão de que só tem utilidade para corrigir erros de projeto, porém, alterações podem ocorrer em especificações, tecnologias, materiais e conhecimento nas condições ambientais do produto. Nesses casos, procede-se à alteração nos requisitos (Heller, 1971).

6.4 EVOLUÇÃO DAS TÉCNICAS

Cada uma das técnicas iniciais de Miles originou uma série de outras que foram sendo adaptadas às circunstâncias. Algumas foram aperfeiçoadas e completadas com conhecimentos novos; outras foram combinadas.

Algumas dessas adaptações nas técnicas foram conseqüência da evolução industrial, outras da evolução na forma de organização das empresas e ainda outras devido às suas dimensões. Novas técnicas, pertencentes a outras disciplinas, foram sendo incorporadas, e ainda estão sendo, pois as condições existentes continuam transformando-se.

As 27 técnicas até aqui apresentadas constituíram a semente das que vieram posteriormente e estão ligadas com o próprio Plano de Trabalho.

Ao longo do tempo, começaram a ser executados estudos do valor também na área de processos e serviços, incluindo ainda a própria organização. Decorrentes deste trabalho, muitas outras técnicas surgiram posteriormente, sendo que várias se repetem total ou parcialmente. Cada autor propõe aquelas que lhe parecem mais eficazes, porém, diferem entre si. Os diversos autores não se têm preocupado em classificar as diferentes técnicas, assim como em dar indicações para seu uso. Em vista disso, será proposta no Capítulo 7 essa classificação, objetivando as aplicações das técnicas.

7
Classificação das técnicas

Após exaustiva pesquisa na literatura disponível, constatou-se serem incompletas as explicações disponíveis sobre o uso e adequação das técnicas existentes, razão pela qual são aqui classificadas conforme sua utilização.

Primeiramente, as técnicas podem ser de suporte ou específicas, sendo que as últimas, devido à sua relevância, foram também classificadas para serem adequadamente indicadas no modelo proposto em 13.3.

7.1 CLASSIFICAÇÃO

Tendo em mente uma metodização para aumentar a probabilidade de sucesso na aplicação das técnicas, será inicialmente apresentada uma definição e em seguida proposta uma classificação de acordo com seu uso.

Técnica é "um conjunto de processos de uma arte", ou "jeito ou maneira especial de executar ou fazer algo" (Ferreira, 1975). Portanto, constitui-se num instrumento amplo que inclui tanto algoritmos (receitas que garantem quando adequadamente utilizadas a solução de um problema), regras heurísticas (que são regras de bom senso, políticas ou guias que aumentam a possibilidade de sucesso, porém não garantem a solução), como respostas criativas específicas (ações que permitem oferecer soluções sob medida).

Serão utilizadas técnicas de suporte, definidas como as que devem ser utilizadas conforme necessidade em qualquer fase do Plano de Trabalho, e técnicas específicas, a serem aplicadas conforme necessidade em determinadas fases do Plano de Trabalho.

7.2 TÉCNICAS DE SUPORTE

As técnicas de suporte, geralmente as originais concebidas por Miles, são regras heurísticas cujo uso apenas facilita a solução dos problemas surgidos na aplicação do Plano de Trabalho.

Sendo estas técnicas mera série de regras de bom senso e procedimentos a serem utilizados sem ordem cronológica de aplicação, serão a seguir enumeradas sem critérios de classificação.

As oito técnicas de suporte são:

Evitar generalidades, concentrando-se no específico, conforme 6.2.1; usar apenas informações da melhor fonte, conforme 6.2.3; identificar e contornar os bloqueios mentais, conforme 6.2.6; recorrer a especialistas, fornecedores e processos especializados, conforme 6.2.7, 6.2.10, 6.2.11; usar o critério "eu despenderia meu dinheiro dessa maneira?", conforme 6.2.13; empregar boas relações humanas, conforme 6.3.1; inspirar equipe de trabalho, conforme 6.3.2; aplicar um critério profissional de julgamento, conforme 6.3.3.

7.3 TÉCNICAS ESPECÍFICAS

As técnicas específicas aqui escolhidas são resultado de conhecimentos obtidos após aplicar inúmeras vezes o Plano de Trabalho como também outras disciplinas.

Tendo em mente uma sistematização na aplicação dessas técnicas ao longo do Plano de Trabalho, elas serão classificadas em técnicas:

- de análise global;
- reestruturantes;
- de geração de idéias;
- de seleção e avaliação de idéias;
- de implementação.

Cada grupo dessas técnicas será melhor explicado e tratado nos capítulos seguintes.

8
Técnicas de análise global

Uma situação de problemas é sentida por meio de algum desconforto frente a um padrão de desempenho. O padrão está diretamente relacionado com uma atividade planejada e escolhida. Com o padrão esperado de desempenho, o analista compara o padrão real, que, sendo diferente, ocasionará uma variação constituinte de uma situação de problemas. Caso a variação seja indesejável, o passo seguinte será identificar os elementos que afetam a situação. Após listar os acontecimentos que indicam ações a serem tomadas, devem ser priorizados, já que resolver simultaneamente todos os problemas apontados pode ser contraproducente além de ineficiente. As técnicas de Análise Global são aquelas que permitem abordar situações como um todo, hierarquizando os problemas e decidindo por qual começar.

8.1 TÉCNICA DO PROBLEMA NEBULOSO

À medida que os problemas se tornam mais complexos e menos definidos, fica mais difícil identificar a função a ser satisfeita. Freqüentemente, fica impossível mesmo identificar o problema numa confusão de fatos, opiniões e emoções.

Essa técnica mostra como abordar tal tipo de problemas e determinar a abrangência ou o escopo de idéias a serem consideradas.

A técnica consiste em abordar o problema descrevendo-o por escrito. Tal descrição mostra como se sente o problema naquele momento particular: como afeta o analista, como afeta os outros, a situação desagradável que o problema causa. A descrição deve considerar os aspectos de: quê, o quê, quando, onde, porquê e como do problema.

Concretamente, tal descrição deve considerar como mínimo as questões abaixo:

• Como me sinto a respeito da situação (problema)?

- Quem ou que é afetado?
- Quando isso é e quando não é um problema?
- O que torna esse problema mais grave ou menos grave?
- Por que considero isso um problema? Quais são as conseqüências se não solvido?
- Onde foi originado o problema?

8.2 TÉCNICA DE KEPNER E TREGOE (GUT)

Conforme esses autores, a mistura de vários problemas é uma confusão. Um administrador não pode resolver tal confusão até que se tenha separado em problemas individuais, desde que cada um deles tenha sua própria causa, portanto devendo ser analisado independentemente (Kepner e Tregoe, 1974).

Como em certos casos os problemas estão ligados por intermédio de uma cadeia de causa e efeito, ao investigar a causa dos problemas, o analista será levado a um novo problema.

A fim de determinar as prioridades das ações a serem tomadas para cada "problema inicialmente sentido", fazem-se três perguntas a respeito de cada um.

A primeira é: qual a urgência de se eliminar o problema? A resposta está relacionada com o tempo disponível para resolvê-lo.

A segunda pergunta é: qual a seriedade do desvio? Esta irá gerar novas perguntas. Que efeitos surgirão a longo prazo, caso esse problema não seja corrigido? Qual o impacto do problema sobre coisas, pessoas, resultados?

A terceira pergunta é: qual a tendência do desvio e seu potencial de crescimento? Esta irá originar perguntas relativas ao futuro. Será que o problema se tornará progressivamente maior? Será que tenderá a diminuir e desaparecer por si só?

8.3 GENERALIZAÇÃO DA "LEI DE PARETO"

Sem citar a lei, já Miles, em sua primeira obra sobre AV, devotou um parágrafo ao problema "como focalizar áreas com um potencial para redução de custo".

Fallon cita Vilfredo Pareto, nascido em Paris, engenheiro italiano que ensinava Economia em Lausanne. Matemático experiente e competente, Pareto plotou a distribuição de rendas em muitos países. Descobriu que, apesar de grandes diferenças sociais e econômicas, poucas pessoas recebiam grande parte do dinheiro. O princípio da seletividade num grupo de perseguição do valor deve procurar tais desbalanceamentos e concentrar seus esforços na área em que suas habilidades particulares prometam maior rendimento para o tempo, informação e ferramentas disponíveis (Fallon, 1980).

Em todos os estudos de novas e velhas sociedades sob diferentes regimes políticos, Pareto observou uma tendência comum de distribuição desigual de renda e poder. Devido à freqüência dessa ocorrência, ele levou esse fenômeno a uma lei universal. Posteriormente, Juran definiu essa regra como: "em toda série de elementos a serem controlados, uma pequena fração selecionada em termos de números de elementos usualmente é responsável por uma grande fração em termos de efeito". Ou, em termos mais simples, diz que, na maior parte das distribuições, é mais freqüente que 80% do valor seja investido em menos que 20% dos itens (Van den Brekel, 1981).

8.4 ÍNDICE DO POTENCIAL DE REDUÇÃO DE CUSTOS

Essa técnica consiste em calcular, para cada problema inicialmente sentido, um número que indica o potencial de redução de custos.

$$\text{O índice} = \frac{\text{Economias Estimadas do Estudo}}{\text{Custos Estimados do Estudo}} \times \text{Probabilidade de Implementação}$$

Esse método, com variações, foi proposto por diferentes autores (Lower, 1968; e Denig Jr., 1969) e é praticamente um indicador clássico para qualquer estudo de redução de custos.

Deve ser observado que, para estimar custos e economias, é necessário já se ter passado por algum estudo anterior.

8.5 D.L.I

A técnica consiste em hierarquizar as propostas por meio do produto de três parâmetros, a saber: Dificuldade, Lucratividade e Impedimento, conforme indicados no Quadro 8.1.

Quadro 8.1   *Priorização: D.L.I.*

Valor	D Dificuldade p/ realizar o projeto	L Impacto na lucratividade	I Impedimento p/ Implantar o projeto	DxLxI
10	Extremamente fácil	Muito elevada: acima de UM$ período*	Não há impedimento	1000
8	Muito fácil	Elevada Até: UM$ período*	Pequenas objeções	512
6	Razoavelmente difícil	Razoável Até: UM$ período*	Quantidade razoável de pequenas objeções	216
3	Muito difícil	Pequena Até: UM$ período*	Muitas objeções	27
1	Extremamente difícil	Muito pequena abaixo de UM$ período*	Objeções fortíssimas (proibições)	1

* Valores que devem ser previamente estabelecidos pela gerência.

8.6   INDICADORES ESPECÍFICOS

Essa técnica foi desenvolvida para o caso da indústria de construções, e um dos pioneiros foi dell'Isola, porém pode ser generalizada.

Como exemplo, $\dfrac{\text{área bruta}}{\text{parâmetro do prédio básico (ex.: ocupantes, camas, equipamento instalado etc.)}}$

$$\dfrac{\text{área líquida utilizável}}{\text{área bruta}}$$

$$\dfrac{\text{custo de potência de entrada}}{\text{kilowatt}}$$

$$\dfrac{\text{custo de parede externa}}{\text{m}^2}$$

Essa técnica permite também determinar o custo mínimo esperado, que poderá servir como meta.

8.7   CRITÉRIOS PREDETERMINADOS

Devido à diversidade de projetos possíveis, foram desenvolvidos 40 critérios dos quais podem ser selecionados os necessários conforme o caso (Drozdal, 1978).

Exemplos:

- complexidade do produto (quanto mais complexo, maior a probabilidade de ter resultados positivos);
- materiais exóticos (produtos ou itens com muitos materiais caros fornecem melhores oportunidades);
- produtos com tolerâncias estreitas (possuem maiores possibilidades);
- posição competitiva (quando há perigo de perder uma posição competitiva para certo produto, ele deve ser prioritário).

8.8 COMENTÁRIOS

Foram selecionadas sete técnicas para essa fase, que podem ser utilizadas conforme a oportunidade ou o tipo de situação a ser analisada e a natureza dos problemas.

Pouca atenção tem sido dada à Fase de Preparação proposta no Capítulo 13, onde as técnicas de Análise Global devem ser utilizadas, e que permitirão escolher aqueles projetos que tragam maior valor.

A Fase de Preparação é uma das mais importantes de todo o processo, pois dependendo dela corre-se o perigo de resolver brilhantemente o problema ...errado.

Nos capítulos 15 e 16, o leitor terá ocasião de se aprofundar em maiores detalhes referentes à identificação de projetos a serem abordados, sob o nome de A Procura de Oportunidades.

9
Técnicas reestruturantes

Os problemas tal qual aparecem num trabalho para a Metodologia do Valor são abertos e tão complexos que necessitam ser decompostos de maneira sistemática antes de serem adequadamente compreendidos.

Em geral, as técnicas reestruturantes não resolvem um problema completamente, mas representam-no de uma maneira que facilita chegar à solução, mostrando novas perspectivas do problema.

Essas técnicas reestruturantes acarretarão um melhor entendimento daquilo que o problema envolve, assim como uma nova maneira de abordá-lo. É a fase mais importante do processo, pois seu produto vai determinar a natureza e qualidade de qualquer solução. É difícil especificar a seqüência na qual essas técnicas devem ser utilizadas.

9.1 TÉCNICAS DAS ANALOGIAS

Uma analogia é uma afirmação de como objetos, pessoas ou situações podem ser similares em processo ou relacionamento com outros. Assim, os documentos nessa organização fluem como uma gota de mercúrio. A utilidade de analogias para reestruturar problemas decorre da sua habilidade de "dar vida".

Normalmente, as afirmações que envolvem analogias ou mesmo metáforas ajudam o analista a quebrar suas linhas prévias de abordagem. Além disso, apresentam novos grupos de conceitos que podem ser integrados no seu raciocínio.

O processo para essas analogias consiste em estabelecer o problema, pensar num objeto, numa pessoa ou situação e relacioná-lo ao problema na forma de analogia. Desenvolver progressivamente a analogia, traduzindo-a de volta ao problema original em cada fase de desenvolvimento e continuar desenvolvendo a analogia até que uma definição satisfatória do problema seja encontrada.

9.2 TÉCNICA DO EXAME DOS LIMITES

O ato de definir um problema implica supor certas considerações a respeito de seus limites. Os limites determinam como é organizada a informação, como é processada e, conseqüentemente, como o problema é abordado. A consideração dos limites facilita a solução de problemas desde que indique o espaço disponível para o problema. Como novas informações relevantes podem aparecer implicando uma alteração dos limites dos problemas, estes, quando abertos, podem ter seus limites alterados após a análise inicial. O grande objetivo dessa técnica é reestruturar as considerações a fim de prover uma nova maneira de abordá-lo.

Os passos básicos para essa técnica consistem em escrever o estabelecimento inicial do problema, sublinhar e analisar as palavras ou expressões importantes, para, em seguida, identificar toda a implicação importante que sugerem para escrever toda a definição nova do problema, inspirada por essas implicações.

Após o procedimento acima, ter-se-á definido o escopo do problema.

9.3 TÉCNICA DE ORIENTAÇÃO PARA O OBJETIVO

Orientação para o objetivo é antes uma atitude mental que uma técnica. Implica pensar num problema a fim de esclarecer seus objetivos. Devem ser consideradas as necessidades, os obstáculos e as restrições ao problema.

Essa abordagem implica escrever uma descrição geral do problema, garantindo a inclusão de todas as informações pertinentes.

Responder às perguntas:

- O que se deseja conseguir (necessidades)?
- O que está impedindo a consecução (obstáculos)?
- Quais restrições devem ser aceitas para solver o problema (restrições)?

Em seguida, considerando as perguntas como orientação, escrever possíveis redefinições do problema originalmente estabelecido.

Por ser uma técnica pouco estruturada, há diferenças individuais na sua aplicação, porém, é útil para considerar novos obstáculos, restrições e necessidades. Uma vantagem decorrente de sua aplicação é o alargamento do problema na sua fase de definição.

9.4 TÉCNICA DA FUNÇÃO (VERBO E SUBSTANTIVO)

Esta técnica permite criar soluções eficazes para problema, ajuda na sua identificação, reduz os bloqueios mentais e facilita a descrição do problema em termos que possam ser compreendidos e respondidos.

A análise funcional pode ser definida como a "determinação da natureza essencial de uma finalidade" (Jonelis, 1981), porque pode ser subentendido que todo objetivo ou ação, para existir, tem ou tinha uma finalidade.

Essa técnica é a essência da abordagem funcional. Quando se tenta solver um problema, qualquer que seja a técnica, procura-se mudar uma condição por meio de uma solução que é única e relevante. Por um lado, quando se tenta descrever em detalhes o objetivo, há uma tendência de procurar uma solução e de perder a oportunidade de utilizar o pensamento divergente sobre outras soluções. Por outro lado, quanto mais abstratamente for definida a função, maior será a oportunidade para pensamentos divergentes.

Utilizando uma descrição verbo e substantivo, a identificação do que deve ser conseguido permite classificar todas as idéias em duas categorias: aquelas que podem satisfazer à função e aquelas que são rejeitadas pela função. A maneira de como a função é identificada determina o escopo ou a amplitude de soluções que podem ser consideradas.

Em resumo, as razões mais importantes para efetuar uma análise de funções residem em: compreender, descrever e criar. Ao estabelecer as funções primárias, separadas das secundárias e das não necessárias, decorre uma compreensão melhor do objeto, ação ou problema. Essa compreensão, por sua vez, irá conduzir às melhores decisões. O fato de descrever uma situação ensejará sua melhor compreensão. Ao procurar maneiras alternativas para preencher as funções primárias, surge o ato de criar (conforme Capítulo 2).

9.5 TÉCNICA DE APLICAÇÃO DA CONDIÇÃO DO MÁXIMO DO MATERIAL

Para os casos de tolerâncias geométricas, isto é, de forma e de posição, a aplicação do princípio do máximo de material traz uma garantia de desempenho confiável ao menor custo possível, portanto um alto valor (Berilla, 1971).

O processo para a aplicação de tal princípio consiste na identificação da necessidade de tolerâncias geométricas, na verificação da aplicabilidade do máximo de material e, em caso afirmativo, na utilização das normas adequadas (Csillag, 1968).

9.6 TÉCNICA DA SITUAÇÃO HIPOTÉTICA

Maneira bastante original de redefinir um problema é a de estabelecer uma situação hipotética perguntando "o que aconteceria se ...?" Essa técnica foi usada por John Arnold, que a utilizou para aumentar as habilidades de solver problemas de estudantes de Engenharia.

Arnold imaginou um planeta, Arcturus IV, e detalhou as condições particulares lá existentes como: condições atmosféricas e de gravidade. As criaturas tinham certas características como três dedos em cada mão. Ele pedia aos estudantes que projetassem carros, eletrodomésticos, para aquelas criaturas. O objetivo desse exercício era o de remover os problemas de seus ambientes normais e criar uma nova abordagem que pudesse levar a soluções mais inventivas.

Essa abordagem consiste em estabelecer o problema, para, em seguida, desenvolver uma situação hipotética relacionada com o problema; essa situação não deve ser muito remota do problema e deve estar dentro da área de competência do analista, assim como da disponibilidade de recursos requeridos.

Usando as restrições do novo problema criado pela situação hipotética, redefinir o problema.

9.7 TÉCNICA DA RACIONALIZAÇÃO DO DESEJO

Essa técnica é de grande utilidade para redefinir problemas abertos.

De Bono define um "impossível intermediário", conceito que pode ser usado como uma ponte entre o pensamento convencional e as novas abordagens realísticas (De Bono, 1971 *a*).

O procedimento para a aplicação dessa técnica é: estabelecer o problema, assumindo que tudo pode ser possível. Usando fantasia, tentar completar a seguinte frase: "o que realmente se necessita na realidade é ...", ou "se pudesse eliminar todas as restrições, se deveria ...", ou "a única maneira de ter esse problema resolvido é ...".

Retornando à realidade, completar a seguinte frase: "embora seja impossível fazer isso, pode-se ...", "o que em termos práticos significa ...".

Repetir os passos acima, conforme a necessidade, para depois restabelecer o problema.

9.8 TÉCNICA DAS REVERSÕES

De Bono cita em seu livro sobre Pensamento Lateral a história de um motorista apressado dirigindo seu carro por uma estrada. Num estreitamento, viu subitamente, em sentido oposto, um pastor com suas ovelhas. O problema ficou grave porque a largura da estrada passou a ser a de seu carro mais um metro. Ele tinha em mente passar pelo rebanho. Ficou confuso até o momento em que o pastor se aproximou e lhe fez sinal para encostar o carro e parar enquanto o rebanho passava pelo carro. O enfoque do pastor "rebanho passar pelo carro" foi melhor do que o do motorista, que era "o carro passar pelo rebanho".

De Bono chega mesmo a uma lei básica de redefinições de problemas "para toda a direção e sentido bem definidos de um problema, há uma outra direção igualmente bem definida, porém oposta".

Os passos para essa técnica consistem em estabelecer o problema como originalmente definido. Reverter a direção do problema de alguma maneira, rearranjando a informação sobre a situação problemática. Estabelecer a mesma definição do problema e examinar suas implicações. Não aparecendo soluções práticas, reverter o problema de maneira diferente. Continuar revertendo o problema até que uma definição satisfatória seja produzida.

9.9 TÉCNICAS PARA ANÁLISE DE CUSTOS

O conjunto de técnicas para tornar visíveis os custos constitui-se num arsenal dos mais potentes para identificar os custos das funções. Elas não indicam onde estão os custos desnecessários, mas mostram claramente onde estão os altos custos. A importância dessa conclusão é que se constitui num ponto de partida para o problema em questão, ou seja, determinar os custos por função.

9.9.1 Determinação do custo total do produto

É uma técnica baseada no bom senso e na experiência e consiste em comparar o custo total do produto em estudo com preços de produtos equivalentes no mercado. Dessa maneira, será possível determinar qual componente, subconjunto ou produto possui custos altos. Os métodos seguintes permitem identificar áreas de custos altos.

Rye descreveu muito bem um corpo de conhecimento importante na área de custos para um analista de EV/AV (Rye, 1979).

9.9.2 Determinação dos elementos de custo

Em se tratando de peças acabadas, os custos podem ser sempre desdobrados em três elementos básicos conhecidos como *elementos de custo*: o material, a mão-de-obra e as despesas indiretas (Machline, Motta, Schoeps e Weil, 1971).

Elementos de custo para itens similares podem ser comparados. Por exemplo: uma peça fundida com outra similar deveriam ter custos parecidos.

Normalmente, há uma distribuição normal de desdobros de custos para determinado centro de custo. Comparando-se o desdobro de cada peça que esteja sendo estudada com o desdobro normal do centro de custo em questão, as discrepâncias surgirão.

Uma análise de custos permitirá concluir se a mão-de-obra é que predomina ou o material, e para cada caso há diferentes métodos para abordagem.

9.9.3 Determinação dos custos incrementais para o desempenho requerido

Trata-se de uma técnica que une um fluxograma de processo com a análise de custos (Groothuis, 1977) e que mostra claramente como os custos vão sendo agregados ao longo das várias fases do processo. São dois instrumentos utilizados separadamente na Engenharia Industrial que, quando combinados, permitem localizar áreas de alto custo, tanto para peças, processos ou trabalhos administrativos.

9.9.4 Determinação do custo por período de tempo

Aplicados para grandes séries de produção, os custos por período de tempo constituem uma boa indicação da economia potencial proveniente da substituição de um item por outro levemente mais barato. Nesse caso, o que conta é a economia por período de produção e não a economia percentual do item. É usada para indicar custo horário para equipamentos e na indústria de processos.

9.9.5 Custos por peso

É a base para comparar peças pesadas onde predomina o item "material". Qual é o custo por quilo do material? Plotando esses dados num gráfico, os que estiverem acima do mínimo (para peças similares) serão reconhecidos. É indicado para comparar fundidos e forjados, ou equipamentos com muitas soldagens onde o manuseio e a logística podem influir muito.

9.9.6 Custo por dimensão

É um método generalizado para casos de avaliação de tubulações ou fios elétricos em termos de custos/comprimento. Em casos de coberturas como pinturas, zincagens, corte de grama usa-se custo/área. Em caso de receptáculos, usa-se o custo/volume.

Como nos demais casos, trata-se ainda de custo por comparação; quando não se puder usar custo/peso, procurar novas áreas de oportunidade. Nos casos em que os itens de dimensões são significativos para comparação, essa técnica prova freqüentemente sua utilidade.

9.9.7 Determinação da importância da contribuição para o desempenho requerido do produto acabado

A relação do custo de um componente com o custo total do produto deve corresponder à relação da contribuição do componente com o desempenho total do produto final. O estabelecimento de relações de desempenho é usualmente baseado em estimativas mais do que em avaliação precisa. No entanto, tal estimativa permite a classificação dos principais componentes de um projeto em termos de suas importâncias ao objetivo final.

Assim, num produto funcional, quando as peças responsáveis pelo funcionamento custam muito menos que as demais que constituem acessórios, sugere-se uma revisão nos acessórios.

Uma avaliação numérica de desempenho é possível somente quando pode ser expressa em termos de uma quantidade física específica, por exemplo, velocidade, peso etc.

9.9.8 Análise do custo por propriedade

É uma análise criativa de custo na qual propriedades significativas dos materiais e entidades funcionais são analisadas. Desde que as propriedades dos materiais é que possibilitam o desempenho das funções, essa técnica é um passo natural para a análise e avaliação de funções.

Assim, "suportar peso", "transmitir torque" são exemplos de funções que podem ter seus custos calculados.

9.9.9 Análise do custo por característica

Essa técnica de análise, também criativa, guia o analista a explorar o custo de certas características dos sistemas. Essas características podem resultar em prover a função ou simplesmente um apêndice ao se prover a função do sistema. Custo por pessoa servida, custo por decisão tomada e implementada constituem, por exemplo, possibilidades para análise.

9.10 TÉCNICAS DE ANÁLISE FUNCIONAL

Têm em vista um estudo analítico para as funções envolvidas, sua hierarquia e seus componentes.

9.10.1 Técnica do diagrama de produto

Tem como objetivo representar graficamente as funções que envolvem um produto. Foi pela primeira vez utilizada por Parker, na França, e posteriormente aprofundada em sua utilização na Holanda, por Blankevoort (Parker, 1968).

Numa montagem, os componentes são ligados reciprocamente de modo que realizem as funções requeridas pelo sistema. A ligação é uma relação recíproca entre os componentes, que não é necessariamente determinada por um contato mecânico, como no caso entre lâmpada e espelho num sistema de iluminação para microscópio, ou entre motor e estator num motor elétrico.

Em algumas disciplinas, por exemplo em eletrônica, pneumática, já são usadas representações gráficas das funções envolvidas e das relações entre componentes. Em mecânica, nos desenhos de construção, são evidenciadas as posições recíprocas dos componentes e o modo com que devem ser interligados, porém não as funções que desempenham e o objetivo dos componentes.

O diagrama de produto é uma proposta de representar de modo simples as funções de um produto permitindo assim remover o eventual bloqueio de fixação funcional definida por Duncker. Adicionalmente, por meio de regras válidas para qualquer diagrama de produto, o mesmo pode ser simplificado teoricamente a um "mínimo" a partir do qual podem ser criadas soluções alternativas para simplificação do produto.

A realização de um diagrama de produto é feita através das seguintes fases:

- descrição das funções do produto em questão;
- denominação de todas as superfícies dos componentes que têm contato mútuo no desenvolvimento para satisfazer a função indicada;
- individualização das relações entre as superfícies dos componentes;
- individualização das separações absolutamente necessárias;
- simplificação da representação gráfica, através da redução a um número mínimo de elementos;
- associação das propostas a que se chegou ao produto real com vistas em propor uma solução simplificada.

De certo modo, as peças se unem para permitir o desempenho de certa função. O diagrama mostra a ligação entre uma peça e outra, indo da situação de entrada para a de saída da função.

9.10.2 Técnica de cotação funcional

É muito comum encontrar desenhos de peças com tolerâncias mais apertadas que as necessárias, pois é fato conhecido que, tendo em vista evitar problemas de funcionamento, intercambialidade ou de processo, o projetista tende a apertar as tolerâncias.

Essa técnica, que surgiu na França, visa conferir cotas dimensionais em desenhos, de acordo com as condições de funcionamento exigidas do produto.

Um dos primeiros autores sobre o assunto define a cotação funcional como aquela que (Ropion, 1974):

- define completamente e sem ambigüidade um produto pronto a ser empregado;
- confere tolerâncias mais largas possíveis a cada cota;
- permite ser adaptada para as condições de fabricação.

Em situações de montagens, essa técnica pode ser utilizada para análise das tolerâncias existentes num desenho, em função de condições de funcionamento que estão intimamente ligadas com as funções requeridas do produto. Tal procedimento constitui-se numa ferramenta eficaz tendo como conseqüência grande redução de custos de manufatura.

Os passos para a aplicação dessa técnica são:

- definir as funções requeridas;
- identificar as condições de funcionamento;
- montar as cadeias de cotas para cada uma das condições de funcionamento, de maneira que cada cota seja localizada adequadamente;
- repartir as tolerâncias resultantes (das condições de funcionamento) entre as cotas definidas;
- calcular o valor das cotas nominais.

Essa é a maneira de conseguir uma tolerância funcional, que é a tolerância a ser designada, com vistas em um compromisso entre o desempenho requerido e os custos envolvidos (Csillag, 1973).

9.10.3 Técnica da hierarquia

Também chamada de *Técnica de Abstrações Sucessivas,* pois variando-se o nível de abstrações, surgem possibilidades de definições. Tal procedimento é seguido até que o nível adequado de definições seja conseguido.

Normalmente, a técnica verbo e substantivo permite determinar qual é a da função básica. No caso de uma lâmpada, a função básica é produzir energia luminosa. Porém, existem outras funções, as secundárias, que devem ser realizadas para que possa ser produzida energia luminosa. Essas funções secundárias existem apenas para poder ser realizada a função básica da maneira selecionada. Assim, as funções secundárias de uma lâmpada incandescente são diferentes das de uma fluorescente.

Em resumo, a função básica identificada não será mudada em relação aos diferentes métodos selecionados para desempenhar aquela função. As funções secundárias, no entanto, mudarão de acordo com o método selecionado.

A técnica de hierarquia implica trabalhar um problema da função básica para baixo, em função dos elementos de detalhe considerando as várias soluções alternativas assim como as subsoluções adequadas. É como se fosse uma árvore da família de funções.

9.10.4 Técnica de análise funcional de sistemas – FAST

9.10.4.1 Introdução

Com a pergunta "o que isso faz?" Miles deu partida à sua nova metodologia. Nos primeiros 20 anos, os analistas do valor tiveram dificuldades para classificar e avaliar as funções de um mesmo produto, pois faltava uma forma de relacioná-las de acordo com sua importância.

9.10.4.2 Modelo de Bytheway

Em 1965, Charles Bytheway concebeu uma técnica original com vistas em introduzir o pensamento lógico e uma relação de dependência na Análise de Funções; a título de exemplo, abordou a análise funcional de uma lâmpada incandescente em forma de instrução programada (Bytheway, 1965), com o nome de FAST (Técnica de Análise Funcional de Sistemas). Essa técnica, quando aplicada num dado projeto, forma um diagrama. Visualmente, são mostradas todas as funções orientadas ao projeto de uma maneira organizada, tornando suas relações e importâncias relativas compreendidas. Durante a confecção do diagrama FAST, o grupo de analistas é forçado a obter informações sobre detalhes faltantes, além de serem estimulados a pensar criativamente à medida que são feitas as nove perguntas provocativas (Bytheway, 1971) a seguir:

Lógica para determinar nível mais alto

1. Que assunto ou problema vamos discutir?
2. O que estamos realmente tentando fazer quando nós ...?*
3. Qual a função de maior nível que causou a existência de ...?*

Lógica para determinar caminho crítico

4. Por que é necessário ...?*
5. Como é realmente desempenhada ou proposta de ser desempenhada ou proposta a função ...?*
6. Será o método selecionado para ...* capaz de originar a existência de qualquer das funções de suporte?

Lógica para determinar função básica

7. Se não tivéssemos que ...* ainda teríamos que desempenhar as demais funções listadas?
8. Quando nós ...* da maneira concebida, isso originará a existência da aparente função de dependência?
9. O que ou quem realmente ...?*

* Preencher o espaço com a função a ser discutida (verbo + substantivo).

Um exemplo de aplicação dessa técnica, comentado por Bytheway, permitiu reduzir de 22 para cinco componentes um produto na fase de desenvolvimento.

A lógica do caminho crítico, utilizando a pergunta "como?" obriga procurar soluções e reduzir o nível de oportunidade. Por ocasião da pergunta "por quê?", a procura é de motivos, o que leva a um nível mais alto de oportunidade e abstração. No primeiro caso, um conceito é formulado, o que obriga um pensamento mais intenso, especialmente quando o mesmo deve ser explicado a alguém. Para que o conceito seja mais bem entendido, basta reexplicar, com outras palavras, o que obrigará um refinamento deste conceito. Tal procedimento ocorre num grupo e, tanto para quem explica como para quem ouve, estimula o pensamento criativo.

Em 1972, Bytheway elaborou uma folha de "Avaliação do Problema", com três perguntas adicionais e uma tabela para responder às perguntas sete e oito com vistas na complementação.

É interessante notar que por não perceber claramente como a questão "quando?" se encaixa na estimulação do pensamento criativo, não foi considerada em nenhuma das publicações de Bytheway.

9.10.4.3 Evolução decorrente da contribuição de outros autores

Em 1968, Ruggles, preocupado em extrair a essência da técnica FAST, desenvolveu uma versão simplificada do Diagrama FAST com ênfase no Caminho Crítico. As funções que ocorreram simultaneamente ou foram causadas por uma função do caminho crítico, respondendo à pergunta "quando?", foram por ele situadas abaixo desse caminho (Wojciechowski, 1978).

Foram localizadas acima da linha, à direita, aquelas funções que ocorrem sempre e, à esquerda, os requisitos ou especificações (não funções) que devem ser lembrados. Ruggles aplicou sua técnica a problemas gerenciais, em desenvolvimento de planos a longo prazo para a consecução de certos objetivos, com grande sucesso (Ruggles, 1971). No ano seguinte, ele acrescentou à sua abordagem as linhas de escopo, que limitam o problema em estudo. O processo foi brilhantemente apresentado com regras e muitos exemplos (Fowlkes et alii, 1972).

Goss aplicou a técnica FAST com leves variações na área de planejamento e serviços em geral (Goss, 1971, 1972 e 1977).

Em 1969, Wojciechowski e R. Park desenvolveram em conjunto um modelo mais simplificado de FAST, envolvendo um escopo definido com várias vantagens sobre os demais (Park, R., 1972) e definindo seus vários usos (Wojciechowski, 1972). O FAST foi utilizado para solução de problemas abstratos (Park, R., 1973) e complexos (Park, R., 1974).

O diagrama FAST pode ser elaborado em qualquer nível de abstração; porém, é conveniente que esse nível seja, por um lado, baixo o suficiente para ser usado e, por outro, alto o suficiente para dar condições de procurar criativamente métodos alternativos.

A grande potência do FAST tem sido a habilidade em permitir ligar o analista do valor com o especialista no problema sendo analisado, quaisquer que sejam os problemas.

Sendo a "gerência por objetivos" um processo onde o superior e subordinado de uma organização identificam em conjunto seus objetivos comuns, definem as áreas maiores de responsabilidade de cada um em termos de resultados esperados e, sendo o diagrama FAST um método de dispor todas as funções orientadas a um assunto de uma maneira organizada, de modo que suas relações e importâncias relativas sejam compreendidas, foi feita uma inter-relação entre essas técnicas.

Tendo como objetivo reduzir custos inúteis, que acabam acontecendo por várias razões como superdimensionamento, falta de informações ou mesmo pressa, King elaborou um trabalho para apontar áreas de alto custo que inclui um diagrama Quase-Fast enfocando as relações de causa e efeito (King, 1976).

Ainda na linha dos modelos de FAST que são dirigidos a funções de uso do sistema ou objeto, foi elaborada no Japão por Yoshiara uma combinação de técnicas que relaciona a análise de funções com elementos da teoria tecnológica. Esse diagrama funcional, tipo FAST, apresenta três áreas: essencial, que é a necessária para o funcionamento, de conversão e incidental. Adicionalmente, o autor dá um método para visualizar a relação função/custo e, associando com uma tabela de custos, propõe otimizar o projeto.

Uma contribuição interessante foi feita por Kaufman, ao apresentar em 1979 seu documento "FAST para aplicações gerenciais".

9.10.4.4 Modelos que envolvem outros usuários

Usuário é o cliente e usuário final, comprador ou um outro recebedor que tem desejos a serem satisfeitos. Os modelos vistos não dizem respeito ao usuário, mas apenas ao funcionamento. O simples fato de o sistema desempenhar uma necessidade básica não lhe assegura aceitação ou operacionalização, a menos que o usuário o utilize. O primeiro modelo realmente dirigido ao usuário foi o de Fowler e Snodgrass. O conceito básico é que um produto tem uma Função Básica que é o motivo de sua existência. Possui adicionalmente várias funções de suporte, que o tornam aceito e desejado pelos consumidores. Algumas dessas funções são criadas pela natureza do produto, como proteger usuário, assegurar dependência, enquanto outros, por desejo do consumidor, como atrair usuário, satisfazer o usuário. Este modelo foi apresentado com três exemplos selecionados: uma montagem de caixa coletora de moedas que é parte de um equipamento maior para vender refrigerantes. O segundo é o de um cortador de grama rotativo autopropelido, e o terceiro é o de um sistema escolar público (Snodgrass e Fowler, 1972).

Esse modelo melhorou muito a capacidade analítica da Metodologia do Valor, pois permitiu projetar ou reprojetar um novo produto, considerando as necessidades do consumidor. Constitui ainda um excelente meio de comunicação entre as várias áreas numa empresa, especialmente a comercial e a técnica.

O aumento de consciência das necessidades dos usuários tem começado a trazer um impacto aos programas do valor. Maior atenção tem sido dada ao elemento "venda" na análise de funções. Wasserman mostrou uma análise orientada para o vendedor (comprador com funções adicionais) que naturalmente aumentou o valor e o número de funções a serem desempenhadas.

Friedman desenvolveu uma abordagem considerando tanto o usuário quanto o fornecedor. Fornecedor é a fábrica, a agência, o vendedor ou outra fonte que fornece um produto ou serviço para satisfazer os desejos e expectativas de um usuário. Seu modelo SUPER considera quatro componentes envolvidos na satisfação de necessidades, ou seja:

- o usuário (que tem um desejo a ser satisfeito);
- uma solução (função proposta) que irá satisfazer os desejos se (e quando) implementada;
- um ou vários meios transportadores que irão implementar a(s) solução(ões); e
- um fornecedor que fornece o meio transportador para a implementação da solução e irá satisfazer os desejos do usuário (Friedman, 1979).

9.10.5 Técnicas de avaliação de funções

O objetivo dessas técnicas é identificar os custos desnecessários. Elas podem ser usadas não apenas para produtos, processos ou sistemas existentes, como também para o projeto dos mesmos, quando apenas as necessidades das funções foram identificadas.

O Capítulo 2 definiu "valor" como o custo da melhor alternativa de satisfazer uma função. Pode ser mensurada em termos monetários, de tempo ou sacrifício pessoal.

Assim, o "valor" passa a ser uma meta a ser trabalhada para sua consecução. Várias maneiras foram propostas para a determinação do "valor", que serão a seguir descritas.

9.10.5.1 Comparações individuais ou em grupo

Esse método baseado na experiência, julgamento, intuição, comparações, conhecimento e custos incrementais é bastante preciso nas mãos de um analista experiente.

As pessoas compram, vendem e trocam, na sua vida diária, e desenvolvem um senso do "valor" dos bens, funções e serviços que, quando convenientemente utilizado, traz grandes benefícios.

Caso essa atividade seja feita em grupo, o efeito de sinergia faz-se presente com suas óbvias vantagens.

Essa é a maneira mais difundida para se chegar ao "valor".

9.10.5.2 Critério de mercado

Através da organização de vendas, verifica-se qual o preço mínimo esperado de venda com relação aos concorrentes. Desenvolve-se custo-meta (*valor*) que permita o lucro planejado.

9.10.5.3 Avaliação numérica de relações funcionais

Essa técnica desenvolvida por Mudge implica uma comparação de todas as possíveis combinações de pares de funções, determinando-se a cada momento a mais importante, com uma ponderação adequada.

Quando essa comparação e avaliação estiverem terminadas, a soma dos pontos de cada função indicará qual a função básica e a seqüência quanto a necessidades relativas de cada uma das demais funções secundárias.

Uma vez plotados os valores relativos num gráfico por função, ter-se-á visualizada a série de funções com suas importâncias relativas (Mudge, 1967, 1968 a e b e 1981).

9.10.5.4 Relações de custo por função

Geralmente, 20% do custo ou dos componentes numa montagem desempenham a função básica, enquanto os 80% restantes desempenham funções secundárias (conforme técnica 8.3).

Há três maneiras de abordar as relações de custo por função, a saber:

I – Dividir custo por áreas funcionais

Se o produto, por um lado, for composto de poucos componentes, o escopo do estudo já fica facilmente definido. Por outro lado, se o produto for uma montagem complexa, que pode ter seus princípios de operação alterados por novo conceito, consideram-se os recursos disponíveis assim como o tempo de vida do produto para julgar os limites do trabalho. Em seguida, executar a análise dos custos envolvidos por área (componentes mecânicos, elétricos, carcaça, trabalho de montagem, magnéticos, ou qualquer outra conveniente para o caso), permitindo ressaltar os altos custos de tal maneira que ajude na correta determinação do escopo do projeto.

A conclusão será a de atuar naquelas funções secundárias que são muito mais caras que a básica.

II – Custear as peças que desempenham função básica

Essa técnica pressupõe um ponto de partida extremo. Considera que apenas a função básica tem valor. Essa suposição força a pesquisa de projetos mais simples de maneira que requeiram o menor número possível de funções secundárias para funcionar e vender.

Como passo preliminar dessa técnica, cada componente deve ser separadamente analisado em termos de funções básica e secundárias. Cada um desses componentes possui uma função básica além de secundárias, porém, considerando-se o conjunto todo, muitas dessas funções básicas individuais tornam-se funções secundárias. Uma vez determinada a porcentagem do custo da função básica e das secundárias, fica bastante claro para o analista onde e por que são os custos desnecessários, motivando uma ação.

III – Analisar custo por função

Das três técnicas de relacionar o custo por função, esta é a mais eficiente, completa, potente, e de aplicação mais fácil, porém mais trabalhosa. Consiste em custear todas as funções que se encontram dentro dos limites do estudo.

Garante adicionalmente a identificação de todas as funções e consiste em preencher num quadro os custos envolvidos, tendo por linhas os componentes e por colunas as funções desempenhadas pelo produto. Ter-se-á após o preenchimento, na última linha inferior, a soma dos componentes ou frações deles, resultado no custo das funções. Na última coluna (da direita), a soma dos custos por componente. Cada total é convertido em porcentagens do custo total.

O julgamento pode ser feito de três maneiras diferentes:

- comparar o custo de prover funções dentro do produto (custo entre funções);
- comparar custos de funções similares em diferentes equipamentos produzidos;
- comparar inteligentemente funções com produtos concorrentes; estes podem prover algumas funções de maneira diferente e com custos que podem ser estimados.

É uma técnica ideal de apresentar informações de custos para dar uma profunda compreensão do produto, processo ou sistema, e, quando usado por um grupo multidisciplinar, atua como uma linguagem comum entre departamentos e pessoas com formações acadêmicas diferentes.

9.10.5.5 Técnica de avaliação teórica das funções

A finalidade dessa técnica, utilizada pela primeira vez por Fountain, é identificar custos desnecessários num produto.

A avaliação teórica de funções é a técnica que transforma a avaliação de funções de uma arte engenhosa numa ciência na qual pode ser estabelecida uma relação entre custo e função e, portanto, na qual a função ou desempenho é mensurável em termos de uma propriedade básica. Constitui-se num estabelecimento da meta ideal para o desempenho de uma função básica específica. O valor funcional é obtido relacionando-se um desempenho requerido, definido em termos de parâmetros mensuráveis ao custo dos materiais necessários, e plotando-se valores num gráfico, o que promove uma rápida compreensão da relação entre os fatores envolvidos.

Os valores teóricos das funções podem ser estabelecidos, porém nunca são atingidos na prática; são, no entanto, úteis na pesquisa de alternativas de soluções.

A técnica consiste no estabelecimento de uma relação entre os parâmetros físicos dos materiais necessários para desempenhar uma função específica e os custos respectivos dos materiais correspondentes. O momento torsor resistente de um eixo cilíndrico, por exemplo, pode ser expresso em termos de dois parâmetros: o diâmetro do eixo e a tensão de seu material. Uma segunda relação, o custo total do eixo pode ser expresso em termos de seu diâmetro, comprimento e peso específico, além do preço por peso do material. Trabalhando as duas relações, pode-se chegar a um custo por comprimento em função do momento torsor, equação que, quando plotada em gráfico log-log, originará uma série de linhas paralelas, para cada material.

A interseção do conjunto de retas paralelas com uma vertical dará uma série de pontos que indicará os preços dos materiais por comprimento do eixo, para a transmissão de determinado torque, como função dos diferentes materiais. O menor valor desses pontos será o valor teórico da função "transmitir torque", ou seja, a quantidade mínima do material de custo mais baixo que poderá desempenhar a função básica, que, no caso, é transmitir torque.

Ao se considerar o incremento de custo para cada função secundária, no mesmo gráfico, haverá uma visualização muito clara do problema, permitindo atuar eficazmente em termos de reduzir os custos por função.

A técnica é muito boa quando puder ser usada, pois permite reconhecer o problema de custo, uma vez que os padrões do "valor" para cada função ficam determinados e, quando comparados ao custo total existente, estimulam o aparecimento de propostas. Naturalmente, com as informações obtidas, o problema pode ser redefinido e a decisão entre alternativas fica facilitada com o conhecimento exato do "valor", o que estrutura um pouco o problema.

9.10.5.6 Técnica nomográfica

Essa técnica possui uma boa aplicabilidade para o caso de muitas funções que envolvam parâmetros físicos mensuráveis.

Como exemplo, seja a avaliação da função "produzir campo magnético" com um solenóide dado. O campo magnético é determinado pelo fluxo de corrente através da bobina do solenóide. A corrente é uma função da tensão aplicada e da resistência do enrolamento. A resistência do enrolamento depende de suas dimensões, do número de espiras e do material do enrolamento. O número de espiras é uma função das dimensões do enrolamento, da isolação e da densidade permissível da corrente, que por sua vez depende da temperatura permissível do enrolamento e das condições de operação (contínua ou intermitente). O custo do enrolamento é determinado pela quantidade e dimensão do fio, sua isolação, sua forma, entre outros. Se existir um núcleo de ferro, um novo conjunto de parâmetros definindo o circuito magnético deverá ser considerado. Pode-se concluir que será impossível proceder a uma representação gráfica convencional considerando-se todos os parâmetros acima. Há casos em que algumas das variáveis envolvidas são apenas empiricamente relacionadas a outras, ou contêm descontinuidades dentro de intervalos utilizáveis, impossibilitando assim o uso de métodos usuais de representação gráfica.

Um nomograma na sua forma mais simples consiste de três escalas calibradas retas ou curvas. São correlacionadas por meio de retas, que cortam duas escalas nos valores desejados, e cruzam a terceira no ponto em que o valor numérico satisfaz a relação dada. Escalas retas e paralelas constituem o caso mais comum, porém podem freqüentemente ocorrer casos de escalas curvas. Aumentando-se o número de variáveis, haverá um correspondente aumento no número de escalas.

Essa técnica, bem documentada, traz uma série de vantagens, a saber:

- a correlação de três ou mais variáveis é simples e precisa;
- uma mudança, numa variável, que envolva mudanças em vários parâmetros pode ser facilmente visualizada no conjunto;
- descontinuidade em relações físicas ou empíricas são aparentes.

9.10.6 Técnica dos perfis de desempenho e de custo

Essa técnica, utilizada na França (Litaudon, 1979 *a*), consiste em essência em representar o objetivo no seu aspecto mais simples, isto é, numa escala de "funções valorizadas", ou simplesmente "escala de valores", e estabelecer as características do projeto nessa escala. Isso dará um perfil que compara o real desempenho da função para dado projeto com o do desempenho esperado, ou seja, dará o nível de satisfação de cada alternativa, permitindo assim comparar a meta com a realidade em termos de funções. A soma das áreas envolvidas representa o desempenho global do projeto.

Da mesma maneira, poderá ser construído um perfil de custos por função.

Ao associar o perfil de desempenho com o de custos, ter-se-á uma visualização dos índices de valores para cada função, ao mesmo tempo que a da importância relativa das mesmas no conjunto.

9.11 OUTRAS TÉCNICAS

9.11.1 Fluxogramas e fluxolocalgramas

O fluxograma é uma técnica de análise tradicional que descreve com símbolos o que ocorre com o material quando está sendo processado e, opcionalmente, como são seguidos os vários passos.

O fluxolocalgrama dá adicionalmente uma visão da área de trabalho sob consideração (Krick, 1971).

9.11.2 Tabelas de processo

Mostram os materiais que entram num processo, as operações executadas e a ordem de montagem. As operações e as inspeções estão indicadas por símbolos.

A finalidade é fornecer uma visão geral concisa de todo o sistema e das operações envolvidas na fabricação do produto.

9.12 COMENTÁRIOS

A fase de informações do Plano de Trabalho proposto em 13.3.2 é a mais importante de todo o processo, pois é dela que saem as informações para a fase seguinte, que garantirão a qualidade das propostas geradas, para posterior seleção e escolha.

Foi preocupação neste capítulo enriquecer a fase de estruturação do problema e buscar técnicas de outras áreas do conhecimento. Foram, assim, consideradas 30 técnicas.

Para o caso de produtos e peças que envolvem montagens mecânicas as técnicas de Aplicação do Máximo de Material e a de Cotação Funcional permitem reduzir o custo das peças sem prejuízo das funções.

Para montagens, propriamente, a técnica do Diagrama de Produto é bastante eficaz e, juntamente com outras, permite decompor o problema em suas dimensões, ajudando o analista a organizar a informação disponível.

As técnicas reestruturantes devem ser usadas de tal maneira que tragam o necessário de informações para a fase seguinte. Há casos em que uma técnica é suficiente e outros em que várias devem ser usadas.

Como a Fase de Informação é aquela em que os problemas são definidos e eventualmente redefinidos, torna-se muito importante ter confiança no seu resultado. Um método particularmente útil que apresentei pela primeira vez na Conferência Internacional da SAVE em 1988 (Csillag, 1988) e que recebeu o prêmio de Melhor Trabalho do Ano. É o Método COMPARE, chamado assim por dar uma idéia de comparação entre os parâmetros envolvidos e dos respectivos consumos de recursos. Está apresentado no Capítulo 16 um resumo deste método, que mostra o momento exato de passar da Fase de Informação para a Fase Especulativa.

10
Técnicas de geração de idéias

A geração de idéias é de vital importância na Metodologia do Valor.

Várias técnicas reestruturantes podem ser usadas para gerar idéias, mesmo que não tenham sido especialmente planejadas para isso.

Foram selecionadas algumas técnicas e classificadas segundo procedimentos gerais quanto à associação com outro elemento, podendo esta ser forçada, livre e com procedimentos complexos que envolvem ambos os tipos de associação.

Várias técnicas são para uso individual, podendo sempre ser usadas para grupos, extensão esta que não ocorre para certas técnicas que foram planejadas para uso em grupos.

Foram aqui escolhidas aquelas técnicas que são de grande utilidade para a Metodologia do Valor.

10.1 PROCEDIMENTOS DE ASSOCIAÇÃO FORÇADA (INDIVIDUAIS)

Há uma série de técnicas para estimular idéias originais, baseadas na criação de uma associação forçada entre dois ou mais produtos ou idéias, normalmente não relacionados, como ponto de partida para o processo de geração de idéias. Na maior parte dos casos, a associação forçada é estabelecida arbitrariamente através de meios mecânicos. Sendo pouco provável que tal associação tenha sido tentada anteriormente, há uma boa oportunidade de que apareçam idéias originais.

10.1.1 Técnica do catálogo

É uma das técnicas mais simples de geração de idéias, forçando o relacionamento aparentemente independente de dois objetos ou idéias. Consiste em escrever um enunciado do problema para em seguida consultar um catálogo, uma revista ou um dicionário, selecionar ao acaso duas palavras, objetos ou idéias e tentar ligar as duas palavras para em seguida aplicá-las ao problema em questão. Caso as duas seleções não resultem em uma combinação prática, selecionar ao acaso duas novas palavras ou idéias, tentando dessa vez obter uma solução satisfatória.

Desde que nenhum elemento é controlado, a área em que as idéias são necessárias deve ser extremamente ampla, tornando limitada a utilidade dessa técnica para muitas pessoas.

10.1.2 Técnica do objeto escolhido

Técnica desenvolvida por Whiting, constitui-se numa forma útil de associação forçada. Um dos elementos no relacionamento deve ser pré-selecionado com um propósito definido, o que torna essa técnica mais objetiva e aplicável a problemas particulares.

O primeiro passo é selecionar o elemento fixo no relacionamento forçado. Este pode ser uma função escolhida. O próximo passo consiste em focalizar a atenção em algum outro elemento, em geral algo concreto existente na vizinhança.

Uma vez escolhidos o elemento fixo e o elemento selecionado ao acaso, a associação forçada ou não natural fica estabelecida. Esta passa a ser usada como base para um fluxo de associações livres, da qual se espera um desenvolvimento de idéias novas e originais. Usualmente, as primeiras idéias virão de uma simples transferência de atributos do elemento ao acaso para o fixo; assim, a cor, a forma e outras características do objeto ao acaso servirão como base para idéias visando modificar o atributo pré-selecionado do relacionamento forçado. De modo geral, as idéias mais proveitosas desenvolvem-se a partir do que se pode chamar de *segundo nível de idéias*. Elas se desenvolvem de uma cadeia de associações livres que o primeiro nível de idéias inicia. No segundo nível de idéias, parece haver pouca relação entre as sugeridas e o objeto original ao acaso. A técnica é meramente um artifício planejado para iniciar o pensamento criativo. O relacionamento forçado proporciona um ponto de partida e, desde que é quase sempre um ponto de partida não-usual, a chance de que se desenvolvam idéias novas e originais é muito grande.

10.1.3 Técnica de listagens

Essa técnica é tipicamente utilizável para o desenvolvimento de novos produtos, porém de utilidade limitada para outras finalidades. Consiste em anotar primeiramente um bom número de objetos ou idéias, usualmente associados com um assunto geral. Depois que todos os itens foram anotados e numerados, o primeiro da lista é considerado e comparado com cada um dos outros, com vistas a procurar qualquer idéia útil para ser desenvolvida.

O segundo item é tratado da mesma forma; esse processo continua até que todos os itens da lista sejam considerados em relação a qualquer outro.

10.2 PROCEDIMENTO DE ASSOCIAÇÃO FORÇADA (GRUPAIS)

10.2.1 Técnica do encaixe forçado

Essa técnica foi desenvolvida no Instituto Battelle em Frankfurt, por Schlicksupp, e especialmente planejada para estimular idéias por envolvimento dos participantes na forma de jogo (Schlicksupp, 1977).

O procedimento implica que se formem dois grupos de duas a oito pessoas cada. Uma pessoa que não pertença aos grupos será o coordenador. O enunciado do problema é escrito num quadro e em seguida lido alto para os participantes.

Em seguida, um dos grupos inicia o jogo sugerindo uma idéia remota do problema. São dados dois minutos para o segundo grupo desenvolver uma solução prática a partir da idéia sugerida pelo primeiro grupo.

Caso o coordenador decidir que o segundo grupo teve sucesso no desenvolvimento de uma solução prática, ele conferirá um ponto a esse grupo, caso contrário, é o primeiro grupo que recebe um ponto. Em seguida, o coordenador escreve no quadro cada solução tal qual proposta.

Após trinta minutos, o grupo com o maior número de pontos será o vencedor. As idéias apenas serão avaliadas posteriormente.

O elemento competitivo em termos de grupo favorece a geração de idéias mais originais.

10.2.2 Técnica da análise de estímulos

Essa técnica foi desenvolvida por Geschka e Schaude no Instituto Battelle em Frankfurt. É recomendada para grupos de cinco a sete pessoas, consumindo 45 minutos. O procedimento básico consiste em desenvolver uma série de palavras ou objetos estimulantes, analisando suas características, com conseqüente tentativa de chegar a uma solução do problema (Geschka, 1973).

O início é dado gerando-se uma lista de 10 termos concretos não relacionados com o problema.

Um dos termos é relacionado e "quebrado" em suas características descritivas como estruturas, princípios básicos de detalhes específicos.

Cada característica é analisada separadamente e pesquisada uma solução baseada nas conclusões da análise. Somente após a exaustão de todas as possíveis soluções é selecionado outro termo e o processo repetido, até que todos os 10 termos tenham sido analisados e as soluções geradas. Essas soluções são em seguida estudadas e aquelas com maior potencial para solver o problema são selecionadas para análise posterior.

Trata-se de uma técnica relativamente simples de ser implementada além de prover uma experiência estimulante para os participantes. O sucesso parece depender de dois fatores: os tipos de termos gerados no início, que irão determinar os tipos de soluções a serem posteriormente desenvolvidos. Assim, é importante que os termos sejam apenas remotamente relacionados entre si.

A bagagem de conhecimentos dos participantes é importante, pois ao menos um deles deve estar familiarizado com o problema.

10.3 PROCEDIMENTOS DE ASSOCIAÇÃO LIVRE (INDIVIDUAIS)

Associação livre é um procedimento típico para gerar idéias sem o uso de nenhum elemento estimulante. Essas técnicas originam idéias de experiências passadas ou ambiente físico, psicológico ou social para a estimulação. Como resultado, os elementos estimulados não são propositadamente considerados, porém podem ou não ser relacionados ao problema. O importante porém é que as conexões se dão mais por sorte e incubação que uma tentativa deliberada e consciente para produzir idéias como no caso de associações forçadas.

10.3.1 Técnica da associação livre

É a mais básica das técnicas de geração de idéias. Uma idéia é usada para gerar outra, que por sua vez é então usada para gerar uma terceira idéia, e assim por diante, até que uma idéia utilizável seja encontrada.

O processo começa ao se escrever um símbolo (palavra, número, objeto, condição) que parece ser diretamente relacionado ao problema ou a algum aspecto do mesmo. Em seguida, escreve-se qualquer coisa sugerida pela primeira fase, mantendo tudo que é relevante para o problema. Tenta-se desenvolver cerca de 20 diferentes associações. Terminadas, selecionam-se aquelas que parecem ter uma implicação especial para o problema. Usando essas associações selecionadas, desenvolvem-se idéias que parecem capazes de solver o problema. Se nenhuma das idéias parecer utilizável, reinicia-se todo o processo.

10.3.2 Técnica dos estímulos não lógicos

Essa técnica consiste numa aplicação mais geral da Técnica do Catálogo, originando adicionalmente um novo prisma de abordagem. É baseada no método de De Bono de usar a simulação ao acaso para promover padrões de pensamento característicos de seu Pensamento Lateral (De Bono, 1971 a). A premissa dessa técnica é que podem ser desenvolvidas novas direções para gerar idéias por introdução de um elemento ao acaso não relacionado ao processo. Ao fazer isso, espera-se que uma idéia nova apareça.

Basicamente, a técnica consiste em se expor a uma variedade de experiências totalmente não relacionadas ao problema, em seguida examiná-las para uma possível aplicação.

Por ser pouco estruturado, esse método tem utilidade limitada, pois requer freqüentemente um período de incubação.

10.3.3 Técnica de listar atributos

É um dos métodos mais antigos de geração formal de idéias, desenvolvido por Crawford já no ano de 1930. A premissa básica desse método é que todas as idéias se originam de outras prévias, que foram modificadas de alguma forma. A faca elétrica nasceu da mudança de um dos atributos da faca normal – motor substituindo um movimento manual. O processo implica estabelecer o problema e seus objetivos, listar todas a suas partes, assim como as características essenciais básicas. Evitando toda avaliação, modificar sistematicamente as características ou atributos para satisfazer os objetivos do problema.

É importante lembrar que é fácil ser envolvido em atributos que realmente não são essenciais ao produto. Convém focalizar somente aqueles atributos relacionados às funções estudadas.

10.3.4 Técnica da lista de verificação

Essa técnica gera idéias ao comparar os itens de uma lista previamente relacionados com o problema, ou com certos aspectos do problema. Pode ser usada de diferentes maneiras, como uma lista de delineamento do problema, e como uma lista de possíveis soluções. Dessa forma, será evitado o esquecimento de certas idéias.

A estratégia da Lista de Verificação resume-se em examinar uma lista que poderia sugerir soluções adequadas a um dado problema. Essa técnica força combinações não óbvias e não habituais. Reduzido à forma mais simples, pode ser dito que rebuscar um loja, manipular um catálogo ou um dicionário são meios diretos de procurar soluções por meio dessa técnica.

Osborn planejou 73 perguntas a fim de estimular o aparecimento de idéias (Osborn, 1962). É possível: Novos usos? Adaptar? Modificar? Ampliar? Reduzir? Substituir? Rearranjar? Reverter? Combinar? É assim por diante.

Mason também desenvolveu listas de verificação (Mason, 1974).

Essa técnica também permite avaliar idéias. Perguntas típicas são: A idéia é simples? É complicada? Seria aceita? Pode ser descrita com poucas palavras? É oportuna? Dessa forma, a avaliação será feita contra critérios cuidadosamente enumerados previamente.

Essa técnica deve ser complementar a outras mais abertas.

10.4 PROCEDIMENTOS DE ASSOCIAÇÃO LIVRE (GRUPAIS)

10.4.1 Brainstorming

É o precursor de muitas técnicas de geração de idéias existentes. Foi originalmente desenvolvido por Osborn em 1930 e é provavelmente a mais conhecida e utilizada de todas.

Essa técnica é baseada em dois princípios e quatro regras básicas. O primeiro princípio é o da suspensão do julgamento, o que requer esforço e treinamento. Dos dois tipos de pensamento humano, o criativo e o crítico, usualmente predomina o último (Osborn, 1962). Assim, o objetivo da suspensão de julgamento é o de possibilitar a geração de idéias sobrepujando o pensamento de julgar e criticar. Apenas após a existência das idéias consideradas suficientes é que se procederá ao julgamento de cada uma. O segundo princípio sugere que a quantidade origina qualidade. A explicação disso está em quanto maior o número de idéias geradas, maior será a possibilidade que uma delas originará uma solução ao problema, além do que maior será a possibilidade de conexões e associações.

As quatro regras básicas a serem seguidas durante uma sessão de Brainstorming são:

- Eliminar qualquer crítica, para que o primeiro princípio seja válido, assim como eventuais bloqueios por parte dos participantes.
- Tentar estar desinibido e externar as idéias tal qual aparecerem, provocadas pelos estímulos existentes. Naturalmente, os participantes apenas farão isso se tiverem a certeza de que suas idéias não serão julgadas imediatamente. As idéias mais desejadas são aquelas que parecem inicialmente mais disparatadas e distantes do problema. Se o são verdadeiramente, não é importante nesse momento do processo. O objetivo dessa regra é relaxar todas as inibições durante a geração de idéias, permitindo assim aumentar o seu número num clima apropriado.
- Quanto mais idéias, melhor, pois assim será maior a chance de conseguir, diretamente ou por meio de novas associações, as boas. Seu objetivo é aplicar o segundo princípio.
- Combinar e melhorar as idéias já existentes, facilitando a geração de idéias adicionais, já dadas. Uma nova idéia é normalmente frágil e precisa ser reforçada para que seja considerada boa.

O processo consiste em formar um grupo composto de um coordenador, um secretário e de seis a 12 participantes. Dias antes da reunião, cada participante deve receber o enunciado do problema com informações adicionais. Antes de iniciar o *brainstorming* realmente, deve-se orientar os participantes sobre as regras do jogo, sobre a origem e o motivo do problema a ser estudado e proceder a um aquecimento e, se necessário, a uma redefinição do problema. No caso de análise de valor, a própria definição de função já pode constituir uma redefinição, o que não impede de alterá-la. Ao anotar o problema no quadro, fica dado o início ao processo, pedindo ao pessoal que sugira idéias que serão anotadas, no quadro visível, pelo secretário. Após 40 minutos, aproximadamente, parar com o processo para iniciar a fase seguinte, que consiste na seleção, a ser feita por um pequeno grupo de três a cinco pessoas, que prestarão contas ao grande grupo sobre seu trabalho.

10.4.2 Brainwriting

Técnica originada no Instituto Battelle em Frankfurt, é uma variação do *brainstorming*, com a diferença essencial de que todas as idéias são escritas, trazendo como conseqüência calma e ordem. Foi planejada por Geschka, Goetz e Schlicksupp, para evitar alguns efeitos negativos de reuniões com a influência da opinião dos coordenadores ou de dificuldades em verbalizar rapidamente as idéias (Geschka *et alii*, 1973).

Existem diferentes versões sobre essa técnica, sendo a mais utilizada para a aplicação na Metodologia do Valor a que se convencionou chamar de *Método 6-3-5*.

O procedimento consiste em formar um grupo com seis participantes sentados ao redor de uma mesa, ao qual um coordenador apresenta um problema. Cada um dos participantes escreve três idéias relacionadas com o problema. Ao fim de cinco minutos, os participantes trocam de papéis na forma de um rodízio num sentido. Cada participante, após receber o papel de seu vizinho, tentará desenvolver ou acrescentar algo na forma de mais três idéias. O processo continua com períodos de cinco minutos para cada participante fazer sua contribuição, até que cada pessoa receba seu papel de volta. O coordenador recolhe os papéis para seleção das idéias.

10.5 PROCEDIMENTOS COMPLEXOS (INDIVIDUAIS)

10.5.1 Análise morfológica

Originalmente proposta por Zwicky e posteriormente ampliada por Allen, é bastante utilizada e é uma tentativa de representar um problema em termos de seus principais aspectos ou dimensões. Em essência, a técnica consiste em estabelecer o problema e seus objetivos, identificar dois ou três de seus aspectos considerados como dimensões básicas e críticas. De acordo com Allen, deve-se escrever cada dimensão em um cartão. Um período de incubação permitirá o aparecimento de mais idéias a serem anotadas em cartões adicionais. Examinando os cartões, poderão ser agrupados aqueles relacionados entre si, constituindo as dimensões finais. Em seguida, examinam-se as várias combinações de elementos das diferentes dimensões e listam-se subdivisões relevantes para cada uma delas. Avaliam-se todas as combinações e subdivisões quanto ao seu potencial para solucionar o problema. Essa técnica, embora possa ser utilizada em várias fases do Plano de Trabalho, é especialmente adequada no que diz respeito a AV/EV para gerar idéias.

Pittman desenvolveu ainda um passo adicional em direção a soluções mais imaginativas ao introduzir as palavras abstratas que permitem manipular as variáveis existentes. Os passos envolvidos nesse problema são:

- selecionar as variáveis apropriadas à tarefa;
- selecionar as palavras abstratas, relacionadas aos objetivos;

- forçar uma relação entre os atributos, conseqüências, implicações e associações de cada palavra abstrata com cada variável e avaliar as combinações resultantes.

Essa técnica combina elementos da Lista de Atributos e de Listagens.

10.5.2 Pensamento lateral

O *pensamento lateral* foi desenvolvido por De Bono, na Inglaterra, para prover um método de escapar das maneiras convencionais de abordar um problema. Não se trata propriamente de uma técnica, mas de um método para desenvolver novas atitudes para serem aplicadas ao processo de pensar. De Bono não utiliza o termo *criatividade*, pois trata da descrição de um resultado que pode ter acontecido por sorte, por acaso, ou por erro. Assim, passou a ser um rótulo de vencedores *a posteriori* (De Bono, 1971 *b*). Por esse motivo, foi utilizada a expressão *pensamento lateral*.

De Bono observa que todos estão satisfeitos com a própria competência de pensar, assim como de respirar ou de andar. Ainda antes de desenvolver o *pensamento lateral*, já escrevia sobre o pensar e posteriormente sobre como ensinar as crianças a pensar (De Bono, 1978).

A finalidade do *pensamento lateral* é quebrar o padrão com que a mente humana processa e armazena informações, pois, apesar de poder criar, reconhecer ou usar, não pode alterá-las. Para que esse ponto possa ser atingido, é necessário compreender o sistema de padrões da mente, bem explicado em sua obra básica *O mecanismo da mente*, compreender bem a diferença entre *pensamento natural, vertical, matemático e lateral,* aplicar algumas técnicas e utilizar a nova palavra operacional *PO*.

Na realidade, o *pensamento lateral* não é uma técnica para gerar idéias, mas uma atitude para abordar diferentemente um problema, resultando novas idéias, estimuladas por certos mecanismos, como: rotação da atenção, mudança no ponto de acesso, quotas de alternativas, reversões, fertilizações cruzadas, analogias, entre outros (Bosticco, 1975).

Finalmente, PO é um símbolo para indicar que os princípios do *pensamento lateral* devem ser aplicados. Significa um intermediário impossível, enquanto o pensamento vertical procura determinar se uma idéia pode ser aceita ou rejeitada, PO, conforme usado no pensamento lateral, provê uma técnica alternativa. Em vez de valorizar uma idéia, a palavra PO indica que o julgamento deve ser suspenso mesmo que a idéia pareça inaceitável. PO sinaliza que o valor de uma idéia reside na sua habilidade de disparar novas idéias e não apenas na solução de um problema.

10.6 PROCEDIMENTOS COMPLEXOS (GRUPAIS)

Embora recomendadas para grupos, as duas técnicas indicadas também podem ser usadas por indivíduos.

10.6.1 Sinética

A *sinética* foi originalmente desenvolvida por Gordon em 1964 quando observou a atividade individual de solver problemas, atentando para os processos psicológicos envolvidos; posteriormente, foi ajudado por Prince, quando estabeleceram a própria empresa Synecties, Inc., em 1960. Separaram-se e desenvolveram cada um a sua versão de sinética.

O termo *sinética* vem do grego e significa a junção de dois elementos diferentes e aparentemente irrelevantes (Gordon, 1973). A sinética usa analogias e metáforas para analisar um problema e desenvolver possíveis soluções. Dois mecanismos operacionais são usados para desempenhar as atividades. O primeiro, fazendo familiar o estranho, planeja entender melhor o problema enxergando-o de uma nova maneira. O segundo, fazendo estranho o familiar, objetiva afastar-se do problema para que maior número de soluções criativas possa ser obtido.

A sinética possui ferramentas operacionais para fazer estranho o familiar que, quando usadas adequadamente, podem criar a distância necessária para evitar abordar o problema nas formas familiares e convencionais. Cada uma das ferramentas é capaz de produzir um grau diferente de separação do problema, dependendo dos requisitos dos estágios do processo. É responsabilidade do coordenador selecionar o mecanismo apropriado e guiar o grupo através do processo.

Os mecanismos são (Prince, 1975): o exemplo, a analogia pessoal e o título de livro.

- O exemplo – é o confronto direto de fatos, conhecimentos ou tecnologias paralelas. Deve ser buscado algum fenômeno semelhante ao assunto do problema; porém, quanto mais estranho for o Exemplo, maior será a distância com o assunto, maior será a probabilidade de conduzir a um novo rumo de especulação.
- O Título de Livro, como o Exemplo, ajuda o distanciamento do problema. Trata-se de uma frase de duas ou mais palavras, que traduz a essência de determinada coisa ou de um conjunto de sentimentos, como também a contradição envolvida. A forma mais usual é a combinação de um adjetivo com um substantivo.
- Analogia Pessoal é o terceiro mecanismo para auxiliar no distanciamento do problema. Existem três graus de envolvimento na analogia pessoal:
  – descrição dos fatos na primeira pessoa;
  – descrição das emoções na primeira pessoa; e
  – identificação empática com o assunto.

O mecanismo para tornar familiar o estranho, isto é, utilizar o material metafórico desenvolvido apesar de sua aparente distância do problema, é o Encaixe Forçado. Trata-se do mecanismo mais difícil da sinética.

O procedimento para uma sessão de sinética é a formação do grupo com a presença de um coordenador, de um especialista quando necessário, do dono do problema e dos demais participantes (Nolan, 1975).

Em seguida, o problema é apresentado. Faz-se uma análise ou explicação fornecida pelo dono do problema. Sugestões serão recebidas, após o que serão pedidas as metas compreendidas, que são a formalização do problema já estruturado. São anotadas no quadro para uma posterior escolha pelo coordenador. O processo terá início com o Pedido do Coordenador, que obrigará o grupo a se distanciar do problema, pedindo: uma Analogia, o Exemplo, a Analogia Pessoal e o Título de Livro. Tendo sido acumulado certo material, o coordenador decide retornar ao problema propondo o Encaixe Forçado, do qual resultarão soluções possíveis denominadas *Pontos de Vista*.

A sinética é um processo completo de solução de problemas que gera alternativas criativas.

10.6.2 Sinética visual

Essa técnica foi originada no Instituto Battelle em Frankfurt, como um auxílio para sugerir analogias durante uma sessão de sinética; também pode ser utilizada como técnica de geração de idéias.

O mecanismo básico envolvido é o uso de figuras, como desenhos, fotos, entre outros, para estimular a solução de problemas.

O procedimento consiste em escrever o problema num quadro. Em seguida, é mostrada uma figura (não relacionada com o problema) para um grupo de cinco a sete pessoas. Cada membro do grupo descreve verbalmente o que vê na figura. Essas descrições são anotadas num quadro, enquanto o grupo tenta relacionar elementos das descrições com o problema. Quando as soluções são exauridas, outra figura é mostrada e o processo repetido. Em geral, numa sessão são mostradas 10 figuras (Geschka *et alii*, 1973).

A sinética visual possui mecanismos idênticos aos da Análise de Estímulos, porém, ao permitir descrever as figuras, a sinética visual faz incluir elementos de experiências passadas do participante.

A eficácia dessa técnica é determinada pelo tipo de figuras selecionadas, assim como das características das pessoas participantes. O grupo assim deverá ser composto de pessoas com diferentes formações e as figuras devem ser tais que não provoquem emoções negativas, que sejam fáceis de ser compreendidas e que não sejam muito próximas do problema.

10.6.3 Dispersão de nuvens

A técnica de dispersão de nuvens é uma das formas mais potentes de enfocar criatividade (Goldratt, 1990).

Um problema existe quando há algo que impede de atingir determinado objetivo. Assim, o primeiro passo é enunciar o objetivo desejado. Outro ponto importante é ter em mente que um problema envolve um compromisso, isto é, que há ao menos dois requisitos ou condições necessárias que devem ser satisfeitas. Assim, será importante encontrar um pré-requisito para cada requisito, de tal maneira que estejam em conflito. É justamente o conflito que caracteriza o problema, e que deve, portanto, ser eliminado. Para isto, basta identificar os pressupostos que embasam os requisitos e os pré-requisitos. Se algum dos pressupostos puder ser questionado e invalidado, o conflito será desfeito; daí vem o nome da técnica.

10.7 COMENTÁRIOS

Das 16 técnicas descritas neste capítulo, algumas com o *brainstorming*, a análise morfológica e a sinética são citadas com alguma freqüência na literatura especializada da AV/EV. Entretanto, todas as demais podem ser utilizadas com grande eficácia na geração de idéias, dependendo do caso, do grupo e do analista.

Em 13.3.3, há uma explicação sobre o uso dessas técnicas no modelo desenvolvido.

Aplicações das técnicas serão mostradas nos capítulos a seguir.

11
Técnicas de seleção e avaliação

As Técnicas existentes são muito numerosas e apenas serão consideradas aquelas interessantes para a Metodologia do Valor.

As decisões podem ser tomadas em quatro diferentes tipos de situação (Wells, 1971):

- de certeza;
- de risco;
- de incerteza;
- de conflito.

Fallon oferece um excelente documento histórico com uma explicação da necessidade de utilizar mais a abordagem formal para o analista do valor na tomada de decisão (Fallon, 1964).

11.1 TÉCNICA DE REFINAR E COMBINAR IDÉIAS

É importante citar que as idéias geradas e que irão ser adaptadas para uso necessitam de mais idéias, julgamentos e avaliações antes de poderem ser aplicadas. Por um lado, o que parece uma boa idéia, tal qual gerada, poderá ter que ser modificada para satisfazer certos requisitos das funções. Por outro lado, quando uma simples idéia parece inútil na sua forma atual, poderá vir a ser utilizável quando combinada com outras. Pode ser mesmo afirmado que toda idéia pode ser desenvolvida para originar uma solução factível.

Portanto, o ato de refinar e combinar idéias é contribuição dinâmica do processo criativo num julgamento criativo, conforme já abordado em 6.3.7.

11.2 TÉCNICA DA VANTAGEM-DESVANTAGEM

Segundo essa técnica, comentada em 6.3.10, devem ser anotadas, para cada série de idéias, suas vantagens e desvantagens. Nesse caso, para cada idéia, monta-se uma tabela com três colunas, sendo a primeira de critérios considerados relevantes, contra os quais serão anotadas, caso existam, vantagens ou desvantagens que constituem as duas demais colunas.

11.3 TÉCNICA DE CUSTEAR TODAS AS IDÉIAS

Essa técnica abordada em 6.3.8 deve ser utilizada apenas após uma primeira seleção ou combinação.

11.4 TÉCNICA DA "VOTAÇÃO DE PARETO"

A técnica da "Lei de Pareto", vista em 8.3, pode ser adaptada para triar grande quantidade de idéias geradas. O procedimento deverá ser modificado para uma votação (Shillito, 1973).

Após a geração de uma série de idéias, o coordenador pede aos participantes para votar naquelas que acharem melhores conforme algumas regras:

- o número de votos por participantes é limitado a 20% do número total de idéias geradas;
- do número permitido de votos por participantes, apenas um é permitido por idéia escolhida, e todos os votos permitidos devem ser usados.

É muito importante anotar também aquelas idéias que não tiveram votos, porém o grupo não deverá perder tempo nelas. Com essa técnica, um conjunto de 81 idéias foi reduzido a 30 para passarem posteriormente por um processo mais poderoso e detalhado.

11.5 TÉCNICA DA ESTIMATIVA DIRETA DA MAGNITUDE

Essa técnica também pode ser aplicada para Análise Global; porém, foi desenvolvida para determinar quão melhor é uma idéia que outra, ou quão melhor um item pode prover uma função que outro. Pede-se a pessoas designarem números proporcionais ao mérito de idéias ou funções.

Essa técnica foi originada na Psicofísica, onde foi desenvolvida para hierarquizar atributos sensoriais, como luminosidade e som. A experiência mostrou que observadores podem originar números contra estímulos e também que podem estimar as relações aparentes entre estímulos, de acordo com a lei da Psicofísica que estabelece, conforme Stevens, que relações de estímulos iguais produzem relações iguais de percepção.

Para relacionar entre si uma quantidade de idéias geradas, dois tipos de relações podem ser usados (Meyer, 1971):

- o de importância, perguntando, "sem considerar custos ou dificuldade de implantação, quão boa é esta idéia em termos do critério ... com relação às demais?";
- o de custo, perguntando: "qual será a dificuldade de cada idéia em relação ao custo envolvido para ser implementada?".

Para cada conjunto de notas, a média geométrica deve ser calculada e convertida em porcentagens.

Para cada idéia, dividindo-se os percentuais das médias geométricas de importância pelos custos, obter-se-á um índice de valor (De Marle, 1970).

Finalmente, plotando-se num gráfico as duas porcentagens para cada idéia, todos os pontos que estarão para cima de uma linha de 45°, saindo da origem, serão com alto índice de valor, acontecendo o contrário com as que estiverem abaixo.

11.6 TÉCNICA FIRE

Trata-se de uma simplificação dos métodos ponderacionais, atribuindo-se mesmo peso aos quatro parâmetros.

O Quadro 11.1 deve ser preenchido, a última coluna dará uma idéia da alternativa com maior número de pontos, portanto, a ser escolhida.

Uma desvantagem da técnica é que todos os critérios são considerados com o mesmo peso, o que não pode corresponder à realidade, conforme será visto em 11.7.

Quadro 11.1 *Escolha da solução FIRE.*

Valor	F Funções	I Investimento	R Resultado	E Exeqüibilidade	FxIxRxE
10	Exerce todas as funções necessárias.	Nenhum.	Economia/simplificação acima do estimado.	Extremamente fácil de executar ou implantar.	1.000
8	Não se aplica.	Até UM$..*	Conforme estimado.	Muito fácil.	512
6	Não se aplica.	Até UM$..*	Levemente abaixo do estimado.	Razoavelmente fácil.	216
3	Não se aplica.	Até UM$..*	Razoavelmente abaixo do estimado.	Muito difícil.	27
1	Não se aplica.	Acima de UM$..*	Muito abaixo do estimado.	Extremamente difícil.	1
0	Não exerce todas as funções necessárias.	Não se aplica.	Não se aplica.	Não se aplica.	0

* Valores que devem ser previamente estabelecidos pela gerência.

11.7. TÉCNICAS PONDERACIONAIS

Quando uma alternativa deve ser selecionada entre pequeno número de outras, um dos processos mais potentes é o de ponderar diferentes critérios de avaliação. Desde que nem todos os critérios devem ser avaliados igualmente, esse procedimento provê um método sistemático para assinalar os pontos fortes e fracos de cada alternativa.

O procedimento geral para a maioria dos métodos é gerar uma lista de critérios de avaliação, designar ou calcular pesos, avaliar cada alternativa com esses critérios e então selecionar a alternativa que mais satisfaça. Se os critérios contra os quais as alternativas são avaliadas não forem ponderados, a escolha será incorreta de quatro a 48 por cento das vezes (Fiorelli, 1981).

Vários autores utilizaram esse método. Fallon elaborou uma técnica chamada *Combinex*, que calcula os pesos para ponderar cada critério (Fallon, 1980).

Kepner e Tregoe possuem um método de análise de decisões, em que classificam os objetivos como obrigatórios e desejáveis e assumem uma ponderação para os objetivos desejáveis (Kepner e Tregoe, 1974).

11.8 TÉCNICA DA ÁRVORE DE DECISÃO

Trata-se de estruturar e analisar decisões sob incerteza, envolvendo os seguintes passos básicos (Bryant, 1972):

- Desenhar a árvore de decisão, situando os ramos de atos e de eventos na seqüência correta. Os atos são aquelas escolhas sob o controle do analista, enquanto os eventos são aquelas escolhas feitas por outros, como concorrentes, clientes, ou ao acaso. Um ramo representa uma decisão entre várias alternativas.
- Designar probabilidades para cada evento incerto, usando meios mecânicos, freqüências relativas históricas ou probabilidades subjetivas.
- Acumular os fluxos líquidos de caixa, resultantes de toda a seqüência possível de eventos ou atos, e localizá-los nos pontos finais apropriados da árvore.
- Calcular ao fim de cada ramo o valor monetário esperado.
- Tomar todas as decisões que tenham sido reduzidas a um nível trivial no passo anterior, designando o valor do ato.
- Retornar ao passo anterior, calculando ao fim de cada ramo o valor monetário esperado e continuar o processo até que uma estratégia total seja desenvolvida.

11.9 TÉCNICA DELPHI

Essa técnica foi desenvolvida para obter opinião de especialistas sobre quantas bombas atômicas russas seriam necessárias para causar um dano especificado nos Estados Unidos, conforme Dalkey. Desde então, essa técnica tem sido utilizada em previsão tecnológica, inovações educacionais e numa variedade de outras áreas. A característica essencial da técnica é sua ênfase em desenvolver um consenso de especialistas sobre um tópico por meio de uma série anônima de questionários enviados. O questionário inicial coloca uma questão ampla para ser respondida. Uma vez de posse das respostas, um sumário é feito e reenviado aos participantes num segundo questionário para possíveis modificações. O processo é repetido de três a cinco vezes, até que um consenso seja conseguido, ou que o problema seja suficientemente esclarecido.

Essa técnica foi aplicada na Metodologia do Valor para complementar a análise de produtos correntes, provendo as funções necessárias com previsões de requisitos futuros e, como conseqüência, produtos futuros e/ou processos.

Em alguns tipos de problemas, a lista de alternativas geradas indica algum evento dependente de evolução tecnológica. Nesses casos, a técnica Delphi poderá ser usada para avaliar a probabilidade de desenvolvimento de tais idéias. Assim, as idéias geradas são listadas e entregues a diferentes pessoas. Quanto maior o número de especialistas, melhor a estimativa.

Cada participante deverá ter um código para manter o anonimato. Isso permitirá a cada um mudar de idéia em estimativas sucessivas. As folhas de questionários são entregues e preenchidas por cada participante ao mesmo tempo, porém de forma independente.

11.10 TÉCNICA DE OTIMIZAÇÃO

Tal técnica é baseada na teoria de conjuntos, foi proposta por Rye, e considera um conjunto universal U cujos elementos são alternativos para reduzir o desperdício no estudo de um produto. Supondo-se três especificações básicas, de tempo, de qualidade e de custo, seja esta série de parâmetros constituídos de uma coleção de conjuntos que são subconjuntos de U e que se interceptam entre si. Há alternativas a serem avaliadas que obedecerão a um, a dois ou a todos os três requisitos, dependendo de onde se situam nos conjuntos. Aquela ou aquelas possíveis alternativas que obedecerão aos três parâmetros de especificação garantem e obedecem a uma comparação e avaliação item a item.

O parâmetro "tempo" poderá compreender os itens: projeto, ferramental, produção e outros. O parâmetro "qualidade" poderá compreender os itens de eficiência, aparência, durabilidade, segurança e confiabilidade. O parâmetro "custo" pode compreender os itens de projeto, ferramental e equipamento, produção e outros.

Outros conjuntos podem incluir materiais, processos, configurações ou qualquer característica. O procedimento implica verificar se as alternativas obedecem às restrições e especificações. Em caso afirmativo, coloca-se sinal positivo e, caso contrário, anota-se "zero" nas colunas apropriadas.

Vários níveis de comparações podem ser efetuados, sendo o primeiro o que envolve simples comparações em termos amplos. Trata-se de um procedimento similar ao da Técnica da Vantagem-Desvantagem, discutida no item 11.2, e é usado para reduzir o número de alternativas para continuar com avaliações mais profundas. Se nenhuma das alternativas for claramente superior a outras, um segundo nível de comparações poderá ser feito, utilizando-se a técnica ponderacional. Se informação adicional ainda for requerida, há um terceiro nível de comparações, que é o de custos por parâmetros para cada alternativa.

O uso conjunto dos últimos dois níveis permitirá determinar se as despesas são adequadas aos benefícios advindos, para cada alternativa.

11.11 ANÁLISE DE CUSTO-BENEFÍCIO NO CICLO DE VIDA

Trata-se de uma técnica de importância crescente na construção civil devido à crise de energia. Consiste basicamente da análise de um item, uma área, um sistema, para todos os custos significativos de propriedade durante a vida econômica, expressos em termos de unidades monetárias equivalentes.

Tal análise considera todos os componentes do custo como custos iniciais, custos de financiamento, custos de operação, custos de manutenção, custos de reposição, entre outros, para cada alternativa.

Essa técnica é obrigatória para serviços públicos e para obras contratadas pelo governo americano.

11.12 COMENTÁRIOS

As técnicas mais conhecidas de seleção e avaliação de idéias, para os praticantes de AV/EV, são de refinar e combinar idéias, de vantagem-desvantagem, de custear todas as idéias e as ponderacionais.

A essas, foram aqui acrescentadas outras, totalizando onze, que abrem o leque de possibilidades para maior eficácia na avaliação das idéias, por ocasião de um projeto. Maiores informações quanto ao seu uso, são dadas em 13.3.4, na apresentação do modelo.

12
Técnicas de implementação

Após a fase de seleção e avaliação, a idéia escolhida deve ser implementada, isto é, colocada em ação. Há bloqueios que impedem mesmo que as melhores idéias sejam implementadas. Esses bloqueios são causados pela resistência induzida, gerada pelo medo de mudanças (Hart, 1964).

O ato de identificar os bloqueios de implementação é uma conseqüência lógica da etapa de avaliação e seleção; é um passo indispensável, pois a compreensão do motivo que leva à rejeição de idéias novas permite converter a resistência em aceitação (New e Singer, 1983).

O planejamento é um passo importante. Para o planejamento ser eficaz, deve incluir considerações de bloqueios e etapas de implementação, assim como conseqüências de cada passo.

12.1 BRAINSTORMING INVERTIDO

Essa técnica foi desenvolvida para grupos para identificar todos os possíveis pontos fracos de uma idéia, ou antecipar o que poderá sair errado quando determinada idéia for implementada. Trata-se de um processo idêntico ao do *brainstorming* clássico, sendo que críticas são geradas em lugar de idéias (conforme 10.4.1).

Compõe-se de um grupo de seis a doze pessoas e as quatro regras do *brainstorming* são inicialmente revistas. Primeiro a(s) idéias(s) é(são) anotada(s) no quadro. Devem ser lembradas de quantas maneiras a aplicação da idéia pode não funcionar. Após exaurirem-se as críticas para a primeira idéia, são iniciadas as da seguinte, e assim por diante.

12.2 TÉCNICAS DE VENDA DA IDÉIA

A decisão de comprar uma idéia é influenciada por três categorias de variáveis (Brief e Filley, 1976): as características do grupo; os atributos da proposta em si mesma e as percepções daqueles atributos; e, finalmente, a seriedade do problema que está sendo tratado.

De acordo com Tufty e Atthreya, existem seis pontos a serem cuidados (Tufty e Atthreya, 1982):

- estar preparado para a discussão, isto é, cálculos feitos, desenhos já prontos e argumentação desenvolvida;
- abordar os benefícios para todos os envolvidos;
- estimular desejos para os que devem comprar a idéia;
- contar os fatos verdadeiros a respeito da proposta;
- eliminar objeções – a melhor estratégia é vencê-los antes que sejam vocalizados – que devem ser visualizadas e respondidas;
- pedir ação e, para isso, é importante obter o compromisso.

12.3 ANÁLISE DE PROBLEMA POTENCIAL

Técnica desenvolvida por Kepner e Tregoe, foi planejada para evitar a ocorrência de problemas durante a implementação e para reduzir seus efeitos. Assim, um problema potencial é definido em termos de desvio entre o que poderia e o que deveria ser (Kepner e Tregoe, 1974). A natureza precisa do problema potencial, deve ser determinada, seguida por uma avaliação do risco do problema, suas causas, probabilidade de ocorrência, prevenção ou redução dos efeitos e planejamento de contingências.

O esquema para proceder a uma Análise de Problema Potencial conforme Kepner e Tregoe é iniciado com a definição do que "deveria" ocorrer em termos de objetivos para que a idéia fosse implementada. Tentando antecipar os vários "deveria", cada vez que não ocorrer por ocasião de um cuidadoso planejamento, foi encontrado um problema potencial. O primeiro passo na verdade implica proceder a uma listagem de problemas potenciais, conforme a técnica 12.1, conhecida como *brainstorming invertido*. Tendo a lista, deve ser identificada a natureza específica de cada problema, perguntando-se, "o quê?", "onde?", "quando?" e "quanto?". Determinar em seguida o risco associado a cada problema, para, em seguida, classificar os problemas potenciais de acordo com os vários graus de risco. Tal classificação deverá ser feita considerando-se dois critérios – o potencial de seriedade e a probabilidade de ocorrência – do que resultam três tipos de problemas: os que envolvem alto risco e devem ser tratados, os que envolvem um risco moderado e que provavelmente devem ser tratados e os que envolvem pequeno risco e podem ser ignorados. O analista deve desenvolver uma lista de causas que poderiam ser associadas a cada problema, naturalmente baseando-se em julgamento e experiência, desde que as causas não sejam baseadas em fatos, mas apenas em explicações plausíveis, mais uma vez utilizando julgamento e experiência, estimar a probabilidade de ocorrência de cada causa se nenhuma ação for tomada. O melhor meio para evitar um problema potencial é tomar uma ação que remova inteiramente as possíveis causas, ou ao querer que reduza sua probabilidade de ocorrência. Para cada causa de problema eliminada ou controlada, irá diminuir a probabilidade de que o problema real ocorra. Com o fito de garantir ainda mais a implementação, deve ser desenvolvido um plano de contingência para os problemas mais sérios, pois pode ocorrer que ações preventivas falhem. Assim, o analista deve desenvolver planos que especifiquem exatamente quais ações devem ser tomadas caso ocorra o problema. Normalmente, as ações preventivas custam menos que os planos de contingência e devem ser usadas sempre.

12.4 TÉCNICAS DE PLANEJAMENTO

O planejamento constitui um dos passos mais importante da fase de implementação. Aqui, serão abordadas duas técnicas de planejamento: Pert e Diagrama de Planejamento de Pesquisa.

12.4.1 Pert

O objetivo deve ser decomposto em elementos; é necessário estabelecer o que deve estar em paralelo e o que em série. Os elementos devem ser dispostos conforme um gráfico de Gantt ou uma Rede PERT. O caminho crítico deve ser identificado e programado (Maurer, 1981).

Para construir uma rede PERT, é estabelecido e definido o objetivo do projeto. Listam-se todas as alternativas necessárias para atingir o objetivo e planeja-se a rede. Ligam-se seqüencialmente as atividades e eventos do projeto e designam-se números para cada evento, seqüencialmente na ordem em que devem ocorrer. A rede é construída iniciando com o evento terminal e trabalhando de trás para frente, usando regras específicas. Em seguida, devem-se rever todas as relações entre atividades e eventos para assegurar que não houve omissões. Consultam-se pessoas para coletar informações sobre a duração esperada de cada atividade. Determina-se o menor período esperado de ocorrência para cada evento: começa-se com o primeiro elemento, trabalha-se para diante; deve-se escrever a estimativa de tempo ao longo das setas de atividades e anotar o tempo acumulado total após cada número de evento. Calcula-se o tempo mais tardio possível. Começa-se com o evento terminal e trabalha-se para frente, subtraindo-se o tempo esperado de duração de cada atividade do tempo esperado acumulado. Calcula-se o tempo de folga para cada atividade, subtraindo-se o menor intervalo de tempo acumulado total do maior período de tempo acumulado total.

Identificadas as quantidades de folgas para cada passo, identifica-se a quantidade de folga para cada rede. Traça-se o caminho crítico através dos eventos da rede que formam folga zero. Essa linha será a mais longa possível. A rede é atualizada periodicamente, revendo-se o progresso do projeto e fazendo-se todo o ajustamento necessário para corrigir estimativas de tempo e o caminho crítico. A quantidade de ajustamentos possíveis, no entanto, dependerá da quantidade de folga disponível.

12.4.2 Diagrama de planejamento de pesquisa

É uma técnica simples mas precisa. É elaborada usando-se a lógica dos diagramas de blocos de computação e consiste em listar as ações específicas em retângulo, os pontos de decisão em losangos, e necessidades de término (ações que devem ser terminadas antes que outras comecem) em círculos. A construção é iniciada seqüencialmente na ordem cronológica. Se uma resposta é difícil de determinar ou apresenta um obstáculo maior para continuar, a resposta "Rever" pode ser usada.

A técnica é prática e simples e possui como principais vantagens os pontos abaixo:

- ajuda a prever pontos críticos nos quais um projeto pode falhar;
- ajuda a explicitar o critério de tomada de decisão;
- indica claramente toda a atividade de retorno necessário;
- mostra a interação entre atividades.

Essa técnica, podendo planejar atividades, também permite reestruturar problemas em que o fator "tempo" é relevante.

12.5 COMENTÁRIOS

Cinco técnicas foram aqui escolhidas, porém essa fase, freqüentemente relegada ao segundo plano, é importantíssima. Normalmente de posse de alternativas viáveis, economicamente vantajosas, há uma tendência de não acompanhar até a implementação, confiando que as alternativas sejam autovendáveis.

A experiência prática mostrou que é muito importante identificar problemas caracterizados por desvios, quaisquer que sejam, e propor soluções eficazes que considerem várias alternativas geradas. Não é, no entanto, suficiente ter essa solução, pois para que resulte em conseqüências concretas; ela deverá ser implementada.

É de fundamental importância não somente seguir a implementação, como também ajudá-la e ajustar a alternativa às circunstâncias que podem alterar-se durante o período.

13
Proposta de um modelo

Sendo o processo da Metodologia do Valor um processo aberto, seu resultado é surpreendente, isto é, não pode ser previsível, nem conhecido de antemão. Porém, o grau de sucesso será determinado, em parte, pela forma de sua aplicação. Geralmente esse processo é caracterizado por informações não suficientes e alguma incerteza sobre como poderia ser resolvido.

A mente tem uma natureza auto-organizante, e, conforme De Bono, a característica fundamental de um sistema padronizante é a continuidade. Para estabelecer e usar padrões, é necessário de tempos em tempos incluir informações para que novas conexões possam ser formadas. Normalmente, um padrão depende não apenas da informação que contém, mas também da seqüência arbitrária na qual as informações chegaram. O ato de reestruturar padrões para usar as informações de maneira conveniente para a situação de momento não é feito fácil e normalmente. Para resolver problemas, é necessário escapar das velhas idéias e ainda gerar novas. Há casos em que a pressão dos eventos força a reestruturação de uma velha idéia, porém normalmente apenas após muito tempo que a informação já era disponível. Normalmente quando houver necessidade de idéias será preciso reestruturar alguma idéia mais antiga.

13.1 COMPARAÇÃO DA METODOLOGIA DO VALOR COM DISCIPLINAS DE SOLVER PROBLEMAS

Analisando as várias etapas de um Plano de Trabalho, pode-se verificar que aproximam-se das técnicas de solução de problemas e apresentam-se em três fases, ou seja, a de análise, a de desenvolvimento de alternativas e a de síntese.

Entre os diferentes modelos de solução de problemas disponíveis, um dos mais conhecidos é o de Simon, com três estágios: o da inteligência, no qual o problema é reconhecido, as informações são coletadas e a definição do problema é formulada; o de projeto, em que soluções são geradas; e finalmente o da escolha, em que as alternativas de soluções são selecionadas e implantadas (conforme visto em 5.5.5).

O Plano de Trabalho proposto envolve as fases de:

- preparação, em que um problema é selecionado de uma situação nebulosa;
- informação, em que pesquisa e coleta de informações são feitas, que culmina com uma redefinição do problema;
- especulação, em que várias alternativas são geradas;
- avaliação, em que várias alternativas são selecionadas e avaliadas;
- de planejamento, em que os detalhes dos planos preventivos e de contingência são considerados;
- de recomendação, em que são envolvidos os responsáveis pela decisão; e
- de implementação, em que são preparados planos de execução e verificação da resolução do problema.

Comparando ambos os modelos, pode-se perceber que a fase de informação é similar ao estágio de inteligência. A fase especulativa é similar ao estágio de projeto e possuem em comum o fato de não considerarem o período de incubação e iluminação, que são etapas do processo criativo. A incubação pode ser interpretada como o período de tempo em que o esforço consciente é suspenso, porém atenção ainda é dada ao problema num nível não consciente. A iluminação é a experiência gratificante pela qual se passa quando uma solução factível ao problema é reconhecida. As quatro últimas fases do Plano de Trabalho são comparáveis com o estágio de escolha do plano de Simon.

13.2 DIFICULDADES PARA O DESENVOLVIMENTO DE UM MODELO PARA A METODOLOGIA DO VALOR

A tentativa de propor uma seleção de técnicas para serem usadas num modelo e instruções para seu uso, constitui um empreendimento arriscado, pois não há suficiente evidência para apoio.

Apenas para apontar algumas dificuldades, convém lembrar que a Metodologia do Valor deve ser utilizada tendo em mente a eficácia, portanto levando em conta o dispêndio de recursos. Se uma técnica individual puder ser usada, é um desperdício usar uma de grupo. Quantas vezes retornar a uma fase? Quantas técnicas usar em certa fase para se dar por satisfeito? São perguntas que continuarão sem resposta, tendo-se em conta que a atuação é sobre problemas abertos.

13.3 MODELO PROPOSTO

O modelo aqui proposto será baseado no Plano de Trabalho do item 13.1 e naquele de Brightman, adaptado por Van Gundy, utilizando as três fases de Simon, mostradas na Figura 5.2 do item 5.5.7.

A representação do modelo será por meio de diagrama de bloco, indicando as ações em retângulos e decisões a serem tomadas em losangos.

Serão numeradas as técnicas propostas.

Apesar das dificuldades mencionadas, está sendo proposto um modelo que procura ser aplicável para diversas finalidades, generalizado, apresentando as técnicas indicadas em cada fase, e um procedimento mais detalhado que o dos vários Planos de Trabalho conhecidos.

13.3.1 Fase de preparação

Nesta fase, há uma situação nebulosa, e ela deve ser estudada para verificar que tipos de problemas podem estar ocorrendo, como a escolha de um produto entre muitos, um sistema entre outros, um processo entre outros. Na realidade, problemas serão identificados, classificados e hierarquizados de acordo com sua importância frente a critérios a serem definidos, até que um problema inicialmente sentido (PIS) seja finalmente escolhido como o primeiro a ser abordado, conforme Figura 13.1.

A abordagem implica em processo importante antes de iniciar as fases seguintes, pois a conclusão pode mostrar que o processo deva ser interrompido.

Considerando o problema como uma diferença entre o estado atual e o que se deseja, a diferença ou desvio deverá ser medido quando possível, ou ao menos quantificado segundo algum critério. Se não houver nenhuma possibilidade de mensuração do desvio, é melhor interromper o processo, pois nunca poderá ser verificado se o problema foi ou não resolvido.

O ponto seguinte de decisão é a real motivação para eliminar o desvio. Nem todas as pessoas reagem igualmente frente à mesma situação de problema.

Os recursos necessários devem estar disponíveis em tempo, pois, caso contrário, não adianta insistir no processo.

Finalmente, há o ponto crucial da esfera de influência do analista, isto é, ações podem ser tomadas com autoridades sem necessitar de autorização de outros, que podem ser envolvidos? É imprescindível obter o envolvimento e autorização daqueles que possuem a autoridade, caso contrário o processo deve ser interrompido sob pena de parar numa fase mais adiantada. Muitos projetos de análise do valor foram abortados por não terem tido o real apoio dos envolvidos com a devida autoridade.

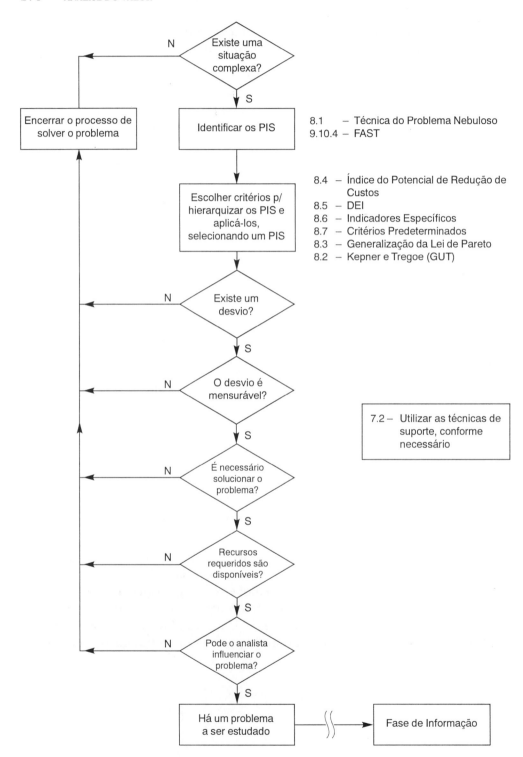

Figura 13.1   *Fase de preparação.*

13.3.2 Fase de informação

O objetivo desta fase é chegar à definição do problema. A primeira atividade neste processo (vide Figura 13.2) é a definição do escopo do problema, isto é onde o problema inicia e onde termina, o que é incluído, o que é excluído, assim como quais interfaces e interações são aceitas como parte do problema. Como conseqüência, deve ser aceito tudo entre as linhas do escopo de maneira a focalizar toda a atenção no problema em estudo.

Como próximo passo, informações devem ser coletadas sobre o produto, processo ou sistema, quanto às características, parâmetros de desempenho e custos envolvidos. É muito importante nessa fase coletar não mais que aquelas informações que possam ser usadas para determinar o grau de estruturação do problema, pois a eficácia em termos de recursos empregados e seus custos deve ser considerada. Quanto maior a quantidade disponível de informações e restrições com respeito aos estados atual e o desejado, assim como os meios necessários para eliminar o desvio, maior será o nível de estruturação do problema.

Se as informações coletadas indicam que o problema é aberto, deve-se prosseguir na Fase de Informação, caso contrário, pesquisar soluções já conhecidas, passando para a Fase de Especulação.

Para redefinir e analisar o problema, reestruturando-o, suprir conhecimento especializado caso seja necessário com vistas em estabelecer um modelo da situação, elaborar fluxogramas, diagramas de processo e procedimentos, caso o fator tempo seja relevante.

O critério para a melhor reestruturação é a necessidade de respostas mais criativas; usualmente ocorre melhor reestruturação quando o analista consegue maior distanciamento do problema.

Um estudo na área do valor implica utilizar todo o conhecimento da comunidade, quer seja numa empresa, numa instituição de ensino ou num órgão público. Devido à natureza dos problemas, as conclusões afetarão várias áreas envolvidas e, portanto, não se encontram na esfera de ação do analista, requerendo assim o envolvimento de outros, como ainda obter aprovações para implementação. Para a escolha das técnicas de grupo ou individuais, deve ainda ser considerado o tempo disponível.

A escolha de uma técnica é difícil de ser perfeitamente determinada, pois várias delas podem produzir resultados similares.

Faz-se a seleção de técnicas, começando por uma destas: das Analogias, do Exame dos Limites que revê eventualmente o escopo do problema, da orientação para o objetivo. O da Função Básica, que é necessariamente feita em todos os projetos de Metodologia do Valor, pois seu ingrediente básico é a função. As técnicas de Situação Hipotética, da Racionalização do Desejo e a das Reversões são muitas vezes úteis.

178 ANÁLISE DO VALOR

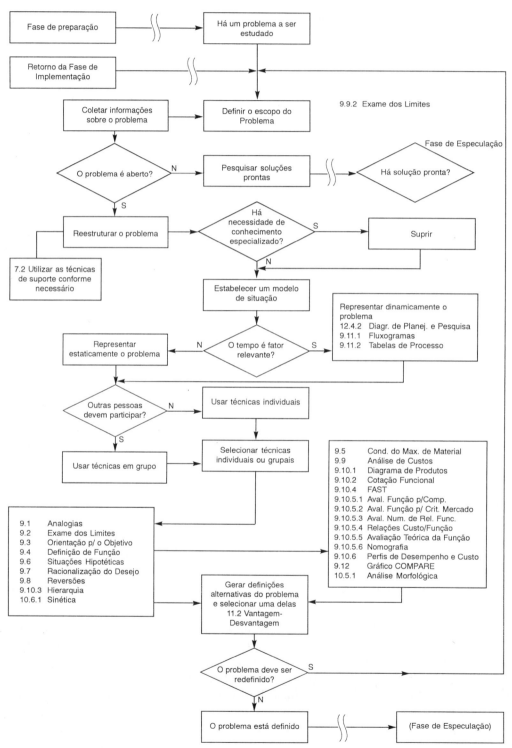

Figura 13.2 *Fase de informação.*

As técnicas apropriadas devem ser escolhidas na melhor ordem para um dado trabalho. À medida que o conhecimento é adquirido, retornar e usar as diferentes técnicas com vistas a progredir no Plano de Trabalho, até que a informação útil desenvolvida seja adequadamente resumida.

As técnicas a seguir são mais fáceis de serem escolhidas, pois podem ser mais bem distinguidas, pela sua ênfase ou falta, com os elementos do problema, e normalmente seguem as indicadas retro-referidas. Assim, nessa classe situam-se as de Aplicação da Condição do Máximo de Material, as de Análise de Custos, a de Diagrama de Produtos, a de Cotação Funcional, a de Avaliação Numérica de Relações Funcionais, a de Relações de Custo/Função, a de Avaliação Teórica de Funções, a de Nomografia e a de Perfis de Desempenho e de Custo, podendo também ser utilizadas a Análise Morfológica, bem como a Sinética, pois ambas promovem um distanciamento do problema.

Aplicadas as técnicas, definições são geradas e a escolha da melhor pode ser obtida com a técnica da Vantagem-Desvantagem (11.2).

Como o resultado desta fase é de fundamental importância, pois é nesse ponto que será definida e determinada a natureza, a qualidade e o custo das soluções que seguem, novas abordagens devem ser visualizadas, à medida que informações aparecem, podendo ser necessário redefinir o problema, repetindo todo o processo e chegar-se finalmente à função a ser estudada, seu custo e a meta.

É importante deixar claro que o produto final da fase de informação é o problema definido ou redefinido, constituindo a função básica e naturalmente as demais funções que a suportam, necessárias ou não, de uso ou de estima.

13.3.3 Fase de Especulação

A primeira providência nesta fase é a verificação da existência de alguma possível solução (vide Figura 13.3). Em caso negativo, isto é, não havendo solução pronta que possa ser modificada e útil para o caso, deve-se prosseguir na Fase de Especulação. No caso de ocorrer uma solução, por exemplo, existência de uma peça padronizada e modificá-la para o caso em questão, ou utilizar um procedimento já existente em outra empresa, a aplicabilidade deve ser cuidadosamente avaliada. Soluções boas no passado podem não mais ser adequadas.

O objetivo desta fase é o de gerar muitas alternativas de desempenhar a função escolhida, básica ou secundária.

Também nesse caso, o critério de tempo disponível e a necessidade de aceitação por outros indicam o uso de técnicas grupais, caso contrário, há várias individuais. Deve ainda ser observado que, a exemplo do caso de técnicas reestruturantes, a maioria das técnicas individuais pode ser adaptada para uso dos grupos, porém o contrário não é necessariamente verdade.

180 ANÁLISE DO VALOR

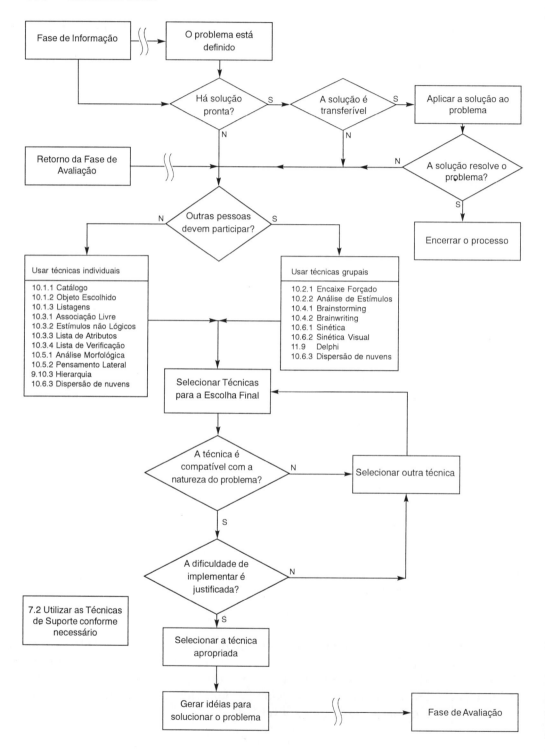

Figura 13.3 *Fase de especulação.*

As técnicas utilizam diferentes artifícios para contornar os bloqueios mentais. Algumas das técnicas fazem uso da mente consciente, forçando pensamentos que de outra forma não ocorreriam, outras têm a ver com o próprio treinamento e desenvolvimento da pessoa, tendo em vista tornar-se mais desinibida a menos cética, além de mais espontânea durante o processo.

O número de técnicas é bastante grande, e várias delas podem produzir resultados similares; a escolha entre elas passa a ser difícil.

Os critérios a serem considerados serão: adequação da técnica à natureza do problema, o tempo envolvido e a dificuldade de implementação. A técnica deve ter sua complexidade justificada pela abrangência e natureza do problema. A técnica da hierarquia também é útil para gerar idéias; o pensamento lateral, a sinética e a sinética visual apenas devem ser usadas para problemas complexos. A dificuldade de implementação tem a ver com tempo e custo envolvidos para sua aplicação.

A técnica Delphi também pode ser usada na fase criativa.

Quando um grupo necessita de estímulos, a técnica do Encaixe Forçado é aconselhada devido à sua natureza de jogo e competição.

A técnica de Estímulos não Lógicos é bastante ampla, porém poderá ser usada como complementar de outras.

A Análise Morfológica, pela sua natureza, também é usada em outras fases do Plano de Trabalho.

Naturalmente, o Brainstorming é hoje a mais importante e mais utilizada, porém não é adequada para certos casos. Assim, não é recomendada para tipos de problemas com uma ou algumas respostas corretas, isto é, quando o problema não for suficientemente aberto. Também não serve para problemas complexos e difusos, pois redundará numa faixa de soluções vagas e, nesses casos, uma reestruturação se torna necessária.

13.3.4 Fase de avaliação

Dependendo da técnica utilizada para gerar idéias, o número delas pode ser muito grande. Nesse caso, é importante proceder a uma triagem. Idéias semelhantes devem ser agrupadas e as demais, tanto quanto possível combinadas e refinadas conforme Figura 13.4. A votação de Pareto permitirá selecionar as melhores. Em seguida, usando o critério de serem as idéias vagas, superficiais ou irrelevantes, separar as piores numa lista especial para posterior reestudo.

Apesar de diminuir normalmente nesta fase a necessidade de envolver outras pessoas, é importante considerar esse ponto, valendo os mesmos critérios utilizados até então, ou seja, necessidade de obter cooperação, autorização e urgência. Normalmente nesta fase aumenta a urgência requerendo rápida seleção.

Em seguida iniciar pesquisa comparando cada técnica de Avaliação com algum critério preestabelecido e avaliando a disponibilidade de todo recurso necessário para implementar uma técnica em particular.

182 ANÁLISE DO VALOR

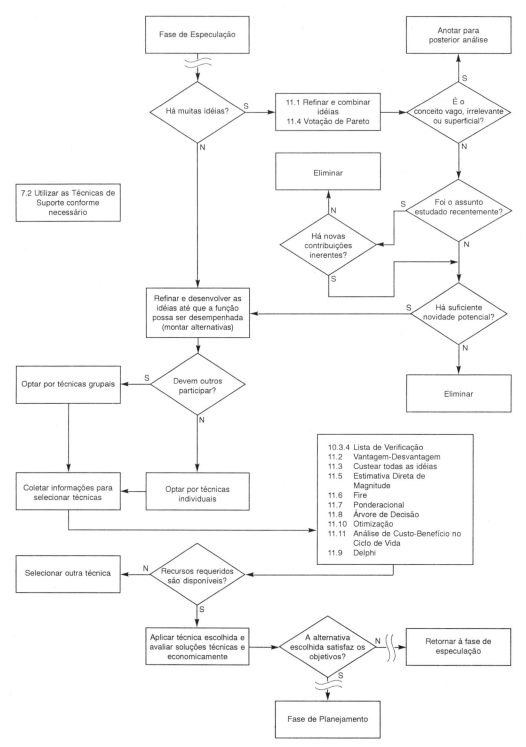

Figura 13.4 *Fase de avaliação.*

A Técnica da Lista de Verificação, apesar de ter sido incluída entre as de geração de idéias, também é útil na atual fase como de seleção e avaliação, pois o conhecimento acumulado sobre o assunto pode ser expresso como uma lista de itens. Examinando-a para certa situação, pode ser assegurado que não está sendo esquecido nenhum item importante para decisão.

A técnica de Vantagem-Desvantagem permite reduzir os pontos fracos de cada idéia e ajuda a refinar algumas alternativas.

Quando o número de alternativas de solução é manejável, a técnica Ponderacional, uma das mais potentes, pode ser normalmente utilizada.

A técnica de Otimização permite por meio de seus três estágios triar, selecionar e escolher idéias.

A técnica FIRE é de uma grande simplicidade para ser usada, enquanto a de Análise de Custo-Benefício no Ciclo de Vida é basicamente usada para construções civis.

Uma vez selecionada a técnica para o caso, aplicá-la para decidir pela melhor alternativa. Para casos em que o fator tempo é relevante, como por exemplo processos, novos fluxogramas e tabelas de processo devem ser preparados.

As alternativas selecionadas devem ser desenvolvidas adicionando-se o necessário para que a função seja plenamente desempenhada e anotando-se por adição o custo incremental de cada item. Especialistas devem ser consultados nesta fase.

13.3.5 Fase de planejamento

Uma vez que uma solução foi escolhida entre outras, deverá ser feito um plano de implementação, isto é, considerar o que deve ser feito, quem deve fazê-lo, quando e onde e, finalmente, como será pago o projeto.

De posse do cronograma das atividades a serem realizadas até o término da implantação passa-se a uma análise de eventuais problemas potenciais durante ou decorrentes de sua implantação (vide Figura 13.5). As técnicas usadas podem ser o Brainstorming Invertido, e a Análise de Problemas Potenciais que permitem considerar ações preventivas e planos contingentes.

As ações preventivas e planos contingentes deverão ser inseridos no plano de implementação.

De posse do cronograma das atividades a serem realizadas até o término da implantação, passa-se à fase de Recomendação.

184 ANÁLISE DO VALOR

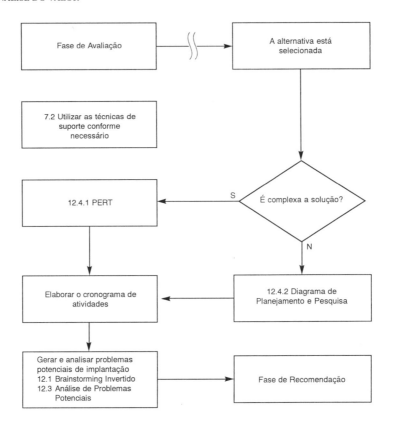

Figura 13.5   *Fase de planejamento.*

13.3.6 Fase de recomendação

Tendo o planejamento considerado ações preventivas e contingentes, deverá ser recomendado a quem deve decidir da sua implementação, conforme Figura 13.6.

A proposta a ser feita deve ser concisa, clara e inteligível. Devem ser incluídas todas as alternativas consideradas como variáveis. A informação em si deve vender a idéia. A proposta deve ser submetida a quem de direito para obter a aprovação. As pessoas devem ser envolvidas com as idéias. Com vistas em obter os resultados desejados, ação positiva deve ser estimulada deixando claro que uma decisão deve ser tomada e transformada em ação, e que haverá controle para determinar os resultados obtidos.

A apresentação deve ser preparada cuidadosamente, implicando o uso de uma linguagem simples, na conclusão de necessidade de se resolver o problema em questão por meio da idéia sendo exposta. Apresentar os pontos fortes e fracos daquela solução mantendo uma imparcialidade sem distorcer o valor da idéia. Evidenciar o porquê da solução em questão e de sua vantagem sobre outras. É importante antecipar perguntas e desenvolver respostas. Os pontos importantes devem ser ressaltados.

PROPOSTA DE UM MODELO 185

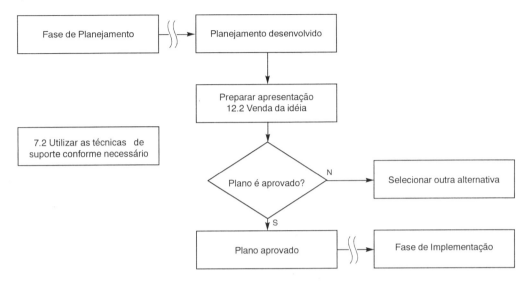

Figura 13.6   *Fase de recomendação.*

13.3.7 Fase de implementação

A implementação envolve um plano que designa responsabilidades específicas em termos de quem faz o que, onde, quando e como, conforme Figura 13.7. O planejamento deverá ser seguido e comparado com a realidade até o término do processo, o que poderá ser reconhecido se o desvio for eliminado ou reduzido satisfatoriamente. Caso o desvio persistir ainda, retornar para a fase de informação e recomeçar o processo.

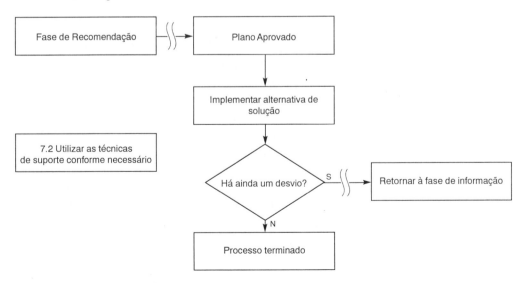

Figura 13.7   *Fase de implementação.*

14
Aplicações reais

Com o intuito de demonstrar como se dá a evolução de um estudo, foram coletados vários casos reais brasileiros aplicados em empresas públicas e privadas nos últimos anos. Não é objetivo comentar sobre todas as empresas que aplicam a Metodologia do Valor, mas sim sobre alguns casos interessantes e mostrar gradativamente o uso de técnicas adicionais.

Deve ser aqui registrado o profundo agradecimento às empresas que permitiram a utilização e divulgação dos casos apresentados, assim como às pessoas que concretizaram a permissão.

Mostrar exemplos tem a vantagem de permitir perceber a maneira de aplicar a metodologia, e por isso algumas das fases de certos casos serão mais detalhadas e enriquecidas com explicações adicionais, permitindo-se assim ao leitor ter uma idéia mais clara de todas as fases do plano de trabalho.

Naturalmente não serão aplicadas todas as técnicas citadas no livro, apenas as mais utilizadas.

Sendo aberto o problema abordado, não há condições de prever os resultados numéricos a serem conseguidos. Normalmente assume-se uma meta a ser cumprida e trabalha-se tanto quanto necessário para se chegar a ela. Entretanto, levantamentos estatísticos comprovam resultados em média de 20% em redução de custos.

O procedimento por ocasião de um projeto é de determinar os graus de liberdade para abordar o problema. Existe um extremo, quando há liberdade de alterar tudo até a concepção total do produto. Existem casos em que o produto deve ser mantido, porém há liberdade de questionar o processo todo. Outras vezes apenas componentes podem ser questionados, mantendo-se todo o restante imutável.

Foram escolhidos 15 casos, didaticamente simplificados e ordenados, com explicações e ilustrações enriquecidas com referências ao modelo e às técnicas apresentadas neste livro.

Alguns desses casos foram pessoalmente conduzidos pelo autor.

14.1 A METODOLOGIA DO VALOR NA VOLKSWAGEN DO BRASIL

A Volkswagen do Brasil vem aplicando Análise do Valor internamente e também nos fornecedores.

14.1.1 Caso de coifa de proteção da alavanca seletora de câmbio

Foi escolhido este exemplo pela sua simplicidade.

O objetivo do trabalho é reduzir no mínimo 10% o custo da coifa de proteção da alavanca seletora de câmbio.

O Quadro 14.1 mostra, além do objetivo, o objeto e a equipe de trabalho.

A primeira fase do processo é a de informação, onde, a fim de obter maior conhecimento sobre o problema, foi aplicada a Técnica da Função conforme 9.4 com informação sobre os custos (Quadro 14.2). O Quadro 14.3 mostra as funções e respectivos custos, conforme 9.10.5.4-III.

Uma vez que o grupo de trabalho considerou ter entendido suficientemente a função a ser estudada, passou à fase especulativa para gerar idéias que permitam desempenhar a função de maneira alternativa (e a um custo menor). Foi escolhida a técnica Brainwriting, também conhecida como método 6-3-5, conforme 10.4.2, e mostrada no Quadro 14.4.

Analisadas as 28 idéias para desempenhar a função principal, ou seja, "Evitar Infiltração", foram montadas duas alternativas que, selecionadas, conduziram a uma solução recomendada conforme a fase de avaliação, e que trouxe uma redução de custos de 35%, conforme visto no Quadro 14.5.

Quadro 14.1 *Objetivo e equipe de trabalho (caso da coifa).*

ANÁLISE do VALOR

Fl nº	AV nº
Data:	20-09-84

1 OBJETO

COIFA DE PROTEÇÃO DA ALAVANCA SELETORA
DES. Nº 803 711 167-E (12-6-75)

2 OBJETIVO

REDUÇÃO MÍNIMA DE CUSTO "10%"

3

PARTICIPANTES	SETOR (1463)	RAMAL	CPI
JAIRO N. COSTA	CONTROLE E RECEBIMENTO	6512	1134
MAURÍCIO PEREIRA	TBW (1572)	7288	1293
JOSÉ M. BARBOSA	MAN. MECÂNICA (1414)	6502	1061
J. R. PEREZ	COMPRAS PROD. (1646)	6534	1258
TOCHIO OTSUKA	PREDESENV. (1705)	7994	1286

Coordenação

4 PLANEJAMENTO DA SEQÜÊNCIA DE TRABALHO

Quadro 14.2 *Custos da função (caso da coifa).*

CÁLCULO DE CUSTO

ANÁLISE do VALOR

Fl nº | AV nº
Data:

BC 9/84

COIFA DE PROTEÇÃO MOD. 321+3/30T ÁGUA/B2

Nº do Item	Denominação	Origem	Qtd./veic.	Custos dos Materiais						Custos Operacionais						CUSTO INDUSTRIAL (CM+CO) UMS/veic.	Obs.
				Nº do Material	Especificação	Quant/ veic.	UMS/ unid.	UMS/ veic.		Setor	Tempo	MO UMS/v	DG UMS/v	MO+DG UMS/v		
803711167.E	COIFA DE PROTEÇÃO	1	K	---	---	-	-	545,		-	-	-	-	-	545,	
					Totais	-	-	545,		-	-	-	-	-	545,	

* vide verso

190 ANÁLISE DO VALOR

Quadro 14.3 *Análise das funções (caso da coifa)*.

ANÁLISE do VALOR

Fl nº   AV nº
Data:

ANÁLISE DA SITUAÇÃO EFETIVA

Nº	O QUE É?		O QUE FAZ?		funções			DE QUE É FEITO?	QUAL É O SEU CUSTO?				
	DENOMINAÇÃO	Origem	VERBO	SUBSTANTIVO	P	S	D	ESPECIFICAÇÃO	INDUSTRIAL UM$/Veic.	GARANTIA %	UM$/Veic.	OBS.
1	COIFA PROTEÇ.		EVITAR	INFILTRAÇ.	X			MATERIAL: POLICLO-ROPRENE	545,00			
			PERMITIR	MOVIMENTO		X		CONF. RLS. Nº195.982				
			FIXAR	NA HASTE		X		(ALBARUZ) E Nº202.611				
			DIRECIO-NAR	FLUIDOS		X		(ALFREDO TEVES) DE APROVAÇÃO DE AMOSTRAS				

TOTAL

Quadro 14.4 *Brainwriting (caso da coifa).*

ANÁLISE do VALOR

Fl nº	AV nº
Data:	
COLETA DE IDÉIAS	

MÉTODO 635

Fase	IDÉIAS	Esc.

1ª RODADA
- 1ª idéia:
  1 - PLÁSTICOS:
  POLIETILENO
  CLORETO DE POLIVINILA (PVC)
- 2ª idéia:
  POLIAMIDA
  ACRÍLICO (PMMA)
  POLIESTIRENO
- 3ª idéia:
  2 - BORRACHAS
  LÁTEX

2ª RODADA
- 1ª idéia:
  NITRÍLICA RESISTENTE AO AZÔNIO
  SILICONE
  SINTÉTICA
  PLASTIPRENE (POLIURETANO)
- 2ª idéia:
  3 - OUTROS
  COURO
  PAPEL
  PAPEL PLASTIFICADO
- 3ª idéia:

3ª RODADA
- 1ª idéia:
  COURVIM
  BACKELIT
  ESPUMA DE POLIURETANO
- 2ª idéia:
  LONA
  CELOFANE
  EPÓXI
- 3ª idéia:
  TECIDO IMPERMEÁVEL
  AMIANTO
  FELTRO

4ª RODADA
- 1ª idéia:
  SISAL
  FIBRA EMBORRACHADA
  NAPA
- 2ª idéia:
  TUBO ALUMINIZADO
  MASSA PLÁSTICA
  CARBOPLÁSTICO
- 3ª idéia:

5ª RODADA
- 1ª idéia:
- 2ª idéia:
- 3ª idéia:

6ª RODADA
- 1ª idéia:
- 2ª idéia:
- 3ª idéia:

Quadro 14.5 *Conclusões (caso da coifa).*

ANÁLISE de VALORES	Fl nº	AV nº
	Data:	
	ES 6 / EP 3	

SOLUÇÃO RECOMENDADA

1 – SUBSTITUIÇÃO DO MATERIAL ATUALMENTE UTILIZADO (POLICLOROPRENE) POR BORRACHA NITRÍLICA RESISTENTE AO OZÔNIO E MUDANÇA DA FORMA CÔNICA PARA FORMA LISA

OBS.: Anexo Norma VW2.8.1 e Tabela de Especificação de Materiais

	SITUAÇÕES	MAT.	M.O.	DESPESAS			TOTAL
				TOT.	VAR.	IMUT.	
CUSTO	ATUAL	545,00	S/ALTER.	–	–	–	545,00
	RECOMENDADA	355,00	S/ALTER.	–	–	–	355,00
	DIFERENÇA	190,00	–	–	–	–	190,00

INVESTIMENTO	FERRAMENTAL	UM$ —	RENTABILIDADE	ECONOMIA ANUAL	UM$ 39.710.000
	MÁQUINAS e EQUIP.	UM$ —		AMORTIZAÇÃO..................	ano
	INSTAL. INDUSTRIAIS	UM$ —		TAXA de RETORNO............	%a.a.
	PESQ. e DESENVOLV.	UM$ —		19__	veíc.
	TERCEIROS	UM$ —		Programa 19__	"
	Outros	UM$ —		de 19__	"
				Produção 19__	"
	TOTAL	UM$ —		19__	"

OBS.: EM CONTATOS MANTIDOS COM FIRMAS FORNECEDORAS ALBARUZ S.A. E ALFRED TEVES LTDA., ESTES NOS INFORMARAM QUE A SUBSTITUIÇÃO PROPOSTA, MANTENDO-SE A MESMA QUALIDADE EXIGIDA PELO DESENHO, TRARÁ SENSÍVEL REDUÇÃO DE CUSTO DA PEÇA.

14.2 A METODOLOGIA DO VALOR NA TELEBRÁS

O programa iniciou com pioneirismo a aplicação da Metodologia do Valor nos serviços públicos brasileiros em março de 1983. Devido ao porte da organização, que engloba 29 empresas distribuídas pelo país, convidaram com coordenador o Sr. Nelson Haguiara, da TELESP, para cuidar da implantação da metodologia.

Como primeira providência, a localização física do coordenador passou a ser em Brasília, onde foram treinados dois representantes de cada empresa, que passariam a servir como multiplicadores das técnicas. Até fins de 1984 cada um dos vinte e nove representantes já ministrou dois cursos para vinte e cinco pessoas aproximadamente, aumentando em cada rodada de 700 pessoas os analistas da metodologia, somando até dezembro de 1984 1.400 pessoas no sistema Telebrás que aplicam a disciplina.

Os planos eram ambiciosos para 1984, mas os resultados obtidos superaram as expectativas, trazendo novos planos para 1985, que se repetiram para 1986.

Com vistas em estimular a iniciativa em cada uma das empresas descentralizadas e para manter uma coordenação, além de evitar duplicação de esforços, permitindo que todos recebam e participem dos projetos, o programa foi dividido em dois níveis:

- **dirigido**, em que a Telebrás define, coordena e avalia o programa; trata-se de materiais técnicos da rede, como os exemplificados abaixo. A área de Engenharia da Telebrás participa desses casos, e a divulgação é feita para todas as empresas, que avaliam e se manifestam a respeito do assunto.
- **livre**, em que cada empresa começa por iniciativa própria os projetos e apenas comunica os resultados, que posteriormente são divulgados.

Já em 1985, cerca de 100 projetos foram feitos em todo o País dentro do sistema Telebrás, e foi notado um excelente clima de participação e de equipe entre os diversos departamentos e empresas.

Os três casos selecionados são bons exemplos de criatividade, nos quais com soluções simples, se conseguiram resultados excelentes.

14.2.1 Exemplos aplicados ao telefone público

Existem vários casos de análise do valor aplicados ao telefone público, desde o da ligação do punho ao telefone, no qual se conseguiu 92% de economia, até o caso da descoloração de peças plásticas de ABS do próprio aparelho, caso este em que foram economizados 70% dos custos.

14.2.1.1 Caso do cofre para telefone público

Os telefones existentes em vias públicas e aeroportos possuem um processo de coleta de fichas a cada chamada completada. A ficha cai num cofre onde deve ser armazenada.

Foi constatado, na fase de preparação, que em muitos casos a ficha não caía, impedindo que a ligação fosse mantida. Ela se completava e o diálogo não podia ser realizado. Apenas um lado ouvia e falava.

Decidindo-se executar um estudo do valor, foi constatado que, além de um custo alto em geral, havia um mecanismo de 11 peças com a função de vedar a fenda onde caía a ficha.

Dois grupos foram formados, sendo o primeiro para o cofre completo, que conseguiu uma redução de 17,7% e sugeriu uma chapa mais fina e proteção de esmalte sintético preto em vez de pintura martelada cinza.

Os Quadros 14.6 a 14.13 ilustram o caso, passando pelas várias fases do Plano de Trabalho.

O segundo grupo foi incumbido de estudar a função "Impedir a saída" (de fichas telefônicas do cofre), e chegou a uma conclusão que mostra a potência da Metodologia do Valor, pois substituíram o mecanismo inicial de 11 componentes, conforme pode ser visto nas dez páginas seguintes, por uma "boca de leão", trazendo uma redução de custos de 49%.

O Quadro 14.14, assim como os seguintes até o Quadro 14.20, constitui um jogo de formulários da empresa para aplicar Análise do Valor.

O Quadro 14.14 mostra a descrição do projeto, a função analisada, a meta proposta, além de outras informações. Indica ainda a composição do grupo de trabalho, assim como o programa de reuniões.

O Quadro 14.15 mostra o material proposto e as conclusões a serem preenchidas pelo coordenador.

O Quadro 14.16, já na fase de informação, identifica as funções conforme a técnica 9.4 e mostra uma análise com classificação das mesmas, além de calcular os custos para cada função, conforme a técnica 9.10.5.4.III.

Passando à fase de especulação, podem ser vistas no Quadro 14.17 doze idéias geradas, já com uma análise crítica.

Na fase seguinte, que é a de seleção e avaliação, foi feita uma análise das sete idéias geradas que sobraram, o que pode ser visto no Quadro 14.18. O Quadro 14.19 mostra a solução recomendada, onde estão também incluídas as conclusões do primeiro grupo.

O Quadro 14.20 dá um resumo do caso e indica ainda a economia gerada.

Finalmente, as Figuras 14.1 e 14.2 mostram a lista das peças que compõem o mecanismo e o seu desenho, respectivamente, enquanto a Figura 14.3 dá um desenho da solução proposta.

Quadro 14.6 *Enunciado (caso do cofre).*

⌒	**ANÁLISE DE VALOR**	TeLeRJ
	ACOMPANHAMENTO	

IDENTIFICAÇÃO DO PROJETO			
E. A.V.	Nº PROJETO	NET	FOLHA
AMT	037	5805-TB-023-5358	01

DESCRIÇÃO: COFRE COMPLETO, COM SISTEMA DE LACRE, APLICADO EM TP-102 ICATEL.

FUNÇÃO: RECEBER E GARANTIR A SEGURANÇA DE FICHAS TELEFÔNICAS.

CONSUMO ANUAL: 13.200 PEÇAS   CONSUMO MENSAL: 1.100 PEÇAS
CUSTO UNITÁRIO: Cr$ 9.000,00   BASE: 02/82   ORTN: 5,8
CAUSA DA ANÁLISE:
                 ALTO CUSTO E DIFÍCIL MANUTENÇÃO

META DE REDUÇÃO	15 %	Cr$ 17.800.000,00	11.659 ORTN

COMPONENTES DA EQUIPE			
NOME	CARGO	LOTAÇÃO	TELEFONE/RAMAL
JOSÉ V. ARAUJO NETO	INSP. DE MATERIAIS	AMT-23	105 - R: 9368
ROGÉRIO SOUZA SANTOS	AUX. TÉC. ENGENHARIA	AMT-22	201-7722 R: 108
WILSON W. A. D'ÁVILLA	ASS. SUPRIMENTOS	AMT-1	201-7722 R: 114
GIL CARLOS B. MENEZES	AUX. TÉC. ENGENHARIA	AMT-32	201-0747
JORGE ELYAS TAYAR	AGENTE COMPRAS	ACO-12	201-7722 R: 562
MOACYR R. ARAUJO	ENGENHEIRO	OMC-33	105 R: 4331

COORDENADOR DA EQUIPE			
ADILSON MARQUES	TÉC. ANÁLISE	AMT-2	261-8885

PROGRAMA DE REUNIÕES			
Nº	ASSUNTO	PERÍODO	
		INÍCIO	TÉRMINO
1ª	APRESENTAÇÃO INICIAL	15 / 02 / 82	15 / 02 / 82
2ª	FASE DE INFORMAÇÕES	22 / 02 / 82	01 / 03 / 82
3ª	FASE DE ANÁLISE (FUNÇÕES)	15 / 03 / 82	16 / 03 / 82
4ª	FASE DE CRIATIVIDADE/CRÍTICAS	29 / 03 / 82	05 / 04 / 82
5ª	SELEÇÃO E AVALIAÇÃO DE IDÉIAS	26 / 04 / 82	26 / 04 / 82
6ª	SOLUÇÃO RECOMENDADA	10 / 05 / 82	10 / 05 / 82

Quadro 14.7 *Conclusões (caso do cofre).*

A SER PREENCHIDO PELO COORDENADOR
MATERIAL PROPOSTO
REDUÇÃO DA CHAPA DE CONFECÇÃO DO COFRE DE BITOLA Nº 15 MSG PARA BITOLA Nº 18 MSG, ALTERAR A PINTURA DE EPOXI CINZA, PARA PINTURA MARTELADA.
CUSTO UNITÁRIO: Cr$ 7.400,70   BASE: 02/82   ORTN: 4.85
CONCLUSÃO
ALTERAÇÃO DE PINTURA MARTELADA PARA PINTURA ESMALTE SINTÉTICO PRETA.
IMPLANTADO EM: ___ / 05 / 82
REDUÇÃO DE CUSTO ANUAL
Cr$ 20.196.000,00   17,77%   ORTN 13.228

COORDENADOR		DATA
NOME: ADILSON MARQUES	ASSINATURA:	/ /

Quadro 14.8 *Análise das funções (caso do cofre).*

ANÁLISE DE VALOR
FUNÇÕES - ANÁLISE

E.AV.	NÚMERO PROJETO						DESCRIÇÃO		FOLHA
AMT	037						COMPONENTES DO COFRE		01

IDENTIFICAÇÃO DO PROJETO: NET 5805-TB-023-5358

	O QUE É	O QUE FAZ		FUNÇÃO		É NECES.?		CUSTO		AGRUPAMENTO DE FUNÇÕES		SOMA DOS CUSTOS	
Nº	COMPONENTES	VERBO	SUBSTANTIVO	U/E	P/S	SIM	NÃO	VALOR Cr$	%	FUNÇÕES	COMPONENTES Nº	VALOR Cr$	%
01	TAMPA DO COFRE	FECHAR	COMPARTIMENTO	U	P	S		1.700,00	19	FECHAR COMPARTIMENTO	01	1.700,00	19
		PROTEGER	FICHAS	U	S	S				RECEBER FICHAS	02	2.200,00	24
02	CORPO DO COFRE	RECEBER	FICHAS	U	P	S		2.200,00	24	PROTEGER CHAPA	03	1.000,00	11
		CONTER	FICHAS	U	S	S				UNIR PARTES	04	20,00	0,22
		PROTEGER	FICHAS	U	S	S				COMPOR MECANISMO	05+06+07+08+09 +10+11+12+13+ 14	3.100,00	35
03	ACABAMENTO (EPOXI)	PROTEGER	CHAPA	U	P	S		1.000,00	11				
04	REBITES	UNIR	PARTES	U	P	S		20,00	0,22				
05	MOLA HELICOIDAL	COMPOR	MECANISMO	U	P	S		310,00	3,44	PERMITIR MANUSEIO	15	700,00	7,77
06	PINO ARMAR COFRE	COMPOR	MECANISMO	U	P	S		310,00	3,44	FIXAR ALÇA	16	250,00	2,77
07	ALAVANCA DE ARMAR	COMPOR	MECANISMO	U	P	S		310,00	3,44	PROTEGER ACABAMENTO	17	30,00	0,33
08	TRAVA DA LINGUETA	COMPOR	MECANISMO	U	P	S		310,00	3,44				
09	LINGUETA DO COFRE	COMPOR	MECANISMO	U	P	S		310,00	3,44				
10	PINO FIXAÇÃO MOLA	COMPOR	MECANISMO	U	P	S		310,00	3,44				
11	SUPORTE TRAVA LINGUETA	COMPOR	MECANISMO	U	P	S		310,00	3,44				
12	PARAFUSO FIXAÇÃO LINGUETA	COMPOR	MECANISMO	U	P	S		310,00	3,44				
13	PARAFUSO LINGUETA COFRE	COMPOR	MECANISMO	U	P	S		310,00	3,44				
14	GUIA ENTRADA FICHAS	COMPOR	MECANISMO	U	P	S		310,00	3,44				
							TOTAL				TOTAL	9.000,00	100

NOME: ADILSON MARQUES
COORDENADOR
ASSINATURA:
DATA 16/03/82

198 ANÁLISE DO VALOR

Quadro 14.9 *Análise das funções (caso do cofre – continuação).*

ANÁLISE DE VALOR

FUNÇÕES - ANÁLISE

IDENTIFICAÇÃO DO PROJETO

E.AV.	NÚMERO PROJETO	NET	DESCRIÇÃO	FOLHA
AMT	037	5805-TB-023-5358	COMPONENTES DO COFRE	02

O QUE É		O QUE FAZ					CUSTO		AGRUPAMENTO DE FUNÇÕES		SOMA DOS CUSTOS	
Nº	COMPONENTES	VERBO	SUBSTANTIVO	FUNÇÃO U/E	P/S	É NECES.? SIM	NÃO	VALOR Cr$	%	FUNÇÕES	COMPONENTES Nº	VALOR Cr$	%
15	ALÇA DO COFRE	PERMITIR	MANUSEIO	U	P	S		700,00	7,77				
16	SUPORTES ALÇA	FIXAR	ALÇA	U	P	S		250,00	2,77				
17	DISCO DE BORRACHA	PROTEGER	ACABAMENTO	U	P	S		30,00	0,33				

TOTAL | | | | | | | | | | | TOTAL | |

NOME: ADILSON MARQUES COORDENADOR ASSINATURA: DATA 16/03/82

Quadro 14.10 *Análise das idéias geradas (caso do cofre).*

ANÁLISE DE VALOR

CRIATIVIDADE

IDENTIFICAÇÃO DO PROJETO

E.AV.	NÚMERO PROJETO	NET	DESCRIÇÃO	FOLHA
AMT	037	5805-TB-023-5358	COFRE COMPLETO	01

IDÉIAS / **CRÍTICAS**

Nº	DESCRIÇÃO	Nº	DESCRIÇÃO
01	ACABAMENTO BICROMATIZADO	01	VIÁVEL
02	PINTURA MARTELADA	02	VIÁVEL
03	ACABAMENTO NATURAL POLIDO	03	INVIÁVEL, DIMINUIRÁ A VIDA ÚTIL DO COFRE
04	SISTEMA ELETRÔNICO DE COLETA (CANCELAMENTO DO COFRE)	04	INVIÁVEL, PARA O MOMENTO
05	PERMITIR LIGAÇÕES GRÁTIS	05	INVIÁVEL, CONTRARIA OS INTERESSES DA EMPRESA
06	ELIMINAR ALÇA	06	INVIÁVEL, DIFICULTARIA O MANUSEIO DO COFRE
07	COFRE DESCARTÁVEL	07	VIÁVEL
08	MUDAR MATÉRIA-PRIMA PARA PLÁSTICO	08	VIÁVEL
09	REDUZIR ESPESSURA DA CHAPA	09	VIÁVEL
10	ELIMINAR DISCO DE BORRACHA	10	INVIÁVEL, ELIMINA A PROTEÇÃO DO ACABAMENTO
11	RETIRAR OS TP'S DE CIRCULAÇÃO	11	INVIÁVEL, CONTRARIA OS INTERESSES DA EMPRESA
12	SUBSTITUIR O COFRE POR SACO PLÁSTICO	12	INVIÁVEL, COMPROMETERIA A SEGURANÇA DAS FICHAS
13	PERSONALIZAR FICHA	13	INVIÁVEL, PARA O MOMENTO
14	AUMENTAR O PREÇO DA FICHA	14	INVIÁVEL, O PREÇO É TARIFADO
15	EM TP'S INTERNOS USAR SÓ O CONTADOR	15	VIÁVEL
16	FAZER O COFRE EM CHAPA FURADA	16	VIÁVEL
17	USAR FICHA DESCARTÁVEL (CANCELAMENTO DO COFRE)	17	INVIÁVEL, PARA O MOMENTO
18	FAZER COFRE DE TELA DE ARAME	18	VIÁVEL
19	USAR O POSTE COMO COFRE	19	INVIÁVEL, ALTERARIA AS CARACTERÍSTICAS DO APARELHO

COORDENADOR

NOME: ADILSON MARQUES

ASSINATURA:

DATA: 05/04/82

Quadro 14.11 *Seleção e avaliação de idéias (caso do cofre)*.

ANÁLISE DE VALOR

SELEÇÃO E AVALIAÇÃO DE IDÉIAS

IDENTIFICAÇÃO DO PROJETO

E.AV.	NÚMERO PROJETO	NET	DESCRIÇÃO	FOLHA
AMT	037	5805-TB-023-5358	COFRE COMPLETO	01

IDÉIAS SELECIONADAS

Nº	DESCRIÇÃO
01	Acabamento bicromatizado
02	Pintura martelada
07	Cofre descartável
08	Mudar matéria-prima para plástico
09	Reduzir espessura da chapa
15	Em TP's internos usar só o contador
16	Fazer o cofre em chapa furada
18	Fazer o cofre de tela de arame

AVALIAÇÃO

Nº	DESCRIÇÃO
01	Não recomendado
02	Recomendado
07	Não recomendado
08	Não recomendado
09	Recomendado
15	Não recomendado
16	Não recomendado
18	Não recomendado

COORDENADOR

NOME: ADILSON MARQUES

ASSINATURA:

DATA: 26/04/82

Quadro 14.12 *Solução recomendada (caso do cofre).*

⚊	ANÁLISE DE VALOR	
	SOLUÇÃO RECOMENDADA	

IDENTIFICAÇÃO DO PROJETO			
E. A.V.	Nº PROJETO	NET	DESCRIÇÃO	FOLHA
AMT	037	5805-TB-023-5358	COFRE COMPLETO	01

DETALHAMENTO

SUBSTITUIÇÃO DA PINTURA EPOXI POR PINTURA MARTELADA.

REDUÇÃO DA ESPESSURA DA CHAPA DO CORPO DO COFRE DE 15 MSG PARA 18 MSG.

C U S T O S	SITUAÇÃO \ ITENS/CUSTO	ACABAMENTO	CORPO DO COFRE			TOTAL
	ORIGINAL	1.000,00	2.200,00			3.200,00
	RECOMENDADA	300,00	1.300,00			1.600,00
	DIFERENÇA	700,00	900,00			1.600,00

INVESTIMENTOS	CUSTO DO PROJETO	TOTAL
—	MÃO-DE-OBRA SETORIAL	—

OBSERVAÇÕES

CÁLCULOS BASEADOS EM UMA PEÇA ATINGINDO-SE UMA REDUÇÃO DE CUSTOS DE 17,77%

COORDENADOR		DATA
NOME:	ASSINATURA:	
ADILSON MARQUES		10 / 05 / 82

Quadro 14.13 *Resumo (caso do cofre).*

ANÁLISE DE VALOR		
EMPRESA: TELERJ S/A		PROJETO Nº 037

PRODUTO:
COFRE COMPLETO, COM SISTEMA DE LACRE, APLICADO EM TP-102 ICATEL

FUNÇÃO:
RECEBER E GARANTIR A SEGURANÇA DE FICHAS TELEFÔNICAS

CAUSA DA ANÁLISE:
ALTO CUSTO E DIFÍCIL MANUTENÇÃO

EQUIPE:	JOSÉ V. ARAUJO NETO	PERÍODO
	ROGÉRIO S. SANTOS	
	WILSON W. A. D'ÁVILA	INÍCIO: 15-02-82
	GIL CARLOS B. MENEZES	
	JORGE ELYAS TAYAR	TÉRMINO: 10-05-82
	MOACIR R. ARAUJO	

RESULTADO	
DE	PARA
ACABAMENTO: ESMALTE POLIURETANO CINZA	ESMALTE SINTÉTICO PRETO
CHAPA: BITOLA DE 15 MSG	BITOLA DE 18 MSG

CUSTO ANUAL:	CUSTO ANUAL:		
Cr$ 118.800.000,00	Cr$ 98.604.000,00		
ORTN – 76.560	ORTN – 63.332		
REDUÇÃO DE CUSTO ANUAL	Cr$ 20.196.000,00	13.228 ORTN	17,77%
			DATA-BASE 02/02
VANTAGENS:			
REDUÇÃO DE CUSTO E FACILIDADE DE MANUTENÇÃO (PINTURA)			

Quadro 14.14 *Enunciado do caso (para impedir saída).*

⬛	**ANÁLISE DE VALOR**	⬤
	ACOMPANHAMENTO	TELERJ

IDENTIFICAÇÃO DO PROJETO			
E. AV.	Nº PROJETO	NET	FOLHA
AMT	037-A	5805-TB-477-2172	01

DESCRIÇÃO: TAMPA COFRE ICATEL 30-400-201, CONJUNTO APLICADO EM TP 102.

FUNÇÃO: FECHAR E IMPEDIR A SAÍDA DE FICHAS TELEFÔNICAS DO COFRE.

CONSUMO ANUAL: 13.200   CONSUMO MENSAL: 1.100
CUSTO UNITÁRIO: Cr$ 18.080,00   BASE: 04/84   ORTN: 1,8
CAUSA DA ANÁLISE: ALTO CUSTO

META DE REDUÇÃO	15 %	Cr$ 2.712,00	0,3 ORTN

COMPONENTES DA EQUIPE			
NOME	CARGO	LOTAÇÃO	TELEFONE/RAMAL
ROBERTO DE A. MOREIRA	INSP. DE MATERIAL	AMT-23	201-7722 R: 108
PAULO R. OLIVEIRA	ASS. TEC. SUPRIMENTOS	AMT-2	201-7722 R: 105
ALMIR MARINHO BOTTINO	INSP. DE MATERIAL	AMT-23	201-7722 R: 136
MARCOS A. DE CARVALHO	ENGENHEIRO	AMT-2	261-7689
ROGÉRIO SOUZA SANTOS	AUX. TÉC. ENGENHARIA	AMT-1	201-7722 R: 114

COORDENADOR DA EQUIPE			
JOSÉ VIEIRA DE A. NETO	INSP. DE MATERIAL	AMT-23	105 R. 9368

PROGRAMA DE REUNIÕES				
Nº	ASSUNTO	PERÍODO	
		INÍCIO	TÉRMINO
01	APRESENTAÇÃO INICIAL	16 / 04 / 84	16 / 04 / 84
02	FASE DE INFORMAÇÕES	23 / 04 / 84	30 / 04 / 84
03	FASE DE ANÁLISE (FUNÇÕES)	07 / 05 / 84	07 / 05 / 84
04	FASE DE CRIATIVIDADE/CRÍTICAS	21 / 05 / 84	30 / 05 / 84
05	SELEÇÃO E AVALIAÇÃO DE IDÉIAS	04 / 06 / 84	09 / 07 / 84
06	SOLUÇÃO RECOMENDADA	06 / 08 / 84	06 / 08 / 84

Quadro 14.15 *Conclusões (para impedir saída).*

A SER PREENCHIDO PELO COORDENADOR
MATERIAL PROPOSTO
SISTEMA BOCA DE LEÃO E ALTERAÇÃO NO ACABAMENTO (PINTURA).
CUSTO UNITÁRIO: Cr$ 9.160,00   BASE: 04/84   ORTN: 0,94
CONCLUSÃO
ALTERADA A PINTURA DE MARTELADA PARA TINTA ESMALTE SINTÉTICA PRETA.
IMPLANTADO EM: ___ / 08 / 84
REDUÇÃO DE CUSTO ANUAL
Cr$ 117.744.000,00   49,4%   ORTN 11.503

COORDENADOR		DATA
NOME:	ASSINATURA:	
JOSÉ VIEIRA DE A. NETO	*(assinatura)*	06 / 08 / 84

Quadro 14.16 *Análise das funções (para impedir saída).*

ANÁLISE DE VALOR
FUNÇÕES - ANÁLISE

IDENTIFICAÇÃO DO PROJETO

E.AV.	NÚMERO PROJETO	NET	DESCRIÇÃO	FOLHA
AMT	037-a	5805-TB-477-2172	TAMPA DO COFRE	02

	O QUE É	O QUE FAZ					CUSTO		AGRUPAMENTO DE FUNÇÕES		SOMA DOS CUSTOS	
Nº	COMPONENTES	VERBO	SUBSTANTIVO	FUNÇÃO E/U P/S		É NECES.? SIM/NÃO	VALOR Cr$	%	FUNÇÕES	COMPONENTES Nº	VALOR Cr$	%
01	TAMPA DO COFRE	FECHAR	COMPARTIMENTO	U	P	X	4.000,00	23	FECHAR COFRE	TAMPA DO COFRE	4.000,00	23
02	REBITES	UNIR	PARTES	U	P	X	240,00	1	UNIR PARTES	REBITES	240,00	1
03	MOLA HELICOIDAL*	COMPOR	MECANISMO	U	P	X	807,50	4,5	COMPOR MECANISMO	*	6.460,00	36
04	PINO DE ARMAR*	COMPOR	MECANISMO	U	P	X	807,50	4,5	FACILITAR ENTRADA	GUIA ENTRADA	1.200,00	6
05	TRAVA DA LINGUETA*	COMPOR	MECANISMO	U	P	X	807,50	4,5	ACIONAR ALAVANCA	FECHADURA	3.880,00	22
06	LINGUETA DO COFRE*	COMPOR	MECANISMO	U	P	X	807,50	4,5	LACRAR COMPARTIMENTO	ALAVANCA ARMAR	1.200,00	6
07	PINO FIXAÇÃO DA MOLA*	COMPOR	MECANISMO	U	P	X	807,50	4,5	PROTEGER ACABAMENTO	TINTA MARTELADA	1.100,00	6
08	SUPORTE DA TRAVA*	COMPOR	MECANISMO	U	P	X	807,50	4,5				
09	PARAFUSO FIXAÇÃO TRAVA*	COMPOR	MECANISMO	U	P	X	807,50	4,5				
10	PARAFUSO DA LINGUETA*	COMPOR	MECANISMO	U	P	X	807,50	4,5				
11	GUIA ENTRADA DE FICHAS	FACILITAR	ENTRADA	U	P	X	1.200,00	6				
12	FECHADURA MODELO 49 Z	ACIONAR	ALAVANCA	U	P		X	3.880,00	22				
13	ALAVANCA DE ARMAR	LACRAR	COMPARTIMENTO	U	P		X	1.200,00	6				
14	ACABAMENTO (TINTA MART.)	PROTEGER	ACABAMENTO	U	P	X	1.100,00	6				
						TOTAL				TOTAL	18.080,00	10

NOME: JOSÉ VIEIRA DE ARAUJO NETO   COORDENADOR   ASSINATURA: DATA 07/05/84

Quadro 14.17 *Análise das idéias geradas (para impedir saída).*

ANÁLISE DE VALOR

CRIATIVIDADE

IDENTIFICAÇÃO DO PROJETO

E.AV.	NÚMERO PROJETO	NET	DESCRIÇÃO	FOLHA
AMT	037-A	5805-TB-477-2172	TAMPA COFRE ICATEL	03

IDÉIAS

Nº	DESCRIÇÃO
01	REDUZIR ESPESSURA DA CHAPA
02	USAR TAMPA DESCARTÁVEL
03	USAR SENSOR FOTOELÉTRICO PARA COMANDAR A ABERTURA
04	USAR BOCA DE LEÃO
05	MODIFICAR MATÉRIA-PRIMA PARA PLÁSTICO
06	USAR EIXO COM MOLA DE RETORNO PARA IMPEDIR O RETORNO
07	USAR TAMPAS SUPERPOSTAS
08	FAZER TAMPA DE FOLHA DE FLANDRES
09	FAZER TAMPA PELO SISTEMA DE VÁCUO-FORMING
10	SUBSTITUIR OS REBITES POR PONTEAMENTO
11	ELIMINAR FECHADURA E ALAVANCA POR SELO DE PLÁSTICO
12	ALTERAR PINTURA

CRÍTICAS

Nº	DESCRIÇÃO
01	VIÁVEL
02	INVIÁVEL, ALTO CUSTO
03	VIÁVEL
04	VIÁVEL
05	INVIÁVEL, CUSTO DE PROJETO MUITO ALTO
06	INVIÁVEL, DIFICULDADES DE ACIONAMENTO DO SISTEMA
07	INVIÁVEL, AUMENTARIA O CUSTO E MODIFICARIA O PROJETO
08	VIÁVEL
09	INVIÁVEL, COMPROMETERIA A SEGURANÇA DAS FICHAS
10	VIÁVEL
11	VIÁVEL
12	VIÁVEL

COORDENADOR

NOME: JOSÉ VIEIRA DE ARAUJO NETO

ASSINATURA:

DATA / /

Quadro 14.18 *Seleção e avaliação das idéias (para impedir saída).*

ANÁLISE DE VALOR

SELEÇÃO E AVALIAÇÃO DE IDÉIAS

IDENTIFICAÇÃO DO PROJETO

E.AV.	NÚMERO PROJETO	NET	DESCRIÇÃO	FOLHA
AMT	037-A	5805-TB-477-2172	TAMPA COFRE ICATEL	04

IDÉIAS SELECIONADAS

Nº	DESCRIÇÃO
01	REDUZIR ESPESSURA DA CHAPA
03	USAR SENSOR FOTOELÉTRICO PARA COMANDAR A ABERTURA
04	USAR BOCA DE LEÃO
08	FAZER TAMPA DE FOLHA DE FLANDRES
10	SUBSTITUIR OS REBITES PELO SISTEMA DE PONTEAMENTO
11	ELIMINAR FECHADURA E ALAVANCA POR SELO DE PLÁSTICO
13	ALTERAR PINTURA

AVALIAÇÃO

Nº	DESCRIÇÃO
01	INVIÁVEL, A FORMAÇÃO É GABARITADA
03	INVIÁVEL, O INVESTIMENTO INICIAL É MUITO ELEVADO
04	VIÁVEL
08	INVIÁVEL, MATERIAL NÃO SUPORTA AS EXIGÊNCIAS MECÂNICAS
10	VIÁVEL
11	VIÁVEL
13	VIÁVEL

COORDENADOR

NOME: JOSÉ VIEIRA DE ARAUJO NETO

ASSINATURA:

DATA: 09/07/

Quadro 14.19 *Solução recomendada (para impedir saída).*

	ANÁLISE DE VALOR	
	SOLUÇÃO RECOMENDADA	

IDENTIFICAÇÃO DO PROJETO				
E. AV.	Nº PROJETO	NET	DESCRIÇÃO	FOLHA
AMT	037-A	5805-TB-477-2172	TAMPA DO COFRE	05

DETALHAMENTO

SUBSTITUIÇÃO DO MECANISMO DE LACRE, COMPOSTO POR 08 (OITO) PEÇAS, PARA BOCA LEÃO.

SUBSTITUIÇÃO DOS REBITES PELO SISTEMA SOLDA DE PONTO.

ELIMINAÇÃO DO GUIA DE ENTRADA DE FICHA.

ELIMINAÇÃO DA FECHADURA E DA LINGUETA COM O USO DE SELO DE PLÁSTICO.

ALTERAÇÃO DA PINTURA DE EPO XI PARA TINTA MARTELADA, E POSTERIORMENTE PARA ESMALTE SINTÉTICO PRETO.

MANUTENÇÃO DA CAPACIDADE DO COFRE EM 1.100 FICHAS (ESPECIFICADA).

SISTEMA DE EMPILHAMENTO DE FICHAS NO INTERIOR DO COFRE, NÃO PERMITINDO O EFEITO "PIRÂMIDE", ISTO É, ACÚMULO DE FICHAS EM UM SÓ PONTO.

CUSTOS	SITUAÇÃO \ ITENS / CUSTO	MECANISMO	FECHADURA	GUIA ENTRADA	REBITES	TOTAL
	ORIGINAL	6.460,00	5.080	1.200,00	240	12.980,00
	RECOMENDADA	2.800,00	1.200	0	60	4.060,00
	DIFERENÇA	3.660,00	3.880	1.200,00	180	8.920,00

INVESTIMENTOS	CUSTO DO PROJETO	TOTAL
400.000,00	MÃO-DE-OBRA SETORIAL	400.000,00

OBSERVAÇÕES

CUSTOS BASEADOS EM UMA PEÇA, ATINGINDO-SE UMA REDUÇÃO DE CUSTOS DE 49,4%

COORDENADOR		DATA
NOME:	ASSINATURA:	
JOSÉ VIEIRA DE ARAUJO NETO		06 / 08 / 84

Quadro 14.20 *Resumo (para impedir saída).*

ANÁLISE DE VALOR

EMPRESA: TELERJ S/A PROJETO Nº 037-A

PRODUTO:

TAMPA COFRE ICATEL 30.400.201, CONJUNTO APLICADO EM TP-102

FUNÇÃO:

FECHAR E IMPEDIR A SAÍDA DE FICHAS TELEFÔNICAS DO COFRE

CAUSA DA ANÁLISE:

ALTO CUSTO

EQUIPE:
ROBERTO DE A. MOREIRA
PAULO R. OLIVEIRA
ALMIR MARINHO BOTTINO
MARCOS DE ALMEIDA CARVALHO
ROGÉRIO DE SOUZA SANTOS

PERÍODO
INÍCIO: 04/84
TÉRMINO: 05/84

RESULTADO

DE	PARA
TAMPA COM SISTEMA COMPLETO DE LACRE, CONFORME DESENHO ICATEL (ANEXO A) E DESENHO DA VISTA FRONTAL (ANEXO B)	TAMPA COM BOCA DE LEÃO, CONFORME DESENHO SOLUÇÃO RECOMENDADA (ANEXO C)
CUSTO ANUAL: Cr$ 238.656.000,00 ORTN – 23.318	CUSTO ANUAL: Cr$ 120.912.000,00 ORTN – 11.813

| REDUÇÃO DE CUSTO ANUAL | Cr$ 117.744.000,00 | 11.503 | ORTN | 49,4% | DATA-BASE 08/04 |

VANTAGENS:
REDUÇÃO DE CUSTOS E FACILIDADE DE MANUTENÇÃO

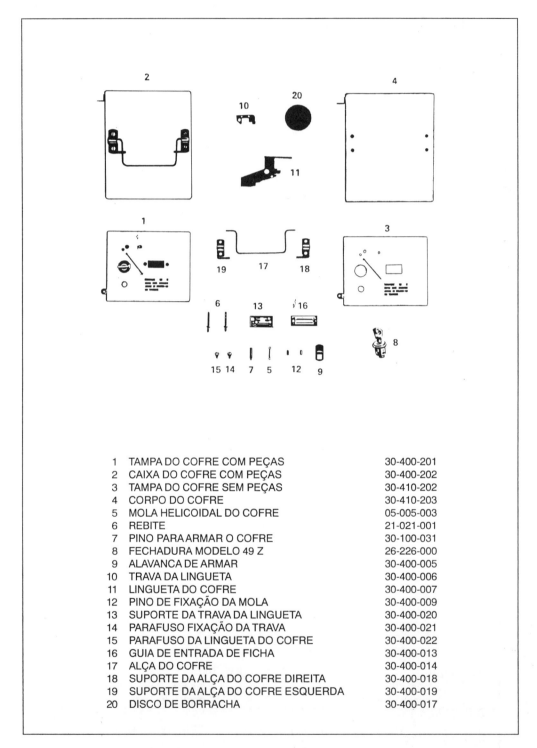

Figura 14.1   *Lista de peças do mecanismo (para impedir saída).*

APLICAÇÕES REAIS 211

PROJETO ORIGINAL

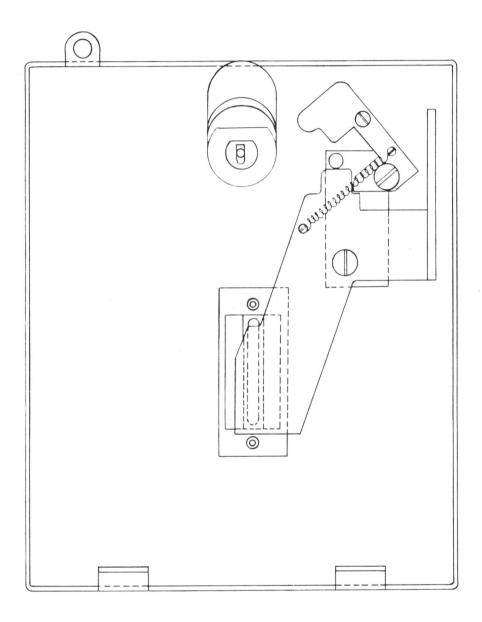

Figura 14.2 *Desenho do mecanismo original (para impedir saída).*

SOLUÇÃO RECOMENDADA

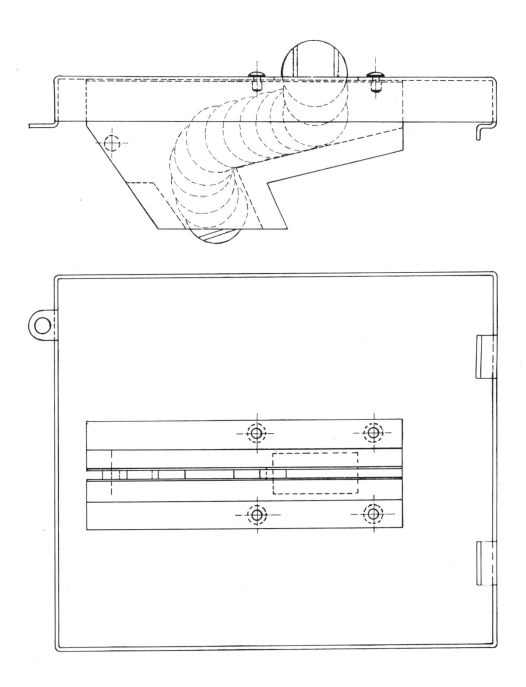

Figura 14.3   *Desenho da solução recomendada (para impedir saída).*

14.2.2 Caso do capuz termocontrátil (para o fechamento de cabos telefônicos antes do seu uso)

Cada vez que um cabo telefônico é armazenado, suas pontas devem ser protegidas. A proteção vinha sendo feita por meio de um capuz termocontrátil bastante caro.

Uma equipe analisou o valor da função "proteger cabos (extremidades)" e conforme pode ser visto nas páginas seguintes, sua proposta final considerou o uso de tubos termocontráteis, com uma economia de aproximadamente 40% nos custos.

O Quadro 14.21 mostra o enunciado do caso, indica a função principal a ser abordada, a causa da análise, a composição da equipe e o planejamento das reuniões realizadas.

O Quadro 14.22 indica uma comparação de custos do material inicial e o proposto, e a economia anual.

O Quadro 14.23 mostra a descrição de 5 idéias geradas com a respectiva crítica, e a seleção das 3 melhores idéias com as suas vantagens e desvantagens.

O Quadro 14.24 indica a avaliação de 3 propostas.

O detalhamento da idéia proposta é mostrado no Quadro 14.25, assim como os custos envolvidos.

Considerando as quantidades envolvidas para todo o Sistema Telebrás Brasileiro, os consumos dos três tipos de capuz foram quantificados resultando a redução percentual de 40,64% nos custos.

Finalmente, o resumo do caso é mostrado no Quadro 14.27, contendo a função básica, a situação anterior em que cada capuz era individualmente comprado já nos comprimentos certos e a situação proposta, já implantada, em que o tubo é único, sendo cortado para o comprimento desejado.

Os Quadros 14.21 até 14.27 mostram a evolução do caso até a proposta definitiva.

Quadro 14.21 *Enunciado do caso (caso do capuz).*

ANÁLISE DE VALOR
(Acompanhamento)

EMPRESA Telepar	PROJETO Nº 07 a 09/83
INÍCIO: 15/09/83	TÉRMINO PREVISTO 15/11/83 Real: _/_/_

OBJETO: Net: 5970-TB-5100-607; 5970-TB-5100-615 e 5970-TB-5100-623.
"Capuz termocontrátil, sem válvula, tipos A1, A2 e A3
(10 a 17; 18 a 27 e 28 a 44 mm respectivamente).

FUNÇÃO:
Fechamento de extremidades de cabos telefônicos antes do seu uso.
USO: Restrito a cabos telefônicos com 0 até 35 mm, sem pressurização.

CAUSA DA ANÁLISE
"Alto Custo".

COMPOSIÇÃO DA EQUIPE:
VICTOR SAAB — divisão de Armazenagem-ADS-3 (Coordenador) — Ramal 608
ITALO BRUNO IANTORNO — Seção de Inspeção de Materiais-ADS-3.1- R.438
VICENTE DE OLIVEIRA GUIMARÃES — Divisão de Implant. de Redes—ERI-R.340
MARCO ANTONIO NUNES FURTADO — Seção de Redes — ODM-4 — Ramal 607
SERINO DE OLIVEIRA — Seção de Almoxarifado — ADS-3.2 — Ramal 288
MANOEL MARCOS FERNANDES — Seção de Almoxarifado — ADS-3.2 — R. 288

DEMANDA ANUAL: A_1 = 3.240 peças/A_2 = 4.176 peças/ A_3 = 3.252 peças.

OBJETIVO (PREVISÃO)

ANDAMENTO

DATA	ÁREA DE AÇÃO	ATIVIDADES
Jan./83	ADS-3.1	Levantamento/análise dos dados laboratoriais obtidos.
Jan./83	ADS-3.1 ADS-3.2	Levantamentos dos custos da alternativa selecionada.
Jan./83	ADS-3.1 ADS-3.2	Acompanhamento das aplicações experimentais em lances.
Fev./83	ADS-3.1 ADS-3.2 ERI/ODM-4	Avaliação dos resultados obtidos pelas aplicações experimentais.
Mar./83	ADS-3.1 ADS-3.2 ERI/ODM-4	Aprovação sistema proposto (face aos resultados obtidos).
Abr./83	ADS-3.1	Elaboração de Práticas pertinentes.
Maio/83	ADS-3.1	Emissão e distribuição das práticas elaboradas.
Jun./83	ADS-3.1 ERI	Treinamento sobre a aplicação correta do material substituto.
Jun./83	ADS/ERI/ ODM	Implantação da alternativa selecionada na Telepar.
Jul./83	ADS-3.1	Acompanhamento dos resultados obtidos em campo.

Quadro 14.22 *Comparação de custos (caso do capuz).*

Set./83	ADS	Levantamento dos benefícios auferidos, a nível Telepar.

COMPARAÇÃO DE CUSTOS

DE MATERIAL EM ANÁLISE	PARA MATERIAL PROPOSTO
Cr$ 1.484,00 + 10% IPI x Consumo Anual	Cr$ 659,00 + 8% IPI x Consumo Anual
Cr$ 1.632,00 x Cr$ 324,00 = 5.288.976,	Cr$ 711,72 x 3.240= Cr$ 2.305.973,
A_1 = Cr$ 5.286.976,00	TTC-A-12/4 = Cr$ 2.305.973,00
Cr$ 1.871,00 + 10% IPI x Consumo Anual	Cr$ 1.070,00 + 8% IPI Consumo Anual
Cr$ 2.058, x Cr$ 4.176,00 = 8.594.625,	Cr$ 1.156,00 x 4.176 = Cr$ 4.825.785,
A_2 = Cr$ 8.594.625,00	TTC-A-24/8 = Cr$ 4.825.785,00
Cr$ 2.283,00 + 10% IPI x Consumo Anual	Cr$ 1.730,00 + 8% IPI x Consumo Anual
Cr$ 2.511, x Cr$ 3.252,00 = 8.166.747,	Cr$ 1.868,00 x 3.252 = Cr$ 6.076.037,
A_3 = Cr$ 8.166.747,00	TTC-A-40/13 = Cr$ 6.076.037,00
$A_1 + A_2 + A_3$ = 22.050.348,00	Cr$ 13.207.795,00

CONCLUSÃO

Redução percentual = 40,10%

MODIFICAÇÃO IMPLANTADA

| REDUÇÃO DE CUSTO ANUAL | CR$ 8.842.553 | ORTN 1.366,79 |

Quadro 14.23 *Análise das idéias geradas (caso do capuz).*

ANÁLISE DE VALOR
(Obtenção de soluções)

07a

EMPRESA: TELEPAR   PROJETO Nº: 09/83

OBJETO
  NET DESCRIÇÃO: CAPUZ TERMOCONTRÁTIL S/VÁLVULA

Nº	DESCRIÇÃO DAS IDÉIAS	CRÍTICA
01	Fechar com fita auto-fusão + Fita plástica isolante.	Falha comprovada no fechamento, possibilitando penetração de umidade.
02	Fechar com Durepoxi.	Possível falha na moldagem. Elevado tempo de cura. Fragilidade a impacto.
03	Fechar com capuz polietileno comum (protetor vassoura) com vedação (aperto) através de arame + fita auto-fusão.	Tempo de fechamento elevado (mais mão-de-obra). Vários itens envolvidos p/fechamento (arame+fita auto-fusão+capuz+alic.)
04	Fechar cabos com solda.	Só serviria p/cabo do tipo CT (chumbo). Falha comprov. no fechamento possib. penetração de umidade.
05	Fechar com tubo termocontrátil (similar capuz termocontrátil)	Rapidez no fechamento e qualidade semelhante ao capuz. Serve tanto p/cabo CT como CTP-APL, CI, CCE.

SELEÇÃO INICIAL DAS SOLUÇÕES

Nº	PROPOSTAS	VANTAGENS	DESVANTAGENS	escolha
01	Fechar com fita auto-fusão + fita plástica	Itens de estoque. Dispensa equipamentos adicionais (maçarico)	Risco na aplicação, devido a falha no fechamento.	2
04	Fechar cabos com solda	Item de estoque	Usa maçarico. Restrita somente a cabos c/ capa de chumbo. Processo moroso e sujeito a falha.	X
05	Fechar com tubo termocontrátil	Vedação perfeita. Fácil transporte. Processo rápido. Serve p/ cabo CT e plástico.	Queima com excesso de calor. Usa maçarico.	1

PROPOSTAS

Quadro 14.24 *Seleção e avaliação das idéias (caso do capuz).*

	ITENS DE CUSTO	AVALIAÇÃO
Atual Capuz A1 Capuz A2 Capuz A3	CUSTO POR PEÇA APLICADA = (Produto)+(M.O. + Material Empregado) A1 = 1.632 + 50 = Cr$ 1.682 A2 = 2.058 + 50 = Cr$ 2.108 A3 = 2.511 + 50 = Cr$ 2.561	Processo seguro. Com boa qualidade. Fácil aplicação.
Fita autofusão + Fita plástica	CUSTO POR PEÇA APLICADA (Produto A + B) + M.O. empregada. A = Fita autofusão ; B = Fita plástica isolante. Custo = (215 + 45) + 100 = Cr$ 360 / aplicação.	Processo sujeito a falha na aplicação, conforme comprovação já efetuada, possibilitando penetração de umidade, comprometendo parcial/ total o lance isolado.
Tubo termocontrátil TTC-A-12/14 TTC-A-24/8 TTC-A-40/13	CUSTO POR PEÇA APLICADA = (Produto) + (M.O. + Material Empregado) TTC-A-12/4 = 711 + 50 = Cr$ 761 TTC-A-24/8 = 1.156 + 50 = Cr$ 1.206 TTC-A-40/13 = 1.868 + 50 = Cr$ 1.918	Processo semelhante ao utilizado em capuz termocontrátil.

Quadro 14.25 *Solução recomendada (caso do capuz).*

ANÁLISE DE VALOR
(SOLUÇÃO RECOMENDADA)

EMPRESA: TELEPAR			PROJETO Nº 07 a 09/83
INÍCIO: 15 / 09 / 83		TÉRMINO: 15 / 11 / 83	DURAÇÃO: 60 DIAS
		DETALHAMENTO	

CAPUZ A1 = SUBSTITUÍDO PELO TTC-A-12/4
CAPUZ A2 = SUBSTITUÍDO PELO TTC-A-24/8
CAPUZ A3 = SUBSTITUÍDO PELO TTC-A-40/13

"ESPECIFICAÇÃO"
"TUBO TERMOCONTRÁTIL — ATUM, TTC-A-"X", CONFORME PRÁTICA TELEBRÁS 235-400-701-PR."

NOTA:
A TELEPAR ADQUIRIRÁ O TUBO EM BARRAS COM COMPRIMENTO DE 1,20m E TRANSFORMARÁ EM UNIDADES DE 6 CM EM NOSSOS ALMOXARIFADOS, VISTO SER MAIS VANTAJOSO ESTE PROCESSO. DIMINUI O PREÇO EM 7,9% (MÉDIA ENTRE OS 3 TIPOS).

CUSTOS	SITUAÇÃO					
	ORIGINAL CAPUZ	CAPUZ A1 1.632	CAPUZ A2 2.058	CAPUZ A3 2.511		
	RECOMENDADA TUBO	TTC-A-12/4 711	TTC-A-24/8 1.156	TTC-A-40/13 1.868		
	DIFERENÇA	921	902	643		

INVESTIMENTOS	CUSTO DO PROJETO
Salários + Despesas indiretas (Telefone + amostras etc.)	Cr$ 654.600

ECONOMIA ANUAL STE
32.253.179

Quadro 14.26 *Economia anual do STB (caso do capuz)*.

Para fins de quantificação do consumo dos materiais, objeto deste projeto, a nível Telebrás, foram consultadas algumas empresas do STB, conforme demonstra o quadro abaixo:

Qtde. anual consumida capuz ②			Valor em Cr$ ③			Valor Equivalente em Tubo Termocontrátil (Cr$) ④			Diferença ① – ④ Cr$		
A1	A2	A3	A1	A2	A3	12/4	24/8	40/13	A1 – 12/4	A2 – 24/8	A3
–	350	1.700	–	720.300	4.268.700	–	404.600	3.175.000	–	315.700	1.09
55	325	1.200	89.760	668.850	3.013.200	39.105	375.700	2.241.000	50.655	293.150	77
257	357	239	419.424	734.706	600.129	182.727	412.692	440.452	238.897	322.014	15
9.204	6.019	4.356	14.727.168	12.387.102	10.937.916	6.544.044	6.957.964	8.137.008	8.183.124	5.429.138	2.80
–	55	193	–	113.190	484.623	–	63.580	360.524	–	49.010	12
3.240	4.176	3.252	5.287.680	8.594.208	8.165.772	2.303.640	4.827.456	6.074.736	2.984.040	3.766.752	2.09
366	298	380	597.312	613.284	954.180	260.226	344.488	709.840	337.086	268.796	24
84	71	52	137.088	146.118	130.572	59.724	82.076	97.136	77.304	64.042	3
415	550	1.500	677.280	1.131.900	3.766.500	295.065	635.800	2.082.000	382.215	496.100	1.08
13.621	12.201	12.872	21.935.712	25.109.658	32.321.592	9.684.531	14.104.356	23.324.896	12.251.181	11.005.302	8.99

Resumo: ① – Gasto previsto com utilização de Capuz Termocontrátil : Cr$ 79.366.962
② – Gasto previsto com utilização de Tubo Termocontrátil : Cr$ 47.113.783
③ – Economia resultante, utilizando Tubo Termocontrátil no lugar do Capuz Termocontrátil : Cr$ 32.253.179
④ – Redução percentual : Cr$ 40,64% = 4.985,38 ORTN

220   ANÁLISE DO VALOR

Quadro 14.27 *Resumo (caso do capuz).*

⚡	ANÁLISE DO VALOR	DGM
		PROJETO Nº 07 A 09/83

EMPRESA: Telepar
PRODUTO: Capuz Termocontrátil, sem válvula, tipos A1, A2 e A3. (10 a 17, 18 a 27 e 28 a 44 mm, respectivamente).
FUNÇÃO: Fechamento de extremidades de cabos telefônicos, antes de seu uso.
USO: Restrito a cabos telefônicos com 0 até 35 mm, sem pressurização.
CAUSA DA ANÁLISE: Alto custo

EQUIPE:		
VICTOR SAAB — ADS-3 (COORD.);	MARCO ANTONIO N. FURTADO — ODM-4;	INÍCIO: 15/09/83
ÍTALO BRUNO IANTORNO — ADS-3.1;	SERINO DE OLIVEIRA — ADS-3.2;	TÉRMINO: 15/11/83
VICENTE DE O. GUIMARÃES-ERI;	MANOEL M. FERNANDES — ADS-3.2.	

RESULTADO – A NÍVEL TELEBRÁS	
DE	PARA
– Capuz Termocontrátil, sem válvula, tipo A1	– Tubo Termocontrátil – Atum, TTC-A-12/4
– Capuz Termocontrátil, sem válvula, tipo A2	– Tubo Termocontrátil – Atum, TTC-A-24/8
– Capuz Termocontrátil, sem válvula, tipo A3	– Tubo Termocontrátil – Atum, TTC-A-40/13
CUSTO ANUAL: Cr$ 79.366.962	CUSTO ANUAL: Cr$ 47.113.783
ORTN 12.267,77	ORTN 7.282,39

REDUÇÃO DE CUSTO ANUAL:		
Cr$ – 32.253.179/mês-base – Nov./83	4.985,38 ORTN	40,6

VANTAGENS: Vedação Perfeita; Fácil Transporte; Processo Rápido; Serve para cabo CT e Plástico.

14.2.3 Caso da alça para caixa subterrânea

Uma série de motivos levou ao estudo de análise do valor desta peça já simples, e cuja função principal é "apoiar corrente (que sustenta a roldana, para puxar cabos subterrâneos)".

Estudada a função concluiu-se por uma alça mais simples, que trouxe uma economia de 13% nos custos, além de padronizar este componente. Porém, cotejando com o padrão oficial, a redução de custos subiu a 36%.

A seqüência de Figuras de 14.4 a 14.5 e Quadros de 14.28 a 14.35 mostra o desenvolvimento do projeto onde podem ser vistos detalhadamente os passos tomados, assim como as dificuldades encontradas.

Os formulários e a maneira de abordar os problemas são idênticos ao do caso do capuz termocontrátil.

Quadro 14.28 *Enunciado (caso da alça)*.

	**ANÁLISE DE VALOR** (ACOMPANHAMENTO)		
EMPRESA: Telepará			PROJETO Nº: 01
INÍCIO: 01/11/83	TÉRMINO PREVISTO: 29/02/84		REAL: 02/02/84
OBJETO:		Net: 5340-TB-520-1017		
		Alça para caixa subterrânea		
		Especificação 174 - GE - 100 267 - Telesp		
FUNÇÃO:		Apoio para a corrente que sustenta a roldana para puxamento de cabos		
CAUSA DA ANÁLISE:		- Existência de outro tipos usados no sistema		
		- Super dimensionamento da peça		
		- Redução do custo da peça		
COMPOSIÇÃO DA EQUIPE:				
colspan=2	Roberto Norton Marques de Melo - AMT || colspan=2	Walter Donato Leitão - TER2	
colspan=2	Bichara Salim Iunes - TER || colspan=2	João Damasceno Mendes Filho - AMT3	
colspan=2	Antônio dos Santos Bezerra - TER || colspan=2	Raimundo Nonato de Souza - ODM31	
colspan=2	Aytan Povoas - OSO || 		
DEMANDA ANUAL:		180 Peças		
OBJETIVO (PREVISÃO)		- Definição de um só tipo a ser usado no sistema		
		- Diminuição nas dimensões da peça mantendo a qualidade e segurança		
		- Redução de Custo		
	**ANDAMENTO**			
DATA	ÁREA DE AÇÃO		ATIVIDADES	
01.11	Interna		- Planejamento da seqüência de atividades.	
			- Coleta e especificação do modelo em estudo.	
			- Descrição da função da peça.	
			- Foi verificado que a peça utilizada pela Telepará era Alça para Caixa Subterrânea NET 5340-TB-520-1017 e não Gancho para Caixa Subterrânea.	
25.11	Campo		- Verificação em campo da utilização, função e desempenho da peça.	
20.12	Interna		- Pesquisa através da GIC de outros tipos usados no Sistema - dados obtidos.	
			- 16 Empresas utilizam a peça em estudo (especificação 174 - GE - 100 267 Telesp)	
			- 15 Empresas utilizam o Gancho para Caixa Subterrânea - SPT 235-140-707 - NET 5340-TB-520-1025	
			- 06 Empresas utilizam os dois tipos (Gancho e Alça para Caixa Subterrânea)	
			- Outras Empresas usam ainda os NET'S 5340-TB-008-4954, 5340-TB- 520-1033, 5120-TB-582-5740.	
			- Verificação de que o preço do Gancho para Caixa Subterrânea NET 5340-TB-520-1025 constante do CMR é superior ao da Alça para Caixa Subterrânea NET 5340-TB-520-1017.	
	Campo		- Teste com Olhal.	
			- Redefinição das dimensões da peça em estudo (Anexo I).	
			- Confecção de 2 peças dentro das novas dimensões estabelecidas.	
03.01.84	Campo		- Efetivação de testes de resistência e avaliação dos resultados na peça redimensionada.	
			- Análise de Preço.	
			- Escolha da alternativa.	
02.02.84			- Resultado do trabalho realizado.	

Quadro 14.29 *Comparação de custos (caso da alça).*

COMPARAÇÃO DE CUSTOS	
DE: MATERIAL EM ANÁLISE	PARA: MATERIAL PROPOSTO
Alça para Caixa Subterrânea especificação 174-GE - 100 267 - TELESP - em aço laminado SAE - diâmetro 7/8" - altura 230 mm - abertura maior 200 mm - abertura menor 100 mm	Alça para Caixa Subterrânea - em aço laminado SAE - diâmetro 5/8" - altura 200 mm - abertura maior 175 mm - abertura menor 100 mm
CONCLUSÃO: Implantar a Alça para Caixa Subterrânea do tipo especificação TELESP nas dimensões reduzidas. Modificação Implantada: __/__/__	
Redução de Custo (Anual) Cr$ 59.040	ORTN: 7,12

224   ANÁLISE DO VALOR

Quadro 14.30 *Análise das idéias geradas (caso da alça).*

ANÁLISE DE VALOR
(DESCRIÇÃO, CLASSIFICAÇÃO, CUSTOS DAS FUNÇÕES)

EMPRESA: TELEPARÁ
OBJETO
NET: 5340-TB-520-1017
DESCRIÇÃO ALÇA PARA CAIXA SUBTERRÂNEA
DATA: 02/02/84 PROJETO Nº 01

COMPONENTES x FUNÇÃO x CUSTO

Nº	COMPONENTES	FUNÇÃO	FUNÇÃO U	E	P	S	Cr$
01	VERGALHÃO EM AÇO LAMINADO	APOIO PARA PUXAMENTO DE CABO	U		P		2.528,00
	TOTAL						2.528,00

AGRUPAMENTO DE FUNÇÕES

Nº	FUNÇÕES	COMPONENTES	Cr$
01	APOIO PARA PUXAMENTO DE CABO	VERGALHÃO EM AÇO LAMINADO	2.528,00
		TOTAL	2.528,00

CUSTO ANUAL: Cr$ 455.040,00

Quadro 14.31 *Solução e avaliação das idéias (caso da alça).*

ANÁLISE DE VALOR
(OBTENÇÃO DE SOLUÇÕES)

EMPRESA: PROJETO Nº 01/83

OBJETO		
NET.:	DESCRIÇÃO:	

Nº	DESCRIÇÃO DAS IDÉIAS	CRÍTICA
01	UTILIZAR DOIS OLHAIS PARA CHUMBAR EM PAREDE COLOCADOS NOS CANTOS DA CS NET 4030-TB-508-5659	NÃO RESISTIU AOS TESTES.
02	ADOTAR O GANCHO PARA CAIXA SUBTERRÂNEA ESPECIFICAÇÃO TELEBRÁS NET 5340-TB-520-1025	PREÇO SUPERIOR AO EM USO.
03	MUDAR PARA HASTES DE FERRO NOS 4 CANTOS DA CAIXA, APROVEITANDO A PRÓPRIA FERRAGEM DA CONFECÇÃO DA CS	MAIOR CUSTO, MAIOR POSSIBILIDADE DE FALHA NO PROCESSO DE CONFECÇÃO DE CAIXA.
04	REDUÇÃO DO TAMANHO DO TIPO HOJE EM USO NET 5340-TB-520-1017	MENOR CUSTO, RESISTENTE ATRAÇÃO E NÃO MODIFICA O DESENHO DO MODELO EM USO.

SELEÇÃO INICIAL DAS SOLUÇÕES			
Nº	PROPOSTAS	VANTAGENS	DESVANTAGENS	ESCOLHA
04	REDUZIR AS DIMENSÕES DO MODELO ATUAL NET 5340-TB-520-1017	DIMINUIÇÃO DE: CUSTO DA PEÇA CUSTO ARMAZE-NAGEM. CUSTO TRANSPORTE. USO DE UM SÓ TIPO NO SISTEMA.	NADA CONSTATADO.	

226 ANÁLISE DO VALOR

Quadro 14.32 *Solução recomendada (caso da alça).*

ANÁLISE DE VALOR (SOLUÇÃO RECOMENDADA)		
EMPRESA:		PROJETO Nº 01/83
INÍCIO: 01 / 11 / 83	TÉRMINO: 02 / 02 / 84	DURAÇÃO: 94 DIAS
DETALHAMENTO		

ALTERAÇÃO DE ESPECIFICAÇÃO

ALÇA PARA CAIXA SUBTERRÂNEA CONFORME DESENHO.
ESPECIFICAÇÃO: 174-GE – 100 267 – TELESP

NOTAS COMPLEMENTARES

01. CARGA MÁXIMA DE PUXAMENTO DE CABOS EM CAMPO
    O MAIOR ESFORÇO APLICADO EM PUXAMENTO DE CABOS É DE 2.152 KGS

02. RESULTADO DOS TESTES MECÂNICOS
    A ALÇA DO PUXAMENTO, PROTÓTIPO DE 5/8", FOI SUBMETIDA A ESFORÇO DE TENSÃO, ULTRAPASSANDO AS TENSÕES MÁXIMAS EXIGIDAS PARA LANÇAMENTO DE CABOS SUBTERRÂNEOS, NÃO SENDO NOTADA QUALQUER TIPO DE DEFORMAÇÃO DO MATERIAL EM TESTE.

CUSTOS	SITUAÇÃO					
	ORIGINAL	2.528,00				
	RECOMENDADA	2.200,00				
	DIFERENÇA	328,00				

INVESTIMENTOS	CUSTO DO PROJETO
MÃO-DE-OBRA – 115.131,00 PROTÓTIPOS – 22.000,00 TESTE – 13.900,00 OUTROS 20% – 30.206,00	Cr$ 181.237,00
ECONOMIA ANUAL STB	

OBS.

Quadro 14.33 *Comparação de custos (caso da alça).*

	ITENS DE CUSTO		AVALIAÇÃO
ATUAL VERGALHÃO EM AÇO LAMINADO DE 7/8"	PRODUTO ACABADO		Cr$ 2.528,00
PROPOSTO VERGALHÃO EM AÇO LAMINADO DE 5/8"	PRODUTO ACABADO		Cr$ 2.200,00
PROPOSTAS			

APLICAÇÕES REAIS 227

CMR

CLASSE 02 – FERRAGENS PARA REDES

SUBCLASSE:	FERRAGEM PARA CAIXAS SUBTERRÂNEAS
DESIGNAÇÃO:	GANCHO PARA CAIXA SUBTERRÂNEA
TIPO:	
MATERIAL:	AÇO ABNT 1020
NORMA APLICÁVEL:	SPT - 235 140-707
UNIDADE:	PEÇA
LOTE:	
APLICAÇÃO:	EMBUTIDO NO PISO DAS CAIXAS SUBTERRÂNEAS, PARA FIXAÇÃO DOS DISPOSITIVOS DE PUXAMENTO DE CABOS EM DUTOS.

Figura 14.4   *Dados sobre o gancho existente.*

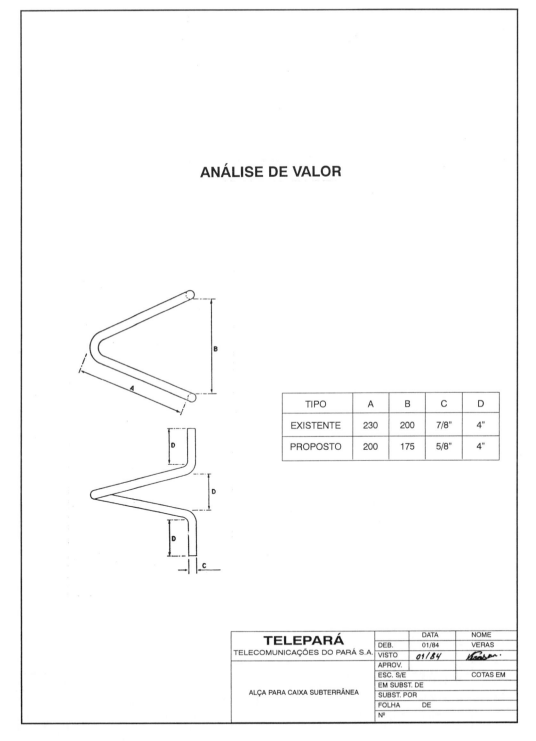

Figura 14.5 *As alças existentes e propostas.*

Quadro 14.34 *Consumo de alças e ganchos.*

ANÁLISE DE VALOR
ÁREAS DE USO

DESCRIÇÃO - ALÇA PARA CAIXA SUBTERRÂNEA
- GANCHO PARA CAIXA SUBTERRÂNEA
NET - 5340-TB-520-1017 - (EM USO NA TELEPARÁ)
- 5340-TB-520-1025 - C M R (CATÁLOGO MATERIAL DE REDE)
OUTROS NET'S - 5340-TB-008-4954
- 5340-TB-520-1053
- 5120-TB-582-5740
PROJETO - 01
DATA - 02-02-84

ORDEM	EMPRESAS	CÓDIGO EMPRESA	5340-TB-520-1017	5340-TB-520-1025	5340-TB-008-4954	5340-TB-520-1033	5120-TB-582-5740
01	TELERON	019	X	X		X	
02	TELEACRE	027		X	X		
03	TELAMAZON	035		X	X		
04	TELAIMA	043	X	X			
05	TELEPARÁ	051	X				
06	TELEAMAPÁ	060	X				
07	TELMA	078		X			
08	TELEPISA	086	X				
09	TELECEARÁ	094	X	X			
10	TELERN	108	X				
11	TELPA	116	X				
12	TELPE	124	X				
13	TELASA	132		X		X	
14	CETEL	140		X			
15	TELERGIPE	159					
16	TELEBAHIA	167		X			
17	TELEMIG	175	X	X			
18	TELEST	183		X			
19	CTBC	191	X	X			
20	TELERJ	205		X			
21	TELESP	213	X				
22	TELEPAR	221	X				
23	TELESC	230					X
24	C R T	248	X				
25	TELEMAT	256		X			
26	TELEGOIÁS	264	X	X			
27	TELEBRASÍLIA	272					
28	EMBRATEL	280					
29	CTMR	329	X				

Quadro 14.35 *Solução recomendada (caso da alça).*

ANÁLISE DE VALOR		
EMPRESA: TELECOMUNICAÇÕES DO PARÁ S/A		PROJETO Nº 01/83
PRODUTO: GANCHO PARA CAIXA SUBTERRÂNEA ESPECIFICAÇÃO 174 GE – 100 267 – TELESP		
FUNÇÃO: APOIO PARA A CORRENTE QUE SUSTENTA A ROLDANA PARA PUXAMENTO DE CABO		
CAUSA DA ANÁLISE: – EXISTÊNCIA DE OUTROS TIPOS USADOS NO SISTEMA – SUPERDIMENSIONAMENTO DA PEÇA – REDUÇÃO DO CUSTO DA PEÇA		
EQUIPE: ROBERTO MELO WALTER LEITÃO BICHARA SALIM JOÃO MENDES FILHO ANTÔNIO BEZERRA RAIMUNDO SOUZA AYTAN POVOAS		INÍCIO: 11/83 TÉRMINO: 02/84
RESULTADO		
DE		PARA
ALTURA — 230 MM ABERTURA MAIOR — 200 MM ABERTURA MENOR — 100 MM DIÂMETRO — 7/8"		200 MM 175 MM 100 MM 5/8"
CUSTO ANUAL: Cr$ 455.040,00 ORTN 54,92		CUSTO ANUAL: Cr$ 396.000,00 ORTN 43,44
REDUÇÃO DE CUSTO ANUAL Cr$ 59.040,00	7,12 ORTN	12,97%
VANTAGENS: – DEFINIÇÃO DE UM SÓ TIPO A SER USADO NO SISTEMA – DIMINUIÇÃO DO CUSTO DE: PRODUÇÃO – TRANSPORTE – ARMAZENAGEM		

14.3 A METODOLOGIA DO VALOR NA IKPC

As Indústrias Klabin de Papel e Celulose foram uma das que primeiro iniciaram no país a utilização de Metodologia do Valor, graças ao empenho do Dr. Herbert Stukart e a participação do Eng. Jacques Leidermam.

Quatro exemplos foram escolhidos desta empresa, dois na área de compras, que na realidade tratam do problema de energias, e dois na área de projetos especiais, que correspondem a processos.

14.3.1 Caso da aquisição de motores elétricos (de baixa tensão)

Na fase de preparação do identificado o problema como sendo "transformar energia elétrica em mecânica (rotação) ao custo mínimo".

Na fase de informação, foram feitos vários levantamentos:

- do ponto de vista mercado e produto, 80% da produção é para o mercado nacional, enquanto apenas 20% corresponde ao mercado de exportação;
- a IKPC, na época do estudo, possuía a potência instalada conforme o Quadro 14.36.

Quadro 14.36 *Potência instalada.*

Faixa de Potência	Potência Instalada	
1 a 10 cv	4.146 cv	11%
15 a 75 cv	24.820 cv	65%
100 a 125 cv	9.275 cv	24%
	38.241 cv ou 28.145 kw	100%

- foi executada uma análise técnica dos motores existentes no mercado, assim como de seus custos.

O rendimento médio ponderado em relação à potência instalada por fabricante pode ser visto no Quadro 14.37.

Quadro 14.37 *Rendimento médio dos motores.*

Fornecedor	Rendimento	Perdas
A	90,97%	9,03%
B	87,87%	12,13%
C	88,06%	11,94%
D	90,83%	9,17%

O custo das perdas foi também calculado, resultando o Quadro 14.38.

Quadro 14.38 *Custo de perdas.*

Fatores	Fornecedores				
	A	B_1	B_2	C	D
Custo comparativo calculado	65	51	100	66	64
Custo de perda de energia (10 anos)	163	244	244	245	179
Total	228	295	344	311	243

Quando a fase de informação é bem explorada e o problema bem definido, as soluções começam a brotar automaticamente favorecendo as fases seguintes.

Conforme o Quadro 14.38, fica claro que é vantajoso usar o motor do fornecedor A, que corresponde a um custo total menor que o de B, que tem um custo de aquisição menor que os demais.

14.3.2 Caso de iluminação do pátio

O objetivo era facilitar o trabalho noturno iluminando o pátio adequadamente.

O sistema inicial utilizava lâmpadas de vapor de mercúrio e, por questões de custo, foi feita uma análise do valor considerando-se os custos totais, muito comuns para os casos em que custos de manutenção ou de operação são envolvidos. Esse tipo de abordagem, também feita no caso anterior, dos motores elétricos, é utilizado para produtos ou situações em que o custo da propriedade é envolvido, como para aviões, automóveis, equipamentos em geral.

No Quadro 14.39 pode ser verificado que o custo das lâmpadas de vapor de mercúrio é aproximadamente a metade das de vapor de sódio. Porém, considerando tanto a eficiência luminosa quanto a vida média de cada uma das lâmpadas, concluiu-se que é melhor utilizar o sistema proposto sobre o inicial, o que proporciona para o mesmo resultado em lumens uma economia de 34% em custos.

Quadro 14.39 *Comparação do caso da iluminação do pátio.*

ILUMINAÇÃO DE PÁTIO COM
ILUMINAMENTO DE 4.800.000 LUMENS

FUNÇÃO: ILUMINAR PÁTIO (PARA QUE O TRABALHO NOTURNO, PRINCIPALMENTE, POSSA DESENVOLVER-SE COM EFICIÊNCIA).

	Potência W	Eficiência Luminosa LM/W	Nº de Lâmpadas Necessárias	Custo Unitário Cr$	Custo Total Cr$000	Vida Média Horas	Custo Anual (p/4.000 H) Cr$
Sistema Inicial Lâmpada de Vapor de Mercúrio	400	50	240	5.500	1.320	16.000	330.000
Sistema Proposto: Lâmpada de Vapor de Sódio	400	120	100	13.000	1.300	24.000	216.666

Economia Anual: 113.334

Consumo Energia
Sistema Inicial: 240 × 400 W = 96.000 W
Sistema Proposto: 100 × 400 W = 40.000 W
Saldo: 56.000 W

Economia = 56 KW × 4.000 H × Cr$ 3,50 = 784.000

ECONOMIA TOTAL   897.334

14.3.3 Caso do combate à formiga cortadeira

As formigas cortadeiras causam enorme prejuízo nos reflorestamentos de eucalipto.

Tradicionalmente, o combate a essas formigas é realizado por pessoas que percorrem as áreas vasculhando os locais devastados e seguindo os rastros até encontrar os formigueiros. Uma vez localizados, vem o combate direto, insuflando um pó à base de heptacloro ou colocando uma microisca próxima aos formigueiros. O sistema é moroso por ter de localizar cada formigueiro seguindo-se os rastros. Assim, na fase de preparação foi definido o problema, isto é, combater as formigas cortadeiras de maneira mais eficiente que a atual na Fazenda Monte Alegre.

Na fase de informação, foram verificadas a incidência dos diferentes tipos de formiga na região e a reação aos inseticidas. Foi verificado também que normalmente a operação de combate à formiga na área florestal de forma geral é realizada nas seguintes fases:

1. no preparo do terreno após a queima;
2. após o plantio;
3. durante as limpezas;
4. em áreas de eucalipto após o corte.

Foi ainda calculado que o rendimento médio do combate tradicional é de 7.100 m^2/homem-dia, sendo prejudicado nos dias chuvosos. Precisava-se encontrar uma forma de evitar seguir os rastros das formigas e localizar os formigueiros, bem como impedir que a chuva prejudicasse a operação.

Nas fases de especulação e de avaliação, surgiram várias idéias que originaram um porta-iscas com quantidade suficiente para destruir 4 m^2 de formigueiro. Conforme esse procedimento, um homem percorre sistematicamente as linhas de plantio distribuindo os porta-iscas nos locais onde aparecem plantas danificadas pelo ataque das formigas. Os porta-iscas são deixados ao lado da muda devastada e recolhidos 72 horas após, não havendo mais a necessidade de localizar o "olheiro". Devido à sua construção, o porta-iscas constitui proteção contra as chuvas e outros acidentes naturais que possam ocorrer. O rendimento médio de combate com porta-iscas passou a ser 14.400 m^2/homem-dia, isto é, o dobro do que era.

É importante lembrar que as soluções criativas são específicas para dada situação e nem sempre podem ser vantajosamente transplantadas para outros casos.

14.3.4 Caso de resinagem de árvores

No reflorestamento com *Pinus elliottii* pode ser feita a exploração de resina que permite obter subprodutos vendáveis.

O método tradicional implica proceder à limpeza das árvores a serem resinadas, de maneira a facilitar a colocação com pregos de calhas para escorrer a resina e de cubas para recolhê-las. Executam-se estrias nas árvores onde é aplicado um ácido.

A resina é colhida das cubas para, em seguida, ser transportada. Findo o processo, tanto as calhas como as cubas são removidas, retirando-se os pregos.

Na fase de informação, ainda foram levantados os rendimentos diários para cada uma das operações, assim como os custos dos materiais e da mão-de-obra envolvidos. Foi ainda constatado que o preparo da solução de ácido sulfúrico e a sua borrifação trazia o risco de acidentes entre os operadores. Os pregos para a fixação das cubas e calhas representavam um custo e deveriam ainda ser completamente removidos para evitar problemas nas serras por ocasião do corte. O martelo para resinar tinha uma superfície para bater os pregos.

Na fase de especulação, várias idéias foram consideradas, tendo em vista remover os custos do material e da mão-de-obra e diminuir o risco de lidar com o ácido sulfúrico.

Avaliadas as idéias, elas foram implementadas, resultando o novo processo levemente alterado, em que se destacam os seguintes pontos.

- uso de pasta ácida aplicada com um pincel, eliminando assim o borrificador, dando maior segurança ao operador, causando menor desperdício de ácido e maior rendimento na produção de resina;
- cubas de plástico com um formato especialmente desenhado, tendo um custo menor, tornando-se mais leves e com manipulação mais prática;
- a fixação nas árvores passou a ser com duas cravilhas de madeira, eliminando-se assim o uso de pregos;
- cravilhas de madeira, fabricadas "em casa", com custos menores e sem o perigo de danificar as serras em processo posterior de corte das árvores;
- alteração nas calhas que foram racionalizadas na sua fabricação. A fixação nas árvores não mais feita com três pregos de cabeça dupla, mas sim prensando-as simplesmente contra a árvore com o uso de uma forma e uma marreta;
- o martelo para o resinador apenas para fazer o corte, não havendo mais necessidade de superfície própria para bater pregos.

O cálculo de custos para 5.000 árvores pode ser visto no Quadro 14.40, tanto pelo processo antigo quanto pelo proposto, em termos relativos.

Quadro 14.40 *Custos para resinagem.*

Material	Sistema tradicional	Sistema proposto
ácido sulfúrico	1.3	—
pasta ácida	—	2.0
calha	30.5	26.9
cuba	59.5	32.6
prego 17x27 simples	1.2	—
prego 17x27 cabeça dupla	6.2	—
cravilhas de madeira	—	2.4
martelo resinador	0.1	0.1
colocador de calhas	—	0.2
perfurador p/ colocar cravilhas	—	0.1
marreta	—	0.1
tambores 200	1.2	1.2
Soma	100.0	65.6

Além das vantagens não quantificadas, houve uma redução conseqüente da implantação do sistema proposto de 34% em custos.

14.4 A METODOLOGIA DO VALOR NA ELETROPAULO

A Eletropaulo iniciou a aplicação da análise do valor com o incentivo do Eng.º Henrique Waxman, e o projeto aqui escolhido foi coordenado pelo Eng.º Sérgio G. de Sequeira.

14.4.1 Caso dos conjuntos de medição para unidades de baixa renda

Desde há alguns anos, a Eletropaulo vem procurando oferecer melhores ligações de energia elétrica em favelas e outros tipos de unidades habitacionais de baixa renda.

Para a execução dessas ligações, a Companhia empregava conjuntos-padrão construídos em chapas de aço e com base de madeira. Devido a alguns problemas apresentados, resultantes da precária proteção oferecida pela pintura à chapa de aço, a Companhia modificou seus padrões, passando a exigir a galvanização do conjunto, além da utilização do poste totalmente em aço com eliminação da base de madeira.

As modificações feitas nos conjuntos-padrão, aliadas aos efeitos do processo inflacionário pelo qual o País atravessava, refletiram em aumentos exagerados de custo. Isso motivou o estudo de análise do valor do conjunto em questão, encerrando a fase de preparação.

Na fase de informação, foram coletados dados sobre o produto existente, visto na Figura 14.6, e que podiam ser fornecidos com uma, duas ou três caixas de medição.

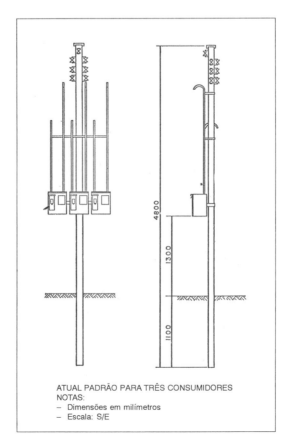

Figura 14.6   *Produto existente (caso do conjunto de medição).*

As funções foram identificadas e seus custos calculados, o que pode ser visto no Quadro 14.41.

As habitações em geral são estreitas e geminadas e situam-se em passagens de 2 a 3 m de largura. Portanto, passa a ser recomendável a instalação do menor número possível de postes, a fim de não obstruir a já reduzida área de passagem, o que só poderá ser feito com a ligação do maior número possível de consumidores por poste. Tais observações podem ser confirmadas pelo número de conjuntos de três medidores adquiridos nos últimos anos, que é aproximadamente o triplo do número de conjuntos com um e dois medidores comprados do mesmo período.

A instalação dos conjuntos deverá ser feita de modo que a face lateral da caixa fique voltada para a ruela do conjunto habitacional em questão, a fim de permitir ampliações do conjunto.

Quadro 14.41 *Análise das funções e seus custos (caso do conjunto de medição).*

ANÁLISE DE VALOR/Análise das funções   FORMULÁRIO Nº 2   Data 10/03   Projeto nº 01/83

O que é		O que faz		Funções					De que é feito	Qual seu custo				Obs.
Código	Descrição	Verbo	Substantivo	P	S	O	U	E	Especificação	ORTN unid.	Quant.	Total	%	
	Poste	Sustentar	Condutores, caixas eletrodutos e isoladores.	X			X		Aço galvanizado. chapa de 3 mm	3,60	01	3,60	42,8	
	Caixa para medidor	Proteger mecanicamente contra chuva.	Medidor e disjuntor		X		X		Aço galvanizado ou fibra de vidro.	0,81	01	0,81	9,6	
	Eletrodutos	Proteger mecanicamente	Condutores			X	X		Aço galvanizado.	0,32	02	0,64	7,6	
	Condutores 6 mm² isolados	Ligar eletricamente	Ramais, medidor e disjuntor	X			X		Cobre e PVC.	0,06	9,20 m	0,54	6,4	
	Disjuntores	Proteger eletricamente	Circuito do consum.		X		X		Cobre e plástico.	0,40	02	0,80	9,5	
	Haste	Aterrar eletricamente	Conjunto			X	X		Aço galvanizado.	0,59	01	0,59	7,0	
	Condutor 6 mm² nu	Ligar eletricamente	Conjunto e haste			X	X		Cobre nu.	0,04	3	0,12	1,4	
	Suporte para isolador	Sustentar	Isoladores		X		X		Aço galvanizado.	0,18	04	0,72	8,5	
	Isolador	Suportar e isolar eletricamente	Condutores		X		X		Porcelana	0,04	04	0,16	1,9	
	Suporte para disjuntor	Fixar	Disjuntor e caixa medidor		X		X		Aço ou alumínio	0,05	01	0,05	0,6	
	Abraçadeira	Fixar	Suporte isolador		X		X		Aço galvanizado	0,1	04	0,4	4,7	

240 ANÁLISE DO VALOR

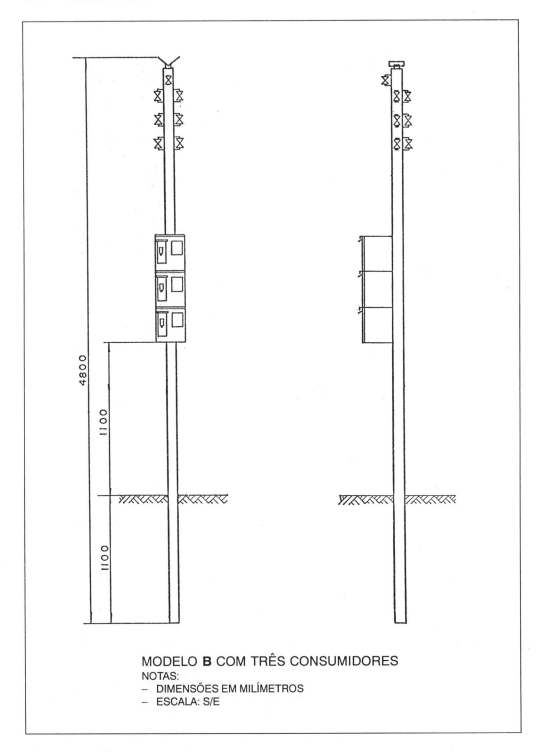

Figura 14.7 *Proposta para o conjunto de medição.*

Na fase especulativa procurou-se utilizar como alternativa aos postes de aço galvanizado aqueles de concreto com duto interno de PVC ou ferro, a fim de proteger a isolação dos fios de possíveis avarias provocadas pelo atrito com a superfície áspera do concreto, trazendo a vantagem de utilizar a parte interna do poste para a passagem da fiação.

Após constatar que a corrente máxima admissível nos condutores é de 21 A, os disjuntores originalmente usados de 40 A poderiam ser reduzidos para 30 A.

Após a análise das idéias originadas, chegou-se à proposta vista na Figura 14.7, que apresentou uma economia de 34% devido à alteração dos componentes conforme explicado e pela redução de custos de instalação por consumidor, principalmente novos, pois implicará apenas a instalação da fiação, caixa de medidores e armação secundária, em vez do conjunto completo.

Como vantagem adicional, decorre que a compra dos componentes do conjunto pode ser feita separadamente, facilitando sua armazenagem.

14.5 A METODOLOGIA DO VALOR NA FAÇO (EQUIPAMENTOS PESADOS)

A introdução da metodologia foi iniciada na Fábrica de Aço Paulista S.A., através do empenho do Eng.º Eneas Scaliante.

Foram escolhidos dois casos para serem apresentados, para demonstrar didaticamente como ocorre a aplicação do método, procurando os pontos de maior potencial de redução de custos, podendo mesmo entrar na área de processos, como no caso do mancal, ou se concentrar no produto, como no caso dos rolos transportadores.

O objetivo desses projetos foi o de treinar a equipe na metodologia do valor e para que cada um de seus membros possa funcionar como elemento multiplicador dessas técnicas dentro da empresa.

Na fase de preparação foram considerados nove possíveis projetos, trazidos pelos próprios participantes, com considerações sobre metas de reduções de custos e a natureza do projeto. Foi aplicada a técnica DEI conforme o item 8.5 para escolher quais os projetos com maior pontuação para serem atacados, tendo sido escolhidos os dois a seguir, conforme pode ser visto no Quadro 14.42. Foi dada preferência ao de número 09 sobre o de número 05 que obteve pontuação maior.

Quadro 14.42 *Priorização dos projetos.*

Nº	PROPON	DESCRIÇÃO	D	E	I	
01	Adilson	Redução no custo, fixação de coberturas (técnico) em 10%	06	05	05	150
02	Adilson	Redução do custo de arruela esf. em 15%	06	03	04	72
03	Isaltino	Redução no custo de fabricação e compra dos Roletes dos transportadores em 10% (téc.)	03	10	08	240
04	Luis Negrini	Padronização de parafusos -Econ. de 20%	04	08	03	96
05	Gilberto	Adequação do Porta-eletrodo do Forno	08	04	07	224
06	Paulo	Redução de custo em cópias Xerox em 15%	07	03	06	126
07	Paulo	Análise do sistema de comunicação na Empresa — Objetivo 20%	03	04	03	36
08	Fernando	Redução de custo na recuperação de peças em aço Mn 20%	07	04	06	168
09	J. Alberto	Redução no custo de fabricação dos manuais FAÇO em 5%	06	07	05	210

D... dificuldade
E... economia
I... impedimento

14.5.1 Caso do mancal

Trata-se de uma série de caixas de mancal para eixos de até 430 mm de diâmetro, de aço fundido de alta resistência contra choques a cargas elevadas.

Foi formada uma equipe com participantes de diferentes áreas da empresa, portanto nem todos completamente familiarizados com o produto.

A fase de informação justamente permitiu a cada membro entender o suficiente sobre o mancal, após a aplicação de algumas técnicas. De início foi analisado fisicamente o produto completo.

A Figura 14.8 mostra o produto completo incluindo adicionalmente o rolamento.

APLICAÇÕES REAIS 243

**caixas de mancais FB
linha Faço
para serviço pesado-divisão angular**

Figura 14.8   *Caixa do mancal.*

Com vistas em estruturar melhor o problema e descobrir uma hierarquia entre as muitas funções encontradas, foi aplicado o diagrama FAST conforme item 9.10.4, que pode ser visto na Figura 14.9.

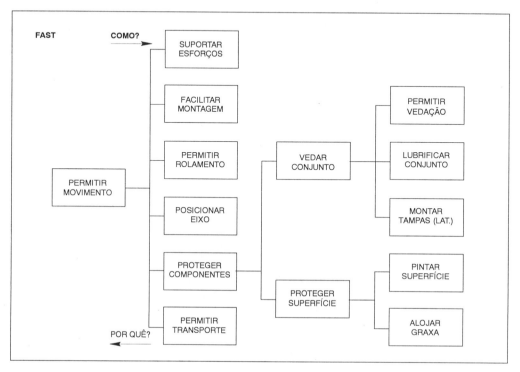

Figura 14.9   *Diagrama FAST do mancal.*

Foram identificadas as funções utilizando-se a técnica 9.4, que podem ser vistas no Quadro 14.43. Quando se executa a identificação das funções, há uma tendência de aparecerem muitas, com importâncias diferentes.

Uma vez entendido qual é o encadeamento entre as funções, ficou mais claro o funcionamento da caixa de mancal com todos os seus componentes. O leitor já poderá perceber que o mérito da aplicação da técnica FAST está na discussão gerada durante sua aplicação e não no diagrama mudo, frio e pronto tal qual visto no papel.

Em seguida foram calculados os custos das várias funções, exceto a de "permitir transporte", por aplicação da técnica estudada no item 9.10.5.4-III cujo resultado em termos comparativos pode ser visto no Quadro 14.44 e de onde pode ser constatada a regra de Pareto, isto é, que aproximadamente 20% das funções correspondem a 80% dos custos. Foram escolhidas para serem abordadas as funções:

- "suportar esforços", correspondendo a 70% dos custos;
- "facilitar montagem", correspondendo a 12% dos custos; e
- "vedar conjunto", correspondendo a 9,6% dos custos.

Quadro 14.43 *Análise das funções (caso do mancal).*

ITEM	ANÁLISE DE FUNÇÕES		
	FUNÇÕES	CLASSIFICAÇÃO	
	VERBO + SUBSTANTIVO	P/S	U/E
CONJUNTO MANCAL	APOIAR EIXO	P	U
	SUPORTAR ESFORÇOS	S	U
	POSICIONAR EIXO	S	U
	FACILITAR ROLAMENTO	S	U
	PROTEGER COMPONENTES	S	U
	FACILITAR MONTAGEM	S	U
BASE DO MANCAL	APOIAR CONJUNTO	P	U
	CENTRALIZAR TAMPA	S	U
	SUPORTAR ESFORÇOS	S	U
	INSTALAR PRISIONEIRO	S	U
TAMPA DO MANCAL	TAMPAR MANCAL	P	U
	FACILITAR MONTAGEM	S	U
	PERMITIR TRANSPORTE	S	U
	SUPORTAR ESFORÇOS	S	U
	GUIAR PRISIONEIROS	S	U
	ASSENTAR PORCA	S	U
	POSICIONAR GRAXEIRA	S	U
PRISIONEIRO	UNIR MANCAL	P	U
	SUPORTAR ESFORÇOS	S	U
PORCA	FIXAR TAMPA	P	U
	SUPORTAR ESFORÇOS	S	U
CONTRA PORCA	TRAVAR PORCA	P	U
	SUPORTAR ESFORÇOS	S	U
SOS FIXAÇÃO TAMPAS	FIXAR TAMPAS	P	U
	SUPORTAR ESFORÇOS	S	U
ARRUELAS DE PRESSÃO	TRAVAR PARAFUSOS	P	U
RETENTOR	PERMITIR VEDAÇÃO	P	U
GRAXEIRAS	PERMITIR LUBRIFICAÇÃO	P	U
TAMPA LATERAL FECHADA	PROTEGER COMPONENTES	P	U
	ALOJAR GRAXA	S	U
	POSICIONAR ROLAMENTO	S	U
	POSICIONAR GRAXEIRA	S	U
	PERMITIR TRANSPORTE	S	U
	FACILITAR USINAGEM	S	U
	PERMITIR FIXAÇÃO	S	U
	IDENTIFICAR PEÇA	S	U
	IDENTIFICAR FABRICANTE	S	U
TAMPA LATERAL BIPARTIDA	PROTEGER COMPONENTES	P	U
	ALOJAR GRAXA	S	U
	FACILITAR MONTAGEM	S	U
	PERMITIR TRANSPORTE	S	U
	FACILITAR USINAGEM	S	U
TAMPA LATERAL BIPARTIDA	FIXAÇÃO	S	U
	CONTER FIXO	S	U
	IDENTIFICAR PEÇA	S	U
	IDENTIFICAR FABRICANTE	S	U
	ALOJAR VEDAÇÃO	S	U

Quadro 14.44 *Custo de funções do mancal.*

COMPONENTES	FACILITAR MONTAGEM	VEDAR CONJUNTO	PROTEGER SUPERFÍCIE	POSICIONAR EIXO	SUPORTAR ESFORÇOS	PERMITIR ROLAMENTO	SOMA
Conjunto Mancal (Base + Tampa)	966	66		433	6.012	349	7.826
Prisioneiros	34				34		68
Porca Sextavada	4				4		8
Tampa Lateral Fechada		319			358		677
Tampa Bi-Partida	234	404			600		1.238
Parafusos União	1						1
Porcas	2						2
Arruelas	p.m.*						p.m.*
Retentor		155					155
Graxeira		4	1				5
Parafusos Fixação Tampas + Arruelas		10			10		20
Total	1.241	958	1	433	7.018	349	10.000

* pro memoria

Trata-se de um conjunto tradicional com poucas alternativas de mudança. A função mais cara foi mais bem detalhada e se percebeu que boa parte dos custos era devida ao volume de material deixado na operação de fundição para ser retirado na usinagem subseqüente.

A fase especulativa, em que as idéias devem ser geradas, corre muito bem quando o problema é bem definido e bem estruturado, de maneira que os questionamentos naturais estimulam o aparecimento de idéias. No caso presente, foi aplicada a técnica conforme 10.4.1 (*brainstorming*), tendo-se chegado a algumas idéias.

Brainstorming para o Mancal

A – Suportar Esforços:
1º) Reduzir espessura assento da tampa. (Verificar profundidade da rosca).
2º) Furo roscado passante para prisioneiro.
3º) Engrossar região de esforço, não a base total.
4º) Substituição do tipo de material.
5º) Eliminar encaixe da tampa.

B – Facilitar montagem:
1º) Eliminar bucha cônica.
2º) Substituir prisioneiros e porcas por parafusos e arruelas de pressão.
3º) Substituir tampa bipartida.
4º) Eliminar parafusos.
5º) Diminuir parafusos.
6º) Diminuir diâmetros dos parafusos.

C – Vedar conjunto:
1º) Tampas de plástico (2).
2º) Tampa estampada.
3º) Eliminar parafusos.
4º) Diminuir parafusos.
5º) Tampa de plástico (Transparente).
6º) Tampa de plástico que elimine Retentor.
7º) Diâmetros internos do mancal com Ressalto.
8º) 1 – Retentor duplo (eliminando tampa bipartida).
9º) Substituir Retentor por labirinto.
10º) Anel defletor com labirinto mais lábio raspador.
11º) Tampa de alumínio.

A fase seguinte, que é a de avaliação, foi realizada aplicando a técnica da Vantagem-Desvantagem, conforme item 11.2, que consistiu numa seleção inicial, como pode ser visto nos Quadros 14.45 e 14.46 para dois conjuntos de idéias. Algumas alternativas foram formadas para duas das funções.

Quadro 14.45 *Seleção e avaliação das idéias (caso do mancal).*

SELEÇÃO INICIAL

Nº	PROPOSTAS	VANTAGENS	DESVANTAGENS	Sim Rever Não
1	Substituição do Material B-18 por B-45 Diminuindo 40mm (113Kg) esp. base	Diminuição de 106Kg de Mat. Alt. do Modelo – Fácil Proc. fundição – não altera	Rigidez? Dispositivo Usinag. – Alt.	
2	Alívio da Base Diminuindo (102Kg)	Diminuição de 102Kg mat. Diminuição de área de usin.	Rigidez? Alteração de Modelo Processo de Fundição	
3	Diminuir espessura da base na região dos furos de fixação	Diminuição de 96kg mat. Alt. Modelo – Fácil Proc. Fundição não altera		
4	Rebaixo de 15mm na base (no Fundido)	Diminuição de 70% na área de usinagem Alteração de modelo – Fácil Eliminar tensões Chumb.	Rigidez? Tensões	
5	Eliminar Abas Laterais	Dim. do mat. em (104Kg) Alteração Modelo – Fácil	Rigidez?	
6	Diminuir parafusos de fixação das tampas laterais (8 para 6) Cr$ 8.200	Redução de mão-de-obra	Rigidez?	
7	Eliminar tampa Bipartida (trocar sistema de vedação)	Diminuir Usinagem, Peso	Trocar Retentor Confecção de modelo	

Quadro 14.46 *Seleção e avaliação das idéias (caso do mancal).*

		SELEÇÃO INICIAL		
Nº	PROPOSTAS	VANTAGENS	DESVANTAGENS	Sim Rever Não
1 –	Substituição do Material B-18 por B-45 (Diminuindo 35mm (106kg) Esp. Base)	Redução peso (106kg) Alter.Mod.Fácil (Cr$ 60.000)	Alteração Dispos. Usinagem	
2 –	Rebaixo de 15 mm na Base (Diminuição 32 kg e 70% área Usinagem)	Diminuição 70% área de Usinagem (Cr$ 60.000), Alt. de modelo Fácil (Cr$ 60.000), Redução pelo (32Kg) melhor apoio.	Tensões?	
3 –	Eliminar Espessura do Apoio dos paraf. (Diminuição de 96 kg)	Redução de peso (96kg) Alt. de Mod.Fácil (Cr$60.000)		
4 –	Eliminar tampa Bipartida, substituindo Retentor por Labirinto	Diminuição de Usinagem Redução de Peso (26 kg) Facilita montagem Eliminar Retentor	Não pode ser usado óleo	

Em seguida foi feita uma escolha entre as várias alternativas propostas, com a aplicação do método FIRE, conforme o item 11.6, tendo sido escolhida a alternativa A-1. O Quadro 14.47 mostra esse procedimento.

Quadro 14.47 *Técnica FIRE (caso do mancal).*

ALTER-NATIVAS	FUNÇÕES	INVESTI-MENTO	RESUL-TADO	EXEQÜI-BILIDADE	FxIxRxE
A-1)	10	08	10	08	6.400
A-2)	10	08	09	07	5.040
A-3)	10	08	08	06	3.840
B-1)	10	10	08	05	4.000
B-2)	10	08	08	05	3.200
B-3)	Não se Aplica	—	—	—	—

(cabeçalho: FIRE)

A alternativa escolhida constou dos três itens a seguir:

a) diminuir a espessura da base em 95 mm na região dos furos de fixação, possibilitando uma redução de 96 kg sem alteração nas características do mancal. A alteração traz uma economia de 8,6% com um investimento equivalente a 25% da redução de custo da primeira peça a ser fabricada. Tal investimento é para alterar o modelo da fundição;

b) fundir a base do mancal com rebaixo de 15 mm, possibilitando uma redução de peso de 32 kg e uma redução na área a ser usinada no assentamento da base em 70%, em virtude de se deixar apenas dois pontos de apoio ao invés de toda a área de assentamento. A redução de custo obtida com a modificação implica 5,2% do custo, sendo 3% devido à diminuição de peso e o restante devido à diminuição da usinagem. O investimento necessário para alterar o modelo é de 40% da economia feita na primeira peça fabricada;

c) mudar o tipo de material na base do mancal, possibilitando uma diminuição de 35 mm na espessura da base com redução de 106 kg no peso, tendo sido calculada a resistência da seção mais solicitada da base do mancal. A redução de custos, devido à diminuição do peso já descontado com um gasto adicional de usinagem, traz uma economia de 7,8%, implicando um investimento equivalente à redução de custos obtida na segunda peça fabricada.

Como se tratava de um seminário de treinamento com dez semanas de duração, foram apenas analisadas algumas sugestões, ficando para uma segunda etapa outras seis. Um fator inibidor foi que a meta originalmente proposta era de 5% de redução de custos, e o grupo identificou 20%, exemplificando nitidamente o bloqueio de conformismo conforme Rawlinson, comentado em 5.4.1, e enquadrado em 5.4.3.3 sob o nome de "Falta de Desafios".

A fase seguinte, que é a de planejamento, foi feita e um cronograma de atividades foi proposto, conforme a Figura 14.10.

14.5.2 Caso dos rolos transportadores

Trata-se de uma peça de grande série que pode ser vista na Figura 14.11, com a qual são montados os roletes vistos na Figura 14.12 e sobre os quais estão as correias para transporte contínuo de granéis.

Após a identificação das funções, foi feito o diagrama FAST, que pode ser visto na Figura 14.13, através do qual se destacam as funções mais importantes.

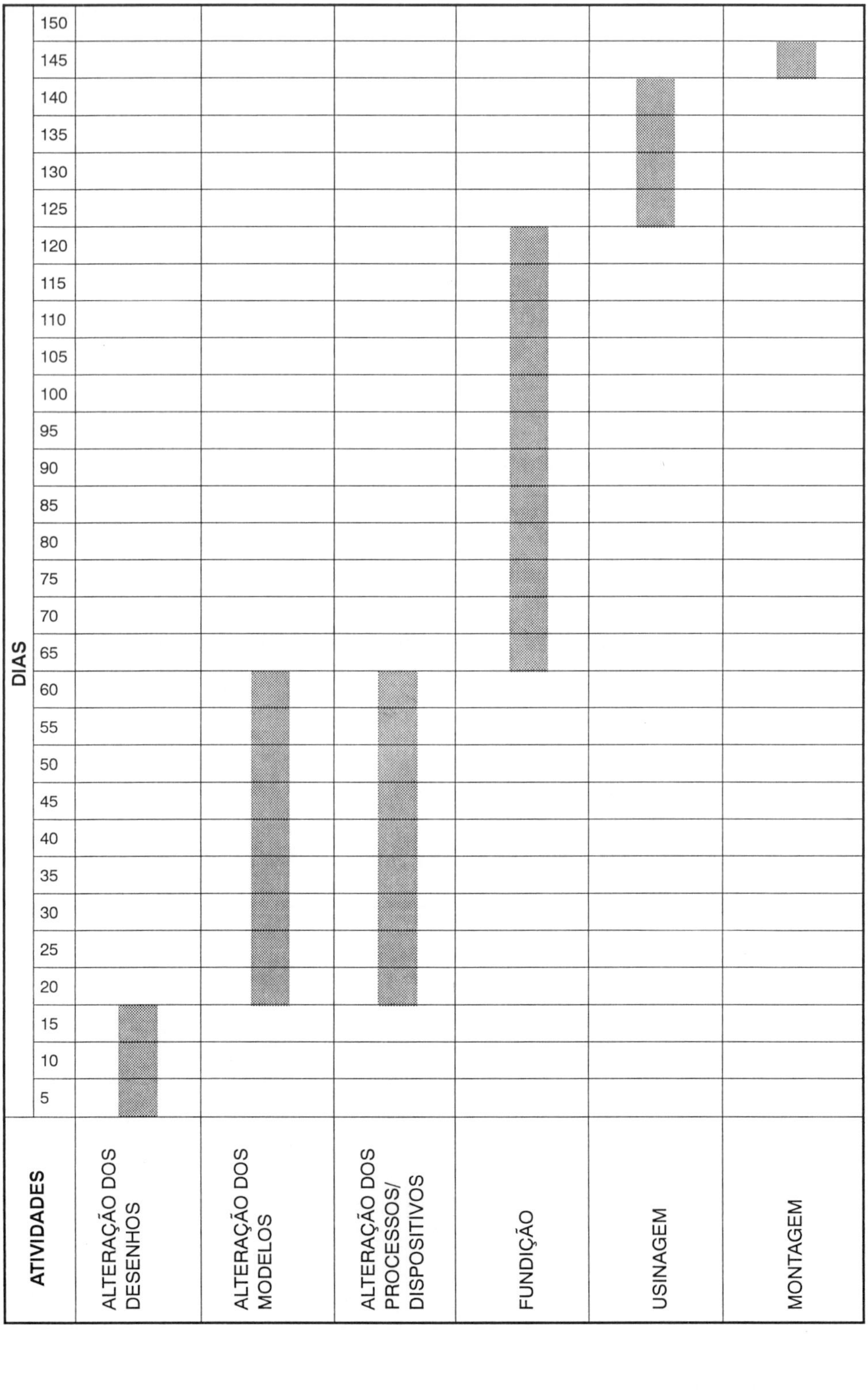

252 ANÁLISE DO VALOR

DIAS	ATIVIDADES	ALTERAÇÃO DOS DESENHOS	ALTERAÇÃO DOS MODELOS	ALTERAÇÃO DOS PROCESSOS/ DISPOSITIVOS	FUNDIÇÃO	USINAGEM	MONTAGEM
5		▓					
10		▓					
15		▓					
20			▓	▓			
25			▓	▓			
30			▓	▓			
35			▓	▓			
40			▓	▓			
45			▓	▓			
50			▓	▓			
55			▓	▓			
60			▓	▓			
65					▓		
70					▓		
75					▓		
80					▓		
85					▓		
90					▓		
95					▓		
100					▓		
105					▓		
110					▓		
115					▓		
120					▓		
125						▓	
130						▓	
135						▓	
140						▓	
145							▓
150							

Figura 14.10 *Cronograma de implantação/alteração (caso do mancal).*

APLICAÇÕES REAIS 253

Figura 14.11 *Rolos transportadores.*

Figura 14.12 *Roletes de transportadores.*

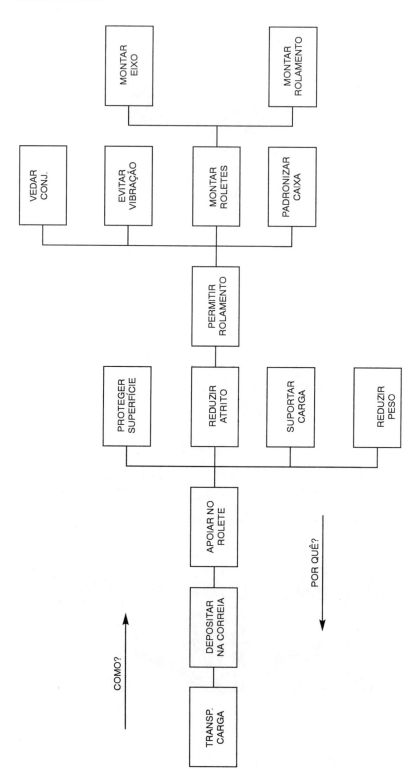

Figura 14.13 *Diagrama FAST (caso do rolo transportador)*.

APLICAÇÕES REAIS 255

PROJETO ATUAL

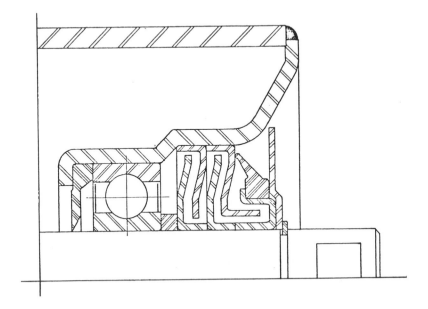

ALTERNATIVA 2

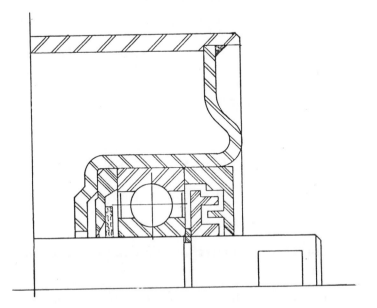

Figura 14.14 *Seção do rolo transportador.*

O cálculo do custo comparativo das funções foi também feito, tendo-se chegado ao conteúdo do Quadro 14.48:

Quadro 14.48 *Cálculo de custo comparativo das funções.*

Função	Custo comparativo
proteger superfície	204
reduzir peso	276
reduzir atrito	6.290
(vedar conjunto)	(1.200)
suportar carga	3.230
TOTAL	10.000

Foram escolhidas as duas funções "vedar conjunto" e "suportar carga", totalizando 44% para serem abordados e, após gerar algumas idéias, foram montadas quatro alternativas:

1ª) Tampa de poliamida, com um anel de feltro, em caixa estampada.
2ª) Labirintos axiais de poliamida, com um anel de feltro, em caixa estampada.
3ª) Caixa maciça e tampa de poliamida, com um anel de feltro.
4ª) Caixa maciça e labirintos axiais de poliamida.

Aplicando a técnica FIRE para selecionar alternativas, a 2ª foi escolhida.

A Figura 14.14 mostra a seção do produto tanto na situação atual quanto na alternativa escolhida.

Foram construídos quatro protótipos de acordo com as diferentes alternativas. Como os testes de vida requeriam um período de tempo maior do que o disponível no Seminário de Treinamento, foi aplicada a técnica de Análise de Problemas Potenciais, conforme item 12.3, com objetivo de preparar ações preventivas e contingentes.

14.6 A METODOLOGIA DO VALOR NA SIEMENS S.A.

A metodologia vem sendo coordenada nesta empresa pelo Eng.º Sussumu Honda, procurando reduzir custos.

14.6.1 Caso do recebimento de materiais – Aplicação a um processo administrativo

Trata-se de um caso que analisou o processo de recebimento e devolução de um material de elevado custo.

Como é uma situação de processo em que o parâmetro "tempo" é importante, foi feita uma análise do fluxo de documentos, cujo resultado está na Figura 14.15.

APLICAÇÕES REAIS 257

Um levantamento dos tempos entre um setor e outro foi feito, e o resultado indicado na Figura 14.16 mostra 22,8 dias para o recebimento e 10,1 dias para devolução, caso seja necessário.

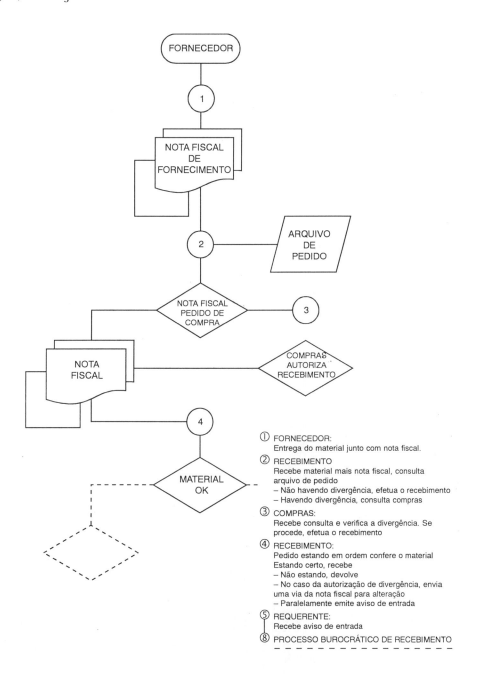

Figura 14.15 *Análise de fluxo de documentos (caso do recebimento).*

258   ANÁLISE DO VALOR

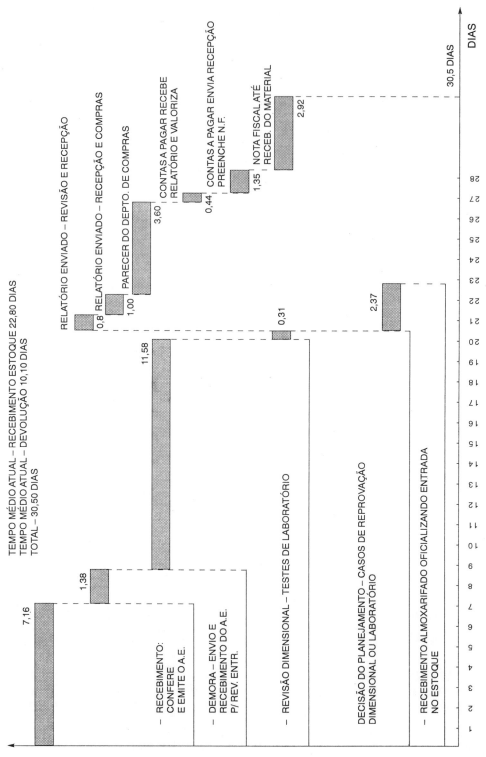

Figura 14.16 *Levantamento de tempos entre setores (inicial caso do recebimento).*

A análise das funções está mostrada no Quadro 14.49. Como o material em questão era caro, foi decidido que o tempo máximo para a emissão do aviso de entrada e chegada ao almoxarifado seja de cinco dias.

Na fase especulativa várias idéias foram geradas e analisadas, chegando-se a uma proposta como segue:

Recebimento/Compras:

As cartas básicas que regem o preço deverão continuar com a média mensal de cotação da bolsa do metal em questão, porém deve ser antecipado seu fechamento para o dia 25 de cada mês, a fim de se ter em mãos as cartas com os preços reajustados no máximo até 29, para não parar o processo de recebimento.

O fornecedor em questão será tratado como preferencial, ou seja:

– o descarregamento deverá ser efetuado no momento da entrega, independente do número de fornecedores para receber;
– o preenchimento do AE (Ávido de Entrada) deverá ser efetuado em paralelo com a conferência física do material;
– nesse novo sistema deverá ser protocolada a entrega do AE aos envolvidos em termos de liberação do material ao estoque;
– a data para fornecimento deverá ser às 3as-feiras, preferencialmente no período da manhã. Deverão ser evitadas notas fiscais emitidas com datas antecipadas em relação ao dia da entrega. Assim, será facilitado o processo de devolução, caso seja necessário.

Revisão/Laboratório:

O setor de revisão de entrada recebe duas vias de Aviso de Entrada (AE), sendo uma branca, que fica em seu poder, e uma amarela, que segue para o laboratório.

Na nova sistemática fica o setor de revisão responsável por, na conferência do material, retirar as amostras necessárias para o controle dimensional e testes de laboratório.

No Laboratório/Revisão deve ser dada prioridade aos testes do material em questão.

Foi ainda sugerido fazer a liberação do material no próprio fornecedor por um técnico da Siemens.

Uma vez entregue o material e surgindo problemas dimensionais ou de laboratório, o setor administrativo deve ser imediatamente informado para sustar o pagamento.

Para processar a devolução, o recebimento deverá retirar os dados necessários para a emissão da nota fiscal.

Devolução:

Após emissão da N.F. de Devolução, deverá o material ser entregue imediatamente ao departamento de compras para que este o entregue ao fornecedor com seu veículo próprio.

Uma vez implantadas essas idéias, o período de recebimento passou de 30,5 dias para cinco dias, conforme a Figura 14.17.

A análise das funções na nova situação fica como no Quadro 14.50, reduzindo de 77,9% o custo do recebimento e de 90,1% o custo da devolução.

260 ANÁLISE DO VALOR

Quadro 14.49 *Análise das funções (inicial caso do recebimento).*

Setor (o que é?)	Função (o que faz?)	P	S	Meio transportador	Custo da Função (comparativo)
Recebimento	Receber Material	X		Formulário /confirmar o pedido de compras	3.140
	Conferir Pedido de Compra		X		
	Consultar Compras		X	Telefonar p/compras caso haja diferença	600
	Preencher A.E.		X	Formulário de Acompanhamento Interno	
	Transportar Material		X	Caixa (para o Laboratório)	
Laboratório	Controlar Qualidade	X		Teste de Entrada	5.080
	Emitir Parecer		X	Relatório p/recepção e compras	
Almoxarifado	Oficializar Entrada	X			1.180
	Estocar Material		X		
				Total	10.000
Compras	Devolver Material	X			1.770
	Preencher Formulário		X	Formulário de Devolução	
Contas a Pagar	Valorizar Material	X		Cálculo e Preenchimento de Formulários	3.980
	Enviar informação		X		
Recebimento	Preencher Nota Fiscal		X	Nota Fiscal de Devolução	4.250
	Devolver Material	X			
				Total	10.000

APLICAÇÕES REAIS 261

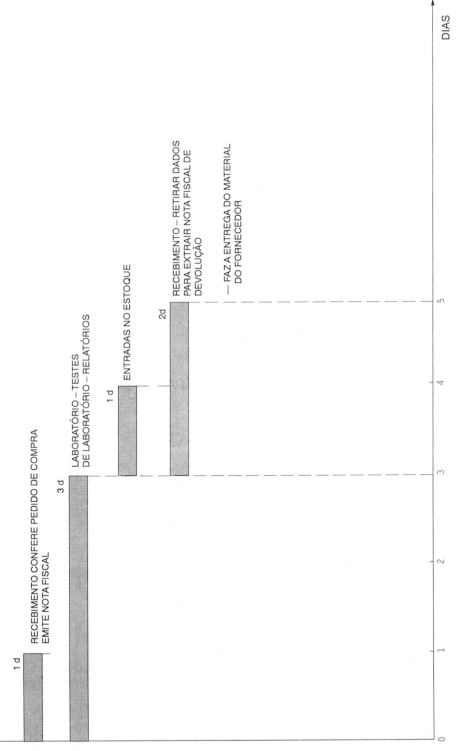

Figura 14.17 *Tempos entre setores (propostos caso do recebimento).*

Quadro 14.50 *Análise das funções (proposta caso do recebimento).*

Setor (o que é?)	Função (o que faz?)	P	S	Meio transportador	Custo da Função (comparativo)
Recebimento	Receber Material	X	X		440
	Conferir Pedido de Compra		X		
	Avisar Laboratório		X	Telefonar para o Laboratório	
	Preencher A.E.			Preencher formulário de aviso de entrada	
Laboratório	Controlar Qualidade	X		Teste de entrada	1.332
	Emitir Parecer		X	Relatório para recepção	
	Recolher Amostra		X		
	Avisar Almoxarifado		X	Telefonar para almoxarifado	440
Almoxarifado	Estocar Material	X			
	Oficializar Entrada		X		
				Total	2.212 (77,9%)
Recebimento	Preencher Nota Fiscal		X		990
	Devolver Material	X			
				Total	990 (90,1%)

14.7 A METODOLOGIA DO VALOR NA CONSUL (PRODUTOS DE CONSUMO)

A Consul Sociedade Anônima já vinha aplicando a Metodologia do Valor sob a coordenação do Sr. Vilson Cortes, com o apoio do Eng.º Gilberto Müller e da Área de Recursos Humanos, na pessoa do Sr. Mario Brehm.

Durante um período de reciclagem, com a finalidade de confirmar o conhecimento existente e de adquirir novas técnicas, foi realizado um seminário em que oito projetos previamente escolhidos pela empresa foram desenvolvidos. O critério de escolha variou de um caso para outro, sendo que em alguns casos o critério escolhido foi o de gerar economia como no projeto da embalagem, em outros, problemas técnicos, e, finalmente, naqueles em que à primeira vista não se oferecia potencial de economia, a metodologia seria posta em cheque.

Com o objetivo de mostrar como as técnicas podem ser aplicadas, foram selecionados dois casos.

14.7.1 Caso do aparador de água

Foi escolhido o conjunto aparador de água de um dos produtos da empresa. A finalidade do conjunto em questão era coletar água do evaporador e conduzir à câmara de ventilação.

O objetivo previamente fixado foi reduzir custos em 20%, melhorar a qualidade e facilitar a montagem.

Nessa fase foram colhidas algumas informações sobre cada componente.

De início foram identificadas funções para cada um dos cinco componentes, conforme a técnica apresentada no item 9.4. Houve uma tendência de nomear maior número de funções que as existentes, isto é, identificar a mesma função mais de uma vez e com nomes diferentes, dando a falsa impressão de que existem muitas funções adicionais. A dúvida começou a ser esclarecida por ocasião da análise das mesmas e respectiva classificação em Básicas (B) ou Secundárias (S), de uso (U) ou de estima (E) e necessárias (N) ou desnecessárias (D).

Uma vez que o problema começou a ser entendido, foram calculados os custos de cada função conforme o item 9.10.5.4.III. As informações estão contidas no Quadro 14.51, onde podem ser localizadas as funções mais caras, ou seja: coletar água (C) com 46% e conduzir água (G) com 31%.

Quadro 14.51 *Cálculo dos custos das funções do aparador de água.*

Item	Material	Funções Identificadas					Custo Comparativo da Função
		Verbo	Substantivo	Função	Básica Secund.	Uso Estima	Neces. Desnec.	
Base do Aparador	Poliestireno Expandido	Criar	Desnível	A	B	U	N	950
		Vedar	Passagem	B	S	U	N	600
Aparador	Poliestireno A.I.	Coletar	Água	C	B	U	N	4.550
		Conter	Furo	D	U	U	N	160
Bico de Drenagem	Poliestireno A.I.	Concentrar	Água	E	B	U	N	70
Adesivo	Poliestireno	Vedar	Água	F	B	U	N	620
Dreno	Neoprene (tubo)	Conduzir	Água	G	B	U	N	3.050
							Total	10.000

Foram em seguida analisadas as funções para saber quais são as mais necessárias. A técnica da avaliação numérica de relações funcionais (Mudge) conforme item 9.10.5.3 permite descobrir isso. No caso foi dado valor 5 quando uma das funções era muito mais importante que a outra, valor 3 quando era de média importância a mais, e valor 1 para quando era de nenhuma importância a mais.

A técnica aplicada pode ser vista na Figura 14.18.

		Funções →						
	B	C	D	E	F	G	Soma	%
A	A3	C5	A5	E3	A3	G1	11	16
	B	C5	B3	B3	F5	G1	6	8
		C	C5	C3	C1	C1	20	28
Funções ↙			D	E1	F5	G5	–	–
				E	F5	G5	4	6
					F	G1	15	22
						G	13	20
						Total	69	100

Figura 14.18 *Método de Mudge (aparador de água).*

Durante a aplicação dessa técnica, o grupo é conduzido a discutir as divergências e pontos de vista pessoais, favorecendo o entendimento do problema.

Uma maneira feliz de orientação, para saber quais funções abordar, é plotar num mesmo gráfico as informações sobre os custos e necessidade das funções. No caso em questão, fica claro que as funções "coletar água com 45%", "conduzir água com 31%" são aquelas cujos custos relativos são claramente maiores que as necessidades relativas, de 28% e 21% respectivamente, o que pode ser nitidamente percebido no gráfico COMPARE da Figura 14.19.

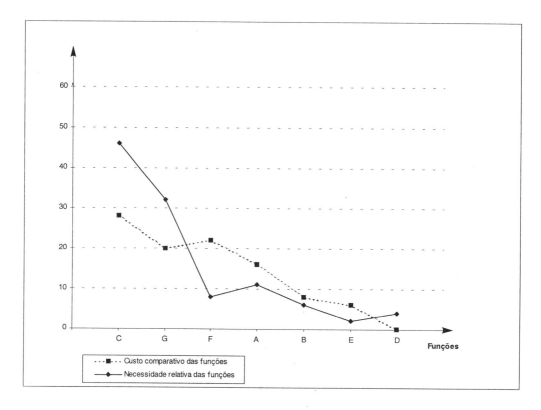

Figura 14.19 *Procura das funções a serem atacadas (aparador de água)* (Gráfico COMPARE).

Para se ter um entendimento mais completo do problema, o diagrama FAST também foi construído. Na Figura 14.20 pode ser visto o diagrama com a devida hierarquização das funções. Pode ocorrer que durante a confecção do diagrama FAST surja, desapareça ou mude o nome de alguma função inicialmente identificada.

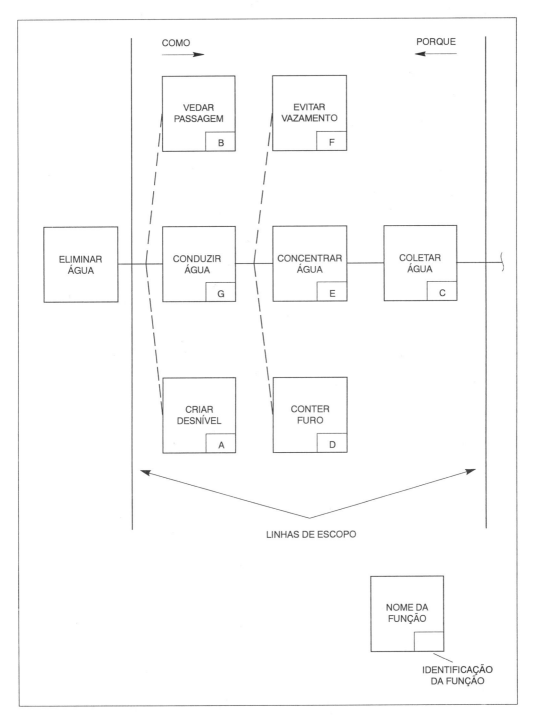

Figura 14.20 *Diagrama FAST (aparador de água)*.

Para casos onde existe uma montagem de peças, pode ser também aplicada a técnica do Diagrama de Produto conforme item 9.10.1.

Na Figura 14.21 pode ser visto o diagrama de produto do aparador de água.

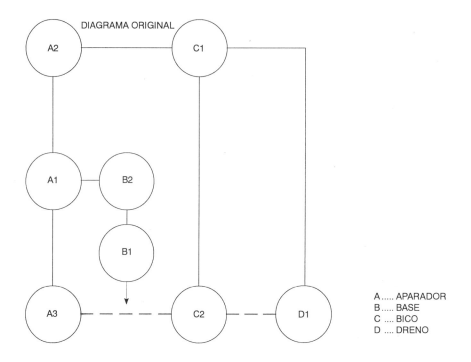

Figura 14.21.A   *Diagrama de produto (aparador de água original).*

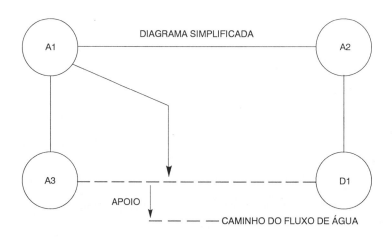

Figura 14.21.B   *Diagrama de produto (aparador de água – simplificado).*

O diagrama de produto simplificado sugere incorporar a base do aparador e o bico de drenagem no aparador.

Independentemente disso, o gráfico da Figura 14.19 sugere analisar as funções "coletar água" e "conduzir água", conforme já visto.

Na fase de especulação tentou-se cumprir os objetivos realmente básicos, ou seja, as funções no caminho crítico do diagrama FAST, isto é, "conduzir água", "concentrar água" e "coletar água", sendo as demais apenas as funções de suporte que se possível podem ser desempenhadas de maneiras alternativas.

Após gerar as idéias e avaliá-las surgiram recomendações, sendo a primeira eliminar a base do aparador incorporando-a ao mesmo, e eliminar o bico como o adesivo com uma alteração adequada do aparador. Com as modificações, o dreno fica reduzido à metade do seu comprimento.

A economia obtida com a proposta chegou a 16%.

A Figura 14.22 mostra o produto original e o protótipo a ser testado

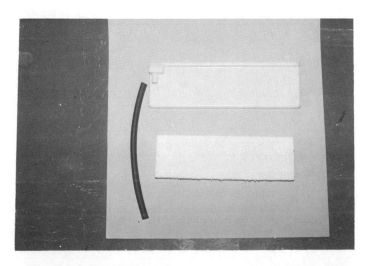

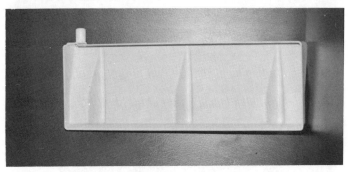

Figura 14.22 *Produto original e protótipo a ser testado (aparador de água).*

14.7.2 Caso do tambor da secadora

Trata-se de um tambor com a finalidade de acondicionar roupa para efetuar a secagem.

O objetivo do trabalho foi reduzir 20% nos custos e melhorar a qualidade.

Como primeiro passo, tratou-se de compreender melhor o problema na fase de informação, completando o Quadro 14.52. A Figura 14.23 mostra o tambor em estudo.

Quadro 14.52 *Fase informativa do tambor da secadora.*

Item	Material		Funções Identificadas
Tambor	Chapa calandrada e soldada	A B D K J	conter roupa guiar conjunto permitir fixação encaixar gaxeta proteger superfície
Flange	Chapa repuxada e recortada	A J C D M	conter roupa proteger superfície apoiar conjunto permitir fixação possibilitar encaixe
Rebite		E	fixar flange/tambor
Pá	polipropileno homopolímero	F	revolver roupa
Parafusos e arruelas		L	fixar pás
Gaxeta	feltro e vinasto	G H	vedar compartimento reforçar vedação
Anel	celcon	M I	possibilitar encaixe evitar desgaste

Figura 14.23 *Tambor da secadora.*

Em seguida, os custos comparativos de cada função conforme desempenhados originalmente foram calculados e podem ser vistos no Quadro 14.53.

Quadro 14.53 *Custo das funções do tambor da secadora.*

Funções Componentes	A	B	C	D	E	F	G	H	I	J	K	L	M	Total
Tambor	1.582	290		55						935	50			2.912
Flange	755		160	85						245			27	1.272
Rebites					270									270
Pás						1.100								1.100
Parafusos												227		227
Arruelas												23		23
Gaxeta							2.230	1.070						3.300
Anel									853				43	896
Soma	2.337	290	160	140	270	1.100	2.230	1.070	853	1.180	50	250	70	10.000

Após aplicar a técnica de Mudge, foram calculadas as necessidades relativas de cada função e, uma vez plotados com os custos relativos na Figura 14.24, pode ser concluído que as funções:

A – conter roupa,

G – vedar compartimento,

H – reforçar vedação,

são as que têm maior potencial para ser analisadas.

272 ANÁLISE DO VALOR

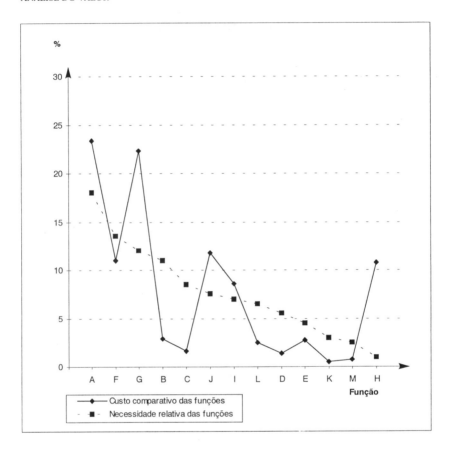

Figura 14.24 *Procura das funções a serem atacadas no tambor da secadora* (Gráfico COMPARE).

Analisando em detalhes as funções "vedar compartimento" e aquelas de menor nível hierárquico segundo o diagrama FAST, ou seja, "reforçar vedação" e "permitir encaixes" foram geradas idéias que, somadas com as de "conter roupa", resultaram numa proposta bastante promissora, trazendo uma redução de custos de 23%.

O diagrama FAST pode ser visto na Figura 14.25.

APLICAÇÕES REAIS 273

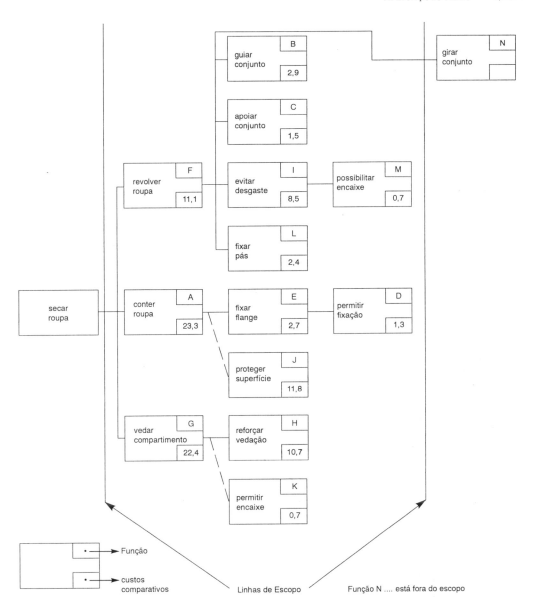

Figura 14.25 *Diagrama FAST (tambor da secadora)*.

14.8 OBSERVAÇÕES FINAIS

Há uma tendência nas pessoas de lerem os exemplos já resolvidos, e acharem natural a solução, não percebendo nenhuma adição aos conhecimentos que possuem. Pois bem, é precisamente essa reação de dizerem "Só isso?", "Eu também faria isto", "O que está aqui é lógico e não apresenta nenhuma novidade" que identifica a existência de soluções criativas, pois sem acrescentar nada à mente reorganizam as idéias trazendo soluções inéditas e relevantes ao problema em questão, inclusive gerando economias, melhorando a comunicação entre as pessoas, auxiliando na evolução tecnológica e na solução de problemas não resolvidos. Qual foi a reação dos oponentes de Cristovão Colombo quando o ovo ficou de pé?

15
A procura de oportunidades

A Fase de Preparação equivale à escolha do projeto a ser abordado. Como é muito grande o número de possibilidades de projetos a serem escolhidos, faz-se necessário identificar aqueles que são realmente importantes, para evitar iniciar projetos que não motivam nem trazem reais melhoramentos.

É fundamental entender que a empresa deve ser considerada como um sistema, tendo todas as suas partes interligadas como os elos de uma corrente. Como conseqüência, os vários problemas ou possíveis projetos a serem abordados são também interdependentes. Isto é, resolvendo-se um importante, deixarão de existir vários outros, tal como na corrente de elos, em que para torná-la mais resistente basta reforçar um único, o mais fraco. Neste caso, a Lei de Pareto tomará uma forma mais refinada, isto é, 1/99 e não 20/80 como para o caso em que os vários problemas ou fatores são interdependentes.

Para ilustrar este fato, consideremos uma seqüência de 20 operações de manufatura em que apenas uma delas, a quinta, possui uma produtividade de peças por hora menor do que as demais. Qualquer ação em operações diferentes desta levará a uma economia ilusória: assim, uma redução do tempo de ciclo, uma redução do tempo de parada para manutenção ou um aumento na produtividade das demais operações apenas fará aumentar a possibilidade de produzir maior estoque em processo em vez de vantagem. Por outro lado, qualquer aumento na produtividade da operação mais lenta trará real economia, desde que o total de unidades produzidas seja efetivamente vendido.

Neste caso, trabalhar em 20% das operações de acordo com Pareto apenas conduzirá a um aumento de trabalho inútil. Trabalhar nas quatro operações não trará melhor resultado do que trabalhar em apenas uma, a mais lenta, neste caso a quinta operação.

Como para fabricar uma peça deve ser executada uma série de operações interligadas, basta abordar um problema por vez para fazer toda a fabricação melhorar. Este processo pode ser estendido a uma empresa como um todo, que, para faturar, deve realizar várias operações como vender, projetar, fabricar e controlar. Basta procurar o problema mais importante (Goldratt 1986).

O que foi dito acima pode orientar eficientemente na escolha de projetos a serem abordados. Assim, reduzir tempos de passagem tanto na manufatura quanto no escritório e reduzir tempos de parada para manutenção de equipamentos podem não trazer nenhum resultado global se não forem em operações tais que resultem maior produção vendida. Um produto apenas é vendável quando terminado. O estoque intermediário, além de não poder ser faturado, ainda custa caro, razão pela qual sua redução também traz economia. Estoque intermediário apenas se justifica quando tem a finalidade de proteger algum recurso restritivo. Tal redução poderá ser obtida por diminuição do tamanho dos lotes de fabricação e dos tempos de manutenção de equipamentos.

Um fato que deve ser considerado é que taxas horárias dos equipamentos podem levar a conclusões erradas na quantificação de economias, pois economizar horas de máquina que tem ocupação baixa não corresponde a economias daquelas horas, enquanto a mesma em horas de máquina com carga plena trará não apenas a economia das horas ganhas, mas a correspondente aos produtos adicionais vendidos.

Assim, para que reais economias sejam obtidas, é importante atuar na redução de matéria-prima ou de componentes. Outro caminho é o de reduzir despesas realmente incorridas, sem alterar vendas, ou aumentar peças vendidas, com mesmos equipamentos e mesmas despesas. Outra possibilidade é a redução de investimentos sem afetar despesas e vendas. Qualquer outra tentativa será apenas ilusória.

Uma forma muito eficiente de procurar projetos importantes de Análise do Valor é desenvolver produtos adicionais e processos alternativos com vistas em aliviar pontos de estrangulamento, para produzir e vender maior número de produtos, trazendo assim uma redução do preço para o fabricante e conseqüentemente para o usuário. Uma segunda maneira de identificar projetos é aumentar o valor para o usuário, incorporando características, aumentando o tempo de vida ou ainda oferecendo melhor serviço.

Estas duas maneiras levam invariavelmente ao aumento do "valor" para o usuário, tornando assim o produto mais competitivo.

16
A análise do valor e a teoria das restrições

Os conceitos desenvolvidos por Goldratt podem ser utilizados com ótimos resultados na fase de preparação do Plano de Trabalho.

Restrição é qualquer coisa que limita um sistema em conseguir melhor desempenho com relação ao seu objetivo. No caso de uma empresa, várias categorias delas podem existir: mercadológicas, comportamentais, políticas ou mesmo as físicas, como horas de equipamento, metros cúbicos de depósito, entre outras.

Utilizando o conceito de sistema conforme visto no Capítulo 15, pode ser concluído que qualquer coisa que se faça em algum local ou nível causará conseqüência em outras partes do sistema e portanto no seu todo.

Assim, supondo que todo sistema possui um objetivo, qualquer projeto ou mesmo um curso de ações irá impactar tanto no resultado medido desse objetivo, como também na velocidade com que o sistema caminha em direção a esse objetivo.

Se tenho vários projetos para serem priorizados, um bom critério é o de contemplar preferencialmente aqueles que estarão favorecendo mais o sistema de caminhar em direção a seu objetivo.

Foram desenvolvidas três medidas que relacionam os impactos de projetos no lucro líquido, e no retorno sobre o investimento quando necessário, para que a tomada de decisão possa ser feita de maneira coerente e inequívoca (Csillag, 1991).

A primeira medida, chamada de *Ganho* (G), é a capacidade da empresa em gerar dinheiro na unidade de tempo através das vendas. O *Ganho* corresponde ao preço de venda dos produtos menos o montante pago a nossos fornecedores pelos itens que entraram no produto vendido.

A segunda medida é o *Investimento* (I), definido como todo dinheiro que o sistema investe na compra de coisas que pretende vender.

A *Despesa Operacional* (DO), definida como todo dinheiro que o sistema ganha transformando o *Investimento* em *Ganho*, constitui a terceira medida.

As três medidas podem em conjunto sinalizar o lucro líquido (G – DO) e o retorno sobre o investimento (G – DO)/I (Goldratt, 1991). Assim, havendo vários projetos a serem escolhidos numa priorização, torna-se importante saber qual é o impacto de cada um deles no resultado da empresa.

Para ilustrar o raciocínio, seguem cinco exemplos de projetos. Para cada um deles é calculado o impacto que produz nas medidas e na lucratividade da empresa.

O primeiro projeto trata da implantação de um sistema de trocas rápidas de ferramentas na produção, que abrange dez máquinas. Para ser implementado custa 5.000 unidades monetárias (UM), trazendo como conseqüência um aumento nulo nas vendas.

Um segundo projeto pode ser considerado como o de racionalizar determinada operação mecanizando o equipamento, que se constitui num gargalo, trazendo um Ganho adicional de 100.000 UM/mês. O investimento necessário para esse projeto é de 300.000 UM.

Na procura de oportunidades, foi escolhido um projeto de segmentar o mercado para determinado produto. Considerando o produto como tendo um Ganho unitário de 30 UM, o projeto consiste em modificá-lo, requerendo para tanto um Investimento de 1.000.000 UM. Espera-se de início uma quantidade vendida pequena, isto é, 50.000 unidades mensais (u/mês), com acréscimo das despesas de pessoal e de energias de 300.000 UM/mês. Por ser pequena a quantidade de material a ser adquirida para o novo produto, haverá um aumento no custo de fornecimento de 20 UM por unidade.

Um quarto projeto, que custa 48.000 UM em termos de treinamento, propõe-se a sugerir maneiras alternativas de desempenhar funções dos produtos, reduzindo em 20% o custo da matéria-prima nos vários produtos da empresa, ensejando reduzir o preço dos produtos. Isto porque a empresa vai repassar a economia conseguida para o preço de venda ao manter o Ganho unitário de 8 UM/u constante. Como conseqüência, espera-se um aumento do número de unidades vendidas, que é de 200.000 u/mês, de 8% imediatamente, 12% após seis meses e 18% no segundo ano.

O quinto e último projeto a ser considerado para a empresa consiste em melhorar o serviço oferecido aos clientes, por meio da redução de falhas no atendimento e de reclamações, assim como por redução do tempo de entrega dos serviços. O custo para implantar o sistema é de 50.000 UM, que trará como conseqüência um aumento na quantidade de clientes e do Ganho de 150.000 UM/mês até o 3º mês, de 180.000 UM/mês do 4º mês em diante até o décimo segundo mês e de 250.000 UM/mês daí para diante.

Aplicando a técnica DLI vista em 8.5, pode ser montado o Quadro 16.1, baseado nas informações contidas no Quadro 8.1.

O primeiro passo consiste em listar os cinco projetos considerados na primeira coluna do quadro, como o de Trocas Rápidas, Racionalizar o Gargalo, Segmentar o Mercado, Alterar Produtos e o de Melhorar Serviços.

O segundo passo implica considerar as dificuldades para realizar os projetos, conferindo os valores para a segunda coluna, o que pode ser visto no item 16.1.

O terceiro passo consiste em calcular o impacto dos projetos na lucratividade da empresa, para em seguida preencher os valores da terceira coluna do quadro, o que pode ser visto no item 16.2.

O quarto passo implica considerar os impedimentos para implantar os projetos, traduzidos em valores a serem anotados na quarta coluna do quadro, o que pode ser visto no item 16.3.

Finalmente, efetua-se o produto dos três valores para cada projeto, anotando-se os valores na quinta e última coluna do quadro, o que pode ser visto no item 16.4.

Quadro 16.1 *Priorização para os projetos.*

Projeto	D Dificuldades para realizar o Projeto	L Impacto na Lucratividade	I Impedim. para implantar o proj.	D x L x I
Trocas Rápidas	6	1	6	36
Racion. Gargalo	8	3	8	192
Segmentar Mercado	3	6	6	108
Alterar Produtos	6	8	8	384
Melhorar serviços	6	8	8	384

16.1 DIFICULDADES

Considerando as dificuldades para realizar os projetos, aquele considerado o mais difícil é o de segmentar o mercado, porque a área comercial da empresa argumenta falta de conhecimento sobre o mercado específico, razão pela qual a nota 3 foi considerada.

Os projetos de aplicar Análise do Valor, para alterar os produtos e para melhorar os serviços, foram considerados razoavelmente difíceis, recebendo assim nota 6.

O projeto mais fácil de ser realizado é o de racionalização do gargalo, pois há idéias claras do que deve ser feito, recebendo assim nota 8.

16.2 IMPACTO NA LUCRATIVIDADE

Analisando o impacto dos vários projetos sobre a lucratividade, resulta ser o de trocas rápidas o de menor impacto, pois não implicará maior lucratividade, recebendo, portanto, a menor nota possível.

O segundo projeto que trata de racionalizar determinado equipamento consiste em adquirir um acessório que, instalado, custará 300.000 UM, permitindo produzir mais produtos acabados e trazendo imediatamente uma lucratividade adicional de 100.000 UM/mês, a partir do quarto mês.

Para o projeto de segmentar o mercado, lançando novo produto que absorverá de saída 50.000 ù/mês, será acrescida uma Despesa Operacional de 300.000 UM/mês, e o Investimento em equipamentos será de 1.000.000 UM. O efeito desse projeto na lucratividade é de:

50.000 u/mês x 10 UM/u − 300.000 UM/mês = 200.000 UM/mês.

Apenas a partir do sexto mês, após retornar o investimento de 1.000.000 UM, é que a lucratividade efetiva será aumentada de 200.000 UM/mês.

Para o quarto projeto, consistindo em reduzir o consumo de matérias-primas, o impacto na lucratividade será de 80.000 UM no primeiro mês. Do segundo ao quinto mês, o impacto sobre o lucro será 128.000 UM/mês. Do sexto ao décimo segundo mês a variação sobre a lucratividade será de 192.000 UM/mês (8 UM/u x 0,12 x 200.000 u/mês). Finalmente, do décimo terceiro mês em diante, o aumento na lucratividade será de 288.000 UM/mês.

Para o quinto e último dos projetos identificados inicialmente, o melhoramento dos serviços trará como impacto na lucratividade 180.000 UM/mês do quarto até o décimo segundo mês e 250.000 UM/mês daí para diante.

Com os valores calculados no aumento da lucratividade da empresa, pode ser montado o Quadro 16.2, com cinco faixas de valores que conferirão as notas para a terceira coluna do Quadro 16.1.

Com os valores calculados, monta-se o Quadro 16.2 para dar notas à coluna da lucratividade do Quadro 16.1.

Quadro 16.2 *Impacto dos projetos sobre a lucratividade da empresa.*

Projeto	Impacto na lucratividade UM $/mês	Nota
Trocas Rápidas	(5.000)	1
Racionalizar Gargalo	100.000 (4º mês em diante)	3
Segmentar Mercado	200.000 (6º mês em diante)	6
Alterar Produtos	80.000 (1º mês) 128.000 (do 2º ao 5º mês) 192.000 (do 6º ao 12º mês) 288.000 (do 13º mês em diante)	8
Melhorar Serviços	100.000 (no 1º mês) 150.000 (do 2º ao 3º mês) 180.000 (do 4º ao 12º mês) 250.000 (do 13º mês em diante)	8

16.3 IMPEDIMENTOS

Do ponto de vista de impedimentos para a implementação, o projeto de introduzir um sistema de trocas rápidas e o de segmentar o mercado é que recebem uma quantidade razoável de pequenas objeções originadas nos departamentos comercial e de métodos e processos, razão pela qual recebem nota 6. Os demais projetos apenas recebem pequenas objeções, razão pela qual recebem nota 8.

16.4 CONCLUSÃO

Após efetuar os produtos das três colunas para os cinco projetos propostos, percebe-se a nítida vantagem dos projetos de alterar produtos e de melhorar serviços sobre os demais.

São os projetos que maior impacto trarão sobre a lucratividade, incorrendo em menores despesas, além de apresentarem maior facilidade para a implantação.

17
O método COMPARE

A essência da Análise do Valor é oferecer ao usuário o desempenho das funções necessárias ao preço que ele está disposto a pagar, isto é, o mínimo. Nesta sentença, dois universos convivem, um referente ao fornecedor e o outro ao usuário. Assim, o fornecedor, facilmente identificável, deve de alguma maneira oferecer ao usuário as funções que ele deseja vender de forma competitiva.

O termo COMPARE foi por mim cunhado com as iniciais das palavras *comparar parâmetros* (do lado usuário) e *recursos* (do lado fornecedor), dando ao mesmo tempo a idéia de comparação.

Esta técnica, que apresentei no Congresso Internacional da SAVE em 1988, foi premiada como o "Melhor Trabalho do Ano".

Quando o cliente compra um produto determinado, sua identificação é mais fácil. Entretanto, quando se avalia um departamento de qualquer empresa, para identificar o cliente, basta seguir o produto bens ou serviços. O cliente, em qualquer dos casos, é aquele afetado pelo produto em questão (Juran, 1990).

As figuras 14.19 e 14.24 mostram o gráfico COMPARE, aplicados naturalmente nos exemplos, porém considerando a importância de caracterizar o fim da Fase de Informação no processo como um todo. Serão a seguir mostrados exemplos diversos, nos quais foi aplicada a técnica COMPARE, com vistas a mostrar mais especificamente a sua utilização.

17.1 CASO DE REDUÇÃO DE CUSTOS DE UM CABIDE

O primeiro passo para trabalhar com o gráfico COMPARE é fazer a identificação das funções e a construção do diagrama FAST (9.10.4) quando se faz necessário.

Considere-se um simples cabide utilizado em lojas de departamentos para expor mercadorias. Este cabide possui uma haste com um gancho soldado no seu centro, tendo em cada extremidade um prendedor limitado por uma capinha. A Figura 17.1 mostra o diagrama FAST para o produto em questão.

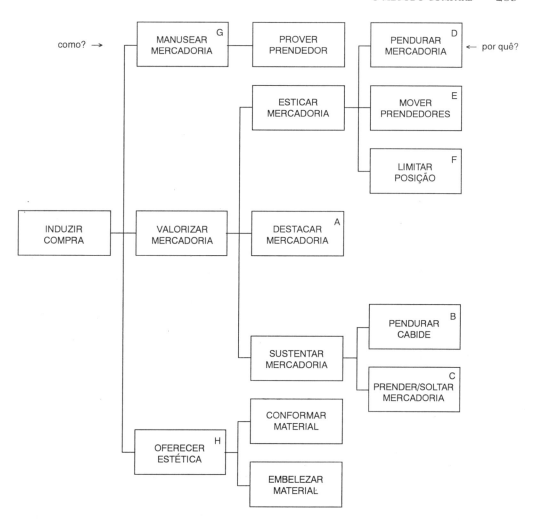

Figura 17.1 *Diagrama FAST para o caso do cabide.*

Sabendo quem é o cliente e quais os recursos consumidos a serem considerados em função do problema em questão, torna-se fácil montar uma tabela que indique quais os recursos consumidos por função. Assim, se o objetivo é reduzir o custo de um produto, o recurso em questão é medido em unidades monetárias. Se o objetivo é reduzir tempo de processo, o recurso em questão será a unidade de tempo, ou se o objetivo é reduzir área, o recurso a ser medido é a unidade de área.

Os recursos consumidos podem ser facilmente determinados (9.10.5.4) usando-se uma tabela onde nas linhas são alocados os próprios elementos do consumo de recursos e nas colunas as funções escolhidas do diagrama FAST. O Quadro 17.1 mostra a tabela de onde pode ser verificado que as funções A, B e H são as que mais consomem recursos correspondendo a 64,5% do total de recursos.

Quadro 17.1 *Consumo de recursos para o caso do cabide.*

Funções Compon.	A	B	C	D	E	F	G	H	Total
Gancho		0.87					0.43	0.14	1.44
Haste	1.16				0.14			0.14	1.44
Prendedor	0.28		0.42	0.42				0.28	1.40
Capinha						0.32		0.08	0.40
Soldagem		0.20							0.20
Total	1.44	1.07	0.42	0.42	0.14	0.32	0.43	0.64	4.88
%	29.5	21.9	8.6	8.6	2.9	6.6	8.8	13.1	100.0

A tendência em trabalhar naquelas funções que mais consomem recursos é imediata. Entretanto, esta tendência deve ser refreada até que sejam conhecidos os impactos destas funções junto ao usuário. Numa primeira abordagem torna-se melhor analisar apenas aquelas funções secundárias que não são necessárias ao usuário.

O passo seguinte é determinar as necessidades relativas entre as funções a fim de compreender a percepção do cliente. Isto poderá ser feito utilizando a proposta de Mudge (6.3.6 e 19.10.5.3), que propõe fazer uma comparação duas a duas de todas as funções consideradas, resultando numa avaliação numérica funcional. Ainda aqui se deve cuidar para não usar apenas o ponto de vista do cliente para escolher qual função abordar. O Quadro 17.2 mostra o diagrama de avaliação numérica funcional de onde pode ser concluído que as funções A, G e D são as mais necessárias, correspondendo a 67,6% das necessidades.

O Método COMPARE, já testado em mais de dois mil exemplos, consiste em considerar o compromisso entre o consumo de recursos (posição do fornecedor) e a necessidade ou importância relativa (ponto de vista do cliente) por função. Freqüentemente, algumas das funções mais caras para o fornecedor não apresentam nenhuma importância para o consumidor, e vice-versa. Uma forma poderosa de demonstrar isto é através do Gráfico COMPARE.

Quadro 17.2 *Avaliação numérica funcional para o caso do cabide.*

									Total	%
A	A2	A3	A3	A3	A3	A2	A3	19	27.9
	B	B1	D2	B3	B3	G3	B2	9	13.2
		C	D1	C3	C3	G2	C2	8	11.8
			D	D3	D3	G2	D2	11	16.2
				E	E3	G3	H1	3	4.4
					F	G3	F1	1	1.5
						G	G3	16	23.5
							H	1	1.5
								68	100

Registrando num mesmo gráfico os conteúdos das tabelas, que apresentam as necessidades relativas das funções para o usuário em porcentagem, e os consumos de recursos para as mesmas funções também em porcentagem, constrói-se a Figura 17.2 que mostra o gráfico COMPARE.

No caso apresentado, se o objetivo consiste em reduzir custos, o melhor é iniciar abordando as funções B, H e F, pois são aquelas que mais consomem recursos (totalizam 41,6% do total) e ao mesmo tempo representam uma importância pequena ao consumidor (16,2% do total), custando cada uma delas relativamente mais que sua necessidade.

Seria ideal se ambas as curvas coincidissem, pois os clientes não se afligiriam pela ineficiência do fornecedor, desde que estivessem pagando proporcionalmente à importância que dão à função.

O gráfico COMPARE constitui uma linguagem comum entre todos os departamentos e a gerência que aprova o projeto. Numa apresentação de muitos projetos sobre diferentes assuntos, torna-se uma linguagem comum entre os vários grupos de trabalho, mesmo quando estes projetos são de natureza diferente.

Permite ainda àquelas pessoas que não pertencem às equipes de trabalho compreender rapidamente as funções a serem abordadas e as razões disto, ajudando ainda as gerências a avaliar as vantagens de cada projeto.

Como a soma dos valores, tanto para a necessidade quanto para o consumo das funções soma cem, qualquer alteração no consumo, conseqüente de uma abordagem, irá rearranjar automaticamente os valores, permitindo um fácil e rápido reconhecimento de quais funções abordar numa segunda rodada, garantindo assim a utilidade do gráfico.

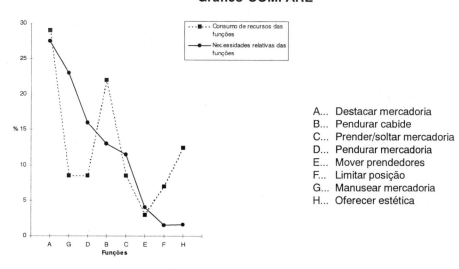

Figura 17.2 *Gráfico COMPARE para o caso do cabide.*

Os resultados atingidos com o gráfico COMPARE tanto em universidades quanto em empresas foram ótimos, pois oferecem aos iniciantes a confiança que lhes falta para prosseguir seguramente para a fase criativa. No instante em que terminar o gráfico, um sorriso enorme de *insight* mostra a sua satisfação. Este também é o momento apropriado para se avaliarem as funções a serem estudadas.

A mente humana é um sistema auto-organizante que elabora e reconhece padrões (De Bono, 1985), resultando as seguintes implicações:

- o sistema provê uma oportunidade para que a informação se auto-organize em padrões;
- a informação é processada seguindo ao longo de padrões existentes;
- a seqüência na qual as informações chegam determina os padrões a serem formados.

Todas as características de um padrão surgem da afirmação básica de que existe um caminho preferencial para o pensamento passar de um padrão a outro. Por causa disso os padrões são reconhecíveis, repetitivos e provocam expectativas.

Considere-se um problema (5.2 desvio) como aquilo que separa o estado A (atualmente existente) do estado B (aquele a ser atingido). O ato de construir a curva do consumo de recursos irá tornar mais preciso o estado A. O padrão ou padrões conseqüentes começam a ser melhor caracterizados, facilitando desta maneira a análise das informações. Por outro lado, ao plotar os pontos da curva de necessidades relativas, está-se tornando mais preciso o estado B; em outras palavras está-se configurando a diferença entre A e B, que permite avaliar melhor o passo a ser dado, por ocasião da mudança de padrões.

Concluindo, o gráfico COMPARE torna mais clara a definição dos estados A e B, trazendo como conseqüência a indicação de quais funções abordar e as razões para isto. Torna-se assim possível um rearranjo de informações nas mentes, tornando mais efetiva a fase criativa que vem a seguir (Csillag, 1990).

17.2 CASO DE ECONOMIA DE COMBUSTÍVEL EM TESTE DE MOTOR DE AERONAVE

Trata-se de reduzir o consumo de combustível durante testes de motores de uma frota de aviões.

As funções relevantes do teste de motor estão quantificadas no diagrama FAST da Figura 17.3.

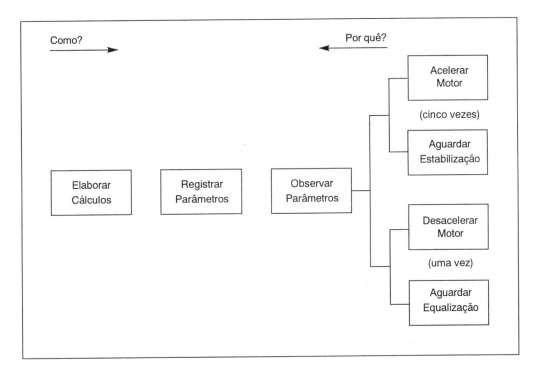

Figura 17.3 *Diagrama FAST para teste de Motor de Aeronave.*

O fornecedor pode ser considerado como a equipe de engenharia responsável pela manutenção. O cliente é o departamento de produção, que recebe a aeronave em boas condições de vôo. Neste caso, bons resultados são conseguidos quando o fornecedor realiza a manutenção a um custo mínimo, resultando num ganho para a empresa.

O consumo do recurso estudado no caso, que é o combustível, pode ser medido de acordo com a duração do tempo para a operação. O Quadro 17.3 mostra os resultados do consumo de recursos por função para o teste de motor de aeronave. Neste caso, as medições foram feitas em minutos por facilidade, e podem ser relacionadas com o consumo de combustível.

As necessidades relativas entre as funções estão mostradas no Quadro 17.4.

Quadro 17.3 *Consumo de recurso para o teste de motor de aeronave.*

Nome	Função	Consumo de Recurso (Min.)	%
A	Observar parâmetros	2,5	11,2
B	Registrar parâmetros	3,5	15,8
C	Acelerar motor	4,0	18,0
D	Aguardar estabilização	3,2	14,4
E	Desacelerar motor	2,5	11,3
F	Aguardar equalização	2,0	9,0
G	Elaborar cálculos	4,5	20,3
	TOTAL	22,2	100

Quadro 17.4 *Determinação das necessidades relativas para o teste de motor de aeronave.*

							Total	%
A	B2	A2	A1	A1	A3	A3	10	22,7
	B	B1	B1	B2	B4	B2	12	27,3
		C	D2	E1	C3	C2	5	11,4
			D	E2	D3	D3	8	18,2
				E	F1	E2	5	11,4
					F	G3	1	2,0
						G	3	7,0
							44	100

O gráfico COMPARE mostrado na Figura 17.4 permite concluir que G é a função a ser abordada em primeiro lugar, pois consome 20,3% dos recursos totais e representa simultaneamente uma pequena necessidade ao consumidor, isto é, 7,0%.

A comparação sugeriu o desenvolvimento de um procedimento usando um novo formulário que foi elaborado de maneira que tanto o registro quanto a execução dos cálculos foram facilitados.

Os resultados conseguidos representam uma redução de 9% do tempo total de teste que correspondeu a uma economia de 7% de combustível no teste.

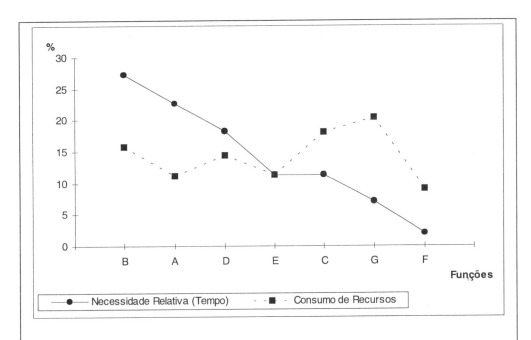

Nome	Função	Necessidades	Consumo
A	Observar parâmetros	22,7	11,2
B	Registrar parâmetros	27,3	15,8
C	Acelerar motor	11,4	18,0
D	Aguardar estabilização	18,2	14,4
E	Desacelerar motor	11,4	11,3
F	Aguardar equalização	2,0	9,0
G	Elaborar cálculos	7,0	20,3
	TOTAL	100,0	100,0

Figura 17.4   *Gráfico COMPARE para o teste de motor de aeronave.*

17.3 CASO DE REDUÇÃO DE TEMPO EM TRABALHO ADMINISTRATIVO

Uma Companhia de Seguros especializada em riscos industriais e de transporte implementou uma atividade de Análise do Valor no seu departamento de Engenharia.

Uma vez identificadas as funções pertinentes, foi decidido usar o tempo como unidade de medida, e o Quadro 17.5 mostra o consumo de tempo para as diferentes funções.

Quadro 17.5 *Consumo de recursos por função para um trabalho administrativo.*

Funções	A	B	C	D	E	F	G	H	I	J	Total	%
Preencher C.I.	10	2									12	5,7
Preparar Relatórios		3	20		5	15					43	20,7
Preparar Demonstrativos		2	10	5			15		8	8	48	23,1
Fazer Esboço		4	26				15			5	50	24,0
Efetuar Inspeção						20		20			40	19,2
Fazer Consulta						5		10			15	7,3
Total	10	11	56	5	5	40	15	45	8	13	208	100,0
Consumo Relativo de Recursos	4,8	5,3	26,9	2,4	2,4	19,3	7,2	21,6	3,8	6,3	100,0	

A Figura 17.5 mostra o diagrama COMPARE e as informações necessárias para as funções analisadas. Com base nas informações deste gráfico, alguns procedimentos foram reestruturados, conseguindo uma impressionante agilização na execução de diferentes funções. Alguns documentos foram eliminados enquanto outros foram modificados. O tempo total foi reduzido em 40%.

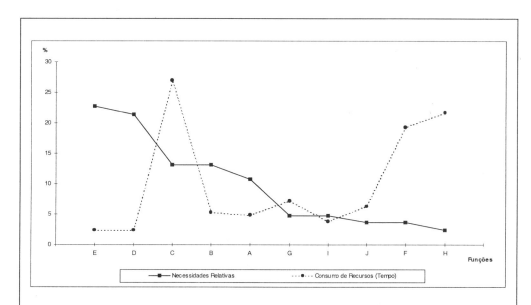

Nome	Função	Necessidades	Consumo
A	Encaminhar Documentos	10,7	4,8
B	Identificar Segurado	13,1	5,3
C	Descrever Características	13,1	26,9
D	Informar Taxas	21,4	2,4
E	Fornecer Parecer	22,7	2,4
F	Analisar Risco	3,6	19,3
G	Demonstrar Cálculos	4,7	7,2
H	Levantar Dados	2,4	21,6
I	Verificar Tarifas	4,7	3,8
J	Interpretar Dados	3,6	6,3
	Total	100,0	100,0

Figura 17.5 *Diagrama COMPARE para um trabalho administrativo.*
(Atividades de seguro)

18
Importância do trabalho em grupo em análise do valor

Um grupo de trabalho deve possuir um ambiente de cooperação cuidadosamente desenvolvido. Este ambiente favorece as capacidades interpessoais, criativas, de liderança e conceituais dos participantes, tanto individual quanto coletivamente.

Os membros devem resolver suas diferenças pessoais em função da harmonia dos compromissos para com o projeto a ser executado.

A posição de membro efetivo de um grupo deve ser conseguida por meio de disciplina e treinamento e deve ser constantemente desenvolvida, refinada e praticada.

A dinâmica de um grupo treinado requer metas específicas, uma declaração de missão e uso de um processo organizado de solucionar problemas, como por exemplo o Plano de Trabalho da Análise do Valor.

Um grupo apenas irá trabalhar em harmonia quando seus participantes entenderem e conseguirem redirecionar seus esforços nos objetivos do grupo.

18.1 COMO INICIAR UM GRUPO DE TRABALHO

Para um projeto de Análise do Valor, são escolhidas as pessoas que formarão a equipe. Farão parte os fornecedores, os processadores e os clientes. Neste momento, existe uma quantidade de pessoas sentadas umas olhando para as outras, conscientes de seu papel e de que terão alguma vantagem na participação.

O trabalho em grupo difere de abordagens tradicionais de trabalho onde são valorizados o trabalho solitário e a individualidade. Há interesses ocultos que atrapalham as pessoas em sua abordagem grupal. Cada um tem seus problemas pessoais, emoções conflitantes e lealdade por suas divisões ou departamentos. Assim, todos os aspectos que desviam as pessoas do objetivo do grupo devem ser considerados. Uma forma de trabalhar o grupo é utilizar certo tempo em atividades não diretamente relacionadas a uma tarefa, mas que desenvolvem a compreensão e o apoio dentro do grupo. Um exercício para quebrar o gelo, como "Perdidos no Mar" ou "Perdidos na Lua", é importante (Warwick, 1993).

Conforme Scholtes, as questões que minam as relações interpessoais são:

a. identidade individual dentro do grupo, considerando as preocupações relacionadas a sua aceitação, sua influência e confiança mútua, além da adaptação e lealdade;
b. relacionamento entre os membros do grupo e o tipo de comportamento que caracterizará os membros;
c. identidade com a organização, não esquecendo a condição de pertencerem a diferentes departamentos.

Das questões acima alguns bloqueios podem surgir, como:

- "Grupos de trabalho são como comissões, nunca levam a nada."
- "Colocar ênfase nos problemas que não existem, apenas para dar trabalho ao grupo."
- "As coisas vão bem agora, mas passado o treinamento, tudo volta ao normal."
- "Tivemos sucesso por longos anos sem grupos de trabalho."
- "É o chefe que vai decidir de qualquer maneira."

Uma equipe, quando se forma, passa por uma série de estágios em seu crescimento (Scholtes, 1992).

O primeiro estágio é o de *formação*, quando os membros pesquisam cautelosamente o comportamento a ser seguido. É a transição da condição de indivíduo para a de membro, e o teste da capacidade de orientação do líder. Há uma tentativa de definir a tarefa e decidir como será realizada. Quais informações devem ser coletadas? Discussões sobre indícios de problemas não pertinentes à tarefa devem ser evitadas. Aqui, todos estão se medindo.

O segundo estágio é o mais difícil para a equipe. Começam a perceber que a tarefa é diferente e mais difícil do que imaginavam e começam a se desesperar. Ainda não cooperam entre si e tentam apoiar-se em experiências pessoais. Há uma desunião e o nome do estágio é o de *turbulência*.

O terceiro estágio é o de *normas*, pois os membros aceitam as regras básicas da equipe e a individualidade de seus membros. Há uma integração na equipe, e a impressão de que vai tudo começar a dar certo. É nessa fase que os progressos ocorrem, pois os membros aptos a resolver as diferenças sabem quanto confiar em cada um.

Finalmente, o quarto estágio é o da *atuação*. Os membros já conhecem os pontos fortes e fracos de cada um. Já se protegem mutuamente e cresce a quantidade de trabalho que começa a ser produzida.

18.2 CARACTERÍSTICAS DE UM GRUPO EFICIENTE

Uma equipe eficiente apresenta as seguintes características:

- As metas do grupo devem ser claramente entendidas e relevantes às necessidades dos seus membros. Isto vai estimular a cooperação e solicitar de cada membro um alto nível de compromisso para sua consecução. Como o trabalho é de todos os membros do grupo, a participação de todos deve ser equilibrada nas discussões, contribuições e decisões. Todos devem se comprometer com o êxito do projeto, contribuindo com suas aptidões.
- Os membros da equipe devem comunicar suas idéias precisa e claramente. A comunicação efetiva nos dois sentidos constitui a base do funcionamento de uma equipe.
- Participação e liderança precisam ser distribuídas entre os membros.
- Os conflitos entre aqueles que têm idéias opostas devem ser encorajados, pois quando adequadamente gerenciados provocam envolvimento e criatividade.
- Eficácia interpessoal dos membros deve ser alta, e as conseqüências do comportamento são críticas.
- Os papéis são claramente definidos e todos precisam compreender suas obrigações e saber por quais tarefas são responsáveis.
- Os processos de decisão devem ser bem definidos. O grupo deve discutir como as decisões serão tomadas, como, por exemplo, quando fazer votação, quando parar de buscar informações e passar para a fase criativa e quando decidir por consenso.

18.3 ESTILOS DOS PARTICIPANTES DOS GRUPOS

Uma pesquisa feita em 51 empresas (Parker, G.M., 1994) mostra quatro estilos de comportamento dos membros de um grupo.

O *contribuinte* é um membro que se dedica à tarefa, aprecia fornecer informações técnicas e dados à equipe; prepara-se adequadamente para as reuniões e força o grupo a estabelecer alto padrão de desempenho e a utilizar seus recursos de forma sensata. São eficientes no uso de seu tempo e recursos. Forçam esforço especial da equipe para evitar perda de tempo. Oferecem ao grupo o conhecimento técnico valioso de que ele necessita para solucionar problemas e atingir metas. Podem atuar como instrutores e monitores de outros membros. Assume responsabilidade por todas as ações como membro do grupo. É confiável, responsável, organizado, eficiente, lógico, claro, relevante, pragmático e sistemático.

O *colaborador* é um membro direcionado à meta, que acha fundamental a visão, a missão ou a meta do grupo, porém é flexível e aberto a novas idéias. Lembra constantemente ao grupo para que se mantenha no caminho certo e verifica se tudo se concentra no alvo: na redução de preço ou no aumento do valor. O *colaborador* está disposto a fazer coisas até fora de sua área e em horas especiais. Ele dá cobertura aos demais e não hesita em dividir os louros da vitória com os demais membros do grupo. Normalmente há uma tendência a divagar e a buscar dados além do necessário na Fase de Informação do Plano de Trabalho. Nesta fase é muito importante ao *colaborador* fazer o pessoal lembrar do objetivo. Normalmente, o *colaborador* é: prestativo, flexível, conceitual, afável, generoso, aberto, visionário e imaginativo.

O terceiro estilo é do *comunicador*, que, orientado para o processo, é ouvinte eficaz e facilitador da participação. Contribui para o clima positivo fazendo com que os membros do grupo se conheçam melhor e se sintam à vontade entre si. Intervém para solucionar problemas de processo, como conflitos entre os membros ou falta de envolvimento deles. Ouve atentamente todos os pontos de vista, evitando emitir julgamentos. Transmite entusiasmo e senso de urgência diante do trabalho do grupo. Resume periodicamente a situação de uma discussão ou propõe um possível consenso. Incentiva os outros membros do grupo a participarem das discussões e decisões do grupo. Normalmente ele é: encorajador, descontraído, diplomático, apoiador, prestativo, amigável, paciente, informal, atencioso e espontâneo.

O último estilo é o do *desafiador*, aquele integrante que questiona abertamente os modos, métodos e até a ética do grupo, estando mesmo disposto a discordar do líder, incentivando o grupo a assumir riscos calculados. Expressa com sinceridade seu ponto de vista sobre o trabalho do grupo. Está disposto a discordar abertamente da liderança do grupo. Força o grupo a estabelecer altos padrões éticos de trabalho. Expressa seus pontos de vista mesmo quando contrários àqueles da grande maioria do grupo. É honesto ao relatar o progresso e os problemas do grupo, porém recua quando seus pontos de vista não são aceitos e apóia o verdadeiro consenso do grupo. Para a fase especulativa do Plano de Trabalho, costuma chocar o grupo ao perguntar "como" e "por que" propondo questões relevantes. Normalmente é sincero, ético, questionador, honesto, verdadeiro, franco, fiel a seus princípios, transparente e corajoso.

Um grupo bem-sucedido possui participantes com os quatro estilos. É importante garantir num grupo de trabalho a presença dos quatro estilos, mesmo que determinado participante tenha de comportar-se de maneira não habitual. Por exemplo, em determinados momentos, pode haver falta de alguém que questione decisões.

O que é importante considerar é que todos em geral possuem um estilo básico de participação. Pode ocorrer, porém, que certo participante possui mais de um estilo principal. Em geral todos têm a capacidade de usar qualquer um dos quatro estilos, havendo predominância de algum deles.

Os participantes de um grupo, apesar de possuírem um estilo predominante, podem ser ineficazes; assim, um grupo que possui comportamentos dos quatro estilos não é necessariamente eficaz. Um *desafiador* pode ser arrogante, implicante ou severo, podendo tornar-se desagradável. Um *comunicador* ineficaz pode tornar-se um manipulador e perder a objetividade. Um *colaborador* ineficaz pode se engajar excessivamente e tornar-se insensível e ambicioso ao não rever periodicamente a missão ou as metas e não se concentrar nas necessidades de outros membros do grupo a serem atendidos. Um *contribuinte* também pode ser ineficaz quando se apega aos dados, tornando-se perfeccionista e não criativo.

18.4 O PAPEL DOS LÍDERES DE GRUPOS

Os líderes de grupos devem ser treinados a reconhecer e a envolver efetivamente os diferentes tipos de participantes que podem encontrar.

Há alguns tipos mais conhecidos, como o *silencioso*, a quem deve ser dada a oportunidade de falar; o que *segue os outros*, a quem deve ser pedido explicitamente sua opinião; o *exterminador de sugestões*, a quem deve ser mostrado que com as novas regras do grupo as coisas serão diferentes; o *"fundador"*, a quem se deve pedir a opinião respeitada; o *dorminhoco*, a quem se pode pedir sua contribuição; o das *conversas paralelas*, a quem se deve pedir que seria bom que a reunião fosse única; o *divagador*, a quem se pode pedir para enfocar mais os esforços; e o *advogado do diabo*, a quem a pergunta deve ser "e como você resolveria o problema?"

Os líderes são pessoas que criam uma visão inspirada para a organização. Devem transmitir entusiasmo pelo esforço e são honestos e autênticos em suas intenções, não deixando de ser gerentes efetivos.

As cinco funções mais importantes da liderança são: planejamento, comunicação, aceitação de riscos, resolução de problemas e tomada de decisão. Os líderes têm capacidade de ouvir atentamente, solucionar conflitos e obter consenso. Um participante do grupo pode ser um seguidor ou um líder, conforme Parker. Um *contribuinte* como seguidor pode fornecer dados precisos para o grupo e como líder estrutura as operações do grupo para solucionar problemas técnicos com eficiência. Um membro *colaborador* tende a ser um estrategista como líder e executa o que é necessário para fazer com que o grupo continue trabalhando em direção às suas metas. Os *comunicadores* como líderes de equipe são conhecidos pela abordagem de gestão participativa; como membros, porém, incentivam e apóiam o envolvimento de outros, através de seu estilo de comunicação. Como membro, um *desafiador* levanta questões sobre problemas da equipe e às vezes questiona o líder. Como líder, atua como advogado do diabo a fim de estabelecer a norma da franqueza e abertura (Parker, G.M. 1994).

18.5 O PAPEL DOS PARTICIPANTES

Há 13 regras que podem acelerar o programa de harmonização, se aceitas por todos no grupo.

18.5.1 Falar apenas na sua vez

É uma regra que permite que todos falem apenas na sua vez. Isso garante a participação de todos, coisa que raramente acontece nas reuniões em que não existe essa regra. Algumas pessoas falam e à medida que desenvolvem suas idéias os demais ficam ouvindo e têm dificuldade de interromper ou de "acompanhar e continuar" para poder expressar suas idéias. Pode mesmo ocorrer que alguém dê uma boa idéia a seu vizinho (aquela que todos estão procurando), e a pequena discussão amortece a idéia, perdendo assim a oportunidade de apresentá-la ao grupo.

18.5.2 Discutir apenas assuntos importantes

Todos os participantes estão convidados a exercer pressão sobre seus pares para que discutam apenas os problemas importantes, deixando para outra hora as questões menos importantes.

18.5.3 As saídas e interrupções quebram a dinâmica

As sessões devem ser em ambiente livre de interrupções, como chamadas telefônicas ou saídas.

18.5.4 O consenso deve ser procurado e não a maioria

Todos somos mais inteligentes que cada um de nós. Existem experimentos que demonstram a habilidade superior de um grupo sobre seus participantes individuais para resolver problemas particulares.

Algumas vezes a decisão tomada pelo grupo não coincide exatamente com a que um participante quer. É necessário, algumas vezes, alterar as expectativas, desde que a decisão tomada pelo grupo permite a cada um conviver no contexto do projeto a ser discutido.

É importante que se consiga o consenso para evitar a falta de cooperação de determinado participante ou mesmo que ele provoque o solapamento daquela decisão, talvez em outro momento futuro. O consenso deve assegurar o comprometimento.

18.5.5 Os monólogos são prejudiciais

Um dos maiores problemas em grupos de trabalho é a situação em que um participante fala por muito tempo. O líder deve encorajar afirmações enxutas e bem fundamentadas, exceto no momento da geração de idéias.

É importante que cada ponto seja colocado e debatido pelos demais membros do grupo. A reunião pode se tornar improdutiva se uma pessoa começa a passar de um ponto a outro sem parar.

18.5.6 Expressar todos os pontos

Pode acontecer algumas vezes que uma pessoa esteja pensando sobre determinado assunto que acha pertinente e importante para todos. Por algum motivo ela pode não ter tido a ocasião de expressá-lo. Será importante que ela coloque isto na agenda da reunião seguinte logo no início para decisão do grupo.

18.5.7 Digressões perdem tempo

É muito fácil desviar do assunto principal e divagar. Todos os assuntos, como, por exemplo, resultado pouco convincente do jogo de futebol do domingo anterior ou incertezas sobre determinado plano econômico do governo, são importantes, porém não durante a sessão de trabalho. As digressões devem ser constantemente monitoradas pelo líder. Esta é a parte mais cansativa de seu trabalho. Mesmo as piadas, quando não há uma razão especial para elas, podem ter efeito destrutivo, além da perda de tempo.

18.5.8 Todos contribuem e são iguais

Normalmente, os participantes de um grupo pertencem a diversos departamentos com visões específicas para abordar cada assunto e eventualmente com níveis hierárquicos diferentes. Os membros do grupo devem receber tratamento idêntico, sem intimidações profissionais como: "Eu faço isso há 10 anos e posso dizer que tal coisa vai ocorrer." Algumas idéias revolucionárias vieram de pessoas que não eram especialistas, porém foram levadas a sério pelos especialistas.

18.5.9 Evitar argumentos emotivos

Após várias horas de trabalho em grupo, os participantes podem ficar exaustos e se colocarem na defensiva, mesmo com um líder que fez o melhor para evitar situações embaraçosas.

Deve ser evitada a reação como: "Eu estou nesse negócio faz 20 anos. Se vocês não acreditam que não há o que fazer para reduzir o custo, então tudo isso é uma perda de tempo para mim. Se meus comentários não são bons para esse grupo, eu deixo o grupo". Essa é uma nítida tentativa de manipular o grupo e tem efeito desastroso sobre os resultados.

18.5.10 Todos devem ganhar

Todos os participantes devem ganhar e entrar no grupo com o propósito único de resolver o problema proposto sem intenções políticas.

18.5.11 Em caso de dúvida, pergunte

Quando um membro tiver dúvida sobre um ponto que está sendo abordado, ela deve ser esclarecida no ato. Quando a pessoa deixa para perguntar depois, perde-se tempo precioso.

18.5.12 É necessário o silêncio para pensar

Apesar de as pessoas serem encorajadas a falar, ocorrem momentos de silêncio quando todos no grupo podem parar para pensar. Ele é oportuno se segue um ponto importante levantado por algum participante ou após uma discussão profunda. A troca verbal após uma pausa pode ser muito frutífera.

18.5.13 Pequenas disputas

Ocasionalmente podem ocorrer situações polarizadas, em que o consenso não pode ser atingido. Uma forma de contornar a situação é introduzir uma empatia forçada, isto é, inverter os papéis num caso particular. Assim, se dois participantes estão disputando sobre um problema particular, e cada um deles possui argumentos fortíssimos, pode-se pedir que cada um se considere no lugar do outro. Isto vai fazer que por certo intervalo de tempo, talvez uns cinco minutos, cada um será obrigado a pensar no argumento do outro. Esta técnica ajuda no caminho do consenso.

18.6 O PODER DA IMAGINAÇÃO NOS TRABALHOS DE ANÁLISE DO VALOR

Imaginação é definida como o poder de fazer uma imagem mental ou conceito de algo que não é real ou presente (Parker, G.E., 1993).

O poder da imaginação apoiado pela criatividade ajuda o grupo de Análise do Valor a visualizar um Projeto de Sucesso antes que isso realmente aconteça. Como o projeto será após concebido, conduzido e concluído com sucesso, pode ser definido através da imaginação.

A partir do momento em que o praticante entende o problema a ser abordado, já pode dar início ao desenvolvimento de imagens dirigidas ao sucesso. Pessoas bem-sucedidas podem-se visualizar tendo experiências de sucesso. Eles se ouvem antecipando questões difíceis e respondendo de maneira reveladora. Quando contam uma piada mentalmente, visualizam as pessoas rindo (Parker, G.E., 1993).

As seguintes questões poderiam ser imaginadas:

- o que é requerido para atingir com sucesso as expectativas do cliente do projeto;

- como o estudo deve prosseguir para ter sucesso;
- como a equipe deve conseguir as informações necessárias para atingir as expectativas do cliente.

Para conseguir imaginar as expectativas do cliente é importante estabelecer os limites do projeto durante o intervalo de tempo do estudo, assim como os objetivos tangíveis e intangíveis a serem alcançados.

18.7 O QUE OCORRE NOS GRUPOS DE ANÁLISE DO VALOR

Os resultados obtidos dos trabalhos de Análise do Valor que parecem tão excepcionais são conseguidos pela metodologia e principalmente pelas pessoas que compõem o grupo. As atividades de Análise do Valor promovem a interdependência e interação entre os membros das equipes.

Uma das teorias mais simples e úteis de motivação (Fraser, 1989) é o modelo de expectativa de Lawles, que pode ser expresso como: reforço leva ao desempenho, que por sua vez leva aos resultados. O comportamento motivado acontece à medida que a pessoa acredita. Fracassos no relacionamento desempenho-resultados incluem quaisquer fatores que reduzem a probabilidade de que o melhor desempenho levará aos resultados desejados (por exemplo, respeito, promoções, prêmios, recompensa etc.).

Ser membro de uma equipe de trabalho de Análise do Valor dá oportunidade ao indivíduo de se envolver em assuntos que não são de seu dia-a-dia, e que são ao mesmo tempo importante para empresa. Uma das conseqüências de se envolver em grupos de trabalho de Análise do Valor é o desenvolvimento da habilidade de solucionar problemas. Freqüentemente, problemas que podem ser razoavelmente bem resolvidos parecem tão difíceis (antes de resolver) que as pessoas desistem até mesmo de tentar resolvê-los. Outros problemas que poderiam ser resolvidos ficam sem solução porque as tentativas de resolução são esparsas e o caminho para a resposta certa fica obscuro com tantos inícios e interrupções. O Plano de Trabalho da Análise do Valor pode ajudar muito, pois é sistemático e ajuda a ser influenciado pelas conseqüências imediatas e menos importantes, ao invés de conseqüências significativas, mas demoradas. Por exemplo, ao fumar um cigarro, a pessoa é mais facilmente influenciada pelo reforço imediato da nicotina nos pulmões do que pelo reforço distante de uma vida longa e saudável (Fraser, 1989).

A aplicação sistemática do Plano de Trabalho de Análise do Valor protege o grupo dos reforços de curto prazo alcançando em longo prazo o objetivo do grupo que trará melhores resultados para a empresa.

19
Implantação de um programa de análise do valor

Um programa de Análise do Valor é uma seqüência de ações que leva a um contínuo melhoramento de desempenho e portanto não tem fim. Para que um programa de melhoramento contínuo de desempenho tenha sucesso, deve contemplar os quatro critérios a seguir (Rummler e Brache 1994):

- estabelecer uma infra-estrutura, que possa ser sustentada sem mecanismos especiais;
- ser dirigido ao mercado. Deve iniciar com um conjunto de metas e incluir um mecanismo de adequação ao longo do tempo;
- envolver ações nos vários níveis da empresa;
- ser conduzido pelo envolvimento ativo da direção.

A implantação da Análise do Valor implica nova maneira de pensar, novo método de trabalho, técnicas de análise e de pesquisa e de constante procura de melhoramento. Portanto, a implantação de uma metodologia de Análise do Valor requer uma vontade sincera, de aprender e procurar maneiras melhores de desempenhar funções. O processo de implantação passa por três etapas, que podem ser rápidas ou não, porém necessariamente amadurecidas. A primeira etapa é a de *sensibilização,* obtida por informação, seguida pela etapa de *treinamento,* obtida por seminários e realização monitorada de casos reais e finalmente pela etapa do *domínio* e do *gerenciamento do valor,* conseguida exercitando e acumulando experiência.

É muito raro que a vontade de praticar venha antes de vivenciar as técnicas oferecidas pelo método. O início ocorre a partir da demonstração, do uso pessoal e, principalmente, da verificação de que também para seu caso o método oferece caminhos que levam a boas soluções. O Plano de Trabalho e suas técnicas foram desenvolvidas para conduzir o praticante por um caminho que o posiciona perante situações sucessivas que solicitam seletivamente comportamentos a serem desenvolvidos. O domínio da Análise do Valor começa a aparecer entre os praticantes do método através de novos hábitos adquiridos e a espontaneidade dos comportamentos sistemáticos.

O seguimento rigoroso do método de Análise do Valor com suas etapas é o primeiro passo da política de Análise do Valor. Algumas técnicas específicas constituem o cerne do método. A análise funcional com a identificação das funções e o consumo correspondente de recursos, além da pesquisa criativa para atingir o valor para o usuário, constituem exemplo do método. Estas técnicas assumem diferentes formas, dependendo do que se trata, de produtos ou serviços ou de uma reengenharia dos negócios.

Toda técnica pode se utilizada desde que ajude na percepção global e funcional, ou na formulação de soluções de síntese. Assim, qualquer técnica bem identificada concorrendo à finalidade da Análise do Valor pode ser considerada um complemento à prática da Análise do Valor. No entanto, o uso de técnicas específicas para um problema dado necessita conjugar a prática e as formulações com os princípios de Análise do Valor. O desenvolvimento da prática de Análise do Valor com técnicas novas ou pessoais necessita de um domínio profundo dos princípios da Análise do Valor.

19.1 ELEMENTOS BÁSICOS DE UM PROGRAMA GERENCIAL DE ANÁLISE DO VALOR

Existem seis elementos que devem ser desempenhados e que formam a espinha dorsal de qualquer programa bem-sucedido de Análise do Valor (Mudge, 1989):

1. Participação da direção.
2. Objetivo e metas.
3. Gerenciamento do programa.
4. Orientação e treinamento.
5. Reconhecimento.
6. Esforço individual e de grupo.

Estes elementos estão interligados e serão discutidos individualmente.

19.1.1 Participação da direção

A direção da empresa entende o programa e decide que ele deve ser implantado. Em seguida estimula as atividades correlatas e mostra de maneira inequívoca a importância que está dando e os resultados que está esperando do programa.

Nenhum funcionário pode faltar a uma reunião de Análise do Valor por falta de tempo, pois seu chefe e seus colegas lhe garantem esse tempo. Não se trata de deixar de fazer as coisas já programadas e de rotina, mas de seus colegas lhe darem cobertura no dia-a-dia enquanto se ocupa do projeto de Análise do Valor, sabendo que nas etapas seguintes eles também terão seu tempo liberado para os projetos que virão a seguir.

Uma empresa que começou a implantar Análise do Valor em 1963 teve um resultado até 1985 conforme a Figura 19.1.

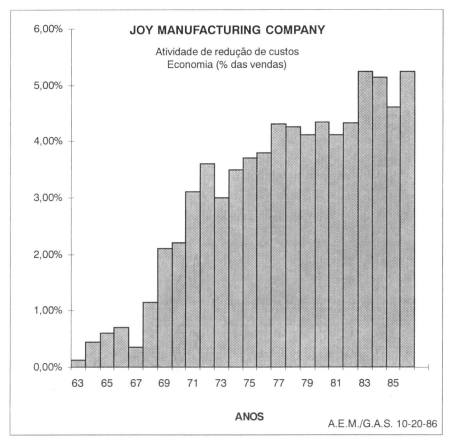

Figura 19.1   *Evolução das economias/vendas.*

Em 1966, o vice-presidente executivo verificou que o programa tinha sucesso, pois as economias da época estavam subindo de 0,2% a 0,8% das vendas. Como muitas pessoas já haviam sido treinadas e como as economias cresciam lenta mas seguramente, decidiu que os administradores dos programas de Análise do Valor das maiores fábricas do grupo poderiam ser transferidos para outras funções. Como conseqüência direta, muitos dos gerentes de outras fábricas da companhia fizeram o mesmo em suas fábricas. O gráfico da Figura 19.1 mostra o resultado dessa ação. Caiu pela metade o resultado do programa, que ficou condenado à extinção. No entanto, houve uma troca de presidente na companhia, e um dos gerentes cuja fábrica tinha um programa bem-sucedido de Análise do Valor assumiu a presidência. Após investigar as causas da queda, fez com que a atividade de Análise do Valor ficasse diretamente subordinada a ele. Seu envolvimento foi total, e o resultado atingido pode ser verificado no mesmo gráfico, onde as economias praticamente atingiram 6% sobre as vendas em 1985. Em 1987, sua empresa, a Joy

Manufacturing Company, ganhou o prêmio de Excelência outorgado pela SAVE (Mudge, 1989). Ainda em 1990, as economias obtidas com o programa montam de maneira constante em 4% sobre as vendas, e o retorno sobre investimento foi de 1/20 (King, 1990).

19.1.2 Objetivos e metas

O objetivo do programa, assim como suas metas, devem ser os da empresa e baseados no planejamento estratégico. Atualmente eles são determinados pela direção da empresa em função da concorrência cada vez mais acirrada. Exemplos de metas podem ser: reduzir preço de produtos, lançar novos produtos, melhorar serviços, adequar a organização, implantar um programa de Qualidade Total ou apenas certificar-se de acordo com as normas ISO série 9000.

As pessoas estabelecem ao longo de sua vida algum tipo de objetivo. Elas podem ser formais ou informais. Atualmente, as empresas procuram desenvolver seus membros valorizando seus objetivos e favorecendo a combinação e a aproximação de seus objetivos. Quando a empresa possui uma visão de futuro e uma missão bem discutida com seus participantes, compartilha-se dessa visão de futuro e dos objetivos do programa em questão.

Uma meta colocada para a Joy Manufacturing tinha sido 10% de retorno sobre o investimento anualmente. Essa meta foi ultrapassada em 69 e subiu para 25% em 85, permanecendo neste valor daí para diante.

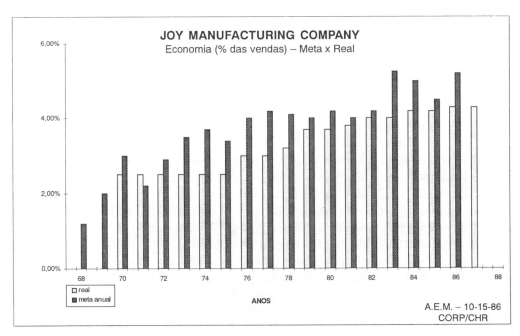

Figura 19.2   *Meta x realizado das economias/vendas.*

19.1.3 Gerenciamento do programa

Não há nada mais difícil do que conduzir um programa que muda paradigmas, pois a resistência é muito grande. O coordenador do programa tem de ser cuidadosamente escolhido para que adquira respeito dos funcionários como pessoa e como profissional. Precisa possuir uma visão sistêmica para ter condições de entender sobre a causalidade do que ocorre na empresa. Ele imagina as conseqüências de qualquer variação em um local num outro, mesmo que em momentos diferentes, e sabe encontrar a relação entre causa e efeito. Ele prevê as conseqüências de um projeto nas outras áreas da empresa.

O coordenador estimula os objetivos pessoais, pois é deles que nascem os objetivos comuns. Um objetivo comum é a resposta à pergunta: "o que queremos criar?"

Existem várias atitudes em relação a um objetivo (Senge, 1993). Através do *engajamento* o coordenador permite ao grupo que alcance os objetivos do trabalho, as pessoas criam quaisquer "leis" que sejam necessárias para realizar o objetivo. A *participação* implica fazer tudo que for necessário, porém no "espírito da lei". A *obediência genuína* faz enxergar os benefícios do objetivo, estimula fazer o que lhe compete. A *obediência formal* ocorre quando as pessoas enxergam os benefícios do objetivo; fazem apenas o que lhes compete, mas com menor intensidade do que no caso da *obediência genuína*. Quando as pessoas não enxergam os benefícios do objetivo, mas não querem perder o emprego, ocorre a *obediência relutante*. Nesse caso fazem o que lhes compete, mas não escondem sua falta de interesse. A *desobediência* ocorre quando as pessoas não vêem benefícios no objetivo e se recusam a fazer o que lhes compete. A *apatia* acontece quando as pessoas não são nem contra nem a favor do objetivo. Nenhum interesse e nenhuma energia é demonstrada. Cabe ao coordenador transformar os vários tipos de atitude em *participação*, para criar condições de instalar o programa.

19.1.4 Orientação e treinamento

Nesta fase há realmente um investimento, pois são despendidos recursos e é utilizado o tempo dos funcionários. É o que a direção pode fazer em termos de longo prazo para melhorar a empresa.

As próprias organizações estão em constante evolução. O foco está mudando da ênfase de produção e resultados para a qualidade e crescimento de seu pessoal. A perspectiva individual, que era autocentrada e pessoal, muda para o desempenho em equipe e em seguida para a eficiência da organização. A motivação presumida, que era no passado a recompensa monetária imediata, está-se transformando em recompensa de posição e reconhecimento e para a auto-realização profissional.

Nesse cenário, a empresa deve promover a auto-realização de seus funcionários com os meios atualizados disponíveis.

19.1.5 Reconhecimento

Todo indivíduo se orgulha de um programa que lhe dá reconhecimento. O reconhecimento pode tomar diferentes formas e não necessariamente ser monetário. Uma placa, por exemplo, pode significar o reconhecimento da gerência por um trabalho bem feito, além do fato de haver também o reconhecimento de seus pares e subordinados.

Há programas de Qualidade Total em que um dia é escolhido como o da celebração das vitórias e feitos. Costuma ser um dia útil, em que o trabalho normal é suspenso, porém os esforços são dirigidos para homenagear aqueles que contribuíram de forma preponderante ao sucesso do programa.

Um ponto importante no que diz respeito ao reconhecimento numa organização é que ele seja baseado em medidas de desempenho específicas e consistentes.

A maneira de medir o reconhecimento num programa torna-se mais significante à medida que cresce o número de pessoas que participam nele. É importante também em função da duração do programa. Quando há grande número de pessoas num programa, são consideradas as diferenças no escopo das responsabilidades de seus cargos. Uma pessoa em certo momento, pela natureza de seu trabalho, pode influenciar muito mais do que outra os resultados finais.

Atualmente há empresas que distribuem parte de seus lucros a seus funcionários.

19.1.6 Esforço individual e grupos de trabalho

Os ingredientes discutidos constituem as entradas para o processo de conseguir dirigir as atitudes dos envolvidos em direção a um descontentamento construtivo. As pessoas possuem habilidades específicas e que devem ser aplicadas tanto individualmente quanto coletivamente. Somente após o reconhecimento dessas habilidades individuais específicas é que a gerência pode assegurar-se de que elas serão conduzidas nas direções que mais efeitos positivos possam trazer para a organização.

Em qualquer tipo de programa, o esforço individual na base formal ou informal é crítico para seu sucesso.

Alguns são solicitados e outros devem ser encorajados a participar com suas habilidades em novos grupos de trabalho. Uma vez descontentes construtivamente com os fatos, vem a vontade de melhorar a situação dos problemas da organização.

Os grupos constituem a maior força de onde vem os resultados importantes.

19.2 COMO IMPLANTAR UM PROGRAMA NA EMPRESA

A implantação da Análise do Valor apresenta três etapas sucessivas na seguinte ordem:

- prática dos métodos e técnicas básicas;
- difusão das idéias da Análise do Valor por aplicação sistemática de seus princípios a todos os níveis;
- integração de técnicas novas e aplicação generalizada da seqüência da Análise do Valor.

Realizar a primeira etapa é uma questão de treinamento. Numerosos consultores e cursos podem ajudar nesta fase. A segunda etapa, ligada às estruturas e ao estilo de gerenciamento, é uma questão referente à cultura da empresa. A terceira etapa se desenvolve por si mesma, individualmente, na medida em que o ambiente de Análise do Valor se alastra. É um tipo de delegação de inteligência criativa a todos os funcionários.

19.2.1 Treinamento inicial

O treinamento refere-se essencialmente à primeira etapa e consiste no Seminário Básico de Análise do Valor, monitorado por um especialista. Normalmente são conseguidos resultados de aproximadamente 20% de redução de custos, de tempos de fabricação ou de estoques. Os programas são sempre medidos em termos de vantagens monetárias num horizonte de curto prazo. Apesar de estudos, exemplos didáticos e casos práticos, os participantes não adquirem condição e iniciativa de realizar uma verdadeira ação de Análise do Valor no contexto da empresa.

Uma vez realizado o primeiro projeto monitorado por um especialista, um segundo projeto pode ser iniciado com um acompanhamento à distância por parte deste especialista. Um terceiro projeto tem condições de ser realizado sem o monitoramento direto.

A Análise do Valor não é um fim em si mesmo, é um instrumento de trabalho, um meio de resolver problemas.

19.2.1.1 O início do processo de implantação na empresa

É necessário escolher um projeto, o grupo de trabalho e ministrar os conceitos básicos da Metodologia do Valor. As pessoas que não participam dos grupos de trabalho são informadas e motivadas para compreender seus interlocutores e favorecer a implantação da Análise do Valor na empresa.

19.2.1.2 O domínio da Análise do Valor na empresa

Praticar a Análise do Valor não é difícil. Não é necessária nenhuma cultura excepcional, nem erudição em particular. Precisa sim de vontade de realizar, vontade de fazer algo mais que o trabalho habitual. É importante ter persistência e acreditar nos resultados que não são garantidos, pois na fase de problema aberto do Plano de Trabalho os resultados são imprevisíveis, dependendo de como o processo criativo vai ocorrer.

Com a necessidade de enfrentar a concorrência internacional em praticamente todas as áreas de atividade, as empresas esforçam-se para conseguir resultados cada vez mais espetaculares.

Há três avenidas a serem percorridas pelo treinamento, considerando os conteúdos e os destinatários.

A primeira avenida consiste em apresentar a Análise do Valor ao conjunto de funcionários da empresa através de informação pragmática e com exemplos de resultados. É uma informação sucinta sobre o valor de uso da Análise do Valor. Abrange grande número de pessoas de níveis diferentes e requerer abordagens específicas. É uma ação que precede qualquer outra.

A segunda avenida a ser percorrida consiste em apresentar os métodos e técnicas de Análise do Valor aos futuros praticantes e a seus responsáveis hierárquicos. Essa informação didática deve permitir reconhecer num tempo mínimo os fatores determinantes do método, sua razão de ser e sua maneira de ser conduzida. Esta exposição é preliminar a toda ação prática da Análise do Valor. Ela permite a aceitação pelos participantes da aquisição da conduta formal das ações por parte do coordenador que, no caso de uma implantação, é mais um animador. Permite ainda aos responsáveis dos diversos departamentos identificar e designar seus funcionários para participarem de ações de Análise do Valor. A informação assim adquirida facilitará o diálogo entre os responsáveis e seus funcionários durante o trabalho de Análise do Valor.

A terceira avenida consiste na prática da Análise do Valor por um grupo de trabalho sobre um problema específico de empresa.

O gerenciamento da Análise do Valor favorece o encadeamento do conjunto, e o trabalho de grupo é uma verdadeira ação de treinamento. O nível de qualidade e a pertinência das soluções obtidas para o problema tratado tornam autêntica a capacidade dos participantes. As economias obtidas com o projeto ultrapassam os custos envolvidos com o treinamento, mas a verdadeira finalidade é a implantação do processo e a mudança da maneira de pensar e de agir. Para tanto devem ser consideradas as seguintes condições:

- o objetivo é preferencialmente uma redução de custo do que uma criação (de produtos ou de mudança organizacional), para que se possa medir claramente a economia da ação;
- o objeto deve ser bem definido e identificado;
- as competências técnicas da empresa devem estar presentes no grupo de trabalho;
- os envolvidos que decidem ou influenciam na decisão devem estar presentes;
- a implementação da solução será de responsabilidade dos participantes;
- deverá haver apoio e engajamento da direção da empresa.

As condições acima não são imperativas para a obtenção de soluções rentáveis, porém são necessárias para que resultados positivos obtidos sejam convenientes e associados inequivocamente a esta forma de trabalho.

É importante que as empresas façam pela primeira vez um exemplo prático, concreto e detalhado de um projeto real, seguindo o Plano de Trabalho.

19.2.2 A difusão das idéias da Análise do Valor

O treinamento é feito a partir de estudo sobre um assunto pontual. A difusão para o restante da empresa é feita considerando a abordagem sistêmica, vista como um conjunto de partes que interagem. Muitas ações isoladas são necessárias com grupos apropriados aos diversos assuntos do estudo. Certo número de pessoas de vários departamentos acabam se treinando. Quando seu número atinge a ordem de um terço dos participantes potenciais, um efeito de atração aliado ao exemplo e apoio da direção continua a difundir o novo conhecimento. As comunicações e os comportamentos das pessoas formadas difundem os princípios diretores dos passos da Análise do Valor para os outros, por ocasião das trocas de opinião no dia-a-dia da empresa. O crescimento pessoal e a apreensão das questões sistemáticas constituem uma progressão organizada à ação na qual participam.

Assim, o praticante continua a aproveitar o conhecimento adquirido, por reflexo pessoal, para esclarecer os problemas com os quais se ocupa, e por se beneficiar da riqueza das soluções que se tornam acessíveis a ele. Esta forma de trabalho facilita sua tarefa, aumenta suas capacidades e lhe permite exprimi-las. Estas vantagens pessoais têm efeito motivador para ele e para os outros.

As ações de informação podem constituir-se numa difusão de ações realizadas e de seus resultados. Os bons resultados são motivadores e valorizadores, e quando difundidos acabam reconhecidos por toda a empresa.

O aperfeiçoamento mantém o dinamismo do praticante e sustenta sua liderança. Participar ou animar novos estudos de Análise do Valor trazem uma experiência e fazem frutificar suas competências. A informação ou a participação em manifestações de troca de experiências mantém o aperfeiçoamento de suas técnicas.

19.2.3 Integração e exploração do novo conhecimento

A prática de Análise do Valor é um dos meios que a empresa pode utilizar para atingir seus objetivos. A multidisciplinaridade choca-se com a estrutura hierárquica tradicional das empresas. A necessidade de uma atuação e de um suporte permanente ao nível de ações de aperfeiçoamento faz necessária a presença de um coordenador para gerenciar a Análise do Valor.

A universalidade dos domínios de aplicação desse método de resolver problemas incentiva sua aplicação por toda a empresa e não apenas em alguns setores. No final da década de 90, com as novas formas de organização que aparecem, a Análise do Valor está orientando-se para uma abordagem global da empresa.

O coordenador treina e instrui os participantes, mostra como calcular as economias ou vantagens obtidas. Pode animar grupos de trabalho e cuida para que todos os setores tenham condições de aplicar a Metodologia do Valor na empresa.

19.3 A CONTINUIDADE DO PROGRAMA

Para ter sucesso, o programa de Análise do Valor deve tornar-se parte da cultura da empresa, não um culto (Mudge, 1989).

O sucesso conseguido por um programa começa pequeno, porém cresce e dá sustentação para todos os envolvidos. É como se o objetivo fosse fazer uma fogueira. No início o esforço é para aquecer o ambiente, a partir do qual grandes toras começam a arder quase espontaneamente.

O calor começa com o envolvimento da direção, aumenta com os objetivos e metas e tende a garantir mais combustão com o gerenciamento do programa. A orientação e o treinamento das pessoas faz com que a temperatura suba mais, atingindo o máximo com o esforço coletivo de equipes. O reconhecimento garantirá a continuidade.

Conforme Rummler e Brache, podem ser identificados três níveis de desempenho no sistema empresa. O primeiro nível é o de organização que enfatiza os departamentos que compõem a empresa. Um segundo nível é o do processo, que carateriza os fluxos de trabalho, como o processo de criação de novos produtos, processo de produção, processo de vendas, processo de distribuição. O terceiro nível é o de trabalho/executor obtido pelas pessoas que realizam a tarefa (Rummler & Brache, 1994).

Para que a implantação do Gerenciamento do Valor tenha consistência e seja duradoura, deve ser pensada uma forma que ligue a estratégia ao desempenho e ao próprio objetivo da empresa. Para que isso seja efetivo, deverá abranger os três níveis de desempenho.

Um programa vitorioso executado pela Xerox do Brasil na implantação da Qualidade Total foi conduzido pelas chefias das diversas áreas da companhia com o apoio de especialistas da qualidade e instrutores de treinamento. Assim, os chefes foram treinados antes para em seguida praticar os ensinamentos aprendidos. Cada chefe tem a responsabilidade de treinar seu "Grupo Familiar", monitorando posteriormente o uso dos processos e ferramentas apreendidas por seu grupo. Assim, a metodologia de treinamento foi aplicada na alta direção e em seguida nos níveis hierárquicos inferiores, até atingir todos os funcionários (Moura, 1994). Essa é uma idéia que pode dar bons resultados também na implantação de programa de Análise do Valor.

Visitas a empresas praticantes de Análise do Valor trocando experiências reforçam a continuidade do programa. Essa troca pode ser feita com empresas da mesma região ou mesmo de outros países. Convidar outros para mostrar o que foi implantado é também uma forma muito poderosa, pois para contar o que foi feito estimula-se a revisão útil para o melhoramento.

Participar da ABEAV ou de congressos nacionais ou internacionais, como os da SAVE ou os do Congresso Europeu, constitui outro meio provedor de informações atualizadas.

Resta ainda o recurso de recorrer à auditoria de um consultor externo que poderá efetuar um diagnóstico e sugerir melhoramentos.

O paradigma clássico que consiste na procura contínua da redução de custos ou de vantagens monetária de curto prazo está se alterando. As empresas estão melhorando a imagem dos produtos, dos serviços e dela própria, trazendo ganhos futuros.

19.4 A TRAJETÓRIA DA AV NUM PROGRAMA VITORIOSO

Vários sintomas podem ser detectados para avaliar o estágio em que se encontra um Programa de Análise do Valor numa empresa.

No estágio de *início*, no qual pequenos projetos são escolhidos sem cuidado, o objetivo é a pura redução de custos. Normalmente o dono do processo não se envolve necessariamente por falta de tempo.

A seguir, vencido esse estágio, vem o do *aprendizado*, no qual a direção apóia o programa no discurso, mas não no exemplo. Algumas idéias criativas podem aparecer. Alguns participantes se envolvem mais do que outros. Nem todas as gerências apóiam o programa, e ocorrem faltas de participantes nas reuniões. Porém quando o projeto chega ao fim com resultados, todos participam das últimas reuniões.

O estágio do *orgulho* é aquele em que os projetos são bem escolhidos, porém pequenos. O tempo do grupo é bem planejado. Quando alguém falta, a recuperação é rápida. O objetivo não é apenas o de reduzir custos, mas também o de melhorar a comunicação entre os departamentos.

Ultrapassado o estágio do orgulho, vem o da *maturidade*, em que a direção se envolve, os projetos são complexos e abrangem maior número de departamentos. O chefe garante tempo para o projeto e mostra interesse no seu andamento e nos resultados que virão. Todos os membros do grupo querem participar, tanto fornecedores quanto clientes. Os projetos são implementados, mas não imediatamente. Idéias criativas são freqüentes, e o objetivo passa a ser o aumento do valor do produto perante os clientes externos. Os membros do grupo procuram a motivação através do trabalho em equipe e do aprendizado de nova maneira de ver as coisas.

Finalmente, após o estágio da maturidade, vem o da *excelência*, em que os projetos constituem causas-raiz de problemas. A direção apóia e se compromete com os resultados. Todos os participantes querem velocidade e implementação rápida com resultados imediatos. Idéias criativas aparecem sistematicamente, e os grupos se automotivam com os resultados obtidos. Os donos dos processos e dos produtos passam a ajudar e orientar com prazer os demais membros dos grupos. Os fornecedores externos estão seriamente interessados nos resultados do trabalho, pois os projetos também têm a ver com sua competitividade devido à parceria formada. As idéias surgidas passam a ser sistematicamente mais criativas, isto é, originais e inesperadas.

20
Exemplos da indústria automobilística

A indústria automobilística passou por gra de transformação na década de 80, devido à crise originada pela entrada de carros japoneses nos mercados norte-americano e europeu (Womack & Roos & Jones, 1992).

As maiores transformações ocorreram na própria linha de montagem com a filosofia *just in time*, eliminando completamente os estoques em processo e paralisando a linha frente a problemas para evitar que estes cresçam.

O próprio envolvimento dos fornecedores foi substancial, permitindo e mesmo exigindo sua participação no desenvolvimento de seus produtos em conjunto com os departamentos de projeto das montadoras. As entregas *just•in•time* que os fornecedores foram obrigados a cumprir trouxeram um comportamento característico e uma evolução forçada. Mais recentemente, as montadoras introduziram o "Global Source", decorrente da globalização da economia e do lançamento do carro mundial, trazendo como conseqüência o aumento de exportações de componentes entre países. Assim, um fornecedor de determinado componente no Brasil pode ser a fonte para o mesmo componente em outros países, para determinada montadora. Ao mesmo tempo que o procedimento de *global source* traz vantagens para os fornecedores, pois pode ensejar um aumento substancial de produção, obriga a uma racionalização e redução dos preços, garantia de pontualidade nas entregas e atingimento da qualidade obedecendo a todas as especificações. Sistemas da qualidade como o preconizado pelas normas ISO 9000 são normalmente exigidos dos fornecedores para garantia da qualidade de seus produtos. A necessidade de reduzir os preços dos veículos levou as montadoras a estabelecerem preços objetivos, baseados em fornecedores excelentes independentemente do país em que se encontram, limitando o preço pago. Este conjunto de procedimentos praticamente obriga os fornecedores a implementarem programas para reduzir seus preços.

A engenharia simultânea praticada pelas montadoras e a abordagem para os novos projetos com vistas em reduzir o período de lançamento de veículos novos tornou-se uma necessidade para manter a competitividade.

A maneira de abordar os clientes também está lentamente mudando, especialmente no Japão, nos Estados Unidos e na Europa. As empresas ouvem suas necessidades antes de desenvolver um produto. No Brasil adaptam-se projetos às condições locais, o que obriga a execução de estudos de Desdobramento da Função Qualidade (QFD), para introduzir alterações e adaptações importantes para as condições brasileiras.

A maior das empresas automobilísticas, a General Motors, possui um programa de Análise do Valor que foi sempre muito ativo. Em congressos da SAVE tem apresentado trabalhos de maneira consistente (Handley, 1982; Frahm, 1993; e Rains, 1989, para citar alguns).

Na GM brasileira, há um programa que vem tendo o apoio da presidência e da direção geral, representada por Nicola Boldrini. Pelos resultados obtidos, vem recebendo gradativamente o apoio e cooperação das demais áreas da empresa. Esta atividade vem sendo gerenciada por Claudio Éboli. O programa atual de Análise do Valor na empresa foi iniciado em 1988 e encerrado em 1994 com economias crescentes que atingem praticamente 1% das vendas.

Em 1992, foi iniciado um programa de Análise do Valor Avançado que teve como finalidade reduzir custos, promover parceria com fornecedores e melhorar processos administrativos. Os benefícios obtidos foram o melhoramento da comunicação e da relação entre os departamentos da empresa participante do programa; o melhoramento do espírito de equipe e vivenciamento dos resultados da sinergia criada entre os participantes; e criação do hábito do questionamento para promover o melhoramento contínuo. Este programa conduzido em parceria com o Departamento de Treinamento, com Paulo Bolgar, consiste em abordar conjuntos fabricados em fornecedores, formar grupos de trabalho compostos por departamentos envolvidos com os produtos em questão. Os grupos atuam em casos concretos enquanto vai sendo ministrada a metodologia, para sentir as reais dificuldades, impossíveis de ser simuladas em exemplos didáticos.

Desde 1992, foram realizados vários projetos, dos quais três são aqui apresentados como exemplos.

O primeiro envolve a Almofada Painel de Instrumentos Monza e Kadett, o segundo diz respeito ao Sistema de Injeção Eletrônica "TBI" dos veículos Monza e Kadett e o terceiro trata do Conjunto Completo do Sistema de Escapamento Monza e Kadett.

20.1 ALMOFADA PAINEL DE INSTRUMENTOS

O grupo de trabalho foi composto por representantes dos departamentos de Engenharia de Produção, Design, Engenharia do Valor, Finanças, Engenharia de Processos, Compras e Engenharia de Materiais.

Foi identificado um potencial de redução de custos de 24% numa análise técnica da planilha de custos do fornecedor. Uma análise no processo de fabricação do fornecedor identificou uma economia de 5,4%, e modificações no produto sinalizaram 11,7%, totalizando 41%. Considerando um reprojeto com aplique, o potencial foi de 68,5% e sem aplique, 77,2%.

Na Fase de Informação, foram identificadas as funções dos produtos, posteriormente agrupadas num diagrama FAST, que permitiu ter uma visão de conjunto, mostrado na Figura 20.1.

314 ANÁLISE DO VALOR

Fast – Monza

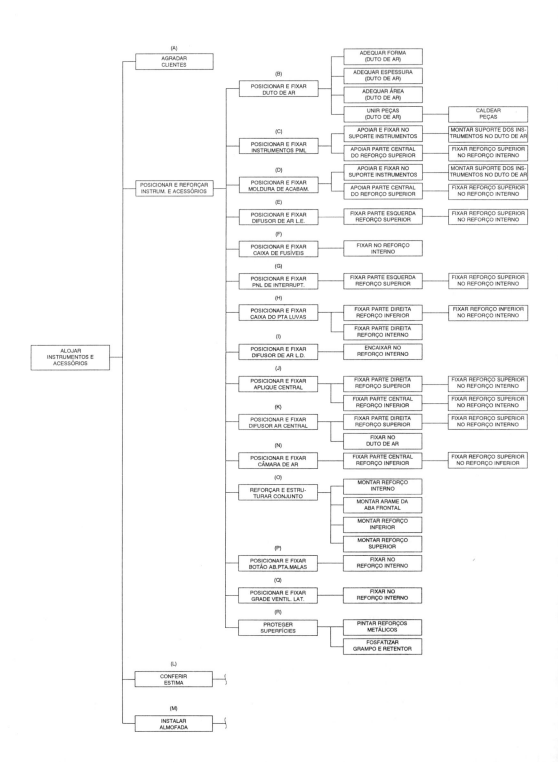

EXEMPLOS DA INDÚSTRIA AUTOMOBILÍSTICA   315

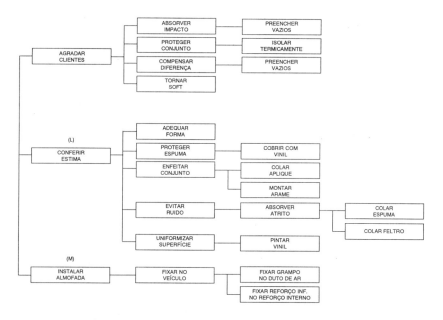

Figura 20.1   *Diagrama FAST da almofada painel de instrumentos.*

A Tabela de Consumo de Recursos desenvolvida para as condições do fornecedor estão indicadas no Quadro 20.1, enquanto a Tabela de Necessidades Relativas das funções indicadas estão no Quadro 20.2.

316 ANÁLISE DO VALOR

Quadro 20.1 *Tabela de consumo de recursos da almofada painel de instrumentos.*

TABELA DE CONSUMO DE RECURSOS

NOME DA PEÇA	PEÇA Nº	QTD	CUSTO UNITÁRIO	CUSTO TOTAL	A	B	C	D	E	F	G	H	I	J	K	L	M	N	O	P	Q	R
DUTO DE AR	94.635.364	1	25.168,00	25.168,00		24.161,28	251,68	251,68							251,68		251,68					
REBITE	90.438.313	3	32,00	96,00			57,60	38,40														
GRAMPO	90.035.945	2	55,00	110,00													110,00					
PARAFUSO	S/Nº	2	,00	,00			,00										,00					
SUPORTE DOS INSTRUMENTOS	90.035.993	1	,00	,00																		
RETENTOR DUTO DE AR	52.287.433	2	,00	,00													,00					
REFORÇO SUPERIOR PAINEL	90.035.949	1	5.791,00	5.791,00			1.447,75	1.447,75	289,55		289,55			579,10	579,10				1.158,20				
REBITE REFORÇO COBERTURA	90.038.313	7	432,00	3.024,00			876,96	876,96			423,36			423,36	423,36								
APLIQUE	52.276.610	1	6.192,00	6.192,00								2.202,00		1.101,00		6.192,00		1.101,00	2.569,00			
REFORÇO INF.COB.	90.035.947	1	7.340,00	7.340,00													367,00					
ADESIVO ANTI-RUÍDO	09.309.512	1	,00	,00												,00						
FELTRO LATERAL	S/Nº	2	,00	,00												,00						
REFORÇO INTERNO	94.627.700	1	38.922,00	38.922,00		389,22	389,22	389,22	389,22	389,22	389,22	389,22	389,22	389,22	389,22	7.784,40			26.466,96	389,22	389,22	
ANTIRUÍDO ESPUMA	52.294.724	1	346,00	346,00												346,00						
CASCA DE VINIL	S/Nº	1	16.738,00	16.738,00												16.738,00						
ESPUMA DE POLIURETANO	S/Nº	1	13.043,00	13.043,00	13.043,00																	
ARAME ABA FRONTAL	S/Nº	1	2.655,00	2.655,00															2.655,00				
ARAME APLIQUE	S/Nº	1	178,00	178,00												178,00						
TINTA PARA REFORÇO	S/Nº	1	,00	,00																		
TINTA PARA CASCA DE VINIL	S/Nº	1	1.171,00	1.171,00												1.171,00						
MONTAGEM/ACABAMENTO	S/Nº	1	65.820,00	65.820,00	17.113,20	23037,00	1.316,40	1.316,40	1.316,40	1.316,40	2.632,80	2.632,80	1.316,40	1.316,40	1.316,40	2.632,80	1.974,60	1.316,40	2.632,80	1.316,40	1.316,40	,00
BOBINA	S/Nº	1	330,00	330,00																		330,00
TOTAL DAS FUNÇÕES (CR$)				186.924,00	301.56,20	47.587,50	4.339,61	4.320,41	1.995,17	1.705,62	3.734,93	5.224,02	1.705,62	3.809,08	2.959,76	35.042,20	2.703,28	2.417,40	35.481,96	1.705,62	1.705,62	330,00
TOTAL DAS FUNÇÕES (%)				100,00	16,13	25,46	2,32	2,31	1,07	,91	2,00	2,79	,91	2,04	1,58	18,75	1,45	1,29	18,98	,91	,91	,18
					Agradar Clientes (A)	Pos/Fix Duto de Ar (B)	Pos/Fix Instrum. Painel (C)	Pos/Fix Moldura (D)	Pos/Fix Difusor De ar (E)	Pos/Fix Caixa Fusíveis (F)	Pos/Fix Instrum. Painel (G)	Pos/Fix Cxa.Pta Luvas (H)	Pos/Fix Difusor De ar (I)	Pos/Fix Aplique Central (J)	Pos/Fix Difusor de ar (K)	Conferir Estima (L)	Instalar Almofada Painel (M)	Pos/Fix Câmara De ar (N)	Retorçar Almofada (O)	Pos/Fix Bot.Abert Pta.Mala (P)	Pos/Fix Grade Vent.Lat. (Q)	Proteger Superf. (R)

Quadro 20.2 *Tabela de necessidades relativas da almofada de painel de instrumentos.*

TABELA DE NECESSIDADES RELATIVAS

	B	C	D	E	F	G	H	I	J	K	L	M	N	O	P	Q	R	Total	%
A	B3	C3	D3	E3	A2	G1	H3	I1	J3	K2	L3	M3	N3	O2	A2	Q2	A3	7	1.85
	B	C3	B2	B3	B3	G3	B2	B3	J3	B3	L1	M3	N2	O2	B3	B3	B3	28	7.39
		C	C3	C3	C3	C1	C3	C3	C1	C3	C3	M3	C3	O2	C3	C3	C3	41	10.82
			D	E1	D1	G3	H1	I1	J3	K2	L3	M3	N2	O3	D3	D2	D3	12	3.17
				E	E2	G3	H1	E2	J3	K1	L3	M3	N3	O3	E3	E1	E3	15	3.96
					F	G3	H2	I1	J3	K2	L2	M3	N3	O3	P1	Q1	F2	2	.53
						G	G3	G3	G2	G2	G1	M3	G2	O1	G3	G3	G3	35	9.23
							H	H1	J2	K2	L3	M3	M3	O3	H3	H2	H3	16	4.22
								I	J3	K1	L3	M3	I1	O2	I3	I2	I3	12	3.17
									J	J2	L1	M3	J3	O2	J3	J3	J3	34	8.97
										K	L2	M3	N2	O3	K3	K2	K3	18	4.75
											L	M3	L2	O2	L3	L3	L3	32	8.44
												M	M3	M3	M3	M3	M3	51	13.46
													N	O3	N3	N2	N3	26	6.86
														O	O3	O3	O3	40	10.55
															P	O1	R2	1	.26
																Q	O3	7	1.85
																	R	2	.53
																		379	100.00

A=Agradar Clientes
B=Pos/Fixar Duto de Ar
C=Pos/Fixar Instrumentos do Painel
D=Pos/Fixar Moldura de Acabamento
E=Pos/Fixar Difusor de Ar-Esq.
F=Pos/Fixar Caixa de Fusíveis
G=Pos/Fixar Painel de Interruptores
H=Pos/Fixar Caixa do Porta-luvas
I=Pos/Fixar Difusor de Ar – Direito
J=Pos/Fixar Aplique Central
K=Pos/Fixar Difusor de Ar Central
L=Conferir Estima
M=Instalar Almofada
N=Pos/Fixar Câmara de Ar
O=Reforçar Almofada
P=Pos/Fixar Botão Abertura do Porta-malas
Q=Pos/Fixar Grade de Ventilação Lateral
R=Proteger Superfícies

Para direcionar os esforços nas funções que possuem maior consumo de recursos e menor necessidade para os usuários, foi preparado o Diagrama COMPARE, mostrado na Figura 20.2.

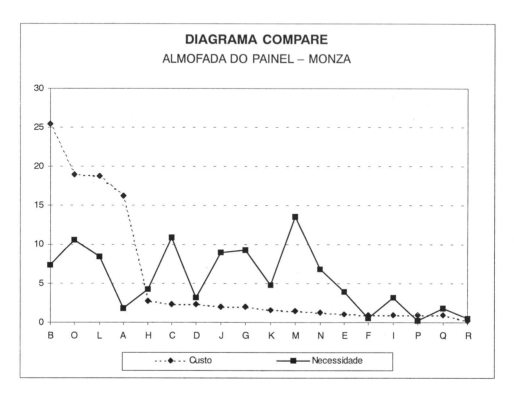

Figura 20.2   *Diagrama COMPARE da almofada painel de instrumentos.*

Passando para a Fase Especulativa, várias propostas foram apresentadas e discutidas com os fornecedores. A primeira abrange as funções B e O, *posicionar* e *fixar duto de ar* e *reforçar painel*, todas desempenhadas pelo duto de ar e indicadas na Figura 20.3.

PROPOSTA DE REDUÇÃO DE CUSTOS

FUNÇÕES B/O: POSICIONAR E FIXAR DUTO DE AR E REFORÇAR PAINEL

PEÇA: DUTO DE AR
FUNÇÃO DA PEÇA: CONDUZIR AR

ATUAL: DUTO DE AR, CONDUZ AR E "ESTRUTURA PAINEL"

PROPOSTO: DUTO DE AR APENAS PARA CONDUZIR AR

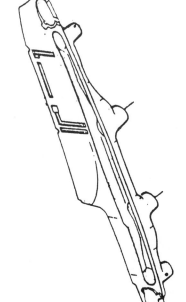

Figura 20.3   *Proposta para posicionar e fixar duto de ar e para reforçar painel.*

320 ANÁLISE DO VALOR

Uma segunda proposta, abrangendo as funções L, *conferir estima*, desempenhada pelo aplique de acabamento, consiste em *moldar o perfil* conforme mostra a Figura 20.4.

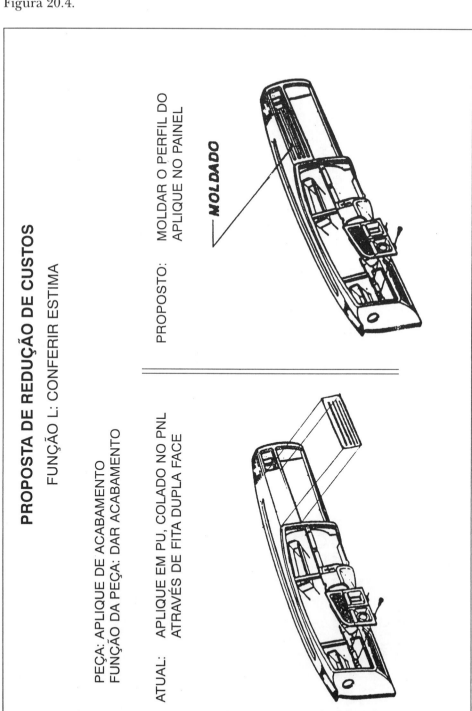

Figura 20.4 *Proposta para conferir estima.*

Uma terceira proposta analisa as funções B, *posicionar e fixar duto de ar,* e C, *posicionar instrumentos do painel,* desempenhadas pelo suporte de instrumentos. A Figura 20.5 mostra a proposta.

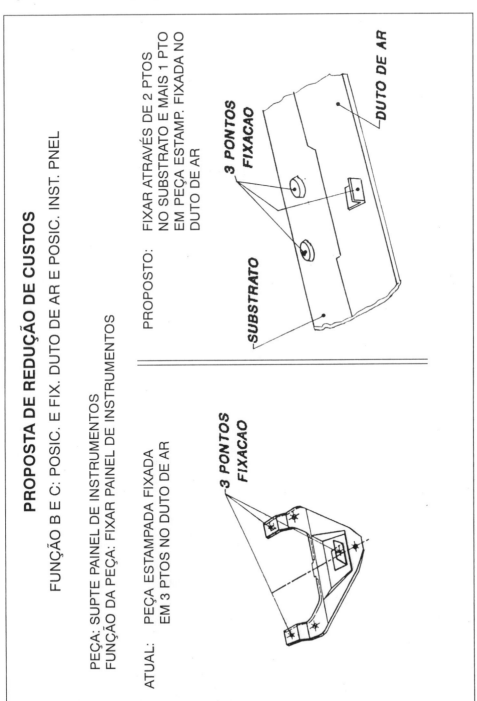

Figura 20.5   *Proposta para posicionar e fixar duto de ar e para posicionar instrumentos do painel.*

Uma quarta proposta foi alterar o parafuso especial e retentor, cuja função M é *instalar a almofada*. A Figura 20.6 mostra os detalhes.

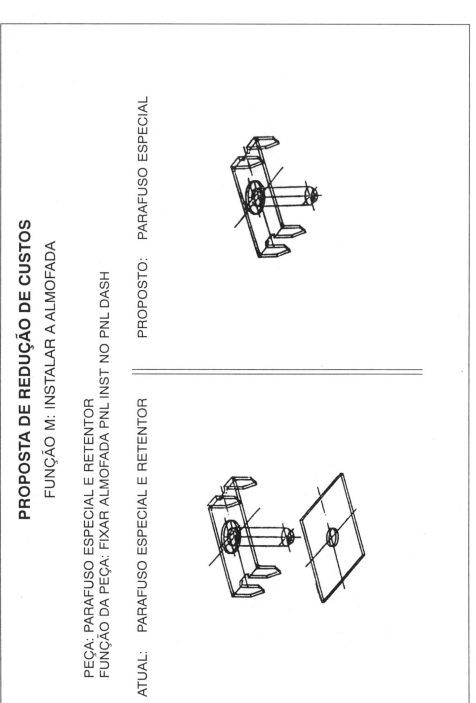

Figura 20.6 *Proposta para instalar a almofada.*

Finalmente, a função L, *conferir estima,* desempenhada pela casca de PVC/ABS, passa a ser automatizada, conforme a proposta da Figura 20.7. O resumo das propostas está mostrado no Quadro 20.3.

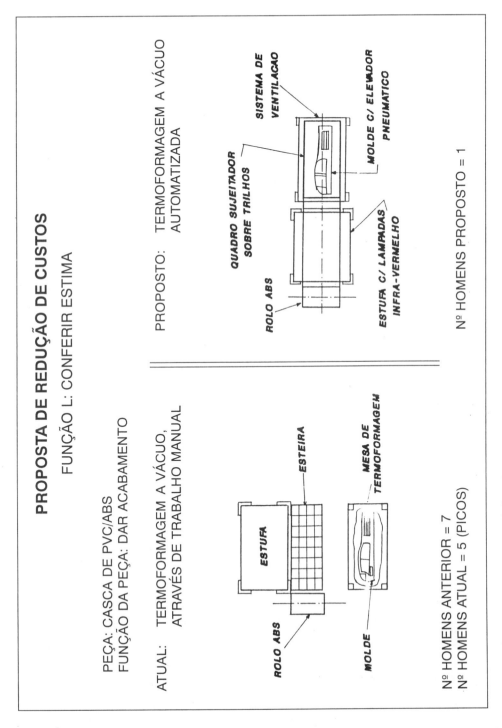

Figura 20.7 *Proposta para conferir estima.*

Quadro 20.3 *Propostas para a Almofada Painel de Instrumentos.*

Propostas	Economias
Análise Técnica da Planilha do Fornecedor	24,0%
Melhoria de Processo	5,4%
Produto	4,1%
Aplique	6,6%
Duto de ar	1,0%
Outros	41,0%

Redução de custo / peça.

O retorno do investimento será em aproximadamente um mês. Em todo projeto em que há um investimento grande em ferramental, torna-se problemático promover alterações, pois seu retorno pode não ser atrativo. Assim foi também proposto um reprojeto utilizando um ferramental novo, trazendo uma redução de custos de 77,2% sem aplique e 68,5% com aplique. A Figura 20.8 mostra a Almofada Painel de Instrumentos, e a Figura 20.9 mostra a mesma injetada rígida com aplique. O retorno do investimento se dá em 0,1 ano em ambos os casos.

EXEMPLOS DA INDÚSTRIA AUTOMOBILÍSTICA 325

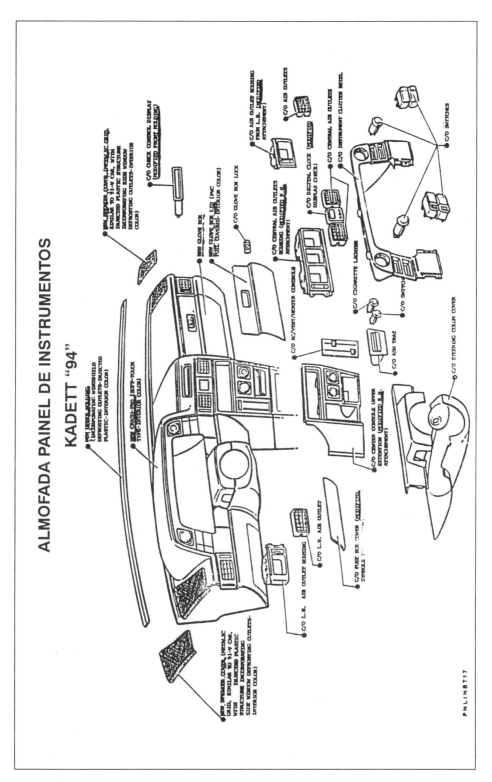

Figura 20.8   *Almofada painel de instrumentos.*

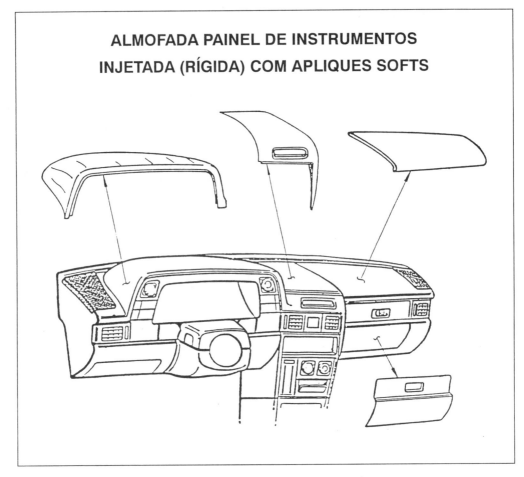

Figura 20.9   *Almofada painel de instrumentos rígida com aplique.*

20.2 SISTEMA DE INJEÇÃO ELETRÔNICA TBI

Foi formado um grupo de trabalho com representantes dos departamentos de Engenharia de Processos, Engenharia Experimental, Administração de Materiais, Engenharia de Materiais, Finanças, Engenharia do Valor, Engenharia de Motores/Transmissão, Engenharia de Produção, Engenharia de Carroçaria e Componentes Elétricos.

A Figura 20.10 mostra o sistema completo de combustível. Foram analisados os sistemas de injeção eletrônicos de vários veículos nacionais e importados.

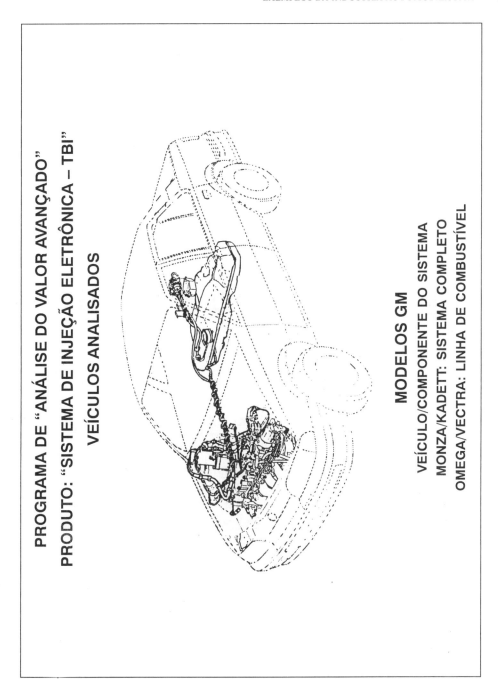

Figura 20.10 *Sistema completo de combustível.*

Na Fase de Informação foi montado o diagrama FAST do sistema TBI, que pode ser visto na Figura 20.11. Em seguida podem ser analisados na ordem para cada um dos sete subsistemas o novo diagrama FAST, o consumo de recursos do lado do fornecedor, a tabela de necessidades relativas do lado do usuário e o diagrama COMPARE.

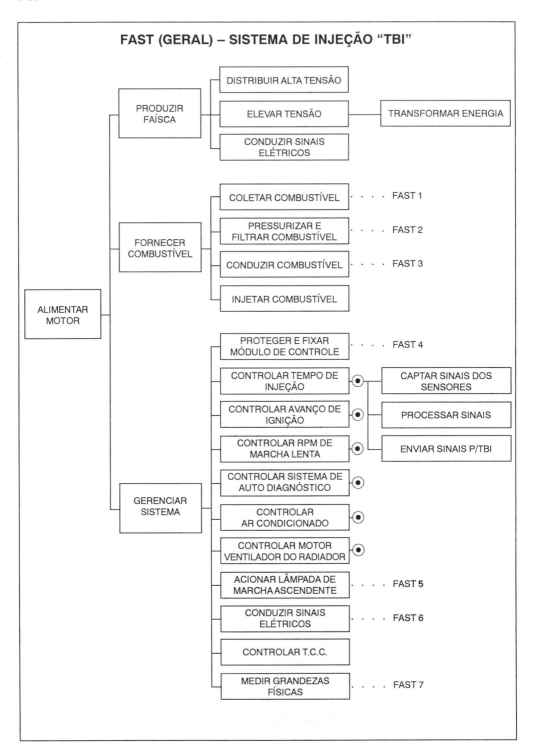

Figura 20.11 *Diagrama FAST do sistema TBI.*

A Figura 20.12 mostra o diagrama FAST da função Coletar Combustível, e para esta, os Quadros 20.4 e 20.5, além da Figura 20.13.

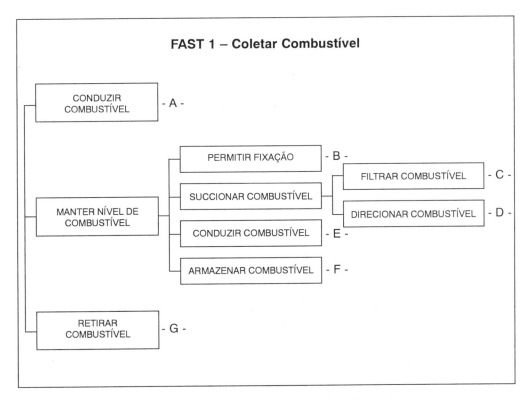

Figura 20.12 *Diagrama FAST da função* coletar combustível.

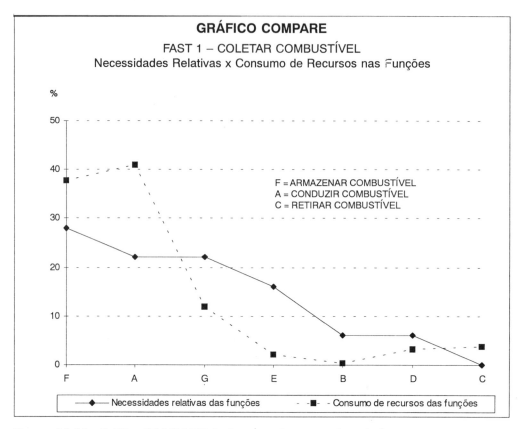

Figura 20.13 *Gráfico COMPARE da função* coletar combustível.

Quadro 20.4 *Tabela de necessidades relativas da função* coletar combustível.

**TABELA DAS NECESSIDADES RELATIVAS
– COLETAR COMBUSTÍVEL –**

A	A2	A2	A1	A1	F1	A1		07	22,0
	B	B2	D1	E2	F2	G2		02	6,0
		C	D1	E2	F2	G2		00	0,0
			D	E1	F2	G1		02	6,0
				E	F1	G2		05	16,0
					F	F1		09	28,0
						G		07	22,0
						Total	32	100%

Funções
A = Conduzir Combustível
B = Permitir Fixação
C = Filtrar Combustível
D = Direcionar Combustível
E = Conduzir Combustível
F = Armazenar Combustível
G = Retirar Combustível

Quadro 20.5 *Tabela de consumo de recursos da função coletar combustível.*

TABELA COMPARATIVA DE CONSUMO DE RECURSOS
– COLETAR COMBUSTÍVEL –

COMPONENTE \ FUNÇÃO	A	B	C	D	E	F	G	H	TOTAL
Reservatório				0.30		10.83			11.13
Filtro – Pescador			0.59						0.59
Mangueira Bomba ao Tanque	11.64								11.64
Tubo de Alimentação Conj. (Pescador)							3.30		3.30
Presilha Fixação do Reservatório		0.10							0.10
Braçadeira	0.16								0.16
Parafuso/Arruela (Fixa Pescador)							0.11		0.11
Tubo de Retorno				0.61	0.61				1.22
Filtro Reservatório			0.50						0.50
Total (Todos os Valores em US$)	11.80	0.10	1.09	0.91	0.61	10.83	3.41	—	28.75
Porcentagem (%)	41.0	0.3	3.8	3.2	2.1	37.7	11.9	—	100%

A função *Pressurizar e Filtrar Combustível* é mostrada na Figura 20.14, nos Quadros 20.6 e 20.7 e no diagrama COMPARE na Figura 20.15.

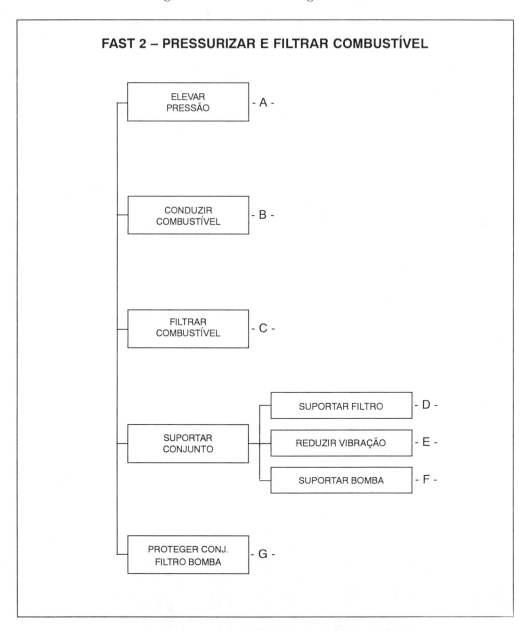

Figura 20.14 *Diagrama FAST das funções pressurizar e filtrar combustível.*

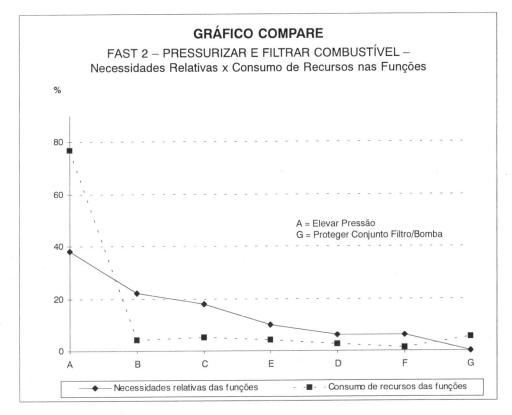

Figura 20.15 *Gráfico COMPARE da função* pressurizar e filtrar combustível.

Quadro 20.6 *Tabela das necessidades relativas da função* pressurizar e filtrar combustível.

**TABELA DAS NECESSIDADES RELATIVAS
– PRESSURIZAR E FILTRAR COMBUSTÍVEL –**

A	A3	A2	A2	A2	A2	A3		14	38,0
	B	C1	B2	B2	B2	B2		08	22,0
		C	C2	C1	C1	C2		07	18,0
			D	E2	F1	O2		02	6,0
				E	E1	E1		04	10,0
					F	F1		02	6,0
						G		00	0,0
							Total	37	100%

Funções
A = Elevar Pressão
B = Conduzir Combustível
C = Filtrar Combustível
D = Suportar Filtro
E = Reduzir Vibração
F = Suportar Bomba
G = Proteger Conjunto Filtro/Bomba

Quadro 20.7 *Tabela comparativa de consumo de recursos da função pressurizar e filtrar combustível.*

TABELA COMPARATIVA DE CONSUMO DE RECURSOS
– PRESSURIZAR E FILTRAR COMBUSTÍVEL –

FUNÇÃO COMPONENTE	A	B	C	D	E	F	G	H	TOTAL
Bomba de Combustível	42.29								42.29
Suporte da Bomba						0.33			0.33
Suporte Inferior da Bomba						0.26			0.26
Suporte da Bomba Conjunto						0.14			0.14
Coxim					1.61				1.61
Mangueira da Bomba ao Filtro		2.14							2.14
Braçadeira		0.23							0.23
Filtro			2.76						2.76
Anel Isolante					0.77				0.77
Braçadeira de Filtro				1.35					1.35
Porca (6)				0.04		0.04			0.08
Arruela (6)				0.01		0.01			0.02
Parafuso (6)							0.02		0.02
Protetor							3.08		3.08
Parafuso do Protetor							0.01		0.01
Total (Todos os Valores em US$)	42.29	2.37	2.76	1.40	2.38	0.78	3.11	—	55.09
Porcentagem (%)	76.8	4.3	5.0	2.6	4.3	1.4	5.6	—	100%

EXEMPLOS DA INDÚSTRIA AUTOMOBILÍSTICA   335

A função *Conduzir Combustível*, cujo diagrama FAST é visto na Figura 20.16, está demonstrada nos Quadros 20.8 e 20.9, assim como o diagrama COMPARE na Figura 20.17.

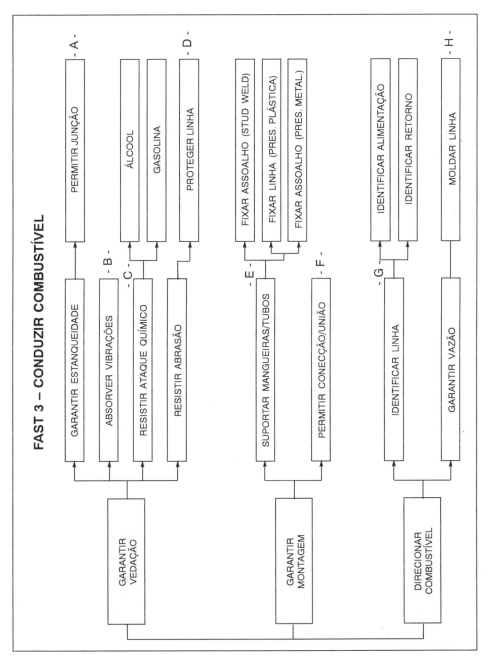

Figura 20.16 *Diagrama FAST da função conduzir combustível.*

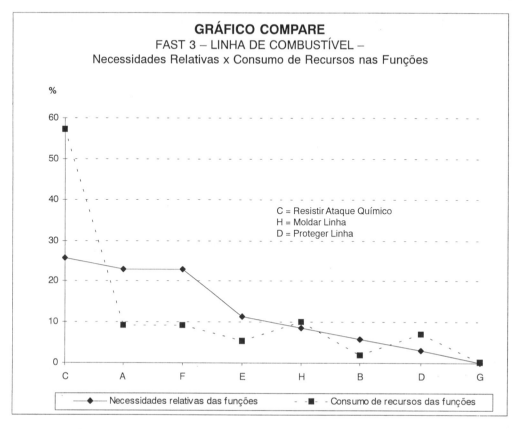

Figura 20.17 *Gráfico COMPARE da função* linha de combustível.

Quadro 20.8 *Tabela das necessidades relativas da função* conduzir combustível.

		TABELA DAS NECESSIDADES RELATIVAS – LINHA DE COMBUSTÍVEL –							
A	A1	A1	A1	A1	A1	A2	A1	08	22,8
	B	C1	B1	E1	F2	B1	H1	02	5,8
		C	C2	C2	C1	C2	C1	09	25,7
Funções			D	E1	F1	D1	H1	01	2,9
A = Permitir Junção				E	F2	E2	E1	04	11,4
B = Absorver Vibrações					F	F2	F1	08	22,8
C = Resistir Ataque Químico						G	H1	00	0,0
D = Proteger Linha							H	03	8,6
E = Suportar Mangueiras/Tubos								35	100%
F = Permitir Conecção/União									
G = Identificar Linha									
H = Moldar Linha									

Quadro 20.9 *Tabela comparativa de consumo de recursos da linha de combustível.*

TABELA COMPARATIVA DE CONSUMO DE RECURSOS
– LINHA DE COMBUSTÍVEL –

COMPONENTE / FUNÇÃO	A	B	C	D	E	F	G	H	TOTAL
Mangueira		0.11	2.00						2.11
Conector	0.24		0.11			0.24			0.59
Mangueira		0.13	2.38						2.51
Conector	0.24		0.11			0.24			0.59
Mangueira Linha ao TBI		0.13	2.47						2.60
Conector	0.40		0.25			0.40		0.87	1.92
Mangueira		0.15	2.78						2.93
Conector	0.45		0.25			0.45		0.92	2.07
Linha de Combustível			4.95				0.05	1.00	6.00
Conectores	1.20		0.60			1.20			3.00
Fita				0.05					0.05
Capa				1.90					1.90
Presilhas Plásticas					1.00				1.00
Presilhas Metálicas (6)					0.04				0.04
Pino Solda (13)					0.46				0.46
Total (Todos os Valores em US$)	2.53	0.52	15.90	1.95	1.50	2.53	0.05	2.79	27.77
Porcentagem (%)	9.1	1.9	57.3	7.0	5.4	9.1	0.2	10.0	100%

EXEMPLOS DA INDÚSTRIA AUTOMOBILÍSTICA

Para função *Proteger e Fixar Módulo* vista na Figura 20.18, há os Quadros 20.10 do consumo de recursos e o Quadro 20.11 da tabela de necessidades do usuário, além da Figura 20.19.

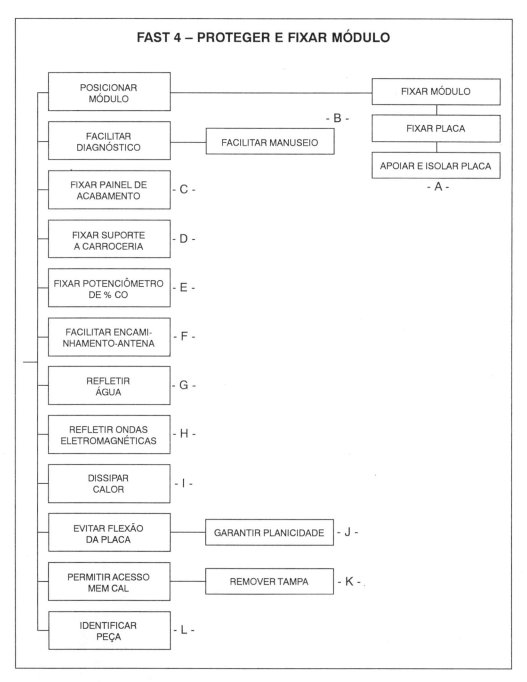

Figura 20.18 *Diagrama FAST da função* proteger e fixar módulo.

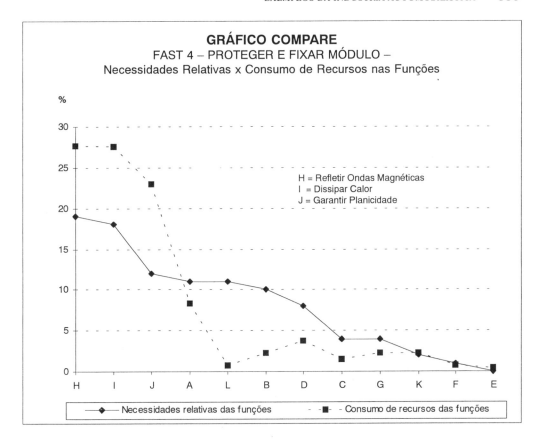

Figura 20.19 *Gráfico COMPARE da função* proteger e fixar módulo.

Quadro 20.10 *Tabela das necessidades relativas da função proteger e fixar módulo.*

TABELA DAS NECESSIDADES RELATIVAS
– PROTEGER E FIXAR MÓDULO –

A	A1	A2	A1	A2	A2	A3	H1	I1	J1	A2	L1	13	11,0
	B	B1	B2	B1	B3	B3	H2	I2	B1	B1	L1	12	10,0
		C	D1	C2	C1	C1	H2	I2	J2	C1	L1	05	4,0
			D	D2	D2	D2	H2	I2	J2	D1	D1	08	8,0
					E	F1	G2	H3	I3	J3	K2	L3	00	0,0
						F	G2	H3	I3	J2	K1	L2	01	1,0
							G	H3	I3	J1	G1	L2	05	4,0
								H	H1	H2	H3	H1	23	19,0
									I	I1	I3	I2	22	18,0
										J	J3	L1	14	12,0
											K	L2	03	2,0
												L	13	11,0
													119	100%

Funções

A = Apoiar e Isolar Placa
B = Facilitar Manuseio
C = Fixar Painel de Acabamento
D = Fixar Suporte a Carroceria
E = Fixar Potenciômetro de % de CO.
F = Facilitar Encaminhamento (Antena)
G = Defletir Água
H = Refletir Ondas Eletromagnéticas
I = Dissipar Calor
J = Garantir Planicidade
K = Remover Tampa
L = Identificar Peça

Quadro 20.11 *Tabela comparativa de consumo de recursos da função – proteger e fixar módulo.*

TABELA COMPARATIVA DE CONSUMO DE RECURSOS
– PROTEGER E FIXAR MÓDULO –

FUNÇÃO COMPONENTE	A	B	C	D	E	F	G	H	I	J	K	L	TOTAL
Suporte Defletor Módulo	0,38		0,03		0,02	0,03	0,10			0,13			0,69
Parafuso de Fixação do Suporte a Carroceria				0,11									0,11
Porca Mola				0,06									0,06
Caixa de Alumínio								0,92	0,92	0,92			2,76
Tampa de Alumínio	0,10							0,34	0,33		0,10		0,87
Etiqueta												0,03	0,03
Parafuso de Fixação do Painel de Acabamento			0,04										0,04
Total (Valores em US$)	0,38	0,10	0,07	0,17	0,02	0,03	0,10	1,26	1,25	1,05	0,10	0,03	4,56
Porcentagem (%)	8,3	2,2	1,5	3,7	0,4	0,7	2,2	27,6	27,6	29,0	2,2	0,7	100%

O diagrama FAST da função *Controlar Lâmpada de Marcha Ascendente* pode ser visto na Figura 20.20. O controle é feito por meio das seguintes funções: *Medir Velocidade, Medir Rotação do Motor, Medir Posição da Borboleta, Conduzir Sinal* e *Emitir Sinal Luminoso*.

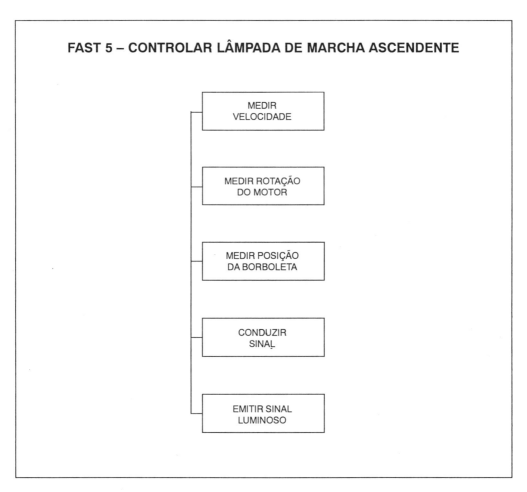

Figura 20.20 *Diagrama FAST da função* controlar lâmpada.

A função *Conduzir Sinais* é indicada por meio do diagrama FAST da Figura 20.21, juntamente com os Quadros 20.12 e 20.13, que trazem as informações necessárias para montar o diagrama COMPARE mostrado na Figura 20.22.

EXEMPLOS DA INDÚSTRIA AUTOMOBILÍSTICA 343

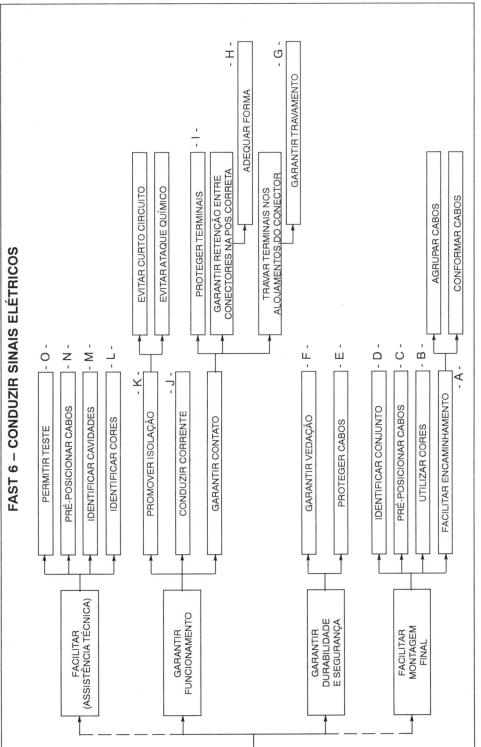

Figura 20.21 *Diagrama FAST da função* conduzir sinais elétricos.

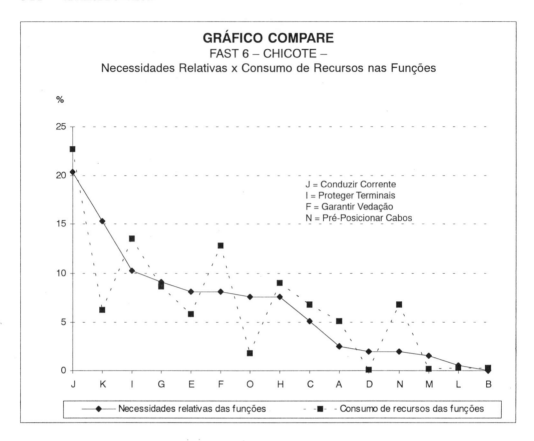

Figura 20.22 *Gráfico COMPARE da função* conduzir sinais.

Quadro 20.12 *Tabela das necessidades relativas da função conduzir sinais.*

TABELA DAS NECESSIDADES RELATIVA
– CHICOTE –

A	A2	C2	A1	E2	F2	G2	H3	I3	J3	K3	A1	A1	N1	O1	05	2,5
B		C2	D1	E3	F2	G2	H3	I3	J3	K3	L1	M1	N1	O2	00	0,0
		C	C2	E1	F1	G1	H1	I2	J3	K3	C1	C1	C1	C1	10	5,1
			D	E2	F3	G2	H2	I2	J3	K3	D1	D1	D1	O3	04	2,0
				E	E1	G1	H1	I1	J3	K2	E2	E2	E2	E1	16	8,1
					F	G1	F1	I1	J3	K2	F2	F2	F2	F1	16	8,1
						G	G1	G1	J3	K2	G2	G2	G2	G1	18	9,1
							H	I1	J3	K2	H1	H1	H2	H1	15	7,6
								I	J3	K1	I2	I2	I2	I1	20	10,2
									J	J1	J3	J3	J3	J3	40	20,4
										K	K2	K2	K3	K2	30	15,3
											L	M1	N2	O3	01	0,5
												M	M1	O3	03	1,5
													N	O3	04	2,0
														O	15	7,6
														Total	197	100%

Funções
A = Facilitar Encaminhamento
B = Utilizar Cores
C = Pré-posicionar Cabos
D = Identificar Conjunto
E = Proteger Cabos
F = Garantir Vedação
G = Garantir Travamento
H = Adequar Forma
I = Proteger Terminais
J = Conduzir Corrente
K = Promover Isolação
L = Identificar Cores
M = Identificar Cavidades
N = Pré-Posicionar Cabos
O = Permitir Teste

Quadro 20.13 *Tabela comparativa de consumo de recursos da função conduzir sinais.*

TABELA COMPARATIVA DE CONSUMO DE RECURSOS
– CHICOTE –

COMPONENTE \ FUNÇÃO	A	B	C	D	E	F	G	H	I	J	K	L	M	N	O	TOTAL
Conectores		0,06	0.77			1.50	0.50	2.00	2.00			0.06	0.04	0.77	0.07	7.77
Travas							0.71									0.71
Cabos										3.60	1.38	0.02			0.29	5.23
Terminais							0.60			1.40					0.02	2.02
Vedadores						0.23										0.23
Fita	0.08				0.07											0.15
Conduite	0.06				0.12											0.18
Grommet					0.60	0.60										1.20
Solda (Estanho)										0.01						0.01
Junções										0.04						0.04
Etiqueta				0.01												0.01
Silicone						0.01										0.01
Mão-de-obra	1.00		0.75	0.01	0.50	0.50	0.10		1.00			0.08	0.04	0.75	0.09	4.70
Total (Valores em US$)	1,14	0,06	1.52	0.02	1.29	2.84	1.91	2.00	3.00	5.05	1.38	0.08	0.04	1.52	0.41	22.26
Porcentagem (%)	5,1	0,3	6,8	0,1	5,8	12,8	8,6	9,0	13,5	22,7	6,2	0,3	0,2	6,8	1,8	100%

A última função desdobrada é *Medir Grandezas Físicas*, mostrada no diagrama de funções da Figura 20.23, que é desempenhada por meio de: *Medir Temperatura, Medir Pressão de Óleo, Medir Pressão Absoluta, Medir Pressão do Coletor, Medir Rotação do Motor, Medir Ângulo da Borboleta, Medir Velocidade, Fixar Sensor* e *Conduzir Pressão*.

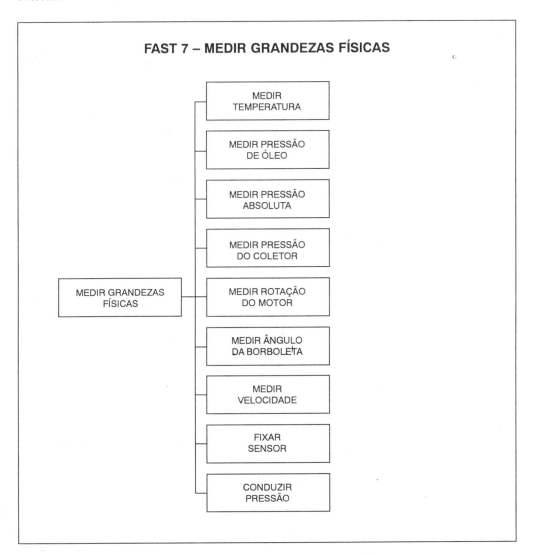

Figura 20.23 *Diagrama FAST da função* medir grandezas físicas.

Uma vez evidenciadas as funções a serem abordadas com o maior potencial de resultados, um conjunto de 26 propostas foi apresentado para todos aqueles casos em que fornecedores foram visitados. Muitas adaptações foram feitas para carros a álcool, não consideradas no projeto original. As economias foram substanciais.

20.3 SISTEMA DE ESCAPAMENTO

Foi formado um grupo proveniente dos departamentos de Engenharia de Produção, Desenvolvimento do Produto, Engenharia de Motores, Engenharia de Materiais, Engenharia do Valor, Estimativa de Custos, Engenharia de Montagem de Protótipos e Administração de Materiais.

Os objetivos propostos para o grupo foram: reduzir custos, melhorar a qualidade, encantar o consumidor e tornar o produto mais competitivo.

O sistema de escapamento tem como função básica conduzir gases e evitar que ruído e calor, gerados pelo conjunto propulsor, interfiram na segurança e conforto dos usuários, também procurando preservar o meio ambiente. No Brasil, o órgão que regulamenta as normas de controle de emissões, é o Conama (Conselho Nacional do Meio Ambiente).

Os componentes do conjunto são:

– tubo dianteiro;

– silencioso intermediário;

– silencioso traseiro;

– fixações.

As funções são:

– eliminar ruído;

– eliminar vibração;

– proporcionar conforto (ao usuário);

– oferecer segurança (evitar inalação de gases);

– assegurar desempenho do veículo (contrapressão).

O diagrama FAST do sistema de escapamento pode ser visto na Figura 20.24, enquanto no Quadro 20.14 está a avaliação numérica funcional.

EXEMPLOS DA INDÚSTRIA AUTOMOBILÍSTICA   349

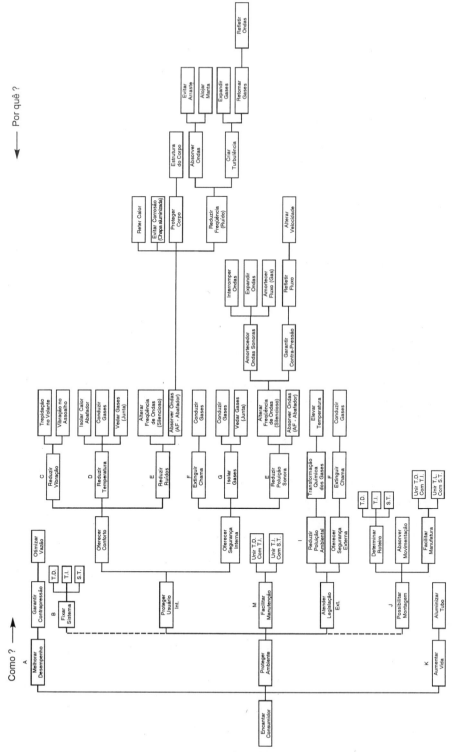

Figura 20.24 *Diagrama FAST do sistema de escapamento.*

Quadro 20.14 *Avaliação numérica funcional para o sistema de escapamento.*

AVALIAÇÃO NUMÉRICA FUNCIONAL PARA O 'SISTEMA DE ESCAPAMENTO'

Melhorar Desempenho A	A2	C3	D3	E3	F3	G3	A1	A2	A2	K2	7	5
Fixar Sistema B		C2	D3	E3	F3	G2	H3	I2	B1	K2	1	1
Reduzir Vibração C			D2	E3	F3	G3	C3	C3	C3	C3	17	12
Reduzir Temperatura D				E2	F2	G2	D2	D2	D3	D3	18	13
Reduzir Ruído E					F2	G2	E3	E3	E3	E3	23	17
Extinguir Chama F						F3	F3	F3	F3	F3	28	20
Isolar Gases G							G3	G3	G3	G3	24	17
Facilitar Manutenção H								H1	H3	H1	8	5,5
Reduzir Poluição Ambiental I									I2	K2	4	3
Possibilitar Montagem J										K3	0	0
Evitar Corrosão K											9	6,5
										Total	139	100%

EXEMPLOS DA INDÚSTRIA AUTOMOBILÍSTICA   351

O cálculo do consumo de recursos para o sistema de escapamento pode ser visto no Quadro 20.15, e o diagrama COMPARE está na Figura 20.25. A Figura 20.26 mostra o Sistema de Escapamento estudado.

Quadro 20.15 *Tabela do consumo de recursos do sistema de escapamento.*

ANÁLISE DO VALOR AVANÇADO – CONSUMO DE RECURSOS PARA O 'SISTEMA DE ESCAPAMENTO'

Funções	Melhorar Desempenho "A"		Fixar Sistema "B"		Reduzir Vibração "C"		Reduzir Temperatura "D"		Reduzir Ruído "E"		Extinguir Chama "F"		Isolar Gases "G"		Facilitar Manutenção "H"		Reduzir Poluição Ambiental "I"		Possibilitar Montagem "J"		Evitar Corrosão "K"		Total US$
Componentes	%	$	%	$	%	$	%	$	%	$	%	$	%	$	%	$	%	$	%	$	%	$	
Tubo Dianteiro	20	1.76	5	0.44	1	0.09	0	0.00	0	0.00	0	0.00	50	4.41	4	0.35	0	0.00	20	1.76	0	0.00	8.82
Tubo Intermediário	7	0.21	30	0.95	0	0.00	0	0.00	0	0.00	0	0.00	33	1.03	3	0.10	0	0.00	3	0.10	24	0.77	3.16
Abafador (intermediário)	7	1.11	0	0.00	0	0.00	7	1.11	52	8.82	0	0.00	0	0.00	0	0.00	0	0.00	0	0.00	35	5.92	16.96
Tubo Saída (intermediário)	7	0.16	6	0.14	0	0.00	0	0.00	0	0.00	0	0.00	46	1.09	3	0.07	0	0.00	7	0.16	32	0.77	2.39
Tubo Traseiro	8	0.03	15	0.06	0	0.00	0	0.00	0	0.00	0	0.00	42	0.16	3	0.01	0	0.00	3	0.01	29	0.11	0.38
Silencioso	26	4.34	0	0.00	0	0.00	0	0.00	39	6.51	0	0.00	0	0.00	0	0.00	0	0.00	0	0.00	35	5.83	16.68
Cj. Supte.Tubo.Diant.	0	0.00	0	0.00	100	0.61	0	0.00	0	0.00	0	0.00	0	0.00	0	0.00	0	0.00	0	0.00	0	0.00	0.61
Tubo Descarga	6	0.06	0	0.00	0	0.00	0	0.00	0	0.00	0	0.00	45	0.42	0	0.00	0	0.00	13	0.12	35	0.33	0.93
Vedar Gases	0	0.00	19	0.76	0	0.00	0	0.00	1	0.04	0	0.00	50	2.00	15	0.60	0	0.00	15	0.60	0	0.00	3.99
Sustentação	0	0.00	0	0.00	60	7.02	0	0.00	10	1.17	0	0.00	0	0.00	15	1.76	0	0.00	15	1.76	0	0.00	11.70
Total	7.67		2.35		7.72		1.11		16.53		0.00		9.11		2.89		0.00		4.51		13.73		65.62
Percentual	12		4		12		2		24		0		14		4		0		7		21		100%
Ordem de Importância	4		6		4		7		1				3		6				5		2		

MEMO: OS VALORES NÃO CONTÊM I.C.M.S.

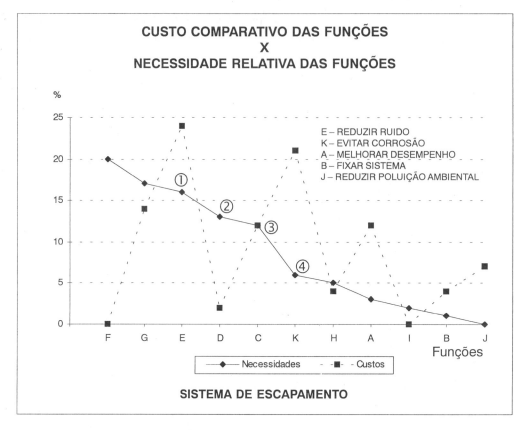

Figura 20.25 *Diagrama COMPARE do sistema de escapamento.*

Passando para a Fase Especulativa, idéias foram geradas e agrupadas formando uma alternativa com os seguintes itens propostos:

- Fazer coletor tubular x fundido com junta e flange. (Função A.)
- Substituir conjunto de braçadeiras móveis por sistema fixo. (Função B.)
- Eliminar duas câmaras internas e encurtar o abafador. (Função E.)
- Remover suporte tubo dianteiro. (Função A1.)
- Silencioso – Substituir chapa externa aluminizada por chapa galvanizada. (Função E.)
- Analisar uso de tubo corrugado para eliminar vibração e junta elástica. (Função C.)
- Integrar cinta ao silencioso. (Função B1.)
- Substituir solda por interferência no abafador e silencioso.
- Substituir aluminizado por outros materiais, como uso escape, latonado.
- Integrar abafador e silencioso.

Uma discussão com os fornecedores levou a uma substancial economia.

EXEMPLOS DA INDÚSTRIA AUTOMOBILÍSTICA 353

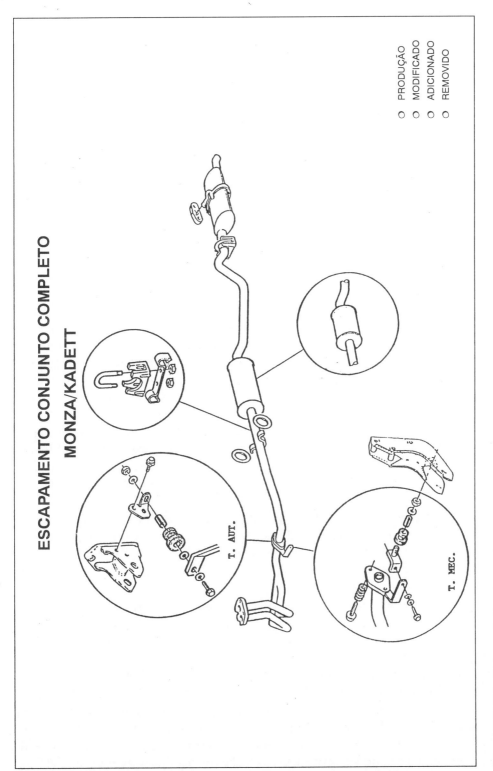

Figura 20.26 *Sistema de Escapamento.*

21
Conclusão

Como foi exposto, Análise do Valor é uma abordagem muito importante para o meio empresarial, pois introduz alguns componentes básicos que permitem um enfoque novo aos problemas, traz um entendimento maior e conduz normalmente a reduções de custo para certa função que esteja sendo desempenhada, e a maneiras alternativas que agregam mais valor. Os componentes mencionados são: a abordagem funcional, que conduz às reais finalidades de cada peça ou sistema; a utilização do pensamento criativo, que origina idéias novas, surpreendentes e originais; o uso da sinergia de grupo, que traz todo o conhecimento disponível da empresa na resolução do problema em questão; e, finalmente, o reconhecimento e contorno dos bloqueios mentais, que permitem a real introdução das propostas que foram verificadas como vantajosas.

Devido ao sucesso obtido pela Análise do Valor, foi concluído que os componentes mencionados poderiam também ser aplicados para outros problemas, como de produtos novos, de processos, serviços, construção civil, estudos sobre economia de energia, entre outros, originando nomes entre os quais se destacam Engenharia do Valor e Gerenciamento do Valor.

Foi constatada a dificuldade de aplicar e obter resultados de projetos de Análise do Valor por aplicação do Plano de Trabalho, por serem de problemas que, para sua resolução, possuem diversas etapas, algumas de problemas fechados e outras de problemas abertos.

Para problemas fechados, a abordagem é muito mais simples, pois basta identificar qual o procedimento a ser utilizado e aplicá-lo. O resultado acontecerá invariavelmente. Em contraposição, os problemas abertos requerem uma abordagem bem mais complexa. Em primeiro lugar, é necessário reestruturá-lo para poder ter uma idéia mais completa de qual será o problema. É muito comum questionar os limites ou condições desses problemas durante a sua resolução. É nesse contexto que se situa a grande dificuldade para a aplicação do Plano de Trabalho.

Conforme se mostrou, a compreensão do processo criativo é essencial para abordar os problemas abertos que ocorrem por ocasião da aplicação do Plano de Trabalho. É importante conhecer os bloqueios mentais, particularmente os de fixação funcional, para poder proceder a uma adequada abordagem funcional.

Foi significativamente útil pesquisar o histórico e a difusão nos vários países, pois isso possibilitou verificar a evolução e as influências locais que, consideradas até o momento, permitiram compreender a diversidade de Planos de Trabalho, suas origens e aplicações e, finalmente, a classificação destes planos.

Foi importante apresentar as técnicas originais de Miles, Mudge e Heller, pois serviram de base para as atualmente existentes.

As técnicas utilizadas ao longo de todo o Plano de Trabalho constituem os elementos mais importantes do processo mencionado; a classificação proposta permite encaixá-los no modelo apresentado no Capítulo 13. A utilização de técnicas desenvolvidas em outras áreas do conhecimento, e aqui incluídas, conferem flexibilidade e potência maiores ao Plano de Trabalho.

Após analisar as diferentes utilizações da Análise do Valor, Engenharia do Valor e Gerenciamento do Valor, foi feita uma classificação dos diferentes Planos de Trabalho com vistas numa generalização. Essa análise mostrou etapas comuns com o processo de solver problemas. A similaridade levou ao desenvolvimento de um modelo único universal, que pode ser utilizado para Análise do Valor, Engenharia do Valor e Gerenciamento do Valor. Esses conceitos foram unificados sob o nome de Metodologia do Valor.

O modelo proposto permite considerar o parâmetro "tempo", fator que é relevante para certos projetos das disciplinas do valor que envolvem fluxos, processos e serviços. Para os demais casos, são propostas no modelo técnicas adequadas.

A universalidade de que se necessita no modelo único é obtida do uso flexível das diferentes técnicas indicadas ao longo do processo, assim como da possibilidade de se retornar a fases anteriores quando se percebe que o problema inicialmente proposto não foi resolvido, ou que o desvio não foi eliminado. Esse retorno também pode ocorrer após certa fase, quando se percebe que as conclusões não satisfazem os objetivos.

Por tratar-se de problemas abertos, ou pouco estruturados, não há padrão único de resultados, ficando por conta do analista a decisão de repetir alguma técnica ou de retornar a fases anteriores. O subsídio necessário para tomar tal decisão vem da compreensão do processo criativo que é explicado no Capítulo 5. É a interpretação desses conhecimentos que permitirá ao analista julgar, por exemplo, se o problema está suficientemente estruturado e entendido e encerrar a Fase de Informação, para poder passar à Fase de Especulação. Da mesma forma, será decidido voltar à geração de mais idéias se as que se obtiveram nessa Fase de Especulação não foram satisfatórias. Essa flexibilidade é característica importante do Plano de Trabalho proposto.

O trabalho está fundamentado na experiência profissional em empresas e na didática na Universalidade onde foram constatadas as necessidades de organizar e sistematizar os conhecimentos de Metodologia do Valor, tendo como objetivo facilitar a compreensão aos iniciantes e favorecer a implantação desses conceitos em empresas, que proporciona eficácia e reduções de custos, tão necessárias atualmente em nosso país.

Nas empresas, é importante que os conceitos dessa metodologia sejam transmitidos em todos os níveis, abrangendo a totalidade dos funcionários, pois possibilita a comunicação entre áreas diferentes.

Há necessidade de estar atento a descobertas em outras áreas, como nos estudos das funções cerebrais, da criatividade e do contorno de resistência a novas idéias, para incluí-las na Metodologia do Valor.

Pesquisas poderão se feitas na área de novas aplicações, trazendo técnicas de outras disciplinas à medida que as empresas evoluem.

Na década de 90, os programas de introdução da *Qualidade Total* utilizam a Análise do Valor para facilitar sua implantação. A Análise do Valor é recomendada em várias fases do *Desdobramento da Função Qualidade (QFD)* e no *Benchmarking*. No *Desdobramento da Política*, o diagrama FAST possui um papel importante.

Para implementar um *Sistema da Qualidade* e certificação conforme as normas da família *ISO 9000*, o diagrama FAST pode ser utilizado para mostrar quais os processos da empresa e escolher quais os procedimentos a serem documentados.

No mapeamento dos processos, etapa obrigatória no trabalho de *Reengenharia*, também podem ser utilizadas as funções e o diagrama FAST. Uma vez mapeados os processos originais, aplica-se a Análise do Valor para indicar os processos ideais para o momento.

A Análise do Valor, surgida há 50 anos, foi a primeira metodologia a abordar o conceito de função e o ponto de vista do fornecedor e do cliente, mostrando a diferença de enfoques entre os dois. Recebeu adições, como o diagrama FAST e COMPARE, passou a ser utilizada também para processos e sistemas, permanecendo sempre atual e crescendo em importância ao longo do tempo. Nos congressos internacionais da SAVE, nos europeus e no Japão, tem havido um público fiel e crescente ao longo dos anos.

Bibliografia

ALLDEPHI. *Wert-analyse Kochbuch.* Hamburg, Feb. 78. 18 p.

ALMEIDA NETO, Orsini O. de. *Análise de valores.* São Paulo, s.ed., 1980. 40 p.

_____. *Criatividade.* São Paulo, s. ed., 1979. 35 p.

_____. *Roteiro de execução de um projeto de análise de valores.* São Paulo, s. ed., 1981. 12 p.

ANDRADE, Luiz José Machado de. *Creativity, the heart of VE/VA.* Texas, SAVE Proc., 1980. v 16. p. 121 (3).

ANDREOLI, Pietro. *Programmi di riduzione do costi applicati da alcune importanti aziende americane.* s.ed., 7 p.

ASCANIO, Giacomo d'. *Value in products specifications.* Texas: SAVE Proc., 1974. v. 9. p. 185-192.

_____. *Social value analysis.* Texas: SAVE Proc., 1975. v. 10. p. 174-178.

BARROWS, M.D. Key to profit improvement. *Assembly Engineering:* 19-24, July 1968.

BEBBINGTON. G. *Conscientious constipation or movement by objectives.* Texas: SAVE Proc., 1974, v. 9. p. 221-228.

_____. *Effective value engineering – in Canada!!!* Texas: SAVE Proc., 1968. v. 3. p. 79.

BENTLEY, Trevor. Identifying unnecessary costs. *Management accounting:* p. 398-400. Dec. 1975.

BERG, Mark; CHEN, Kan, ZISSIS, George. A value-oriented policy generation methodology for tecnology assessment. *Technological Forecasting and Social Change,* p. 401-420, 1976.

BERILLA, Thomas. *Guidelines for tolerance analysis.* Texas: SAVE Proc., 1971. v. 6. p. 327.

BERTHIER, Pierre., PANEL, Daniel. L'Analyse de la value et son insertion dans l'enterprise. *Direction et Gestion,* p. 53-56, Mars 1976.

BESNARD, Pierre M. *How to increase profits in the integration period.* Texas: SAVE Proc., 1971. v. 6. p. 141.

BEULLAC, C. L'Analyse de la valeur réduit le coût d'un produit. *Bulletin Technique nº 26 RNUR,* p. 9-16, Avr/Mai/Juin 1975.

BLANKEVOORT, P. J. *Value analysis – value engineering;* the introduction in development areas and consequences. T.C. s. ed. Sept. 1968. 9 p.

_____. *Value analysis – value engineering.* Eindhoven, s.ed., 1973. 15 p.

_____. *What is value analysis.* Eindhoven, s. ed., 1976. 11 p.

BOLAND, T. F. Value analysis/engineering; its application to the construction industry (1979). In: DANDRI, G. *The CIB and its activity in the field of VA/VE in construction.* Texas: SAVE Proc. Suppl., 1979. p. 19.

BOSTICCO, Mary. *A criatividade na empresa moderna.* Rio de Janeiro: Hachette, 1975. 145 p.

BREKEL, A. van den. *Paretto and good VE.* Texas: SAVE Proc., 1971. v. 6. p. 287.

BRIEF, Arthur P., FILLEY, Alan C. Selling Proposals for Change. *Business Horizons*, p. 25 Apr. 1976.

BRIGHT, James R. Evaluating signals of technological change. *Harvard Business Review*, Jan./Febr. 1970.

BRITISH PRODUCTIVITY COUNCIL. *Sixteen case studies in value analysis.* s.d. 47 p.

BRYANT, John W. *Structuring and analysing decisions.* Texas: SAVE Proc., 1972. v. 7. p. 237.

BUE, E. A. The principles of value engineering. In: ASTME, Wilson, Frank W. (ed.). *Value engineering in manufacturing.* New Jersey: Prentice-Hall. 1967. pt. 2. p. 9-33.

BURCHARD, E. Wertanalyse in Bauwesen. In: DANDRI, G. *The CIB and its activity in the field of VA/VE in construction.* Texas: SAVE Proc. Suppl., 1979. p.19.

BYTHEWAY, Charles W. Lesson five in value engineering. *Product engineering*, p. 61-67, Aug. 1965.

_____. *The creative aspects of fast diagramming.* Texas: SAVE Proc., 1971. v. 6. p. 301-312.

CARNEY, Colwell J. *Development of value engineering programs in Europe.* Texas: SAVE Proc., 1966. v. 1, p. 159.

_____. *The new management tool;* value administration. Texas: SAVE Proc., 1968. v. 3. p. 169.

CHARETTE, Robert P. *Criteria definition of building energy systems.* Hans com Roy Associates. Texas: SAVE Proc., v. XV, 1980. p. 13-28.

CHENU, P. et alii. *Initiation a l'analyse de la valeur.* Paris: s. ed., s. d., 42 p.

CHRISTMANN, KURT. Profit growt by value analysis (1973). In: THIELLIER, H. J. P., BLANKEVOORT, P. *Value analysis*: a study of literature. Eindhoven: Technical Efficiency & Organization, Aug. 1976. p. 39.

CHUTTER, S. D. C. *A Report on the Use of Value Engineering in Construction to Canadian Government Officials.* Texas: SAVE Proc., v. XIV, 1979. p. 19-28.

CLAWSON, Robert H. *Value engineering for management.* New Jersey: Auerbach, 1970. 144 p.

COPPERMAN, William H. *A guide to Contractual Aspects of Value Engineering.* North Carolina: North Carolina State University, 1986. 112 p.

COSTES, M. P., PARKER, M. P. L'Añalyse de la valeur appliquée a la reduction des coûts de service. *Management France*, p. 27-34, Jan. 1973.

CREASY, Rand Q. *Pratical technique for quick reduction of costs*. Texas: Value Design Press, 1971. 179 p.

CROSBY, Andrew. *Criatividade e desempenho na organização industrial*. São Paulo: Atlas, 1972. 217 p.

CSILLAG, João Mario. *Cotação funcional*. São Paulo: E.E. Mauá, 1973. 39 p.

_____. *Dispositivos de usinagem*. São Paulo: Escola Engenharia Mauá, 1968. 292 p.

_____. *Engenharia de valor*. São Paulo: EAESP/FGV, 1981. PR-L 807.21 p.

_____. *Noções da Engenharia de valor*. São Paulo: s. ed. 1970. 23 p.

_____. *Relatório sobre as sessões de análise de valores realizadas no T.C.* s. ed. 1972. 56 p.

_____. *How to make the information phase of the job plan more effective*. SAVE Proceedings of International Conference, 1988, Ilinois, p. 64-76.

_____. *Let's Create... but on what?* Proceedings of 2nd European Value Management Conference, La Defense, CNIT, Paris, 1990, p. 255-266.

_____. O significado do mundo do ganho. *RAE*. São Paulo, p. 61-68, abr./jun. 1991.

CSILLAGHY, J. Les ambiguités de la notion de la valeur dans le batiment. In: DANDRI, G. *The CIB and its activity in the field of VA/VE in construction*. Texas: SAVE Proc. Suppl., 1979. p. 19.

CZERWINSKI, Lech. *Value engineering-management;* present state of affairs. Texas: SAVE Proc., 1966. v.1. p. 261.

DANDRI, Guido. *The international building council (CIB) and its activity in the field of VA/VE in construction*. Texas: SAVE Proc. Suppl., 1979, p. 15-19.

DAVIES, Ken. Challenge of new technology. *Work Study*, p. 10-19, Jan. 1981.

_____. Value improvement in the drawing office. *Work Study*, Febr. 1978.

DE BONO, Edward. *O mecanismo da mente*. Rio de Janeiro: Vozes, 1971. 351 p.

_____. *Teaching thinking*. 3. ed. London: Maurice Temple Smith, 1978. 238 p.

_____. *Lateral thinking*. Penguin Books, 1985; Middlesex, England, 1985, 262 p.

DELL'ISOLA, Alphonse. *Presentation on life cycle cost-benefits analysis*. Texas: SAVE Proc. v. XVII, 1982. p. 57-68.

_____. *Value engineering in the construction industry*. 3. ed. Washington: Smith Hinchman & Grylls, 1988. 364 p.

DeMARLE, David J. *A metric for value*. Texas: SAVE Proc., 1970. v. 5. p. 135.

DEMMER, K. H. Aufgaben und Praxis der Wertanalyse (1969). In: *Bosch Seminar Über Wertanalyse-Wertgestaltung*. s.ed. Robert Bosch GmbH, 1970. p.73.

DENIG, Robert L. Jr. *Project selection for value improvement*. Texas: SAVE Proc., 1969. v. 4. p. 153-156.

DEPARTMENT OF THE ARMY. Value engineering accomplishments. Office of the Chief of Engineers. Washington, D.C.: Fiscal Year 1991. 39 p.

DEPARTMENT OF DEFENSE HANDBOOK U.S. 5010.8-4 (1968). In: O'BRIEN, J. J. *Value analysis in design and construction*. New York: McGraw-Hill, 1976. p. 29.

DIEPEVEEN, W.H., BENES, J. Scale-balance methods for VA experimented in Holland. In: DANDRI, G. *The CIB and its activity in the field of VA/VE in construction*. Texas: SAVE Proc. Suppl., 1979. p. 19.

DIREÇÃO. Show de redução de custos. Jul. 1963. p. 8-14.

DIREÇÃO. Análise de valor amplia campo de ação. Jun. 1964. p. 25-28.

DOWST, Somerby, ed. Value analysis is now part of purchasing's job. *Purchasing*, 71-232, Mar. 1977.

DROZDAL, Stanley C. *Criteria for the selection of value engineering projects*. Texas: SAVE Proc., v. XIII, 1978. p. 102-106.

DUNCKER, Karl. On Problem Solving (1945). In: VON VANGE, E. *Criatividade profissional*. 4.ed. São Paulo: IBRASA, 1973.

EDWARDS, B. *Drawing in the right side of the brain*. Los Angeles: J. P. Tarcher, 1979. 207 p.

ENGINEERING INDUSTRY TRAINING BOARD. *Courses of management-value engineering*. London: s.ed., s.d., 35 p.

ESAKI, Michihiko. *Method of steplist management*. Texas: SAVE Proc., 1977. v. 12, p. 80-100.

ESAKI, Michihiko e Yamaguchi. *New thinking procedures of design to cost*. Texas: SAVE Proc., 1979. v. 14. p. 199-227.

EXAME 81. Cortando custos com a análise de valor. *Exame*, São Paulo, maio 1981.

EXAME 83. Como reduzir custos sem perder qualidade. *Exame*, São Paulo, 15 junho 1981.

EXAME 84. O que se ganha com a análise de valores. *Exame*, São Paulo, 5 setembro 1984.

FALCON, William D. (ed.). *Volue analysis/value engineering*; implications for managers. New York: American Management Association, 1964.

FALLON, Carlos. *Body of knowledge underlying the value disciplines*. Texas: SAVE Proc., 1971. v. 6. p. 19.

FALLOW, Carlos. *Practical use of decision theory in value engineering*. Texas: SAVE Proc., 1964. p. 45-49.

_____. *Product value and the U.S. dollar*. Texas: SAVE Proc., 1973, v. 8. p. 19-23.

_____. *Value analysis to improve productivity*. 2.ed. Triangle Press, 1980. 227 p.

_____. Varde och beslut (1969). In: FALLON, C. *Product value and the U.S. dollar*. Texas: SAVE Proc., 1973. v. 8. p. 19-23.

FANGE, Eugene K. von. *Criatividade profissional*. 4. ed. São Paulo: IBRASA, 1973. 254 p.

FASAL, John H. *Practical value analysis methods*. New York: Hayden Book, 1972. 263 p.

FASSIN, J. Fields of application of VA in construction. In: DANDRI, G. *The CIB and its acitivity in the field of VA/VE in construction*. Texas: SAVE Proc. Suppl., 1979. p.19.

FEDER, Roberto B., CSILLAG, João Mario. *Noções sobre análise de valores*. São Paulo, s.ed., 1977. 23 p.

FERREIRA, Aurélio Buarque de Holanda. *Novo dicionário da língua portuguesa*. Rio de Janeiro: Nova Fronteira, 1975.

FIORELLI, James A. *Criteria weighting*; the right to be right. Texas: SAVE Proc., 1971. v. 16. p. 105-9.

FORBIS, John L., MEHTA, Nitin T. Value; based strategy for industrial products. *The McKinsey Quarterly*, s.ed., p. 35-52, Summer 1981.

FOWLKES, J. K., RUGGLES, W.F., GROOTHUIS, J. D. *Advanced FAST diagramming*. Texas: SAVE Proc., 1972. v. 7. p.45.

FRAHM, G. *Getting the thumbs up! Successfuly Justifyng your ideas*. Florida.

FRASER, R. A. *A psicologia social das equipes de Engenharia do Valor*. São Paulo, Anais da 2ª Conferência Internacional de Engenharia e Análise do Valor, p. 123-133.

FRICK, Henry. Find lowest process cost with this design guide to value – II. *Product engineering*, p. 45-53, Mar. 1964.

FRIEDMAN, Oved. The super value approach for dynamic environments. *Value World*, 3 (1): 9-13, May/June 1979.

FROHLICH, Stephan. Mit Wertanalyse Gegen Overhead Kosten. *Management-Zeitschrift*. Zurich, 47, Apr. 1978.

FROUIN, Raymond. *Standard direct costs of distribution*. Texas: SAVE Proc., 1972. v. 7. p. 58.

FUNDAÇÃO GETÚLIO VARGAS. Instituto Brasileiro de Economia. *Conjuntura*, 36 (3): 56, Mar. 1982.

FURTADO, Celso. *A nova dependência:* dívida externa e monetarismo. Rio de Janeiro: Paz e Terra, 1982. 150 p.

GAGE, William Lionel. *Pratique de l'analyse de valeurs*. Paris: Hommes et Techniques, 1971. 188 p.

GESCHKA, Horst *et alii*. Modern tehniques for solving problems. *Chemical engineering*: 91-7, Aug. 1973.

GHOSAL, Titu. *Value analysis:* a management technique/philosophy. Texas: SAVE Proc., 1972. v. 7. p. 87.

GLOVER, N. Value management to organizational effectiveness. Arizona: SAVE Proc., 1992. v. 27. p. 158-168.

GOLDRATT, Eliyahu M., COX, Jeff. *The goal, a process of ongoing improvement*. New York: North River Press, 1986. 273 p.

GOLDRATT, E. *What is this thing called theory of constraint and how should it be implemented*. New York: North River Press, 1990. 162 p.

GOLDRATT, E. *A síndrome do palheiro*. São Paulo: IMAM, 1991. 243 p.

GORDON, William J. J. *Synectics:* the development of creative capacity. 5.ed. New York: Macmillan, 1973. 180 p.

GOSS, Donald P. *FAST program planning*. Texas: SAVE Proc., v. VI, 1971. p. 317.

_____. *Functional analysis and governmental programming*. Texas: SAVE Proc., 1977. v. 12. p. 57-65.

_____. *Functional diagramming for planning and communications*. Texas: SAVE Proc., 1972, v. 7. p. 121-129.

GOUZE, G. *A new deal for V.E. management*. Texas: SAVE Proc., 1976. v. 11. p. 24.

_____. *A pattern of top decision-making based on VE gap-finding*. Texas: SAVE Proc., 1979. v. 14. p. 275.

GOUZE, G. *How to integrate the value engineering system into the whole organization system.* Texas: SAVE Proc., 1977. v. 12. p. 21-29.

_____. *The use of consultants in value engineering.* Texas: SAVE Proc., 1968. v. 3. p. 21.

_____. *Tools to achieve more value from value engineering.* Texas: SAVE Proc., 1975. v. 10. p. 55-63.

_____. *Value engineering and creativity: a double self generating tool of management.* Texas: SAVE Proc., 1971. v. 6. p. 1.

_____. *Value engineering and the management of change.* Texas: SAVE Proc., 1969. v. 4. p. 53-58.

_____. *Value engineering as a tool of management.* Texas: SAVE Proc., 1966. v. 1. p. 97.

GROOTHUIS, J. *Value analysing manufacturing processes, does it work?* Texas: SAVE Proc., 1977. v. 12. p. 115-126.

HANDLEY, W. J. H. *Customers response time improvement through VE.* Arizona: SAVE Proc., 1992. v.32. p. 169-173.

HART, Glen D. *Induced and inherent resistance.* Texas: SAVE Proc., 1964. p. 19-21.

HEERDEN, H. Keith. *Thoughts on thinking.* Texas: SAVE Proc., 1976. v. 11, p. 103.

_____. *Top down value management in South Africa.* Texas: SAVE Proc., 1980. v. 15. p. 331.

HELLER, Edward. *Value management:* value engineering and cost reduction. Massachusetts: Addison-Wesley, 1971. 232 p.

HOEK, F. van der. Value Analysis. Een Systematisch Benaderen van de Optimale Oplossing. *De constructeur* V. Mar/Apr/May/June/July/Sept.1966. p. 42-47; 70-76; 94-98; 135-140; 155-158 e 199-203.

HOSHINO, Suichi. *Development of VE activities utilizing "worst index figure".* Texas: SAVE Proc., 1977. v. 12. p. 41-50.

HUGGINS, R. Troy. Fourth lesson in value engineering. *Product engineering,* p. 55-65. Aug. 1965.

_____. Second lesson in value engineering. *Product engineering.* p. 90-97, Mar. 1964a.

_____. Third lesson in value engineering. *Product engineering.* p. 91-101, June 1964b.

IDA, Itiro. Análise de valores. *Engenheiro moderno,* p. 31-39, dez. 1968.

_____. Engenharia, análise de valores, deduza seus custos. *Engenharia,* 336; p. 32-34, 1971.

_____. Organizações criativas. *Engenharia,* 328: p. 30-34, s.d.

INSTITUTO MAUÁ DE TECNOLOGIA. *Anuário de 1980.* São Paulo: Escola de Engenharia Mauá, 1981. p. 100.

INTERNATIONAL TELEPHONE & TELEGRAPH CORP. *Single product cost leadership.* Mar. 1968. 16 p.

JACOBSEN, Paulo. Análise de valor; criatividade na redução de custo. *Dirigente Industrial, 20* (11): 38-41, dez. 79.

_____. Uma forma pouco ortodoxa de reduzir custos. *Exame,* São Paulo, 87-94, abril 1975.

JONELIS, John A. *The edge of creativity.* Texas: SAVE Proc., 1981. v. 16. p. 49-57.

JOUINEAU, Claude. *L'Analyse de la valeur et ses nouvelles applications industrielles.* Paris: Enterprise Moderne D'Édition, 1968a. 282 p.

_____. *Value engineering in a new product oriented organization.* Texas: SAVE Proc., 1975. v. 10. p. 13-19.

_____. *Value engineering in a new product oriented organization.* Texas: SAVE Proc., 1968b. v.3.

JOUINEAU, Claude, PIKETTY, Patrice. *The product planning concept boosted through value engineering.* Texas: SAVE Proc, 191. v. 6. 125.

JURAN, J. M. *Juran on leadership for quality:* an executive handbook. New York: The *Free* Press, 1989. 373 p.

KANAYA, Mitsugi. *Value creation as a management objective.* Texas: SAVE Proc. 1979. v. 14, p. 13.

KANIOWSKY, H. VA in Autria (1977). In: REICHEN, J. E. *Value analysis in Lederhosen.* Texas: SAVE Proc., 1980. v. 15. p. 360.

KAUFMAN, Jerry J. *Value Engineering for the Practitioners.* North Carolina State University, 1986. 246 p.

KEEFE, WILLIAM S. *Escute criativamente para administrar melhor.* São Paulo: McGraw-Hill, 1974. 153 p.

KEPNER, Charles H., TREGOE, Benjamin B. *O administrador nacional.* 2. ed. São Paulo: Atlas, 1974. 238 p.

KING, Thomas R. *Cost visibility sweetens risk analysis.* Texas: SAVE Proc., 1976. v. 11. p. 37-44.

KING, T. R. This is the time: value analysis evolvers into value management. *Purchasing World*, Feb. 1990. p. 32-35.

KNELLER, George F. *Arte e ciência da criatividade.* 3. ed. São Paulo: IBRASA, 1973, 121 p.

KOURIM, G. Wertanalyse-Grundlagen, Methoden (1968). In: FALLON, C. *Product value and the U.S. dollar.* Texas: SAVE Proc., 1973. v. 8. p. 19-23.

KREHL, Hermann, RIED, A. Peter. *VE in the early design stage.* Texas: SAVE Proc., 1972. v. 7. p. 225.

KREHL, H. Function-weight in VA. In: REICHEN, J. E. *Value analysis in Lederhosen.* Texas: SAVE Proc., 1980. v. 15. p. 349.

KRICK, Edward V. *Métodos e sistemas.* Rio de Janerio: Livros Técnicos e Científicos, 1971. 267 p.

KROONENBERG, H. H. van den. Methodisch Ontwerpen. *De Ingenieur,* 47, p. 915-934. Nov. 1975.

LAPSTICH, K. *Wertanalyse-Seminar.* Hamburg: ADDELPHI, 1980. 33. p.

LEE, John H. Communication; the key to successful design. *Engineering,* p. 104-108, Feb. 1976.

LEFEBVRE, Henri. L'Analyse de la valeur; application aux travaux administratifs. *Acheteur*, p.11-19, Nov. 1971.

_____. L'Analyse de la valeur dans les travaux administratifs. *Travail et methodes*. Paris, 1976.

LESLIE, Howard L. G. Eliminate redesign with this design to value. *Product engineering*, p. 80-89, Oct. 1963.

LES PORTER, PEARCE, David. Value analysis: taking a second look. *Industrial Purchasing News*, p. 21-3, Feb. 1976.

LEVENSTEIN, Aaron. *Use a cabeça*. São Paulo: IBRASA, 1969. 329 p.

LEWIN, Roger. The brain's other half. *New Scientist*, June 1974. p. 606-608.

LITAUDON, Maurice. Application de l'analyse de la valeur dans l'industrie du bâtiment. In: DANDRI, G. *The CIB and its activity in the field of VA/VE in construction*. Texas: SAVE Proc. Suppl., 1979 d, p. 19.

_____. L'Analyse de la valeur appliquée au bâtiment et às ses composants. In: DANDRI, G. *The CIB and its activity in the field of VA/VE in construction*. Texas: SAVE Proc. Suppl., 1979. p. 19.

_____. The Pre requisites of applying VA in the construction practice. In: DANDRI, G. *The CIB and its activity in the field of VA/VE in construction*. Texas: SAVE Proc. Suppl., 1979c. p. 19.

_____. *Two models for cost-assignment and cost distribution in a project*. Texas: SAVE Proc., v. XIV, 1979a. p. 63-74.

LOWER, Edgar R. *Method of selecting V. E. projects*. Texas: SAVE Proc., 1968. v. 3. p. 121.

LURIA, A. R. *Fundamentos de neuropsicologia*. São Paulo: EDUSP/Livros Técnicos e Científicos, 1981. 346 p.

MACEDO, Manuel, DOBROW, Paul, O'ROURKE, Joseph. *Value management for construction*. New York: John Wiley & Sons, 1978. 389 p.

MACHINE MODERNE. Augmenter les bénéfices par l'analyse des valeurs et l'étude de la fiabilité. *Machine moderne*, Paris: Mai, 1970.

MACHLINE, MOTTA, SHOEPS, WEIL. *Manual de administração da produção*. Rio de Janeiro: Fundação Getúlio Vargas, 1971. 569 p.

MANAGEMENT TODAY. How to value materials. *Management today*, p. 63, 64-110, Dec. 1976.

MARAMALDO, Dirceu. *Análise de valores*. Rio de Janeiro: Intercultural, 1983. 208 p.

MASON, Joseph G. *O dirigente criativo*. 2.ed. São Paulo: IBRASA, 1974. 281 p.

MATSUO, Jun. *Value engineering for manufacture of large-sized products*. Texas: SAVE Proc., 1974. v. 9. p. 207-9.

MAURER, John H. *Implementation, too often the "forgotten" phase*. Texas: SAVE Proc., 1971. v. 16. p. 27-33.

MEYER, Diane M. *Direct magnitude elimination;* a method of quantifying the value index. Texas: SAVE Proc., 1971. v. 6. p. 293.

MICHAELS, Jack V., WOOD, William P. *Design to cost*. New York: Wiley 1989. 413 p.

MILES, Lawrence D. *Análise de valor em engenharia.* Trad. K. Weil. 5. ed. Califórnia, 1962, 6 p.

_____. *Techniques of value analysis and engineering.* New York: McGraw-Hill, 1961. 267 p.

_____. *Value analysts;* teach your purchasing people to buy functions to offset inflation. Texas: SAVE Proc., 1980. v. 15. p. 65.

MINTZBERG, Henry. Planning on the left side and managing on the right. *Harvard Business Review,* p. 49-58, July/Aug. 1976.

MORGAN, John S. *Aumente sua criatividade profissional.* São Paulo: McGraw-Hill, 1974, 180 p.

MOURA, J. A. M. *Os frutos da qualidade:* a experiência da Xerox do Brasil. São Paulo: Makron, 1994. 103p.

MUDGE, Arthur E. *Numerical evaluation of functional relationships.* Texas: SAVE Proc., 1967. v. 2. p. 111.

_____. The numerical evaluation of functional relationships. *Value engineering,* p. 169-175, Sept. 1968b.

_____. The preparation and use of value engineering functional chart. *Value engineering,* p. 99-105, July 1968a.

MUDGE, Arthur E. *Value engineering:* a systematic approach. 2.ed Pennsylvania, s.ed., 1981. 286. p.

_____. *Successful program management:* sharpening 1e competitive Edge. Pittsburgh: J. Pohl Associates, 1989. 216 p.

_____. *Innovative change:* 101 case histories. Pittsburgh: J. Pohl Associates, 1989. 163 p.

MUHR, Ernst. *Seminário de engenharia de valor.* Rio de Janeiro: EAESP, Fundação Getúlio Vargas, s.d. 93 p.

MURROS, Hannu. Economic steering of the building process (1979). In: DANDRI, G. *The CIB and its activity in the field of VA/VE in constrution.* Texas: SAVE Proc. Suppl., 1979. p. 19.

NEW, J. R., SINGER, D. D. Understanding why people reject new ideas helps IE'S convert resistance into acceptance. *Industrial engineering,* p. 51-57. May 1983.

NEWSWEEK. How the brain works. *Newsweek,* p. 32-39, Feb. 7, 1983.

NOLAN, V. Creating the atmosphere for innovation. *London Business School Journal,* London, 1975.

NUNES, Morris A. The justified cost analysis. *Management Review,* p. 12-16, May 72.

O'BRIEN, James J. *Value analysis in design and construction.* New York: McGraw-Hill, 1976. 301 p.

OGAWA, Kimio. *Some approach to product planning by value engineering:* value engineering that creates the worthy product. Texas: SAVE Proc. 1974. v. 9. p. 193-198.

OLLNER, Jan. Funktionskostnadsanalys: Värdeanalys Value Engineering (1967). In: FALLON, C. *Product value and U.S. dollar.* Texas: SAVE Proc., 1973. v. 8. p. 19-23.

OMEGA. Methodologie pour l'application de l'analyse de la valeur a la construction. In: DANDRI, G. *The CIB and its activity in the field of VA/VE in construction.* Texas: SAVE Proc. Suppl., 1979. p. 19.

ORTH, H. F. Die Wertanalyse (1968). In: *Bosch Seminar Über Wertanalyse-Wertgestaltung* s.e., Robert Bosch GmbH., 1970. p. 73.

OSBORN, Alex F. *O poder criador da mente*. São Paulo: IBRASA, 1962. 357 p.

OUGHTON, Frederik. *Value analysis and value engineering*. London: Isaac Pitman & Sons, 1969. 118 p.

PARK, Richard J. *Problem analysis research dynamics;* the total system approach for best value. Texas: SAVE Proc., 1972. v. 7. p. 11.1-11.5.

_____. *Value control*: a flexible approach solves complex problems. Texas: SAVE Proc., 1974. v. 9. p. 151-156.

_____. *Value control as management tool for the solution of abstract problems*. Texas: SAVE Proc., 1973. v. 8. p. 161.

PARKER, Marko. Les graphes des produits. *Revue des Ingenieurs Arts e Métiers*. Paris, Jun/Juil/Aôut/Sept. 1968.

PARKER, G.E. *Preparing for VE success through imagination*. Florida: SAVE Proc., 1993. v. 28. p. 132-137.

PARKER, G.M. *Team Players & Teamwork*. São Paulo: Pioneira, 1994. 166 p.

PEDERSON, Dan Ove. Building planning with value analysis. In: DANDRI, G. *The CIB and its activity in the field of VA/VE in construction*. Texas: SAVE Proc. Suppl., 1979b. p. 19.

_____. Value analysis and project management. In: DANDRI, G. *The CIB and its activity in he field of VA/VE in construction*. Texas: SAVE Proc. Suppl., 1979a p. 19.

PENNA, Guy A. *Cost estimating method for value engineering application to international programs*. Texas: SAVE Proc., 1979. v. 14. p. 239-245.

POSSER, Fred H. *A aplicação da engenharia de valor durante o projeto*. Trad. K. Weil. American Society of Mechanical Engineers 66.MD-21. Aug. 1966. 7 p.

POSTMA, M. J. M. *Value analysis*. Eindhoven, s.ed., 1966. 18 p.

PRINCE, George M. *A prática da criatividade*. São Paulo: Cultrix, 1975. 197 p.

PROCTOR, John. Eliminate cost of metal removal design for instant parts. *Product engineering*, May 1964.

RAINS, J. A. *Doing doing commodity studies:* the VA Way. Indianapolis: SAVE Proc., 1989. v. 24. p. 87-92.

RAND, Chris. Making companies well through VE/VA. *Value World, 3* (1); 17-23, May/June 1979.

_____. *Value analysis objetives and development programs in selected Scandinavian industries*. Texas: SAVE Proc., 1967. v. 2. p. 201.

_____. *Value improvement and corporate strategy*. Texas: SAVE Proc., 1969. v. 4. 193-197.

RUMMLER, G. A., BRACHE, A. P. Melhores desempenhos das empresas. 2.ed. São Paulo: Makron, 1994. p. 263.

_____. *Waste upgranding:* a challenge to creativity and value engineering. Texas: SAVE Proc., 1975. v. 10. p. 167-172.

RANDOLPH, Senator Jennings. *The challenge to value engineers*. Texas: SAVE Proc., v. VII, 1972. p. 20.

RAUDSEPP, Eugene. *A arte de apresentar idéias novas.* 2. ed. Rio de Janeiro: Fundação Getúlio Vargas. 1975. 121 p.

RAVEN, A.D. Profit improvement by value analysis, value engineering and purchase price analysis (1971). In: THIELLIER & BLANKEVOORT. *Value analysis:* a study of literature. Technical Efficiency & Organization. Aug. 1976. p. 45.

REICHEN, John E. *Value analysis in Lederhosen.* Texas: SAVE Proc., v. XV, 1980. p. 343-62.

RIED, Axel Peter. FAST for solving complex tasks. In: REICHEN, J. E. *VA in Lederhosen.* Texas: SAVE Proc., 1980a. v. 15. p. 349.

──────. Introduction to VA in brief. In: REICHEN, J. E. *V.A. in Lederhosen.* Texas: SAVE Proc., 1980b. v. 15. p. 350.

──────. *Management plus VE/VA by objective and exception.* Texas: SAVE Proc., 1973. v. 8. p. 33.

──────. *Using behavioral science to improve team performance.* Texas: SAVE Proc., 1975. v. 10. p. 158-165.

RISENG, Terje. Verdianalyse (1970). In: FALLON, C. *Product value and the U.S. dollar.* Texas: SAVE Proc., 1973. v. 8. p. 19-23.

ROMANI, Paul Nicholas. *The department of defense value engineering change proposal program.* A dissertation submitted to the Faculty of the School of Government and Business Administration of the George Washington University, 1975. 159 p.

ROPION, Roger. *Cotação funcional dos desenhos técnicos.* São Paulo: McGraw-Hill, 1974. 105 p.

RUGGLES, Wayne F. *FAST;* a management planning tool. Texas: SAVE Proc., 1971. v. 6. p. 312.

──────. First lesson in value engineering. *Product engineering.* Dec. 1963. p. 43-49.

RYE, O. E. *How cost engineering is relevant to value engineering.* Texas: SAVE Proc., 1979. v. 14. p. 127-131.

SANVENERO, Agostino. *Development of value application in the Italian industry.* Texas: SAVE Proc., 1979. v. 14. p. 319-322.

──────. *Promotion and application of the value methodology in Italian industries for investments in the chemical and petrochemical field.* Texas: SAVE Proc., 1977. v. 12. p. 207-210.

SAVE. SOCIETY OF AMERICAN VALUE ENGINEERS. *Membership directory.* Texas: National Office, 1983. 67 p.

SAVE Proc. 1993, v. 28. p. 71-76.

SAVE, *Interactions.* v. 20. nº 1, jan. 95. p. 2.

SCHLICKSUPP, H. Idea generation for industrial firms; report on an international investigation. *R & D Management;* p. 61-69, Feb. 1977.

SCHOEN. Donald R. Managing technological innovation. *Harvard Business Review,* May/June 1969.

SCHOLTES, P. R. *Times da qualidade.* Rio de Janeiro: Qualitymark, 1992. 300 p.

SCHWARZ, FRED C., McCONKEY, Date D. Value engineering; management's neglected gold mine. *Human Resource Management,* p. 27-36, Summer 1974.

SENGE, P.M. *A quinta disciplina.* São Paulo: Best Seller, 1993. 352 p.

SETHI, Asholk Kr. *Improving small farm productivity.* Texas: SAVE Proc., 1979. v. 14. p. 263-273.

SHILLITO, M. Larry. *Pareto voting.* Texas: SAVE Proc., 1973. v. 8. p. 131.

SMITH, Geoff. Added value; an answer to inflation. *Management in Action;* p. 12-14, Apr./May 1975.

SNODGRASS, Thomas J., FOWLER, Theodore C. *Customer oriented FAST diagramming.* Detroit: SAVE Regional Conference, 1972. p. 9. 1-9.10.

SNODGRASS, Thomas J., KASI, Muthiah. *Function analysis:* the stepping stones to good value. Wisconsin: University of Wisconsin, Madison, 1986. 302 p.

SPEIRS, D. I. A new approach to cost reduction through value analysis. *Mass. Production.* Jan. 1963.

_____. *Value analysis;* the way to lower costs. *Time and motion study, 13* (3): Mar. 1964.

STRICKLAND, Jack C. *A winning team:* a value engineering and productivity. Texas: SAVE Proc., 1980. v. 15. p. 309.

STUKART, Herbert L. et alii. *Análise de valor/engenharia de valor.* Rio de Janeiro: Intercultural, 1984. 141 p.

SZOKE, Klara. How to establish the system of functional requirements for mass-produced buildings (1979). In: DANDRI, G. *The CIB and its activity in the field of VA/VE in construction.* Texas: SAVE Proc. Suppl., 1979 a. p. 19.

TAMAI, Masakazu. *Development of value engineering training in Japan:* growth of a VE workshop seminar. Texas: SAVE Proç., 1966. v. 1. p. 221.

TANAKA, Masayasu. *Evaluation of function and value improvement by rating approach.* Texas: SAVE Proc., 1973. v. 8. p. 69.

TANAKA, Takehiko. *Comprehensive cost reduction activities by establishment of a promotion system, integrating value engineering and industrial engineering.* Texas: SAVE Proc., 1974. v. 9. p. 216-220.

_____. *Value engineering and its motivation at Japan steel works. Hiroshima plant.* Texas: SAVE Proc., 1972. v. 7. p. 97.

TASSINARI, Robert. *Value analysis in the airbus program.* Texas: SAVE Proc., 1979. v. 14. p. 173-90.

TATSUDAN, Masateru. *Standardized specifications of purchased items.* Texas: SAVE Proc., 1974. v. 9. p. 210-215.

TAVERNIER, Gerard. Where value analysis is a way of life. *International Management,* p. 17-21, Feb. 1975.

TENENTI, Luigi. *A new value program in the automotive industry.* Texas: SAVE Proc., 1979. v. 14. p. 247.

THIELLIER, H. J. P., BLANKEVOORT. *Value analysis:* a study of literature. Eindhoven: Technical Efficiency & Organisation, 1976. 48 p.

TSUKUDA, Hiroshi. *Functional analysis by attribute costing.* Texas: SAVE Proc., 1978. v. 13. p. 160-167.

TUFTY, Hal, ATTHREYA, Nagam. *From Eureka to Epolesa*. Texas: SAVE Proc., 1982. v. 17. p. 98-102.

URIEN, R. Cost of quality. In: DANDRY, G. *The CIB and its activity in the field of VA/VE in construction*. Texas: SAVE Proc. Suppl., 1979. p. 19.

VALUE DIGEST Engineering & Management. *The Defense Department's VE Program*. Washington: Tufty Communications, 25, (2): 3, Feb. 1973.

VASSAL, J. L'Analyse de la valeur appliquée aux processes administratifs. *Travail et Méthodes*, Paris, 1976.

VEGSTEIN, Terje. *Trends in Scandinavian value education*. Texas: SAVE Proc., 1973. v. 8. p. 79.

VEJA. A conquista do cérebro. São Paulo: Abril, p. 50-58, 23 fev. 1983.

VEN, J. van den. *Value analysis/value engineering*. Eindhoven, s.ed., 1975. 29 p.

VENKATARAMANAN, S. S. *How to start a VE program*. Texas: SAVE Proc., 1978. v. 13. p. 320-326.

_____. *Propagation of VE;* how to organise a national society. Texas: SAVE Proc., 1979. v. 14. p. 305-313.

_____. *Value engineering the ox cart;* a project toward the goal of world happiness. Texas: SAVE Proc., 1981. v. 16. p. 127-139.

_____. *Value in life for self and the world;* a dream. Texas: SAVE Proc., 1977. v. 12. p 11-15.

_____. *VE in India's steel industry*. Texas: SAVE Proc., 1980. p. 363-384.

VOLKSWAGEN. *Fundamentos de análise de valores*. 3. ed. São Paulo, Jun. 1980. 45 p.

VOTH, Ron C. *Mind maps:* planting the creative seed. Texas: SAVE Proc., 1982. v. 17. p. 164-168.

WADA, Kotaro. *VA approach in the development stage*. Texas: SAVE Proc., 1978, v. 13. p. 180-192.

WALTON, Robert. Value engineering. *Work Study*, p. 47-51, Jan. 76.

WARWICK, T. *Value assessment of team problem solving*. Florida: SAVE Proc., 1993. v. 28. p. 138-143.

WEIL, Kurt. *Análise de valor*. São Paulo: EAESP/FGV, 1970. 4.p.

WELLS, Emerson N. *Decision making:* some concepts and implications for value engineers. Texas: SAVE Proc., 1971. v. 6. p. 175.

WILLIANS, Calvin. The value training way to cost reduction. SAN. *Advanced Management Journal*, p. 4-7, Spring 1975.

WILSON, B. Lloyd. *Guidelines for making value programs work*. Texas: SAVE Proc., 1980. v. 15. p. 211-293.

WILSON, Frank W. (ed.) *Value engineering in manufacturing*. A publication in the ASTME manufacturing engineering series. New Jersey: Prentice-Hall, 1967. 270 p.

WOJCIECHOWSKI F. X. *FAST Diagram:* its many uses. Texas: SAVE Proc., 1972. v. 7. p. 10. 1-10.4.

_____. *The various types and uses of the FAST diagram*. Texas: SAVE Proc., 1978. v. 13. p. 153-167.

WOMACK, J. P., JONES, D. T., ROOS, D. *A máquina que mudou o mundo.* 4. ed. Rio de Janeiro: Campus, 1992. 347 p.

YOSHIHARA, Haruo. *Development of combining the functional diagram and principle theory.* Texas: SAVE Proc., 1978 b. v. 13. p. 168-79.

_____. *VE techniques for motivating the small group acticity.* Texas: SAVE Proc., 1978a. v. 13. p. 193-200.

ZIMMERMAN, Larry W. e Hart, Glen D., Value Engineering. *A practical approach of owners, designers and contractors.* New York: van Nostrand Reinhold, 1982, 279 p.

Formato	17 x 24 cm
Papel	Alta Alvura 75 g/m² (miolo)
	Supremo 250 g/m² (capa)
Número de páginas	376

Pré-impressão, impressão e acabamento

grafica@editorasantuario.com.br
www.editorasantuario.com.br
Aparecida-SP

Sim. Quero fazer parte do banco de dados seletivo da Editora Atlas para receber informações sobre lançamentos na(s) área(s) de meu interesse.

Nome: _____
_____ CPF: _____ Sexo: ○ Masc. ○ Fem.
Data de Nascimento: _____ Est. Civil: ○ Solteiro ○ Casado

End. Residencial: _____
Cidade: _____ CEP: _____
Tel. Res.: _____ Fax: _____ E-mail: _____

End. Comercial.: _____
Cidade: _____ CEP: _____
Tel. Com.: _____ Fax: _____ E-mail: _____

De que forma tomou conhecimento desse livro?
☐ Jornal ☐ Revista ☐ Internet ☐ Rádio ☐ TV ☐ Mala Direta
☐ Indicação de Professores ☐ Outros: _____

Remeter correspondência para o endereço: ○ Residencial   ○ Comercial

Indique sua(s) área(s) de interesse:

- ○ Administração Geral / *Management*
- ○ Produção / Logística / Materiais
- ○ Recursos Humanos
- ○ Estratégia Empresarial
- ○ Marketing / Vendas / Propaganda
- ○ Qualidade
- ○ Teoria das Organizações
- ○ Turismo
- ○ Contabilidade
- ○ Finanças

- ○ Economia
- ○ Comércio Exterior
- ○ Matemática / Estatística / P. O.
- ○ Informática / T. I.
- ○ Educação
- ○ Línguas / Literatura
- ○ Sociologia / Psicologia / Antropologia
- ○ Comunicação Empresarial
- ○ Direito
- ○ Segurança do Trabalho

Comentários

_____
_____
_____
_____

ISR-40-2373/83

U.P.A.C Bom Retiro

DR / São Paulo

CARTA - RESPOSTA
Não é necessário selar

O selo será pago por:

01216-999 - São Paulo - SP

REMETENTE:
ENDEREÇO: